MÉMOIRES

POUR SERVIR

A L'HISTOIRE DE MON TEMPS

V

PARIS. — IMPRIMÉ CHEZ BONAVENTURE ET DUCESSOIS,
55, QUAI DES AUGUSTINS.

MÉMOIRES

POUR SERVIR A

L'HISTOIRE DE MON TEMPS

PAR

M. GUIZOT

—

TOME CINQUIÈME

PARIS

MICHEL LÉVY FRÈRES, LIBRAIRES-ÉDITEURS

RUE VIVIENNE 2 BIS, ET BOULEVARD DES ITALIENS, 15,

A LA LIBRAIRIE NOUVELLE

1862

Droits de reproduction et de traduction réservés.

MÉMOIRES

POUR SERVIR

A L'HISTOIRE DE MON TEMPS

CHAPITRE XXVII

MON AMBASSADE EN ANGLETERRE.

Mon arrivée en Angleterre; aspect général du pays. — Mon établissement dans *Hertford-House*, hôtel de l'ambassade. — Je présente à la reine Victoria mes lettres de créance. — Incident de cette audience. — Situation respective de l'aristocratie et de la démocratie dans le gouvernement anglais. — Mon premier dîner et ma première soirée chez lord Palmerston. — Lord Melbourne et lord Aberdeen. — Le duc de Wellington. — Mon premier dîner chez la reine, à Buckingham-Palace. — Lever que tient la reine au palais de Saint-James. — Chute du maréchal Soult et avénement de M. Thiers. — Dispositions du roi Louis-Philippe. — Situation de M. Thiers. — Opinions diverses de mes amis sur la question de savoir si je dois rester ambassadeur à Londres. — Raisons qui me décident à rester. — Mes lettres à mes amis. — Commencement de la correspondance entre M. Thiers et moi.

J'avais beaucoup étudié l'histoire d'Angleterre et la société anglaise. J'avais souvent discuté, dans nos Chambres, les questions de politique extérieure. Mais je n'étais jamais allé en Angleterre et je n'avais jamais fait de diplomatie. On ne sait pas combien on ignore et tout ce qu'on a à apprendre tant qu'on n'a pas vu de ses propres yeux le pays et fait soi-même le métier dont on parle.

Ma première impression, en débarquant à Douvres, le 27 février 1840, fut une impression de contraste. A Calais, moins de population que d'espace, peu de mouvement d'affaires, des promeneurs errants sur la place d'armes ou sur le port, quelques groupes arrêtés çà et là et causant tout haut, des enfants courant et jouant avec bruit; à Douvres, une population pressée, silencieuse, ne cherchant ni conversation ni distraction, allant à ses affaires; sur une rive, le loisir animé; sur l'autre, l'activité préoccupée de son but. A mon arrivée à Douvres comme à mon départ de Calais, des curieux s'approchaient de moi; mais les uns regardaient pour s'amuser, les autres observaient attentivement. Pendant ma route en poste de Douvres à Londres, j'eus d'abord une impression semblable; en traversant soit les campagnes, soit les villes, dans l'aspect du pays et des personnes, ce n'était plus la France que je voyais; après deux heures de voyage, cette impression avait disparu; je me sentais comme en France, dans une société bien réglée, au milieu d'une population intelligente, active et paisible. Sous des physionomies diverses, c'était la même civilisation générale. On passe sans cesse, en Angleterre, de l'une à l'autre de ces impressions ; ce sont tantôt les différences, tantôt les ressemblances des deux pays qui apparaissent. J'arrivai à Londres vers la fin de la matinée; j'avais voyagé par un beau soleil froid qui entra, comme moi, dans le vaste brouillard de la ville et s'y éteignit tout à coup. C'était encore le jour, mais un jour sans lumière. En traversant Londres, rien n'attira vivement mes regards; édifices, maisons, boutiques, tout me parut petit, monotone et mesquinement orné; partout des colonnes, des colonnettes, des pilastres, des figurines, des enjolivements de toute espèce; mais l'ensemble frappe par la grandeur. Londres semble un espace sans limites, plein d'hommes qui y déploient continûment, silencieusement, leur activité et leur puissance. Et au milieu de cette grandeur générale, la propreté extérieure des maisons, les larges trottoirs, l'éclat des carreaux de vitre, des balustrades en fer, des marteaux de porte, donnent à la ville un air de soin et de bonne tenue qui se passe presque de bon goût.

La première figure connue que j'aperçus dans les rues fut celle de lady Palmerston dont la voiture croisa la mienne. J'arrivai enfin à l'hôtel qu'occupait alors l'ambassade de France, *Hertford-House*, dans *Manchester-Square;* grande maison entre une petite cour sablée et un petit jardin humide, belle au rez-de-chaussée et convenablement arrangée pour la vie officielle et mondaine, assez nue et peu commode, au premier étage, pour la vie domestique. J'étais seul, avec le personnel de l'ambassade; j'avais laissé ma mère et mes enfants à Paris; mon installation fut facile. A tout prendre, l'aspect de l'habitation et des environs me convint; j'écrivais quelques jours après : « J'éprouve ici, le matin, une grande impression de calme. Personne ne vient, personne ne me parle; je n'entends point de bruit ; c'est le repos de la nuit sans les ténèbres. Je suis en présence d'une ruche d'abeilles qui travaillent sans bourdonner. »

Je vis lord Palmerston dès le lendemain, mais sans lui parler d'affaires; la crise ministérielle qui éclatait en ce moment même à Paris me commandait l'attente, et il l'admit de bonne grâce, en se montrant pourtant pressé de reprendre la négociation sur les affaires d'Orient. Le fils du comte de Nesselrode était arrivé la veille de Saint-Pétersbourg, apportant au baron de Brunnow des instructions par lesquelles l'empereur Nicolas l'autorisait à donner au cabinet anglais « une très-grande latitude » pour les arrangements qui devaient amener la conclusion. Je demandai à lord Palmerston de vouloir bien prendre sans retard les ordres de la reine pour mon audience de réception. J'avais là une question à résoudre d'avance; en présentant au roi Guillaume IV ses lettres de créance, M. de Talleyrand lui avait adressé, le 6 octobre 1830, un petit discours politique; lorsque, en février 1835, il remplaça à Londres M. de Talleyrand, le général Sébastiani ne prononça point de discours. Que devais-je faire? Le roi Louis-Philippe m'avait témoigné son désir que je saisisse la première occasion de rappeler à la reine Victoria les rapports intimes qu'il avait eus avec le duc de Kent, son père; dans un discours de réception, ce souvenir eût naturellement pris place. Je priai lord Palmerston de me dire ce qui, dans son opinion, conviendrait le mieux à la reine. Il me répondit que ma réception serait une pure formalité officielle, et me donna clairement à entendre que la reine aimerait mieux n'avoir à répondre à aucun discours. Je résolus donc de m'en abstenir. Dès le lendemain, 29 février, je reçus, à une heure dix minutes, un billet de lord Palmerston, me disant que la reine me recevrait ce jour même, à une heure. J'envoyai sur-le-champ chez lui, pour bien constater le retard et mon innocence. Je m'habillai en toute hâte, et j'étais, un peu avant deux heures, à Buckingham-Palace. Lord Palmerston y arrivait au même moment que moi; les ordres de la reine, me dit-il, lui étaient parvenus tard; on ne les lui avait pas remis tout de suite; heureusement, la reine avait d'autres audiences qu'elle avait données en nous attendant. Mais au moment d'entrer, point de maître des cérémonies pour m'introduire; sir Robert Chester, prévenu aussi tard que moi, n'avait pas été aussi preste que moi; lord Palmerston fit l'office d'introducteur. La reine me reçut avec une bonne grâce à la fois jeune et grave; la dignité de son maintien la grandit : « J'espère, madame, lui dis-je en entrant, que Votre Majesté sait mon excuse, car je serais inexcusable. » Elle sourit, comme peu étonnée de l'inexactitude. Mon audience fut courte : le roi, la reine, la famille royale, les relations du roi avec le duc de Kent, la surprise que je ne fusse jamais venu en Angleterre, en firent les frais. Comme je me retirais, lord Palmerston, qui était resté avec la reine un moment après moi, me rejoignit en hâte : « Vous n'avez pas fini; je vais vous présenter au prince Albert et à la duchesse de Kent; sans cela, vous ne pourriez leur être présenté qu'au prochain lever, le 6 mars, et il faut au contraire que, ce jour-là, vous soyez déjà de vieux amis. » La double présentation eut lieu ; je fus frappé de l'esprit politique qui perçait, quoique avec beaucoup de réserve, dans la conversation du prince Albert. Au moment où je traversais le vestibule du palais pour aller reprendre ma voiture, le maître des cérémonies, sir Robert Chester, y entrait, descendant de la sienne et pressé de s'excuser envers moi, non sans quelque humeur, de son involontaire inutilité. Je dînai ce même jour chez lord Palmerston, et la soirée fut employée à me faire faire connaissance avec une partie de cette aristocratie anglaise qu'on a coutume de regarder, bien plus que cela n'est vrai, comme le gouvernement du pays.

Depuis trois quarts de siècle, deux mots puissants, *liberté, égalité,* sont le ferment qui soulève et fait bouillonner notre société française, je pourrais dire toute la société européenne. Par un concours de causes dont l'examen serait ici hors de saison, l'Angleterre a eu cette fortune que, dans le travail de sa civilisation, c'est surtout vers la liberté que se sont portés ses efforts et ses progrès. La lutte s'est établie, non entre les classes diverses et pour élever les unes en abaissant les autres, mais entre le pouvoir souverain et un peuple jaloux de défendre ses droits et d'intervenir dans son gouvernement. L'esprit d'égalité a eu, dans cette lutte, sa place et sa part ; le mouvement ascendant de la démocratie a puissamment contribué à la grande Révolution qui, de 1640 à 1688, a agité et transformé l'Angleterre; un moment même, les classes démocratiques ont envahi la scène, changé la forme du gouvernement et touché à la domination directe; mais ce n'a été là qu'une crise superficielle et passagère; l'esprit de liberté était le vrai mobile du pays; c'était entre la royauté absolue et le gouvernement libre que se livrait le combat; une grande portion de l'aristocratie soutenait la cause des libertés publiques, et le peuple se groupait de bon cœur autour d'elle comme autour d'un allié nécessaire et d'un chef naturel. La Révolution d'Angleterre a été, de 1640 à 1660, bien plus aristocratique, et en 1688, bien plus démocratique qu'on ne le croit communément; la démocratie a paru dominante en 1640 et l'aristocratie en 1688; mais à l'une et à l'autre époque, ce sont l'aristocratie et la démocratie anglaises, animées du même esprit et intimement unies, qui ont fait ensemble, pour la défense ou le progrès de leurs libertés communes, l'un et l'autre de ces grands événements.

Leur union dans l'intérêt et sous le drapeau libéral a eu deux résultats excellents : l'aristocratie n'a été ni souveraine ni anéantie; la démocratie n'a été ni impuissante ni souveraine. La société anglaise n'a pas été bouleversée de fond en comble; le pouvoir n'est pas descendu des régions où il doit naturellement résider, et il n'y est pas resté isolé et sans communication avec le sol où sont ses racines. Les classes élevées ont continué de diriger le gouvernement du pays, mais à deux conditions : l'une, de gouverner dans l'intérêt général et sous l'influence prépondérante du pays lui-même ; l'autre, de tenir leurs rangs constamment ouverts et de se recruter, de se rajeunir incessamment en acceptant les nouveaux venus d'élite qu'enfante et élève le mouvement ascendant de la démocratie. Ce n'est point là le gouvernement aristocratique de l'antiquité ou du moyen âge ; c'est le gouvernement libre et combiné des diverses forces sociales et des influences naturelles qui coexistent au sein d'une grande nation.

La part de la démocratie dans cette alliance s'est, de nos jours, fort accrue, mais sans que l'alliance ait été rompue et l'aristocratie dépossédée de son rôle ; c'est encore entre ses mains qu'est en général le pouvoir ; elle fait toujours les affaires du pays ; mais elle les fait de plus en plus selon l'impulsion et sous le contrôle du pays tout entier. Tout en conservant son rang social, elle est aujourd'hui serviteur et non maître ; elle est le ministre habituel, mais responsable, de l'intérêt et du sentiment public. L'aristocratie gouverne, la démocratie domine, et elle domine en maître très-redouté et quelquefois trop docilement obéi.

Dès mes premiers pas dans la société anglaise, je fus frappé de cet état des esprits et des institutions en Angleterre. Les convives que je rencontrai à dîner chez lord Palmerston, le 29 février, appartenaient presque tous à la haute aristocratie, le duc de Sussex, quatrième fils du roi George III et oncle de la reine, les ducs de Norfolk et de Devonshire, lord Carlisle, lord Albemarle, lord Minto. Je vis passer devant moi dans la soirée beaucoup d'hommes considérables des divers partis, des whigs en grande majorité, mais aussi des torys et des radicaux, depuis lord Aberdeen jusqu'à M. Grote. J'entrai avec plusieurs en conversation courte ; mais entre gens curieux les uns des autres, il ne faut pas beaucoup de paroles pour révéler le caractère général des dispositions et des idées. Je trouvai tous mes interlocuteurs, bien qu'à des degrés inégaux, très-modestes, je pourrais dire timides envers l'opinion et le sentiment populaires, et plus préoccupés de les bien reconnaître pour les suivre qu'aspirant à les diriger. Évidemment, les prétentions et l'indépendance aristocratiques ne tiennent là plus guère de place dans la pensée et la conduite des hommes publics.

Parmi ceux avec qui j'entrai ce jour-là en relation, deux surtout, lord Melbourne et lord Aberdeen, attirèrent, l'un ma curiosité, l'autre ma sympathie : Lord Melbourne, le moins radical des whigs, impartial par bon sens et par indifférence, épicurien judicieux, égoïste avec agrément, gai avec froideur, et mêlant une autorité naturelle à une insouciance qu'il prenait plaisir à afficher. « Cela m'est égal » (*I don't care*), était son mot habituel ; il avait inspiré à la jeune reine autant de goût que de confiance ; il l'amusait en la conseillant, et il avait avec elle une liberté affectueuse qui ressemblait presque à un sentiment paternel. Lord Aberdeen, le plus libéral des torys, esprit grave et doux, droit et fin, élevé et modeste, pénétrant et réservé, imperturbablement équitable; cœur profondément triste, car il avait été frappé coup sur coup dans ses affections les plus chères, mais resté tendre et d'un commerce plein de charme sous des dehors froids et une physionomie sombre. J'étais loin de prévoir, en le rencontrant, quels liens d'affaires et d'amitié devaient bientôt nous unir; mais je ressentis, et je puis dire que nous ressentîmes, l'un pour l'autre, un prompt et naturel attrait.

Dans ce premier flot de rencontres] et de visites, je n'avais pas vu le plus considérable des hommes considérables de l'Angleterre, le duc de Wellington. Il n'était pas à Londres. La première fois que je le rencontrai, son aspect me surprit; je le trouvai vieilli, maigri, rapetissé, voûté, fort au delà des exigences de son âge; il regardait avec ces yeux vagues et éteints où l'âme près de s'enfuir semble ne plus prendre la peine de se montrer; il parlait de cette voix courte et chancelante dont la faiblesse ressemble à l'émotion d'un dernier adieu. La conversation une fois engagée, toute sa ferme et précise intelligence était là, mais avec fatigue et soutenue par l'énergie de sa volonté. Il s'excusa de n'être pas encore venu chez moi, selon l'usage : « J'étais à la campagne, me dit-il, j'ai besoin de la campagne. » La décadence physique était frappante à côté de la vigueur morale et de l'importance publique encore intactes.

Le jeudi 5 mars, je dînai pour la première fois chez la reine. Ni pendant le dîner, ni dans le salon après le dîner, la conversation ne fut animée et intéressante; tout sujet politique en était écarté; nous étions assis autour d'une table ronde, devant la reine établie sur un canapé ; deux ou trois de ses dames essayaient de travailler à je ne sais plus quels ouvrages ; le prince Albert jouait aux échecs ; nous soutenions assez péniblement, lady Palmerston et moi, un entretien languissant. Je remarquai, au-dessus des trois portes du salon, trois portraits : Fénelon, le czar Pierre le Grand et la fille de lord Clarendon, Anne Hyde, la première femme de Jacques II. Je m'étonnai de ce rapprochement de trois personnages si parfaitement incohérents. Personne n'y avait fait attention, et personne n'en put dire la raison. J'en trouvai une : on avait choisi ces portraits à la taille ; ils allaient bien aux trois places.

Le lendemain 6 mars, la reine tint un lever au palais de Saint-James ; longue et monotone cérémonie qui pourtant m'inspira un véritable intérêt. Je regardais avec une estime émue le respect profond de tout ce monde, gens de cour, de ville, de robe, d'église, d'épée, passant devant la reine, la plupart mettant un genou en terre pour lui baiser la main, tous parfaitement sérieux, sincères et gauches. Il faut cette sincérité et ce sérieux pour que ces anciens habits, ces perruques, ces bourses, ces costumes que personne, même en Angleterre, ne porte plus que pour venir là, ne fassent pas un effet un peu ridicule. Mais je suis peu sensible au ridicule des dehors quand le dedans ne l'est pas.

Au moment même où je commençais ainsi à m'établir à Londres, j'avais à résoudre la question de savoir si j'y resterais, si je devais vouloir y rester. Le cabinet qui m'avait appelé à cette ambassade tombait à Paris ; le maréchal Soult, M. Duchâtel, M. Passy, M. Dufaure donnaient leur démission. Le rejet, par la Chambre des députés, de la dotation qu'ils avaient proposée pour M. le duc de Nemours, rejet prononcé sans discussion et par un vote indirect qui ressemblait fort à une surprise, les avait offensés autant qu'affaiblis. Le Roi essaya vainement de les retenir. Ils avaient un juste sentiment des difficultés de la situation et des faiblesses de la majorité qui venait de leur manquer, par imprévoyance plutôt qu'à dessein : « Quand je devrais me retirer seul, je me retirerais, » disait M. Duchâtel. Le cabinet du 12 mai 1839 s'était formé courageusement contre une émeute ; il se retira, le 29 février 1840, devant un échec parlementaire qu'un débat hardiment provoqué lui aurait peut-être épargné.

Ce ne fut certainement pas sans quelque déplaisir que le Roi fit appeler alors M. Thiers, et le chargea de former un cabinet. Il lui en coûtait de prendre pour premier ministre l'un des principaux chefs de la coalition. C'était le rejet de la dotation de M. le duc de Nemours qui ouvrait à M. Thiers la porte du pouvoir. Le Roi craignait, de sa part, dans les affaires extérieures, des dispositions un peu trop belliqueuses et aventureuses. Ceux qui font de ces sentiments personnels un tort constitutionnel au roi Louis-Philippe sont de pauvres moralistes et de bien superficiels politiques ; une couronne placée sur la tête d'un homme ne supprime pas en lui la nature humaine, et pour ne pouvoir gouverner que de concert avec les Chambres et par des ministres responsables, un roi ne devient pas une machine. Tout ce qu'on a droit de lui demander et d'attendre de lui, c'est qu'il accepte, en dernière analyse, les conseillers que les Chambres lui présentent, et qu'après les avoir acceptés, il ne travaille pas, sous main, à les contrecarrer et à les renverser. Le roi Louis-Philippe n'a jamais manqué ni à l'un ni à l'autre de ces devoirs; il portait quelquefois trop de pétulance dans l'expression de ses sentiments propres, mais il n'en faisait point la règle de sa conduite publique; il n'a jamais repoussé le vœu clair des majorités parlementaires; il a toujours été loyal, même envers les cabinets qui ne lui plaisaient pas : « Je signerai demain mon humiliation, » disait-il un peu indiscrètement à M. Duchâtel le 28 février 1840; et le lendemain 29, comme M. Thiers était embarrassé à trouver un ministre des finances convenable, « cela ne fera pas de difficulté, dit le Roi; que M. Thiers me présente, s'il veut, un huissier du ministère; je suis résigné. » Il l'était bien réellement, car peu de jours après, le 11 mars, un homme à qui il portait une entière confiance, le général Baudrand, premier aide de camp de M. le duc d'Orléans et l'un de mes plus sûrs amis, m'écrivait à Londres : « Le Roi est déjà effrayé de voir son nouveau ministère renversé; il redoute les crises ministérielles, et ne voudrait pas qu'on détruisît l'édifice sans avoir les matériaux tout prêts pour reconstruire. »

Envers le Roi comme envers les diverses fractions des Chambres dont l'appui lui était nécessaire, M. Thiers se conduisit avec tact et mesure. Sa situation était compliquée et difficile ; il n'était le représentant et le chef d'aucune opinion, d'aucun groupe capable de suffire seul à former et à soutenir le gouvernement ; pour avoir la majorité dans les Chambres, il avait besoin de rallier autour de lui des partis et des hommes très-divers, des conservateurs, des libéraux et des doctrinaires, des membres de la coalition contre M. Molé et des adhérents à M. Molé, des défenseurs de la politique de résistance et des avocats de la politique de concession, le centre gauche, une partie du côté gauche et une partie du centre droit ; il ne pouvait se former un cabinet et se faire une armée qu'en recrutant partout et en semant la désorganisation dans tous les anciens rangs. Il y procéda hardiment et avec une finesse pleine d'abandon. Il alla trouver d'abord le duc de Broglie, et lui offrit tout ce qu'il voudrait dans le ministère ; puis le maréchal Soult, à qui il proposa de refaire, avec quelques éléments nouveaux, le cabinet qui venait de tomber. Par des raisons et dans des dispositions très-diverses, le duc de Broglie et le duc de Dalmatie se refusèrent à ses offres. M. Thiers pressa alors leurs amis et les miens de s'unir aux siens dans le cabinet futur, se disant même prêt à renoncer à la présidence du conseil si l'on pouvait trouver une combinaison plausible pour le suppléer. Il fut, avec le Roi, également coulant et sans exigence ni impatience : au dehors, la question d'Espagne était assoupie, et il acceptait en principe la politique jusque-là suivie dans la question d'Orient ; au dedans, il ne demandait ni grande innovation constitutionnelle, ni grands changements administratifs. Je présume qu'en faisant des avances si diverses, il prévoyait que plusieurs ne seraient pas agréées, et que, dans son âme, il se rendait bien compte des conséquences de son entrée au pouvoir et des voies nouvelles dans lesquelles il placerait le gouvernement; il a trop d'esprit pour ne pas savoir ce qu'il fait et où il va; mais il ne témoignait point de longue préméditation, point de prétention pressée; il ne se proposait que de donner satisfaction aux intérêts et aux désirs nouveaux qui, depuis la chute du cabinet du 11 octobre 1832, avaient changé, disait-on, l'état des partis et des esprits. Il voulait entrer en transaction et même en alliance avec cette opposition du côté gauche qu'il avait naguère si vivement combattue; mais il promettait, et il se promettait sans doute à lui-même, de la contenir et de l'assouplir encore plus que de la satisfaire.

Je suivais de loin, avec une vive préoccupation, ce travail d'enfantement ministériel où ma cause politique et ma situation personnelle étaient également intéressées. Mes amis me tenaient au courant de toutes ses phases; mais leurs appréciations étaient aussi diverses que leurs dispositions. Dégagé de tout embarras dans le passé et de toute ambition dans l'avenir, le duc de Broglie regardait l'entrée de M. Thiers aux affaires, par conséquent la prépondérance du centre gauche et une certaine mesure d'alliance avec le côté gauche, comme inévitables, du moins pour quelque temps; il craignait peu que M. Thiers se livrât tout à fait, ou qu'on ne pût pas, au besoin, l'arrêter sur cette pente, et il aida à la formation du cabinet en engageant quelques-uns de nos amis communs à y entrer, comme le leur offrait M. Thiers, pour en modifier le caractère et la direction. M. Duchâtel s'inquiétait davantage de ce premier pas hors de la politique que nous avions soutenue et vers celle que nous avions combattue ; dans sa prévoyance, ce seraient les situations, bien plus que les intentions, qui détermineraient en définitive les conduites, et il se préparait, de concert avec le gros du parti conservateur, à résister à l'alliance que le nouveau cabinet négociait avec l'ancienne opposition. M. Villemain et M. Dumon partageaient le sentiment de M. Duchâtel. M. de Rémusat au contraire était prêt à s'associer à M. Thiers, se flattant de maintenir et de rajeunir à la fois, dans cette association, la politique que, depuis 1830, il avait courageusement servie, mais qu'il trouvait un peu vieillie et languissante : « Je ne me dissimule, m'écrivait-il, aucune objection, aucun danger, aucune chance de revers, et, ce qui est plus dur, de chagrin ; j'en aurai de cruels ; mais je me sens un fonds inexploité d'ambition, d'activité, de ressources, que cette occasion périlleuse m'excite à mettre enfin en valeur, et il y a en moi un je ne sais quoi d'aventureux, bien profondément caché, que ceci tente irrésistiblement. » M. Duvergier de Hauranne, champion passionné, et aussi désintéressé que passionné, de la coalition, et son beau-frère le comte Jaubert, qui s'était fait un juste renom par ses hardies et piquantes agressions ou résistances à la tribune, étaient dans les mêmes dispositions que M. de Rémusat. De toutes les fractions de la Chambre des députés, mes amis particuliers, les doctrinaires, étaient la plus divisée; et dans les lettres qu'ils m'écrivaient tous les jours, les uns m'engageaient à rester ambassadeur à Londres avec le nouveau cabinet qui le souhaitait vivement; les autres, avec plus de réserve, me laissaient entrevoir leur désir que je donnasse ma démission, et que je revinsse m'associer, dans la Chambre, à leur attitude de méfiance et bientôt probablement d'opposition.

Pour mon compte et dans le fond de ma pensée, je n'hésitai pas un moment. Si M. Thiers fût entré seul au pouvoir, appuyé sur le centre gauche et accepté par le côté gauche, j'aurais sur-le-champ quitté Londres pour aller reprendre à Paris ma place dans la défense de notre politique si évidemment abandonnée. Mais M. Thiers protestait contre l'idée d'un tel abandon; il avait offert au duc de Broglie des combinaisons qui en auraient absolument écarté la crainte; il pressait quelques-uns de mes amis de s'unir à lui, et ceux qui s'y montraient disposés me donnaient des assurances positives de leur résistance à une pente dont ils reconnaissaient le péril. J'écrivis, le 4 mars, à M. Duchâtel :

« Mon cher ami, j'ai attendu, pour vous écrire, que tout fût fini. *Le Moniteur* m'apportera ce matin le cabinet. Tout bien considéré, je crois devoir rester. Je le crois dans l'intérêt de notre cause et de notre parti, dans le mien propre.

« Il est clair que le danger est la pente vers la gauche, c'est-à-dire vers la réforme électorale et la dissolution de la Chambre des députés au dedans, vers la guerre au dehors. Quant à la guerre, j'occupe ici la position décisive. C'est ici seulement que la politique qui pousserait ou qui se laisserait pousser à la guerre, ou à ce qui amènerait la guerre, pourrait chercher quelque point d'appui. Tant que cette position est à nous, nous sommes en mesure d'avertir et d'arrêter. L'Angleterre est, en fait de politique extérieure, un pays à la fois égoïste et téméraire. Il peut s'engager dans des mesures par lesquelles il ne serait pas du tout compromis lui-même, mais qui nous compromettraient fort, nous, sur le continent. Vous en avez vu un exemple dans la question d'intervention en Espagne. C'est ici qu'il faut et qu'on peut défendre la politique de la paix.

«Quant au dedans, voici ce que m'écrit Rémusat : — « Le ministère est formé sur cette idée : point de réforme électorale, point de dissolution. D'ailleurs il est évident qu'il aura, quant aux noms propres, surtout dans le premier mois, un air d'aller à gauche. Les apparences seront dans ce sens, et j'avoue que cela est grave. Mais je réponds de la réalité sur tous les points essentiels. »—Vous comprenez qu'en lui répondant je prends acte de ces mots : — Point de réforme électorale, point de dissolution ;—à ces conditions seules, je puis rester. Il faut qu'en restant je sois une garantie pour la politique de conservation, et que ma retraite, si elle doit arriver un jour, soit un signal décisif.

« Des choses je viens aux personnes. »

« Je ne me fais aucune illusion sur ce qui vient de se passer et sur son péril. Mais je ne puis équitablement, raisonnablement, honorablement, me retirer parce qu'un cabinet arrive, formé sous l'influence du duc de Broglie, contenant Rémusat et Jaubert, et me retirer avant aucun acte, sur le seul indice de certains noms propres. Je n'ai jamais manqué à mes amis. Tous le savent. Au moment où ils paraissent se diviser, je ne manquerai pas plus aux uns qu'aux autres. Je ne me séparerai de personne sur des préventions, des présomptions, des craintes, des dangers même. Le jour où les actes viendront, s'ils viennent justifier les craintes et faire éclater les dangers, ce jour-là, je me séparerai hautement et sans hésiter. A ne parler que de moi, je ne suis pas fâché, je vous l'avouerai, de me trouver un peu en dehors des luttes de personnes et des décompositions de partis : nul ne s'y est engagé plus que moi, dans l'intérêt commun et sans retour sur moi-même ; il me convient de m'en reposer. Si quelque autre combinaison de gouvernement me semblait possible, je pourrais la chercher ; pour le moment, je n'en vois aucune, et je ne crois pas qu'il soit utile, pour le pays et pour nous-mêmes, ni honorable et conséquent après la coalition, d'aggraver encore, sans nécessité absolue et évidente, ce fardeau d'incompatibilités et d'impossibilités qui a tant pesé sur nous.

« Si je ne me trompe, mon cher ami, toute la portion modérée, patriotique, étrangère à toute intrigue, de l'ancien parti de gouvernement (et c'est de beaucoup la plus considérable) doit se rallier autour de nous. C'est, dans le présent, une force immense; dans l'avenir, un succès presque certain. Gardez cette position. Je vous y aiderai d'ici, car je la garderai également. Nous n'avons pas, ce me semble, de meilleure ni de plus sûre conduite à tenir. »

M. Duchâtel a de premières impressions très-vives, et s'abandonne quelquefois un peu vivement, en paroles, à ses premières impressions; mais à l'heure de la réflexion sérieuse et de la résolution définitive, je ne connais point de jugement ni d'honneur plus sûr que le sien. Il avait laissé paraître quelque désir que je revinsse sur-le-champ à Paris prendre ma place dans la lutte qu'il prévoyait; mais il comprit et approuva pleinement mes raisons pour rester à Londres, et il m'en donna une assurance à laquelle j'attachais beaucoup de prix.

J'avais également à cœur de m'expliquer sans réserve avec M. de Rémusat, prévoyant, comme il le prévoyait lui-même, que la voie dans laquelle il entrait pourrait bien un jour compliquer tristement des relations qui me resteraient chères, même quand elles cesseraient d'être intimes. Je lui écrivis le 5 mars :

« Mon cher ami, j'ai attendu *le Moniteur* pour vous répondre. J'y ai bien pensé; je reste à mon poste. J'y reste sérieusement. Je concourrai loyalement. Je ne me séparerai pas, sur le seul indice des noms propres et à cause de l'embarras des situations, d'un cabinet où vous êtes, et que le duc de Broglie a tant contribué à former. Votre pente est périlleuse; elle l'est surtout à cause de votre propre nature à vous, de ce goût aventureux dont vous me parlez vous-même, et qui ne peut guère trouver sa satisfaction que vers la gauche. Croyez-moi; il y a par moments de la force à prendre dans la gauche, jamais un point d'appui permanent. Elle ne possède ni le bon sens pratique ni les vrais principes, les principes moraux du gouvernement, et moins du gouvernement libre que de tout autre. Elle n'a de quoi satisfaire et soutenir ni l'homme d'affaires ni le philosophe. Elle ébranle et énerve, au lieu de les affermir, les deux bases de l'ordre social, les intérêts réguliers et les croyances morales. Elle peut donner, elle a donné quelquefois des secousses utiles et glorieuses; son influence prolongée, sa domination abaissent et dissolvent, tôt ou tard, le pouvoir et la société. Vous me dites que le ministère se forme sur cette idée : point de réforme électorale, point de dissolution. Permettez-moi d'en prendre acte, car j'en ai besoin pour moi-même. Je ne puis marcher que sous ce drapeau et dans cette voie. Si le cabinet s'en écartait, je serais contraint de me séparer de lui. »

Ce ne fut pas seulement à mes intimes amis, aux principaux acteurs politiques que je fis ainsi bien connaître les motifs et les limites de ma résolution; je voulus que le gros du parti conservateur, les spectateurs et les juges de la lutte parlementaire en fussent aussi positivement informés; et j'écrivis, le 8 mars, à l'un des plus éclairés, M. Molin, député du Puy-de-Dôme : « Mon cher collègue, après y avoir bien pensé, je me suis décidé à rester, quant à présent, à mon poste. Il arrivera l'une de ces trois choses : ou le cabinet luttera contre le vice de son origine et de sa pente ; dans ce cas, j'aiderai, dans cette lutte, à la bonne cause ; je pèserai du bon côté : ou le cabinet succombera bientôt sous sa mauvaise position ; dans ce cas, j'aurai fait preuve de modération et d'équité ; je serai resté un peu en dehors de ces luttes de personnes, de ces décompositions de partis, de ces incompatibilités, impossibilités, séparations et alliances précaires dans lesquelles je me suis engagé, depuis quelques années, plus vivement que nul autre, et qui nous ont tant embarrassés et lassés, le pays et nous-mêmes. Ou bien, enfin, le cabinet vivra en marchant du côté où il penche, et dans ce cas, dès que les actions iront à gauche, je me séparerai de lui, et j'irai reprendre ma place sur mon banc et ma part dans le combat. Les ministres m'ont écrit : « Le ministère s'est formé sur cette idée : point de réforme électorale, point de dissolution. » J'ai pris acte de ces paroles, en disant que c'était là le seul drapeau sous lequel je pusse et voulusse agir. Je reste donc, inquiet et en observation, pour défendre ici la politique de la paix, tant que la politique de l'ordre ne me paraîtra pas, au dedans, encore plus compromise et encore plus nécessaire à défendre. C'est là, si je ne me trompe, la position qui convient à mes amis à Paris, comme à moi ici. Une hostilité soudaine, déclarée, un parti pris de renverser le nouveau cabinet en l'empêchant absolument de marcher, quand il contient quelques-uns des nôtres, hommes d'esprit et d'honneur, et avant qu'il ait rien fait, une telle hostilité, dis-je, me paraîtrait une politique mauvaise en soi et peu convenable pour nous. Nous avons toujours offert de soutenir le gouvernement qui voudrait marcher avec nous. Celui-ci penche vers la gauche, et bien des causes l'y pousseront. D'autres causes aussi, les nécessités du pouvoir, l'instinct de sa propre conservation le ramèneront vers nous. Je me fie un peu, je l'avoue, à l'incorrigible nature de la gauche pour espérer qu'elle nous renverra les hommes mêmes qui sont arrivés poussés par son souffle. Restons fermes dans notre camp; mais n'en sortons pas pour attaquer, et n'en fermons pas les portes à qui voudrait y entrer. Peut-être réussirons-nous à reformer ainsi, dans la Chambre, une majorité gouvernementale. C'est le but que nous avons poursuivi, à travers des situations bien diverses, depuis la chute du cabinet du 11 octobre; c'est encore aujourd'hui, à mon avis, celui que nous devons poursuivre. »

J'étais pleinement en droit de donner à mon attitude et à ses motifs la publicité qui devait résulter de toute cette correspondance, car je m'en étais, dès le premier moment, nettement expliqué avec M. Thiers lui-même. Le lendemain même de la formation du cabinet, le 2 mars, avant que j'eusse fait connaître à personne ma résolution de rester à Londres, il m'avait écrit : « Mon cher collègue, je me hâte de vous écrire que le ministère est constitué. Vous y verrez, parmi les membres qui le composent, deux de vos amis, Jaubert et Rémusat, et dans tous les autres, des hommes auxquels vous vous seriez volontiers associé. Nos fréquentes communications depuis dix-huit mois nous ont prouvé, à l'un et à l'autre, que nous étions d'accord sur ce qu'il y avait à faire, soit au dedans, soit au dehors. En partant de Paris, vous m'avez déclaré, dans la salle des conférences, que votre politique extérieure était la mienne. Je serais bien heureux si, en réussissant tous les deux dans notre tâche, vous à Londres, moi à Paris, nous ajoutions une page à l'histoire de nos anciennes relations; car, aujourd'hui comme au 11 octobre, nous travaillons à tirer le pays d'affreux embarras. Vous trouverez en moi la même confiance, la même amitié qu'à cette époque. Je compte en retour sur les mêmes sentiments. Je ne vous parle pas d'affaires aujourd'hui. Je ne le pourrais pas utilement. J'attends vos prochaines communications et les prochaines délibérations du nouveau conseil pour vous entretenir de la mission dont vous êtes chargé. Ce n'est qu'un mot d'affection que j'ai voulu vous adresser aujourd'hui, au début de nos relations nouvelles. »

Je lui répondis sur-le-champ, le 5 mars : « Mon cher collègue, je crois, comme vous, qu'il y a à tirer le pays de graves embarras. Je vous y aiderai d'ici, loyalement et de mon mieux. Nous avons fait ensemble, de 1832 à 1836, des choses qu'un jour peut-être, je l'espère, on appellera grandes. Recommençons. Nous nous connaissons et nous n'avons pas besoin de beaucoup de paroles. Vous trouverez en moi la même confiance, la même amitié que vous me promettez et que je vous remercie de désirer. Nous nous sommes assurés, en effet, dans ces derniers temps, que nous pouvions marcher ensemble au même but. Rémusat m'écrit que « le cabinet s'est formé sur cette idée : point de réforme électorale, point de dissolution. » J'accepte ce drapeau, le seul sous lequel je puisse agir utilement pour le cabinet, honorablement pour moi. Si quelque circonstance survenait qui me parût devoir modifier nos relations, je vous le dirais à l'instant et très-franchement. Je suis sûr que vous me comprendriez, et même que vous m'approuveriez.

« Je ne vous parle pas ici d'affaires. Vous avez reçu hier le compte rendu de ma première conversation avec lord Palmerston. Je vous en transmettrai aujourd'hui une seconde. Je vous aurai dit alors tout ce que j'ai vu jusqu'ici, et vous me direz ce que vous en pensez. »

CHAPITRE XXVIII.

NÉGOCIATIONS SUR LES AFFAIRES D'ORIENT.

Difficultés de ma situation à Londres en reprenant les négociations sur la question d'Orient.—Mes instructions.— Motifs et bases de la politique du cabinet du maréchal Soult.— Conversation préliminaire avec lord Palmerston.—J'apprends la formation du cabinet de M. Thiers.—Ma première conversation avec lord Palmerston sur la question d'Orient.—Conversation avec lord Melbourne. — Dispositions de plusieurs membres du cabinet anglais.— Lord Holland, lord Lansdowne et lord John Russell. —Dispositions des whigs étrangers au cabinet. —Lord Grey.—Lord Durham. — Mes relations avec les torys. —Le corps diplomatique à Londres. — Le baron de Bulow.— Le baron de Neumann.—Le baron de Brünnow.--M. Van-de-weyer, le général Alava, M. Dedel, le comte de Pollon.—Je signale à plusieurs reprises au cabinet français le péril de la situation et les chances d'un arrangement entre quatre puissances et sans la France. — Instructions que me donne M. Thiers. — Commencement d'amélioration dans notre situation.—Ma conversation du 1er avril 1840 avec lord Palmerston. —L'ambassadeur turc à Paris, Nouri-Efendi, arrive à Londres. — Sa note du 7 avril aux cinq puissances. — Ma réponse. — Ouvertures que me font successivement le baron de Bulow et le baron de Neumann. — Concession importante de lord Palmerston. — Suspension de la négociation en attendant l'arrivée du nouvel ambassadeur turc, Chékib-Efendi, qui vient de Constantinople.

Ma situation, en entrant en négociation à Londres sur la question d'Orient, était singulièrement gênée et difficile. Par la note remise à la Porte le 27 juillet 1839, nous nous étions engagés à traiter cette question de concert avec l'Autriche, la Prusse et la Russie comme avec l'Angleterre, et nous avions détourné le sultan de tout arrangement direct avec le pacha d'Égypte, lui promettant que « l'accord entre les cinq grandes puissances était assuré. » Dès lors cependant nous avions pris parti pour les prétentions du pacha à la possession héréditaire, non-seulement de l'Égypte, mais de la Syrie; et quand je fus appelé à l'ambassade de Londres, malgré les obstacles que nous avions déjà rencontrés, nous persistions dans notre résolution. « Le gouvernement du Roi, disait le maréchal Soult dans les instructions qui me furent données le 19 février 1840 [1], a cru et croit encore que, dans la position où se trouve Méhémet-Ali, lui offrir moins que l'hérédité de l'Égypte et de la Syrie, c'est s'exposer de sa part à un refus certain qu'il appuierait au besoin par une résistance désespérée dont le contre-coup ébranlerait et peut-être renverserait l'Empire ottoman. »

Ainsi liés, d'une part au concert avec les quatre autres grandes puissances, de l'autre aux prétentions du pacha d'Égypte, nous avions contre nous, dans la négociation, l'Angleterre qui refusait absolument au pacha l'hérédité de la Syrie, la Russie qui voulait conserver à Constantinople son protectorat exclusif, ou ne le sacrifier qu'en nous brouillant avec l'Angleterre, enfin l'Autriche et la Prusse elles-mêmes, assez indifférentes sur la question de territoire entre le sultan et le pacha, mais décidées à suivre, selon l'occasion,

---

[1] *Pièces historiques*, n° I.

tantôt l'Angleterre, tantôt la Russie, plutôt qu'à s'unir avec nous pour contenir les prétentions de l'une et de l'autre.

Le cabinet présidé par le maréchal Soult avait le sentiment de l'incohérence et des embarras de cette situation, car il me recommandait, dans ses instructions, « d'éviter soigneusement tout ce qui tendrait à nous faire entrer dans la voie des conférences et des protocoles; il est trop évident, d'après ce qui s'est passé en dernier lieu, que nous aurions souvent la chance de nous y trouver isolés. » Mais c'était là une précaution inutile; aucune des puissances ne pensait à demander, sur les affaires d'Orient, une conférence officielle; quand j'en parlai à lord Palmerston pour écarter cette idée, « il n'est pas le moins du monde question, me dit-il, de conférence, de protocole, ni de rien de semblable; vous avez parfaitement raison; nous en serions tous embarrassés et n'en retirerions aucun profit. Il s'agit uniquement de négocier pour arriver à quelque arrangement dont nous soyons tous d'accord et qui termine l'affaire. » C'était précisément dans cet accord, soit qu'il fût ou non officiellement délibéré, que résidait le problème à résoudre; et en se défendant de toute conférence et de tout protocole, le cabinet français se repaissait d'une sécurité illusoire; l'absence de ces formes diplomatiques n'atténuait en rien pour lui la difficulté de la situation.

Toute sa politique reposait sur une triple confiance. On comptait fermement à Paris sur la persévérance de

Méhémet-Ali dans ses prétentions à la possession héréditaire de la Syrie et sur son énergie à les soutenir par les armes s'il était attaqué. On regardait les moyens de coaction qui pouvaient être employés contre lui ou comme absolument inefficaces et vains, ou comme gravement compromettants pour la sûreté de l'Empire ottoman et la paix de l'Europe. Enfin on ne croyait pas que la Russie consentît jamais à abandonner effectivement son protectorat exclusif ou du moins prépondérant à Constantinople. Fort de toutes ces confiances, le cabinet français se prêtait volontiers à la vive pression de l'opinion publique en faveur du pacha d'Égypte, et ne sentait aucune impérieuse nécessité d'y résister.

J'avais pour mission à Londres d'obtenir du gouvernement anglais de grandes concessions au profit du pacha, et pour armes dans ce travail la triple conjecture que je viens d'indiquer sur les chances de l'avenir en cas de lutte, et la nécessité de l'union permanente de la France et de l'Angleterre pour maintenir l'intégrité de l'Empire ottoman et la paix de l'Europe.

Mon entrée en relation avec lord Palmerston fut facile et agréable. Il me savait sincèrement attaché aux intimes rapports de la France avec l'Angleterre, et dès notre première entrevue il s'empressa de me donner à cet égard, sincèrement aussi, je crois, les plus fermes assurances : « Les intérêts supérieurs et dominants des deux pays finiront toujours, me dit-il, par dissiper les nuages qu'élèvent quelquefois, entre eux, tantôt des faits accidentels, tantôt les efforts malveillants de tels ou tels organes de la presse périodique. Cependant, ajouta-t-il, ces nuages sont un mal réel ; ce mal s'est aggravé depuis une certaine époque, et, je l'avoue, nous-mêmes, depuis le ministère de M. le comte Molé, nous avons cru remarquer, dans le gouvernement français, une disposition moins amicale à notre égard et quelque penchant vers d'autres alliés. » Je repoussai cette supposition : « Les sentiments du Roi pour l'Angleterre sont toujours les mêmes, lui dis-je ; il n'y a eu de modifié que sa situation en Europe envers les puissances continentales. Par l'influence du temps, et surtout par suite des efforts et des succès du gouvernement du Roi pour le maintien de l'ordre et de la paix, la méfiance et, pour parler sans détour, l'éloignement que ressentaient pour lui quelques-unes de ces puissances se sont dissipés ou du moins fort affaiblis ; elles lui ont rendu justice et ont compris de quelle importance était, pour l'Europe, son affermissement. Elles lui ont témoigné dès lors plus de confiance et de bon vouloir, et il s'est trouvé plus rapproché d'elles, mais sans s'être, pour cela, éloigné de vous. Son attachement à l'alliance anglaise est resté aussi profond, aussi sincère que dans les premiers temps, quoique plus libre et moins exclusif. Vous ne pensez certainement pas, mylord, que, pour être unis avec l'Angleterre, nous devions rester isolés en Europe ou en mauvais rapports avec les autres États.—Non, non, reprit lord Palmerston ; nous ne sommes pas jaloux à ce point ; mais tant de faits ont concouru pour nous inspirer des doutes qu'il était difficile que nous n'y vissions que des accidents. » Il passa alors en revue les diverses questions, petites ou grandes, qui, depuis 1836, en Europe, en Amérique, en Afrique, s'étaient élevées entre les deux pays, et leur avaient été des sujets de dissentiment ou d'inquiétude. Il insista particulièrement sur les obstacles que rencontraient, de notre part, les négociations commerciales poursuivies par le cabinet anglais soit en Espagne, soit avec nous-mêmes. Je saisis volontiers cette occasion d'indiquer quelles maximes dirigeaient et devaient, à mon avis, diriger, en pareille matière, le gouvernement français : « Il y a ici, mylord, lui dis-je, des faits impérieux auxquels, de part et d'autre, nous devons nous résigner, des intérêts essentiellement divers que, de part et d'autre, nous sommes chargés de protéger et obligés de ménager. Le gouvernement du Roi est disposé et décidé à faire tous ses efforts pour amener, entre ces intérêts, les transactions les plus équitables, et pour seconder, par l'application des principes libéraux, le bien-être général des deux pays; il vient de vous en donner une preuve dans les négociations qu'il a acceptées et qui se poursuivent pour la modification de nos tarifs mutuels. Mais le progrès dans cette voie est difficile et doit être lent. Le gouvernement du Roi est tenu de penser d'abord aux intérêts actuels des manufacturiers français et de la population ouvrière qui vit du travail qu'ils lui fournissent. Vous n'ignorez pas, mylord, qu'en France une partie des propriétaires du sol, même sans s'associer à aucune conspiration, à aucun projet de renversement, restent encore, envers le gouvernement de Juillet 1830, dans une disposition malveillante, et ne lui prêtent point la force que cette classe de la société donne en général au pouvoir. Une autre classe, celle des grands manufacturiers, maîtres de forges, négociants, s'est au contraire empressée vers le gouvernement du Roi, et lui a apporté, lui apporte en toute occasion, l'appui de son activité, de son intelligence, de sa richesse, de son influence sociale. Il est impossible que le gouvernement du Roi ne porte pas, aux intérêts et aux sentiments de cette classe et de la population qui se rattache à elle, un soin très-attentif; et ce n'est qu'après de scrupuleuses enquêtes, des discussions approfondies et par des démonstrations évidentes de l'intérêt général du pays qu'il peut lui imposer des sacrifices et des efforts dont elle reconnaisse la nécessité. »

Je ne laissai passer sans réfutation ou explication aucun des griefs que lord Palmerston venait de rappeler. Il n'insista sur aucun; aucune aigreur prolongée n'avait percé dans ce petit résumé rétrospectif; il avait plutôt voulu, au début de ses rapports avec moi, se débarrasser de ses mécontentements passés que s'en prévaloir pour l'avenir; et sa disposition me parut exempte de toute arrière-pensée malveillante, mais empreinte d'une certaine susceptibilité générale et de quelque doute sur le bon accord futur et solide des deux gouvernements.

Pas un mot ne fut dit, entre nous, ce jour-là, sur les

affaires d'Orient. Pressé d'aller à la Chambre des communes et de préparer les documents qu'il avait à lui communiquer à propos de la guerre de Chine, lord Palmerston me demanda de remettre au surlendemain, 4 mars, notre premier et sérieux entretien sur la grande question qui était l'objet essentiel de ma mission.

Je me rendis chez lui le surlendemain, à une heure. Je venais d'apprendre la chute du maréchal Soult à qui j'avais adressé mes premières dépêches, et la formation du ministère présidé par M. Thiers. Je dis en entrant à lord Palmerston : « Je n'ai et ne puis encore avoir reçu, mylord, sur les affaires d'Orient et sur l'idée que s'en forme le nouveau cabinet, aucune instruction positive.—Tant mieux, me répondit-il, nous en causerons plus librement sur la question même ; nous avons besoin de nous tout dire.—Je m'en féliciterai, mylord ; je ne suis pas un diplomate de profession ; c'est au gouvernement intérieur de mon pays que j'ai pris quelque part ; c'est l'état des esprits dans les Chambres et dans le public que je désire mettre sous les yeux de votre gouvernement. L'unanimité est grande chez nous sur la question d'Orient; nos débats mêmes en témoignent ; j'ose dire que je serai en même temps, auprès de vous, l'organe des intentions du gouvernement du Roi et de l'opinion générale du pays. Ce n'est pas, mylord, que le gouvernement du Roi se dirige, dans cette affaire, d'après les préjugés publics et les prenne pour règle de sa politique ; il en est de fort accrédités, de fort bruyants auxquels il est bien loin de s'associer. Vous entendez sans cesse parler en Angleterre des prétentions ambitieuses, des vues d'agrandissement de la France, et vous ne partagez certainement pas, à ce sujet, toutes les craintes dont on vous assiége. Nous aussi, mylord, nous avons nos méfiances populaires; à nous aussi on parle sans cesse de l'ambition et des projets d'agrandissement de l'Angleterre; elle veut s'emparer de Candie, dominer seule en Égypte et en Syrie. Le gouvernement du Roi sait fort bien que ces rumeurs n'ont aucun fondement. Il est parfaitement convaincu que votre gouvernement est trop sage pour vouloir, en Orient, autre chose que le maintien de la paix et de l'ordre établi entre les États. Nous regardons, mylord, l'intérêt français et l'intérêt anglais dans cette question, je veux dire l'intérêt supérieur et dominant des deux pays, comme semblables. Vous voulez, nous voulons comme vous que l'Empire ottoman subsiste et tienne sa place dans l'équilibre européen. Pour nous comme pour vous, c'est à Constantinople qu'est la grande question; c'est la sûreté et l'indépendance de Constantinople que, vous et nous, avons à cœur de garantir. Les événements ont élevé en Égypte et en Syrie une autre question sur laquelle on peut croire que nous ne sommes pas aussi unanimes; mais cette question nouvelle n'empêche pas que celle de Constantinople ne demeure la question première, essentielle. Ce sont les événements de Syrie qui nous obligent à nous occuper de Constantinople; mais c'est toujours à Constantinople qu'est, pour vous comme pour nous, la grande affaire ; c'est toujours en vue de Constantinople, et pour arriver à une bonne solution de la question qui réside là, que toutes les autres questions doivent être considérées et résolues. Eh bien, mylord, pour que la question de Constantinople soit résolue comme il convient à vous, à nous, à la paix et à l'équilibre de l'Europe, il faut que la question d'Égypte soit résolue pacifiquement, par un arrangement agréé du sultan et du pacha, et qui règle définitivement, de leur aveu, leur situation réciproque. Quel doit être cet arrangement, quelle délimitation territoriale en résultera entre les deux rivaux, ce sont là des questions graves sans doute, mais, à nos yeux, secondaires. Que le sultan ou le pacha possède telle ou telle étendue de territoire, cela nous préoccupe peu ; ce qui nous préoccupe beaucoup, c'est que l'Orient ne soit pas livré aux chances d'un grand trouble, qu'on n'y mette pas le feu en y employant la force. Pensez-y bien, mylord, consultez le passé; tout événement, toute secousse en Orient compromet la sûreté et l'indépendance de Constantinople en y favorisant les progrès de l'influence que, vous et nous, souhaitons d'y restreindre. Tout emploi de la force en Orient tourne au profit de la Russie; d'abord, parce que c'est toujours la Russie qui paraît sur cette scène avec les forces les plus considérables; ensuite, parce que tout emploi de la force, toute grande secousse amène des chances qu'il est impossible de prévoir, et dont la Russie est, plus que toute autre puissance, en mesure de profiter. Permettez-moi, mylord, de vous adresser une question : je sais que vous avez regardé l'arrangement conclu à Kutahié, en 1833, comme mauvais, et je n'en veux pas discuter en ce moment le mérite; pourtant, si on eût pu, il y a quelques mois, avant l'explosion de la nouvelle lutte entre le sultan et le pacha, garantir la durée de l'arrangement de Kutahié pour dix ans, pour le reste de la vie de Méhémet-Ali, vous auriez, à coup sûr, accepté ce *statu quo* comme un bien réel, comme un gage de sécurité pour l'Empire ottoman, et, par conséquent, pour l'Europe. Pourquoi? Parce que ce qui importe avant tout à l'Europe, en Orient, c'est la paix, l'absence de tout ébranlement qui ouvre des perspectives et des chances à l'ambition étrangère. »

Lord Palmerston, qui m'avait écouté jusque-là avec une attention immobile, m'interrompit à ces paroles : « Le *statu quo* de l'arrangement de Kutahié était impossible, dit-il; l'ambition de Méhémet-Ali va toujours croissant; il n'a jamais pu se contenir dans ses limites.

—« Pardon, mylord; je ne doute pas que Méhémet-Ali ne soit fort ambitieux; mais on ne peut, dans cette dernière occurrence, le charger du tort de l'agression.

—« Oui, je sais qu'on dit cela en France, mais on se trompe; c'est sur le territoire turc, non sur le territoire égyptien que la bataille de Nezib a été livrée.

—« Il est vrai, mylord; mais le territoire égyptien avait été préalablement envahi par les Turcs; ils avaient occupé plusieurs villages égyptiens; Aïn-Tab, où ils étaient d'abord entrés, est sur le territoire égyptien.

— « Je ne crois pas, » dit lord Palmerston, et il alla chercher une carte de Syrie sur laquelle nous eûmes bientôt constaté qu'Aïn-Tab était sur la rive droite du Sed-Jour qui faisait alors la limite des deux territoires. Lord Palmerston éleva des doutes sur l'exactitude de sa carte : « J'ai apporté, dis-je, une excellente carte de Syrie, publiée naguère à Gotha, et dans laquelle Aïn-Tab est aussi placé sur la rive droite du Sed-Jour. » Lord Palmerston abandonna ce terrain de discussion : « Peu importe, dit-il, que, ce jour-là, le sultan ou le pacha ait été l'agresseur; dans leur situation réciproque, il ne pouvait manquer d'y avoir un agresseur; comment contenir un vassal ambitieux et un souverain irrité ayant leurs armées en présence, sans frontières fortes et bien précises? Ce qui vient d'arriver devait arriver et recommencerait toujours. Nous aurions dû le prévoir en 1833. Je l'ai dit alors et j'ai demandé qu'on prît d'autres mesures que l'arrangement de Kutahié. Mais nous avions ici d'autres affaires pressantes; le cabinet n'a pas voulu. Nous avons eu tort. Il ne faut pas que nous retombions dans la même faute. Il faut que nous prévenions le retour d'événements pareils à ceux dont nous sommes si embarrassés. Le moyen, c'est de rendre le sultan plus fort, le pacha plus faible, et de prévenir entre eux ce contact habituel, inévitable, qui tente, à chaque instant, l'ambition de l'un et la vengeance de l'autre. Pour fortifier l'Empire ottoman, il faut lui rendre une partie des territoires qu'il a perdus; la Syrie est une province peuplée et riche; la Porte en tirera des hommes et de l'argent; elle résistera alors bien mieux au pacha qui, de son côté, aura bien moins d'occasions et de moyens de l'attaquer.

— « Croyez-vous, mylord, que vous fortifierez réellement l'Empire ottoman en lui rendant plus de territoires? Ne nous repaissons pas d'illusions; cet Empire n'est pas mort, mais il se meurt; il tombe en lambeaux ; nous pouvons prolonger sa vie, mais non le ressusciter effectivement. Vous ne lui rendrez pas, avec la Syrie, la force de la gouverner et de la garder; l'anarchie, le pillage, la violence et l'impuissance turques reprendront possession de cette province, et vous serez responsable de son sort; vous serez obligé tantôt d'y réprimer, tantôt d'y soutenir les Turcs. Je suppose que vous ayez réussi; je suppose Méhémet-Ali dompté, refoulé en Égypte, croyez-vous qu'il se résigne et qu'il renonce à son ambition que vous jugez si indomptable? Non, mylord; il a fait ses preuves de persévérance et d'adresse; il reprendra ses desseins; il travaillera à reconquérir la Syrie. Les moyens ne lui manqueront pas; quand Méhémet-Ali possède la Syrie, c'est le sultan qui y a des intelligences et qui y fomente des rébellions; quand le sultan la possédera, ce sera le pacha qui fomentera les rébellions, rendra précaire la domination de son rival, et ressaisira peut-être bientôt la sienne. Au lieu d'avoir assuré la domination de la Porte, vous aurez au contraire échauffé la lutte, aggravé le trouble et préparé de nouveaux hasards dont la Russie sera, comme toujours, la première à profiter.

— « Vous avez, me dit lord Palmerston, trop mauvaise opinion de l'Empire ottoman, et vous n'êtes pas au courant de la disposition actuelle du gouvernement russe. Un État qui est un cadavre, un corps sans âme et qui tombe en lambeaux, ce sont là des figures auxquelles il ne faut pas croire ; qu'un État malade retrouve des territoires pour y lever de l'argent et des hommes, qu'il remette de la régularité dans son administration, il se guérira, il redeviendra fort. C'est ce qui arrive déjà en Turquie ; le hatti-schériff de Reschid-Pacha s'exécute ; ses bons effets se développent. Et quant à la Russie, soyez sûr que sa disposition à se concerter avec les autres puissances sur les affaires d'Orient est sérieuse. Je ne dis pas que le désir de nous diviser, vous et nous, ne soit pour rien dans sa conduite ; mais elle désire aussi de ne pas rester en Orient dans la situation où elle s'est mise ; son traité d'Unkiar-Skélessi lui pèse ; si des troubles éclatent en Turquie, si Méhémet-Ali menace Constantinople, si la Porte réclame le secours russe, aux termes du traité, l'empereur Nicolas est décidé à l'exécuter ; il croit que son honneur le lui prescrit ; mais cette nécessité ne lui plaît point ; il prévoit que, ni vous, ni nous, ne le laisserions faire, et il ne veut pas engager cette lutte ; il cherche à se placer sur un terrain moins compromettant. Il est de notre intérêt, du vôtre, de l'intérêt de l'Europe de lui en faciliter les moyens. Saisissons cette disposition de la Russie pendant qu'elle existe; profitons-en pour ramener la question ottomane dans le droit public européen. Ce sera pour nous tous un grand avantage d'avoir détruit, sans combat, ce protectorat exclusif qui nous inspire de si justes méfiances, et d'avoir lié par les traités la puissance qui voulait se l'arroger.

— « Je souhaite que vous ayez raison sur l'un et l'autre point, mylord; je souhaite que l'Empire ottoman retrouve de la force et que la Russie renonce à le dominer en le protégeant. Mais l'abdication russe me paraît bien douteuse, et quant à la restauration turque, les dangers que court en ce moment l'Empire ottoman sont plus pressants que ne seront prompts les remèdes dont vous parlez. Dans les suppositions les plus favorables, cet Empire ne sera de longtemps en état de se suffire à lui-même, et quand de grands désordres intérieurs lui imposeront de grands efforts, pendant longtemps encore ce seront des forces étrangères, c'est-à-dire des Russes qui viendront le protéger.

— « Quand les Russes viendront en vertu d'un traité et au nom de l'Europe, le danger ne sera plus le même; et le but une fois atteint, ils s'en iront.

— « Je crois à la vertu des traités, mylord; je crois à la loyauté des souverains; mais je crois aussi à l'empire des situations, des passions et d'une politique séculaire. Ce sera beaucoup sans doute que les Russes sortent de Turquie après y être venus; mais même quand ils en seront sortis, ce sera un grand mal qu'ils y soient venus. Et qui vous dit qu'ils en pourront sortir promptement? Qui vous dit que la guerre, une fois allumée en Syrie, ne durera pas plus longtemps que vous ne l'aurez prévu? Le pacha a là une armée considérable; il peut, même quand ses communications par mer seront interrompues, la soutenir et la pourvoir dans le pays même et par la voie de terre. Déjà, dit-on, il en organise les moyens à travers le désert et la Palestine; on parle de cinq mille chameaux réunis dans ce dessein. Vous ne débarquerez pas en Syrie des troupes anglaises; l'Autriche n'y enverra pas les siennes; contre toutes les difficultés de cette guerre, partout où elle éclatera, en Syrie comme dans l'Asie Mineure et à Constantinople, ce seront des Russes qui seront chargés de la soutenir.

—« Des troupes anglaises, non; nous n'en avons pas à mettre là; des troupes autrichiennes.... eh, eh, on ne sait pas, on ne sait pas. »

Je restais incrédule; lord Palmerston reprit : « D'ailleurs il ne serait peut-être pas nécessaire que des Russes vinssent dans l'Asie Mineure ou en Syrie; on pourrait débarquer en Égypte même, au cœur de la puissance de Méhémet-Ali, un corps turco-russe; il n'a là que de mauvaises troupes, des ouvriers; il faudrait qu'il rappelât son armée de Syrie, » et lord Palmerston, rouvrant sa carte, me montrait comment on pourrait occuper la basse Égypte : « Mylord, lui dis-je, nous avons fait cette épreuve; nous savons ce qu'elle exige d'efforts et ce qu'elle fait courir de chances; vous n'aurez pas là une meilleure armée ni un plus grand capitaine que nous n'y avons eu en 1797. Mais permettez-moi de revenir à la question même : pourquoi tous ces efforts? Pourquoi faire courir à la paix de l'Orient, à la sécurité de la Porte et de l'Europe, tant de hasards? Pour refuser l'hérédité à un vieillard de soixante-douze ans. Qu'est-ce donc que l'hérédité en Orient, mylord, dans cette société violente et précaire, dans ces familles nombreuses et désunies? L'histoire de Méhémet-Ali n'est pas un fait nouveau dans l'Empire ottoman ; plus d'un pacha, avant lui, s'est élevé, a fait des conquêtes, s'est rendu puissant et presque indépendant. Qu'a fait la Porte? Elle a attendu; les pachas sont morts, leurs fils se sont divisés, et la Porte a ressaisi ses territoires et son pouvoir. C'est encore ici pour elle la meilleure chance et la conduite la plus prudente.

— « Il y a du vrai dans ce que vous dites là ; l'hérédité n'aurait peut-être pas grande valeur. Pourtant Ibrahim-Pacha est un chef habile, aimé de ses troupes, meilleur administrateur que son père, dit-on ; il a auprès de lui des officiers capables, des Français. Nous nous disons tout, n'est-ce pas? Est-ce que la France ne serait pas bien aise de voir se fonder, en Égypte et en Syrie, une puissance nouvelle et indépendante, qui fût presque sa création et devînt nécessairement son alliée? Vous avez la régence d'Alger; entre vous et votre allié d'Égypte, que resterait-il? Presque rien, ces pauvres États de Tunis et de Tripoli. Toute la côte d'Afrique et une partie de la côte d'Asie sur la Méditerranée, depuis le Maroc jusqu'au golfe d'Alexandrette, serait ainsi en votre pouvoir et sous votre influence. Cela ne peut nous convenir. »

La discussion, en se prolongeant, pénétrait ainsi plus avant; j'entrai sans hésiter dans sa nouvelle voie : « Vous avez raison, mylord; nous nous disons tout, et nous pouvons bien librement nous tout dire, car nos paroles ne disposent pas de l'avenir. Ce qu'il amènera peut-être un jour, quelles nouvelles combinaisons d'États et de politique pourront se former tout autour de la Méditerranée, je n'en sais rien, ni vous, mylord, ni personne. Nous pouvons amuser notre esprit à tenter de le prévoir; mais ce n'est certainement pas sur de telles hypothèses ni par de tels pressentiments que notre politique doit aujourd'hui se régler. Le gouvernement du Roi ne manquera jamais à ses devoirs envers les destinées de la France ; mais il est convaincu que le grand intérêt français est maintenant la durée de la paix, l'affermissement de l'ordre européen, le développement régulier des divers États contenus chacun dans ses limites. C'est là notre politique, mylord; c'est aussi la vôtre; et, en vérité, je ne comprendrais pas qu'en Orient nous n'agissions pas de concert lorsque, en dehors ou au-dessus de toutes les dissidences secondaires ou futures, nous y avons si évidemment le même intérêt et le même dessein. »

Je m'arrêtai, et regardant fixement lord Palmerston : « Permettez-moi, mylord, lui dis-je, de vous faire tout simplement, à brûle-pourpoint, une question directe : Y a-t-il, dans cette affaire, quelque chose de plus avancé que nous ne savons? On a dit ailleurs, on a du moins donné à croire que la négociation dont nous nous occupons ici était presque conclue, et les moyens de coaction à employer contre Méhémet-Ali presque réglés. Y a-t-il à cela quelque chose de vrai? »

Lord Palmerston me répondit tout simplement : « Il n'y a rien, absolument rien de plus que ce que vous savez. » Il se leva, alla ouvrir un pupitre sur lequel il avait l'habitude d'écrire debout, et il en rapporta deux papiers : « Voici, me dit-il, deux projets d'arrangement, de traité, si l'on veut, entre toutes les puissances, sur cette affaire. Le premier est de moi ; c'est une pure ébauche, une simple rédaction de mes propres idées que je n'ai pas même montrée à mes collègues. Le second est une ébauche analogue qui me vient des puissances du continent. » Il ne me nomma pas la puissance ; mais j'eus lieu de croire que cette seconde ébauche était d'origine autrichienne. « Lisez-les toutes les deux, » me dit-il. Il me lut effectivement le premier de ces projets et je lus moi-même le second. Ils étaient conçus, en principe, dans des systèmes différents : le projet de lord Palmerston était un traité entre les cinq puissances et la Porte ottomane ; dans le second, les cinq puissances ne traitaient qu'entre elles, et la Porte recevait et acceptait leurs propositions. Cette différence essentielle mise de côté, les deux projets ne différaient pas beaucoup d'ailleurs ; ils contenaient l'un et l'autre : 1° l'engagement des cinq puissances de garantir l'Empire ottoman contre toute nouvelle attaque du pacha d'Égypte et toute invasion au delà du Taurus ; 2° le règlement, dans ce cas, du mode d'occupation de Constantinople et de la mer de Marmara; 3° enfin l'indication des moyens à employer contre le pacha d'Égypte dans le cas où il se refuserait aux injonctions du sultan et des cinq puissances. Sauf l'emploi des flottes européennes pour intercepter les communications entre l'Égypte et la Syrie, et pour seconder les insurrections locales ou les débarquements des forces turques ou alliées, ces moyens de coaction étaient très-vaguement indiqués et aboutissaient à l'engagement de se concerter de nouveau si des mesures plus actives devenaient nécessaires.

En lisant le paragraphe qui retirait la Syrie à Méhémet-Ali et ne lui accordait que l'hérédité de l'Égypte, lord Palmerston me dit : « Passons ; ceci est en litige. » Là finit notre entretien. « Je suis fort aise, me dit lord Palmerston, que nous ayons ainsi causé à fond de l'affaire ; j'attendrai maintenant que vous en ayez rendu compte au gouvernement du Roi et qu'il vous ait transmis ses instructions. »

Quoique nouvellement arrivé à Londres et encore imparfaitement instruit de la mesure des importances et des influences personnelles dans le cabinet et le monde politique anglais, je savais que lord Palmerston était bien réellement, dans les affaires étrangères, le ministre efficace, et que c'était sur lui qu'il fallait agir pour agir sur son gouvernement. Mais plusieurs de ses collègues, lord Melbourne d'abord, chef du cabinet, lord Lansdowne, lord John Russell, lord Holland se préoccupaient vivement des questions de politique extérieure, et exerçaient, à des titres divers, sur les résolutions du ministère et sur l'esprit de lord Palmerston lui-même, une assez grande action. J'avais, avec quelques-uns d'entre eux, d'anciennes et bonnes relations de société que je pris, dès les premiers jours, soin de cultiver; mais je ne connaissais pas du tout lord Melbourne; je venais de le rencontrer pour la première fois dans le salon de lady Palmerston; il était naturel et convenable que j'entrasse avec lui en rapport officiel et en matière; je lui demandai et il me donna rendez-vous chez lui le 8 mars. Je le trouvai bienveillant pour la France et très persuadé que le bon accord des deux pays leur importait également à l'un et à l'autre, soit pour leur prospérité intérieure, soit comme gage de la paix de l'Europe, leur intérêt commun. Étendu dans son fauteuil à côté du mien, détournant la tête et penchant vers moi l'oreille, parlant anglais et moi français, chacun à notre tour et dans un dialogue régulier, interrompu seulement par ses rires, lord Melbourne m'écoutait et me répondait avec ce mélange d'insouciance et d'attention sérieuse qui indique une conviction libre plutôt qu'une intention préméditée, et qui semble appeler et autoriser un complet abandon. Je le mis au courant de ce que j'avais dit d'essentiel à lord Palmerston. Comme il insistait complaisamment sur les avantages mutuels de l'alliance : « Convenez, mylord, lui dis-je, qu'il serait étrange que cette bonne intelligence, ce concert des deux pays n'eût pas lieu précisément dans la question où leur intérêt dominant est évidemment le même. Je comprends telle contrée, telle occasion où, malgré notre alliance générale, nous pouvons avoir des intérêts réellement divers ; mais il est clair qu'en Orient nous sommes voués, vous et nous, aux mêmes craintes, aux mêmes désirs, aux mêmes desseins, voués à vouloir que la paix se maintienne, que l'Empire ottoman subsiste, et que la Russie ne s'en empare pas, soit matériellement et par voie de conquête, soit moralement et par voie d'influence. Je ne saurais donc assez m'étonner si, à propos de questions secondaires ou lointaines, nous perdions en quelque sorte de vue notre commune étoile, et si nous cessions de penser et d'agir ensemble sur le théâtre même où nous y sommes le plus naturellement appelés. A coup sûr, mylord, en ce cas, l'un ou l'autre des deux cabinets se tromperait gravement, et manquerait à sa vraie, à sa grande politique. Revenons constamment, en traitant des affaires d'Orient, à cette politique générale et permanente qui fait le fond de notre situation et de notre intérêt ; que ce soit, pour nous, la pierre de touche de toutes les combinaisons, de toutes les démarches. Je suis sûr qu'en définitive, vous et nous, nous nous en trouverons également bien. »

Lord Melbourne approuvait visiblement, et me répéta plusieurs fois, dans le cours de la conversation : « Oui, nous avons au fond le même intérêt, nous devons agir de concert ; il n'y a, pour nous, rien de bon à faire sans vous. Mais croyez-vous possible, me dit-il en se penchant vers moi, de laisser au pacha d'Égypte la Syrie sans que la guerre qui vient d'éclater et les embarras où elle nous jette recommencent sans cesse? Le pacha voudra toujours s'étendre au delà de la Syrie; le sultan voudra toujours reprendre la Syrie. C'est une situation qui n'est pas tenable; il faut que nous y mettions fin. »

Je repris tout ce que j'avais dit à lord Palmerston pour lui démontrer que le retrait de la Syrie, loin de rétablir entre le sultan et le pacha une paix durable, ne ferait qu'envenimer la querelle et accroître en Orient les chances de trouble : « Le sultan, dis-je, qui n'a pu ni défendre ni reprendre la Syrie par ses propres forces, sera hors d'état de la gouverner; et l'Europe, qui la lui aura rendue, sera sans cesse compromise et obligée d'intervenir ou pour la lui conserver, ou pour la protéger contre lui-même. Il y a là des populations chrétiennes que les Turcs vexeront, pilleront, opprimeront d'une façon intolérable; nous avons envers elles des devoirs traditionnels; leurs souffrances, leurs clameurs exciteront la sympathie européenne. L'administration de Méhémet-Ali ne manque, dans cette province, ni de force, ni d'une certaine équité religieuse; qu'elle reste entre ses mains; nous n'en entendrons guère parler, et cette partie du moins de l'Orient jouira d'un peu de paix et donnera à l'Europe un peu de sécurité. »

Lord Melbourne m'écoutait avec une attention presque curieuse, donnant de temps en temps à mes paroles un assentiment marqué, m'adressant quelquefois des questions qui semblaient désirer une bonne réponse, et se montrant animé d'un sincère désir de trouver le point où nous pourrions nous accorder. Mais rien n'indiquait qu'il entrevît lui-même ce point d'union, et il semblait plutôt rejeté dans une indécision favorable que ramené à notre sentiment.

« Permettez-moi, mylord, lui dis-je en finissant, de réduire la question à sa plus simple expression. De quoi s'agit-il? D'accorder ou de refuser la possession héréditaire de la Syrie à un vieillard de soixante-douze ans, qui désire l'hérédité parce qu'il n'a maintenant rien de plus à désirer, mais qui n'a, bien s'en faut, aucune certitude de la transmettre effectivement à sa famille, et de fonder là une dynastie et un État. Si on la lui accorde, si on lui propose une transaction qu'il puisse accepter, on s'assure la paix en Orient tant qu'il vivra et on court, après sa mort, les chances de cette confusion, de ces querelles entre ses héritiers, de ces retours vers le centre de la foi musulmane qui ont toujours accompagné, dans l'Empire ottoman, la disparition de ces grandes existences personnelles soudainement créées et qui ont bien plus de brillants rayons que de fortes racines. Si on refuse à Méhémet-Ali la Syrie héréditaire, si on entreprend de la lui retirer par la force, on suscite en Orient de nouveaux troubles; on allume une nouvelle guerre dont il est impossible de prévoir les conséquences ni la durée, et qui aura pour résultat d'accroître, dans ces contrées, la prépondérance de la Russie, car de quelque façon qu'on s'y prenne, quelques limitations qu'on y apporte, ce sera toujours par la présence russe, par des forces russes qu'il faudra accomplir ce qu'on aura résolu et soutenir ce qu'on aura fait. »

Je m'arrêtai. Lord Melbourne, toujours enfoncé dans son fauteuil, gardait le silence comme s'il écoutait encore. Puis il me regarda en souriant et sans me répondre. Je le laissai l'esprit préoccupé et un peu troublé dans son insouciance, mais pas sérieusement alarmé ni convaincu. Je me heurtais contre les assurances de lord Palmerston qui promettait à ses collègues une victoire facile sur Méhémet-Ali et une large complaisance diplomatique de la Russie, avec peu de chances qu'on eût besoin de lui demander, sur les lieux mêmes, un concours actif et compromettant.

Parmi les collègues de lord Palmerston, lord Holland, lord Lansdowne, lord John Russell et lord Minto étaient ceux avec qui j'avais les relations les plus fréquentes et les plus libres. Lord Holland, d'un esprit charmant, d'un cœur généreux et d'un caractère aussi aimable que son esprit, était l'ami déclaré de la France, l'hôte bienveillant des visiteurs français en Angleterre, le partisan persévérant de l'alliance des deux pays, et il se plaisait à manifester, en toute occasion, ses sentiments. Il m'accueillit, et lady Holland autant que lui, avec l'empressement le plus gracieux ; je retrouve, dans une lettre que j'écrivais le 22 mars à Paris : « Lady Holland m'a invité à dîner pour mercredi. J'étais engagé. Pour dimanche. J'étais engagé. Je crois qu'il faudra attendre leur retour à Kensington. Ils iront bientôt. Lord Holland en meurt d'envie. Dans sa maison de *South-Street*, il a à peine une chambre. Il fait sa toilette dans la salle à manger. Et pas un coin pour mettre des livres, des papiers ; il a tout son bagage dans un petit coffre qu'il transporte dans la salle à manger, dans le salon, partout avec lui. Lady Holland tient beaucoup à cette petite maison, qui est, m'a-t-on dit, sa propriété personnelle. » Dès qu'ils furent établis à Kensington, ce fut à *Holland-House* que j'allai chercher et que je trouvai les plus nobles plaisirs de la conversation et de la vie sociale. Lord Lansdowne et lord John Russell étaient moins expansifs, mais également sincères dans leurs libérales et bienveillantes dispositions envers la France : je dînais avec eux, le 28 mars, chez lord Normanby ; nous venions d'apprendre le vote favorable de la Chambre des députés pour le cabinet de M. Thiers dans la question des fonds secrets : « Eh bien, me dirent-ils tous deux ensemble du ton le plus amical, il faut finir à présent cette affaire d'Orient ; il faut la finir de concert. » Les whigs n'avaient point de chef plus considérable, plus éclairé, plus honoré que lord Lansdowne ; et lord John Russell, par son inépuisable facilité et son infatigable énergie, grandissait tous les jours dans son parti ; le vieux poëte Rogers l'appelait *our little giant* (notre petit géant). Une circonstance inattendue me donna avec lord Minto un lien particulier : je rencontrai chez lui, un soir, son beau-frère, sir John Boileau, que je ne connaissais point, mais qui vint à moi avec un empressement affectueux, me disant qu'il était issu d'un gentilhomme protestant français, parti de Nîmes après la révocation de l'édit de Nantes, et réfugié en Angleterre, où ses descendants avaient trouvé la prospérité avec la liberté. Il avait, en partant, laissé dans sa patrie un de ses frères en bas âge qui y avait continué sa famille, toujours protestante et unie à la mienne par des liens de parenté et d'amitié. Cette rencontre, qui me fut en 1840 une agréable surprise, est devenue pour moi et tous les miens, en 1848, la source d'une profonde et très-douce intimité.

J'avais ainsi, dans le sein même du cabinet, des amis qui désiraient sincèrement que ma négociation aboutît à une solution pacifique des affaires d'Orient et au maintien de l'alliance entre nos deux pays; mais ils tenaient encore plus au succès de leur politique et de leur ministère; et je ne me faisais point d'illusion sur la valeur de la bienveillance qu'ils me témoignaient et de l'appui qu'ils avaient l'air de me donner. J'écrivais le 7 avril au duc de Broglie : « Il y a ici du progrès, et je le dis à Thiers et à Rémusat; mais soyez sûr que j'en dis bien autant qu'il y en a; lord Palmerston est excessivement engagé, et le travail même qui se fait dans un sens contraire au sien l'engage quelquefois encore plus, car il se défend. J'ai beau y mettre un soin infini, être extrêmement bien pour lui et avec lui, ne rien dire à personne qu'après le lui avoir dit à lui-même, m'abstenir de toute pratique cachée, de toute conversation intempestive, me refuser même quelquefois à la faveur que me témoignent les hommes qui ne sont pas de son avis; en dépit de tous mes ménagements, il voit, il sent que l'atmosphère change un peu autour de lui, que des idées différentes, des raisons auxquelles il n'avait pas pensé s'élèvent, se répandent, et modifient ou du moins ébranlent les convictions et les desseins. Cela l'embarrasse et l'impatiente. Quelquefois ébranlé lui-même, il travaille à se raffermir. Il agit, il fait agir auprès de ses collègues ébranlés. Si j'ai du temps, je ne désespère de rien ; mais aurai-je du temps ? Rendez-vous bien compte de ma situation : tout le monde est aux pieds de l'Angleterre ; tout le monde offre de faire ce qui lui plaît ; nous seuls nous disons *non*, nous qui nous disons ses amis particuliers. Et c'est au nom de notre amitié, pour maintenir notre alliance que nous lui demandons de ne pas accepter ce que lui offrent tous les autres. Nous avons raison ; mais ce n'est pas commode. »

« Ajoutez à cela les méfiances contractées depuis quatre ans, et qui sont profondes, plus profondes que je ne soupçonnais. Et sachez bien que lord Palmerston est influent, très-influent dans le cabinet, comme tous les hommes actifs, laborieux et résolus. On entrevoit souvent qu'il n'a pas raison ; mais il a fait, il fait. Et pour se refuser à ce qu'il fait, il faudrait faire autre chose ; il faudrait agir aussi, prendre de la peine. Bien peu d'hommes s'y décident. »

En dehors du cabinet, parmi les whigs ses amis, la faveur ne me manquait pas non plus, et j'avais, dans la conversation, beaucoup d'alliés. Le plus illustre des whigs, le chef du cabinet qui, neuf ans auparavant, avait proposé et accompli la réforme parlementaire, lord Grey revint à Londres quelques semaines après mon arrivée. Je le rencontrai pour la première fois chez lord Lansdowne. Sa figure, son accent, ses manières me plurent infiniment; la tête haute, l'air digne et doux, le regard languissant mais prêt à s'animer si quelque chose l'eût intéressé, des restes de beauté jeune sous la tristesse et l'ennui de la vieillesse. Il me témoigna le désir de me revoir et de causer avec moi : « Nous ne devons pas nous séparer de vous, me dit-il; sans vous, nous ne pouvons rien faire de bon. » Son beau-frère, M. Ellice, membre très-actif de la Chambre des communes, causeur très-spirituel et maître de maison très-hospitalier, s'empressait à me rendre tous les bons offices qui pouvaient contribuer, pour moi, à l'agrément de la vie de Londres ou au succès de ma mission de bonne entente entre nos deux pays. Nous nous promenions souvent ensemble. Il me conduisit un jour à Putney, chez le gendre de lord Grey, lord Durham, naguère ambassadeur à Saint-Pétersbourg, puis gouverneur général des possessions anglaises dans l'Amérique septentrionale, maintenant hors des affaires et malade à la mort; enfant gâté du monde, spirituel, populaire, encore jeune et beau, blasé sur les succès et irrité des épreuves de la vie. Nous causâmes de la Russie, de l'Orient, du Canada; la conversation le ranimait un moment; mais il retombait brusquement dans le silence, ennuyé même de ce qui lui plaisait, et subissant avec une fierté triste et nonchalante la maladie qui le minait comme les échecs politiques et les chagrins domestiques qui l'avaient frappé. Il m'aurait vivement intéressé si, dans son orgueilleuse mélancolie, je n'avais reconnu une forte empreinte d'égoïsme et de vanité.

Les torys ne m'accueillirent pas moins bien que les whigs. Ces deux grands partis n'étaient pas alors aussi désorganisés et effacés qu'ils le sont maintenant ; l'ardente animosité suscitée par le bill de réforme s'était pourtant un peu calmée ; les torys revenaient à la cour où la reine recommençait à les inviter. Lord Melbourne le lui conseillait avec une modération libérale, l'engageant spécialement à bien traiter sir Robert Peel, « chef d'un parti puissant, disait-il, et de plus fort capable et fort galant homme, avec qui il faut que la reine soit en bons rapports. » Il est, je crois, convenable et utile pour un ambassadeur de se tenir en dehors des divisions de parti dans le pays où il réside, et de ne pas accepter tous les petits jougs de société qu'elles imposent ; cette indépendance, exercée avec intelligence et mesure, lui devient un gage d'influence comme de dignité. Je reconnus bientôt que je pouvais, sans inconvénient, me prêter au bon accueil des torys ; dès mon arrivée, presque tous les hommes importants du parti étaient venus me voir ; quelques jours après, j'en rencontrai plusieurs à dîner chez sir Robert Peel ; j'entrai librement en relation avec eux. Lord Londonderry fut le seul que je m'abstins de visiter ; son langage contre le gouvernement de Juillet était violent; le général Sébastiani et personne de l'ambassade française n'était allé chez lui. Je restai fidèle à cette tradition.

Les représentants des puissances étrangères qui formaient à Londres le corps diplomatique avaient pour moi, comme affaire et comme société, beaucoup d'importance. Je n'y trouvai pas les deux principaux, le prince Paul Esterhazy et le comte Pozzo di Borgo, ambassadeurs l'un d'Autriche, l'autre de Russie; le premier était en congé à Vienne et le second malade à Paris. Ils étaient remplacés, le prince Esterhazy par un chargé d'affaires, le baron de Neumann, et le comte Pozzo di Borgo par le baron de Brünnow, ministre de Russie à Darmstadt, envoyé à Londres, comme je l'ai déjà dit, en mission extraordinaire et spéciale pour les affaires d'Orient. Parmi les grandes puissances continentales, la Prusse seule avait, en ce moment, à Londres un ministre titulaire, le baron de Bülow, homme d'esprit, éclairé, fort au courant des affaires de l'Europe, plus libéral et plus bienveillant pour la France qu'il ne voulait le paraître, mais préoccupé de sa santé avec une inquiétude que tantôt il s'efforçait de cacher, tantôt il affichait tristement; le vent, le brouillard, la pluie, le soleil, le froid, le chaud, le monde, la solitude, tout l'agitait, tout lui faisait mal; il était évidemment dans un état nerveux pénible qui menaçait de devenir et qui, plus tard, lorsqu'il fut ministre des affaires étrangères à Berlin, devint en effet très-grave. Dès mon arrivée à Londres, il vint me voir souvent, bientôt presque amical et prenant plaisir à parler d'histoire, de philosophie, de littérature aussi bien que de politique, avec une étendue de connaissances et d'idées qui ne manquaient ni de précision ni de finesse. Le baron de Neumann était un serviteur confidentiel du prince de Metternich, intelligent, prudent, discret avec solennité, évitant surtout de compromettre sa cour et lui-même, et portant, je crois, bien autant de goût à mon cuisinier qu'à ma conversation. La relation du baron de Brünnow avec moi était plus significative et plus compliquée : seul dans le corps diplomatique et contre l'usage, il ne vint pas me voir pendant près de six semaines après mon arrivée; nous nous rencontrions dans le monde; il se fit présenter à moi chez lord Clarendon, et le 17 mars, au lever de la reine, il me présenta lui-même le fils du comte de Nesselrode; nous échangions quelques paroles, mais toujours point de visite. Je rendais froideur pour froideur, impolitesse pour impolitesse; un soir, chez lady Palmerston, je passai, à plusieurs reprises, devant M. de Brünnow sans le voir. Vers la fin de mars, il commença à s'excuser, auprès de nos amis communs, de n'être pas encore venu chez moi, donnant pour prétexte, dit-il au baron de Bülow et à M. de Bourqueney, qu'il n'avait à Londres point de caractère bien déterminé; il était toujours ministre de Russie à Darmstadt; il regrettait l'embarras que cette circonstance avait mis dans nos rapports; mais dès qu'il aurait présenté ses lettres de créance à la reine Victoria, il viendrait me faire visite. Il me l'annonça lui-même le 8 avril, dans le salon d'attente du palais de Saint-James, et il vint en effet le lendemain s'acquitter, envers moi, d'une politesse officielle que sans doute les instructions de son maître lui avaient jusque-là interdite. Frivole marque de l'humeur impériale.

Les représentants des autres puissances continentales, le général Alava, ministre d'Espagne, M. Van de Weyer, ministre de Belgique, M. Dedel, ministre de Hollande, le comte de Bjœrnstierna, ministre de Suède, le baron de Blome, ministre de Danemark, le comte Pollon, ministre de Sardaigne, me témoignèrent, dès les premiers jours, un empressement amical ou curieux, et prirent bientôt l'habitude de venir souvent s'entretenir chez moi. Les représentants des grandes puissances tiennent en général trop peu de compte de la diplomatie de second ordre, et des informations comme de l'appui qu'ils en pourraient recevoir. Peu engagés directement dans les grandes questions du jour, et exposés à en subir les conséquences plutôt qu'à y prendre une part active, les agents des puissances secondaires sont des spectateurs à la fois intéressés et impartiaux, attentifs à observer les faits et libres d'esprit dans les jugements qu'ils en portent. Le général Alava était un loyal Espagnol, aimé en Angleterre et point hostile ni méfiant envers la France; M. Van de Weyer était un interprète spirituel, discret et bien placé dans la société anglaise, du roi Léopold et de sa pensée politique sur les affaires européennes; M. Dedel représentait avec une franchise et une convenance parfaites la vieille aristocratie républicaine de la Hollande, toujours habile et digne, même depuis qu'elle a cessé d'être puissante en Europe; le comte de Pollon était un gentilhomme éclairé et d'un esprit très-cultivé, libéral avec modestie. J'eus constamment à me louer, pendant mon ambassade, de mes rapports avec ces diplomates tranquilles, et leur commerce m'éclaira plus d'une fois sans me compromettre jamais.

J'informais avec soin mon gouvernement de tout ce qui se passait dans ce foyer anglais de la politique européenne; je rendais à M. Thiers, et dans mes dépêches officielles et dans mes lettres particulières, un compte exact de mes observations, de mes conversations, de mon attitude, de l'état des esprits, soit dans le cabinet, soit dans le public, et des craintes comme des espérances que je ressentais. Dès le 12 mars, quinze jours après mon arrivée à Londres, en lui racontant mes premiers entretiens avec lord Palmerston, je lui écrivis : « Je suis maintenant convaincu que lord Palmerston n'a aucun dessein de rien faire ni de rien décider avant l'arrivée du plénipotentiaire turc ; nous avons donc du temps. Mais je dois faire observer dès aujourd'hui à Votre Excellence que cet avantage deviendrait peut-être un danger si nous nous laissions aller à supposer que, parce qu'il ne se fait rien à présent, il ne se fera rien plus tard, et que nous serons définitivement dispensés de prendre une résolution parce que nous n'en sommes pas pressés immédiatement. Plus j'observe, plus je me persuade que le cabinet britannique croit les circonstances favorables pour régler les affaires d'Orient, et veut sérieusement en profiter. Il aime beaucoup mieux agir de concert avec nous; il est disposé à nous faire des concessions pour établir ce concert. Cependant, si, de notre côté, nous n'arrivions à rien de positif, si nous paraissions ne vouloir qu'ajourner toujours et convertir toutes les difficultés en impossibilités, un moment viendrait, je pense, où, par quelque résolution soudaine, le cabinet britannique agirait sans nous et avec d'autres, plutôt que de ne rien faire. Le temps peut nous servir beaucoup pour amener ce cabinet au plan de conduite et aux arrangements qui nous paraissent sages et praticables; mais si nous n'employions pas le temps à marcher effectivement vers un tel résultat, je craindrais fort, je l'avoue, qu'en définitive il ne tournât contre nous. »

Quatre jours après, le 16 mars, au sortir d'un long entretien avec lord Palmerston qui m'avait annoncé le consentement de la Russie à l'admission du plénipotentiaire turc dans la négociation et la prochaine arrivée de ce plénipotentiaire, je dis à M. Thiers : « Ce sont là deux faits graves, dont l'origine est bien antérieure à mon arrivée à Londres et qui modifient l'état de l'affaire. Il se peut que ces deux faits soient entravés ou annulés par quelque incident nouveau, et nous nous retrouverons alors dans la situation d'attente où nous étions naguère. Mais s'ils se réalisaient, comme lord Palmerston me l'a dit, il pourrait arriver qu'au lieu de négociations prolongées, nous nous vissions bientôt en face de la solution et de ses difficultés. » Et le lendemain, 17 mars, dans une lettre particulière, en appelant toute l'attention de M. Thiers sur ma dépêche du 16, j'ajoutai : « Il est possible que nous puissions rentrer dans la politique d'attente et de difficultés sans cesse renouvelées, au bout de laquelle nous entrevoyons, en Orient, le maintien du *statu quo;* mais il se peut aussi que les événements se précipitent et que nous nous trouvions bientôt obligés de prendre un parti. Si cela arrive, l'alternative où nous serons placés sera celle-ci : Ou nous mettre d'accord avec l'Angleterre en agissant avec elle dans la question de Constantinople et en obtenant d'elle, dans la question de Syrie, des concessions pour Méhémet-Ali ; ou nous retirer de l'affaire, la laisser se conclure entre les quatre puissances, et nous tenir à l'écart en attendant les événements. Je n'affirme pas que, dans ce cas, la conclusion entre les quatre puissances soit certaine ; de nouvelles difficultés peuvent survenir ; je dis seulement que cette conclusion me paraît probable, et que, si nous ne faisons pas la tentative d'amener entre nous et l'Angleterre, sur la question de Syrie, une transaction dont le pacha doive se contenter, il faut s'attendre à l'autre issue et s'y tenir préparés. »

Ce n'était pas à M. Thiers seulement que j'exprimais mes pronostics et mes inquiétudes ; le général Baudrand m'écrivait le 30 mars : « Le Roi m'a demandé hier si j'avais reçu de vos nouvelles ; sur ma réponse négative, ce prince m'a dit : « Je vois que M. Guizot est bien accueilli à Londres par les hommes de tous les rangs de la société, et qu'il y jouit d'une juste considération. J'espère que cette considération s'accroîtra encore ; je trouve seulement que, dans ses dernières lettres au président du conseil, M. Guizot paraît trop préoccupé des dispositions de l'Angleterre qui lui semblent douteuses envers nous. Il est enclin à croire que les ministres anglais traiteront, sur les affaires de la Turquie, avec les puissances étrangères, sans nous. Soyez bien convaincu, mon cher général, que les Anglais ne feront jamais, sur un tel sujet, aucune convention avec les autres puissances sans que la France soit une des parties contractantes. Je voudrais que notre ambassadeur en fût aussi convaincu que je le suis. » Je répondis sur-le-champ au général Baudrand : « Je voudrais bien avoir la même sécurité que le Roi vous a témoignée. J'espère qu'on ne fera rien sans nous, et j'y travaille ; mais ce n'est qu'une espérance et le travail est difficile. La politique anglaise s'engage quelquefois légèrement et bien témérairement dans les questions extérieures. Dans cette affaire-ci d'ailleurs, toutes les puissances, excepté nous, flattent les penchants de l'Angleterre, et se montrent prêtes à faire ce qu'elle voudra. Nous seuls, ses alliés particuliers, nous disons *non*. Les autres ne songent qu'à plaire ; nous, nous voulons être raisonnables, au risque de déplaire. Ce n'est pas une situation bien commode, ni parfaitement sûre. On peut y réussir avec de la bonne conduite et du temps ; je crois qu'on aurait tort de s'y confier. Il faut toujours craindre quelque coup fourré et soudain. »

M. Thiers ne se méprenait pas sur les périls de cette situation; il m'écrivait, le 21 mars :

« Si lord Palmerston veut absolument prendre une mesure contre le pacha, avec trois cours du continent au défaut de quatre, s'il en est ainsi, un peu plus tôt, un peu plus tard, les propositions Brünnow seront signées, sous une forme ou sous une autre. Cette situation n'a été créée ni par vous ni par moi. Nous n'y pouvons rien. » C'était à la note du 27 juillet 1839, par laquelle les cinq grandes puissances avaient détourné le sultan de l'arrangement direct avec le pacha, en lui promettant leur accord et leur action commune, que M. Thiers faisait remonter le mal : « A l'origine, m'écrivait-il le 16 juillet, on aurait pu tenir une autre conduite; mais depuis la note du 27 juillet 1839, il n'est plus temps. Vous pouvez juger maintenant si j'avais raison de dire aux ministres du 12 mai que cette note était la plus grande faute qu'on pût commettre. C'est l'ornière dans laquelle le char a échoué, et de laquelle nous n'avons encore pu l'arracher. » M. Thiers attribuait, je crois, à cette note plus d'importance qu'elle n'en avait réellement; quand la France ne s'y serait pas associée, quand la démarche européenne aurait été faite auprès de la Porte, en juillet 1839, par quatre grandes puissances au lieu de cinq, elle aurait également empêché tout arrangement direct du sultan avec le pacha, et le concert qui, en juillet 1840, s'établit, sans nous, entre les quatre autres puissances, aurait seulement commencé un an plus tôt. Quoi qu'il en soit, M. Thiers entreprit de lutter sans bruit contre les vices de la situation dont il héritait, qu'il ne voulait pas accepter pleinement, et qu'il ne croyait pas pouvoir répudier ouvertement. Dans cet espoir, il me donna deux instructions principales : la première, de gagner du temps, de dire que nous n'avions point d'opinion absolue, point de parti pris, de discuter les politiques diverses, de démontrer les inconvénients de celle que lord Palmerston voulait faire prévaloir, et de retarder ainsi toute résolution définitive ; la seconde, de me refuser à toute délibération commune avec les quatre puissances, de n'avoir en quelque sorte de rapports officiels qu'avec les ministres anglais, et de dégager ainsi le gouvernement français des liens que la note du 27 juillet 1839 lui avait imposés. Il s'appliquait à bien établir qu'il ne négociait, sous main, entre la Porte et le pacha, aucun arrangement direct, et que la France ne manquait point aux obligations de concert européen qu'elle avait contractées; mais il espérait qu'avec le temps, sous le poids des périls et des embarras de la situation, en présence des difficultés sans cesse renaissantes du concert entre les cinq cours, le sultan et le pacha finiraient en effet par s'arranger directement; ou bien que, de guerre lasse, les puissances elles-mêmes se résigneraient à accepter et à garantir, entre la Porte et son vassal, le maintien du *statu quo ;* ce qui était, à son avis, la meilleure des combinaisons.

Cette politique avait le grave défaut d'être plus compliquée et plus exigeante, au fond, qu'elle ne voulait le paraître : elle marchait à son but par des voies lentes et indirectes; et ce but, s'il eût été atteint, eût été, pour les quatre puissances, surtout pour le cabinet anglais, un éclatant échec. Tout l'espoir de M. Thiers se fondait sur la double confiance que Méhémet-Ali résisterait énergiquement à toute combinaison qui lui enlèverait la Syrie, et que tous les moyens de coaction qu'on tenterait contre lui seraient vains. Sa conviction sur ces deux points était si profonde qu'il regardait la politique de lord Palmerston à l'égard de l'Orient comme une politique d'aveuglement et de ruine : « On perdra ce qu'on veut sauver, m'écrivait-il ; on expose l'Empire turc à la dissolution par une incertitude prolongée, et l'Empire égyptien à l'agression par des provocations imprudentes. » Et l'état des esprits en France, dans les Chambres comme dans le public, mettait cette confiance du cabinet français dans Méhémet-Ali bien à l'aise, car on lui faisait un devoir de soutenir la cause égyptienne; la fortune du pacha semblait un gage assuré de sa force comme de son énergie; il avait frappé les imaginations; il excellait à caresser les intérêts et les personnes. Il y avait là une de ces illusions précipitées qui s'emparent quelquefois des peuples, et que l'expérience, la plus rude expérience, peut seule dissiper.

J'avais encore ma part de cette illusion; je m'en méfiais pourtant et je commençais à sentir vivement le faible de la politique que j'étais chargé de défendre. Je m'efforçais de faire partager à mon gouvernement mon impression en lui signalant, tantôt le péril prochain d'une solution adoptée et imposée, sans nous, par le concert des quatre autres puissances, tantôt le grave inconvénient de notre tendance à laisser de côté les trois puissances continentales pour ne traiter sérieusement qu'avec l'Angleterre seule. En répondant le 16 avril à la dépêche du 14, dans laquelle M. Thiers me donnait cette instruction, je lui dis : « Il y aurait plus d'inconvénient que d'avantage à faire, de la dépêche que Votre Excellence vient de m'adresser, un usage officiel. Je crois que, si j'en donnais communication, même partielle et par simple voie de lecture, à lord Palmerston, elle le porterait peut-être à des résolutions extrêmes, comme contenant, non un refus de nous associer à des conférences, ce qu'il ne demande point, mais un refus de continuer à négocier de concert avec les quatre puissances, par simple voie de conversation et dans l'unique but de se mettre d'accord sur quelque arrangement. Lord Palmerston met, à ce concert, une extrême importance ; soit parce que son amour-propre y est engagé, soit parce qu'il le regarde comme le seul moyen de profiter de la disposition de la Russie à abandonner le protectorat exclusif de Constantinople, et à prendre simplement sa place dans le protectorat européen. Le cabinet anglais ne demandera pas mieux, je pense, que de nous voir traiter de cette grande affaire surtout avec lui et par son entremise ; la position qui lui est faite par là lui convient, et nous pouvons, de notre côté, en tirer parti. Mais la cessation de toute communication sur la question d'Orient [avec les trois autres puissances continentales, l'abandon officiel de tout travail pour amener, entre elles et nous, un concert efficace, embarrasseraient, irriteraient, non-seulement l'Autriche et la Prusse qui se montrent en ce moment bien disposées, mais peut-être le cabinet anglais lui-même, et altéreraient la situation actuelle dans ce qu'elle a de favorable. »

Notre situation en effet était alors en voie d'amélioration. Beaucoup de gens, dans les Chambres et dans le public anglais, se montraient de plus en plus frappés du prix de notre alliance, de la nécessité de faire des sacrifices pour la maintenir, et du danger que tout arrangement conclu sans nous ne fût inefficace et ne tournât au profit de l'influence russe. Je connaissais bien les dissentiments intérieurs du cabinet, les efforts de lord Holland pour que la politique anglaise se rapprochât de la nôtre, les incertitudes croissantes de lord Melbourne, les hésitations naissantes de lord Lansdowne, peut-être même de lord John Russell. Je savais que, parmi les radicaux de la Chambre des communes et les whigs les plus voisins des radicaux, l'idée de se séparer de la France pour s'unir à la Russie, et de risquer une guerre en Orient et toutes les dépenses comme toutes les chances de la guerre, pour arracher la Syrie à Méhémet-Ali, inquiétait et choquait de plus en plus beaucoup d'hommes influents. Mais si je me fusse hâté d'intervenir dans ce travail, si j'eusse donné le moindre prétexte à supposer que je voulais le fomenter pour l'exploiter, non-seulement il se serait arrêté, mais il aurait probablement fait place à une réaction en sens contraire. Je crus donc devoir laisser le mouvement à son cours naturel, et ne pas chercher à le pousser trop vite ou à en profiter trop tôt. Je me tins fort tranquille ; je n'allai avec personne au-devant de la conversation ; je ne l'acceptai même pas toujours quand on me l'offrait, et les occasions ne m'en manquaient pas. Le lundi 30 mars, j'étais au bal chez la reine. Lord Palmerston, passant avec moi dans un salon voisin de la galerie de Buckingham-Palace, se montra clairement disposé à entrer en conversation sur l'Orient. Je crus qu'il valait mieux me tenir encore à l'écart, et le laisser aux prises avec le travail purement anglais qui se faisait autour de lui. Quelques bruits me revenaient pourtant qu'il paraissait croire, ou du moins qu'il affectait de dire qu'on avait tort de s'inquiéter, qu'on n'en serait pas réduit à se séparer de la France, qu'au dernier moment, plutôt que de rester seule, elle accepterait les arrangements proposés. Il ajoutait, me disait-on, que, pourvu que lord Melbourne, lord John Russell et lui demeurassent bien unis, ce résultat était assuré. Ces bruits prenaient d'heure en heure plus de consistance. Il me parut dès lors évident que lord Palmerston lui-même était préoccupé de la disposition des esprits et des dissentiments intérieurs du cabinet; si je continuais à éluder plutôt qu'à chercher la conversation avec lui, il m'attribuerait l'intention formelle de diriger contre lui ce petit travail, et en prendrait beaucoup de méfiance et d'humeur; le moment était donc venu d'essayer d'attirer lord Palmerston lui-même dans le mouvement qui nous était favorable, au lieu de paraître l'en exclure, et la légère inquiétude qu'il ressentait tournerait peut-être à notre profit si, après l'avoir laissé naître, je venais moi-même la dissiper en reprenant avec lui la question comme si son avis seul devait la décider; enfin il me parut que le moment était venu aussi de bien marquer de nouveau, conformément à mes instructions, la limite de notre politique, et de ne laisser à lord Palmerston aucun espoir de nous entraîner dans la sienne. Je lui écrivis donc, le 1er avril, que je désirais m'entretenir avec lui, et ce même jour, vers quatre heures, je me rendis au Foreign-Office où il m'attendait.

Nous causâmes d'abord, et très-amicalement, très-confidemment, du cabinet anglais et de ce qui faisait sa force réelle dans une situation sans cesse menacée et en apparence si précaire. Lord Palmerston me parla beaucoup de l'Irlande, de ses progrès dans les voies de l'ordre et du bien-être général, de l'impossibilité absolue de la gouverner comme on la gouvernait autrefois : « On en est bien convaincu en Angleterre même, me dit-il, plus convaincu qu'on n'en veut convenir; si le Parlement était dissous, nous n'aurions rien à en craindre; nous gagnerions quelque chose dans les bourgs et nous ne perdrions pas dans les comtés. » Je remarquai cette parole que rien n'avait provoquée, mais sans y attacher grande importance; c'était l'expression d'un sentiment et non l'indication d'un dessein.

Comme la conversation tombait : « Mylord, lui dis-je, j'ai désiré causer avec vous, non que j'aie rien de nouveau à vous dire, non que je désire recevoir de vous une réponse à ce que je pourrai vous dire; je vous prie d'avance au contraire de ne pas me répondre. Mais au moment où Nouri-Efendi vient d'arriver et où la négociation va recommencer, je tiens beaucoup à ce que vous sachiez exactement ce que nous pensons, où nous en sommes, ce que nous pouvons et ce que nous ne pouvons pas accepter. Vous m'avez fait l'honneur de me témoigner quelque confiance; je serais désolé que vous pussiez jamais me reprocher de vous avoir laissé un moment dans le doute sur les intentions du gouvernement du Roi. S'expliquer bien complétement, dire au commencement ce qu'on dira à la fin, c'est, à mon avis, la meilleure preuve de sincérité et le plus sûr gage de bonne intelligence que se puissent donner des alliés. »

Lord Palmerston approuva fort; il était évidemment bien aise de me voir rentrer avec lui en conversation; il attendait curieusement ce que j'allais lui dire; je continuai :

« Eh bien, mylord, nous sommes convaincus que le seul bon arrangement en Orient, le seul efficace, c'est un arrangement pacifique, équitable envers les deux parties, accepté librement par toutes les deux. Nous sommes convaincus en même temps qu'un tel arrangement est possible. Et pour aller droit au fait, nous pensons que si le pacha, en obtenant, toujours à titre de vassal, l'hérédité de l'Égypte et de la Syrie, restituait à la Porte Candie, les villes saintes et le district d'Adana, ce serait là une transaction raisonnable, et que la Porte devrait accepter. Remarquez bien, mylord, que ceci n'est point de ma part une proposition, et que je ne demande de la vôtre aucune réponse. Je ne veux que vous dire bien nettement ce qui nous paraîtrait sage et ce que nous pourrions appuyer. Au delà de ces limites, nous ne voyons qu'impossibilité et danger. Toute tentative de contraindre le pacha à rendre la Syrie est, à nos yeux, d'abord inefficace, ensuite pleine de péril pour l'équilibre et le repos de l'Europe, car elle ne peut avoir que deux effets : le premier, d'allumer en Orient la guerre civile; le second, d'y accroître l'influence russe. Nous ne saurions donc nous y associer; et si, ce qu'à Dieu ne plaise, une pareille tentative pouvait être commencée, nous serions forcés, après avoir loyalement dit à nos alliés ce que nous en pensons, de nous tenir à l'écart, n'en acceptant, pour notre compte, ni les embarras ni les périls. »

Lord Palmerston m'écoutait avec une extrême attention et en silence. Je m'arrêtai un moment; il ne prit point la parole; je repris : « Je vous le répète, mylord, bien loin de vous demander une réponse, je désire que vous ne me répondiez pas, et que vous veuilliez bien réfléchir de nouveau, à part vous, sur cette grande affaire, sur toutes les chances qui l'accompagnent et sur l'idée que nous nous en formons. Toutes les fois que j'ai eu l'honneur de vous en entretenir, vous m'avez paru justement préoccupé du désir de rendre à l'Empire ottoman quelque ensemble, quelque force, pour qu'il fût en mesure de servir lui-même, et par son propre poids, de barrière contre la Russie. C'est dans cette vue que vous vous êtes montré si frappé de l'importance de remettre entre les mains du sultan les villes saintes, seul symbole du lien religieux dans un Empire où le lien religieux est presque le seul qui subsiste encore. Ce que vous m'avez dit à ce sujet m'a beaucoup frappé, et nous croyons qu'en effet les villes saintes doivent être restituées au sultan. Mais cette restitution, mylord, ne signifie rien si elle n'est qu'une apparence. En même temps que vous remettrez au sultan le symbole de l'unité religieuse du mahométisme, il faut que vous rétablissiez cette unité elle-même; il faut que tous les musulmans se retrouvent ensemble et agissent de concert. Or, si vous prétendez enlever la Syrie au pacha, vous ferez précisément le contraire; vous diviserez profondément les musulmans; vous mettrez entre eux la guerre civile. Au moment même où vous rétablirez en apparence l'unité religieuse de l'Empire turc, vous la détruirez en réalité; vous rendrez au sultan les clefs d'un tombeau, et vous lui ferez perdre les armées de son plus puissant vassal. »

« Quel vassal que le pacha! s'écria lord Palmerston.

« Oui, mylord, un vassal très-ambitieux, sans doute, et qui a besoin d'être contenu, mais qui a su aussi, dans l'occasion, se contenir lui-même et prêter à son suzerain un très-utile appui. Avec quelles troupes, avec quels trésors le sultan a-t-il lutté contre l'insurrection grecque? Avec les troupes et les trésors du pacha. C'est le pacha qui a soutenu alors l'intérêt musulman. Et il l'a soutenu loyalement, énergiquement. Et si la Porte a perdu la Grèce, c'est vous, c'est nous, mylord, c'est l'Europe qui la lui a fait perdre, quand le pacha travaillait à la lui conserver. Ce que Méhémet-Ali fit dans ce temps-là, il le ferait encore s'il était content de sa situation et de ses rapports avec le sultan. Qu'un arrangement se fasse aujourd'hui qui satisfasse à ses justes espérances tout en lui imposant, envers la Porte, de justes devoirs, il remplira ses devoirs quand le jour en viendra; il a prouvé qu'il savait le faire. L'Empire ottoman aura retrouvé ainsi, en lui, un appui efficace, et vous aurez vraiment rendu à cet Empire, dans les limites et aux conditions aujourd'hui possibles, l'unité que vous lui souhaitez avec tant de raison. »

Lord Palmerston persista à combattre ces idées, qui pourtant le frappaient; il rechercha toutes les différences qu'on pouvait signaler entre la situation de Méhémet-Ali lors de l'insurrection grecque et sa situation en 1840. Il insista sur l'importance de la Syrie pour l'Empire ottoman, non-seulement à cause des ressources que cet Empire en pouvait tirer, mais parce que, entre les mains du pacha, elle coupait les territoires du sultan et ne lui laissait, avec ses provinces orientales, que des communications difficiles et précaires. Il reprit ses arguments habituels sur la nécessité de relever la Porte et de ne pas consacrer les prétentions d'un vassal ambitieux. « Est-il donc impossible, me demandait-il, de faire comprendre à la France que là aussi est son grand et véritable intérêt?—La France le croit, mylord, lui répondis-je, et il n'est pas nécessaire de l'en convaincre; mais elle ne se forme pas, nous ne nous formons pas la même idée que vous de l'état des faits en Orient et des moyens d'y atteindre notre but commun. Là est notre dissidence, et nous donnerions beaucoup pour qu'elle cessât, car, au fond, je ne me lasserai pas de le répéter, il n'y a de diversité entre nous, en Orient, que pour des intérêts secondaires; le grand, le véritable intérêt est le même, comme vous le dites, pour vous et pour nous. »

Arrivé à ce point, loin de rien faire pour soutenir la discussion, je la laissai languir et tomber. De la part de lord Palmerston, elle avait été molle et incertaine; tout en persistant dans sa politique, il se sentait dans une situation un peu embarrassée et avec une conviction un peu troublée. Il ne voulait ni adhérer aux idées que j'exprimais, ni les écarter absolument. Il me savait gré de la confiance amicale de mon langage, peut-être même de la netteté de mes déclarations, et sans me rien céder, il hésitait à m'opposer des déclarations également nettes. Je n'eus garde de le jeter dans la polémique, et je sortis le laissant, je crois, assez préoccupé de notre entretien. Il ne m'avait rien dit qui m'autorisât à penser que ses intentions fussent changées ou près de changer; mais depuis que nous discutions ensemble cette grande affaire, c'était la première fois que la possibilité d'un arrangement qui donnât à Méhémet-Ali l'hérédité de la Syrie comme de l'Égypte en ne rendant à la Porte que l'île de Candie, le district d'Adana et les villes saintes, s'était présentée à lui sans révolter son amour-propre et sans qu'il la repoussât péremptoirement.

Je rendis compte immédiatement à M. Thiers de cet entretien; mais tout en lui faisant entrevoir des chances plus favorables, je les trouvais moi-même si incertaines que je m'empressai d'ajouter : « Je prie Votre Excellence de ne pas donner à mes paroles plus de portée qu'elles n'en ont dans mon propre esprit. Je la tiens exactement au courant de toutes les oscillations, bonnes ou mauvaises, d'une situation difficile, complexe, où le péril est toujours imminent, et dans laquelle, jusqu'à ce jour, nous avons plutôt réussi à ébranler nos adversaires sur leur terrain qu'à les attirer sur le nôtre. »

Le 7 avril au soir, je trouvai, en rentrant chez moi, une note du plénipotentiaire turc, Nouri-Efendi, datée du même jour et qui demandait la reprise de la négociation. Nouri-Efendi était ambassadeur ordinaire de la Porte à Paris et venait à Londres en mission spéciale et temporaire. « S'il est chargé de résoudre la question, me disait M. Thiers en m'annonçant son départ, nous avons le temps de la réflexion, et nous ne serons pas devancés par un résultat inattendu et précipité. Je dois vous avertir qu'il m'a dit, à moi, qu'il n'avait ni pouvoirs ni instructions. Il a insisté pour avoir, auprès de vous, des recommandations très-vives; il voulait, disait-il, se diriger par vos conseils. J'ai accueilli tout cela avec une politesse démonstrative, mais sans y compter beaucoup. Cependant Nouri-Efendi, étant destiné à retourner à Paris, veut bien vivre avec vous. Il est possible qu'il veuille notre faveur plutôt que celle de l'Angleterre. Vous pouvez donc tirer quelque parti de cette circonstance. » La note de Nouri-Efendi ne répondait guère à cette attente : évidemment rédigée par un Européen et probablement concertée, plus ou moins directement, avec lord Palmerston, elle avait pour principal objet de représenter la France comme étroitement liée aux quatre autres puissances, et l'hérédité de l'Égypte comme la seule concession que la Porte voulût faire à Méhémet-Ali. Nouri-Efendi se déclarait « muni de l'autorisation nécessaire pour conclure et signer, avec MM. les représentants des cinq cours, une convention, laquelle aurait pour but d'aider le sultan à faire exécuter cet arrangement; » et c'était à la note du 27 juillet 1839 que le plénipotentiaire turc rattachait sa demande, comme à la source et à la règle de toute la négociation [1].

Je répondis sur-le-champ à Nouri-Efendi par un simple accusé de réception et en lui disant que je m'empressais de porter sa note à la connaissance de mon gouvernement. Deux jours après, j'étais allé voir lord Palmerston pour d'autres affaires: « Eh bien, me dit-il comme je sortais, nous avons tous reçu une note de Nouri-Efendi.—Oui, mylord, je l'ai transmise sur-le-champ à mon gouvernement.—Elle m'a paru assez bien rédigée ; en tous cas, c'est un point de départ. »

[1] *Pièces historiques,* N° II.

Je ne répondis rien. Le surlendemain, 12 avril, j'appris à *Holland-House* que les quatre plénipotentiaires d'Angleterre, d'Autriche, de Prusse et de Russie, avaient, non pas officiellement, mais de fait, concerté leurs réponses, qu'elles étaient à peu près identiques, qu'elles ne se bornaient point à un accusé de réception pur et simple, et qu'ils regrettaient que la mienne ne fût pas semblable à la leur, et qu'elle fût partie auparavant. Je reçus, le lendemain matin, ce billet de lord Palmerston : « Mon cher ambassadeur, voici copie de la réponse que j'ai donnée à la note de Nouri-Efendi. N'est-ce pas que vous répondrez à peu près dans le même sens? » La réponse anglaise ne limitait pas expressément à l'hérédité de l'Égypte, comme le faisait la note turque, les concessions de la Porte à Méhémet-Ali ; mais elle se rattachait également aux engagements primitifs et communs des cinq puissances, déclarant que « le gouvernement britannique était prêt à concerter, avec Nouri-Efendi, et d'accord avec les représentants d'Autriche, de France, de Prusse et de Russie, les meilleurs moyens de réaliser les intentions amicales que ces plénipotentiaires des cinq puissances avaient manifestées, au nom de leurs cours respectives, à l'égard de la Porte, par la note collective du 27 juillet 1839. »

J'avais, par ma réserve, bien pressenti les intentions et ménagé la situation du gouvernement du Roi. M. Thiers, en me répondant, jugea sévèrement la note de Nouri-Efendi. Sa première impression fut de ne pas prendre au sérieux un document dans lequel, sans tenir aucun compte des incidents survenus dans la négociation depuis le 27 juillet 1839, on se bornait à reproduire purement et simplement une argumentation si souvent et si victorieusement repoussée : « Comme il serait superflu, me dit-il, de prolonger indéfiniment un pareil débat, nous ne répondrons pas à la note dont il s'agit. » Il reconnut bientôt que le complet silence amènerait une rupture inopportune, et n'était pas nécessaire pour assurer l'indépendance de notre politique ; et je fus autorisé à répondre, le 28 avril, à Nouri-Efendi par une note qui, sans aucun rappel de la note du 27 juillet 1839, sans aucun engagement collectif, se bornait à déclarer que « conformément aux instructions que j'avais reçues du gouvernement du Roi, j'étais prêt à rechercher, avec les représentants des cours d'Autriche, de la Grande-Bretagne, de Prusse et de Russie, les meilleurs moyens d'amener en Orient un arrangement qui mît un terme à un état de choses aussi contraire au vœu commun des cinq puissances qu'aux intérêts de la Porte ottomane. »

Ni la demande ni les réponses ne faisaient faire encore à la négociation aucun progrès ; mais le mouvement y était rentré. Dès qu'on avait su Nouri-Efendi arrivé à Londres, et avant la remise de sa note, le baron de Bülow était venu me voir : « Tout ce que nous désirons, m'avait-il dit, c'est que la France ne se sépare pas des autres puissances dans cette affaire ; c'est presque la seule instruction que j'aie reçue de mon roi. N'y aurait-il pas quelque moyen terme qui mît à couvert, pour tout le monde, les anciens engagements, les situations personnelles, et qui pût devenir, entre le sultan et le pacha, la base d'un arrangement pacifique? Il faut chercher des combinaisons variées, quelques petites concessions de plus, de l'une et de l'autre part, quelques modifications dans la forme ou dans la qualification de la domination du pacha, en un mot un terrain un peu nouveau sur lequel nous puissions nous réunir. »

La même idée s'était laissé entrevoir dans la conversation de quelques membres du corps diplomatique, étrangers à l'affaire, mais qui m'en parlaient quelquefois. Je ne l'avais ni accueillie ni repoussée. Je m'étais borné à redire, comme à lord Palmerston et à lord Melbourne, que le gouvernement du Roi n'avait, quant à la distribution des territoires et à la forme des dominations en Orient, point de système personnel ni de résolution irrévocable, et que son seul principe fixe était le maintien de la paix par une transaction agréée des deux parties. Après la note de Nouri-Efendi, les insinuations devinrent plus précises et plus pressantes ; le baron de Bülow revint me chercher : « Il ne m'appartient pas, me dit-il, de rien proposer, de rien indiquer même directement ; mon gouvernement est, de tous, le plus étranger à la question ; mais il désire beaucoup, beaucoup, qu'elle soit résolue de concert entre les cinq puissances. Il y a des embarras ; il faut que ce qu'on fera se rattache à la note commune du 27 juillet 1839, et satisfasse, dans une certaine mesure, à ses promesses ; il faut que la dignité, que la situation de tous soient ménagées, et que chacun puisse accepter la transaction sans se donner à lui-même un démenti. Pourquoi n'accorderait-on pas, par exemple, à Méhémet-Ali l'hérédité de l'Égypte et le gouvernement viager de la Syrie? Voilà une transaction possible. Peut-être y en a-t-il d'autres. Je répète qu'il ne m'appartient pas de les proposer; mais il faut les chercher; nous finirons par en adopter une. »

J'écoutais attentivement; je répondais d'une façon générale et peu significative; M. de Bülow continua : « Eh mon Dieu, l'hérédité même de la Syrie accordée au pacha qui rendrait à la Porte l'Arabie et le district d'Adana, cela même ne serait peut-être pas impossible si nous étions sûrs qu'en cas de refus du pacha, vous serez effectivement avec nous pour l'obliger à en finir, et que nous ne nous retrouverons pas dans la situation où nous sommes aujourd'hui. La crainte de retomber dans cette situation, même après avoir cédé, c'est peut-être là ce qui embarrasse et retient le plus lord Palmerston. L'empereur de Russie répète sans cesse qu'il ne met pas grande importance à telle ou telle distribution des territoires entre le sultan et le pacha, et qu'il est prêt à accepter celle qui conviendra aux autres puissances; mais que, lorsqu'une fois on aura décidé, la décision doit être efficace, et qu'il ne veut pas s'exposer au ridicule de l'Europe impuissante contre le pacha. Et l'Autriche elle-même, quoiqu'elle n'ait aucun goût pour les moyens de coaction, le jour cependant où l'on se serait mis d'accord sur une transaction, l'Autriche la voudrait efficace et le dirait. Ne vous y trompez pas : si nous étions sûrs que, l'arrangement une fois convenu, les cinq puissances seront bien unies pour peser sur le pacha de manière à le lui faire accepter, il est probable que, sur l'arrangement même, nous serions plus faciles. »

Deux jours plus tard, le 15 avril, ce fut le plénipotentiaire autrichien, le baron de Neumann, qui vint me voir. J'étais sorti. Il revint deux heures après, et me confirma tout ce que le baron de Bülow m'avait dit de ses dispositions. Il alla plus loin. Il me témoigna un vif désir que des instructions positives m'arrivassent, et que les autres plénipotentiaires pussent bien savoir quel arrangement aurait décidément l'approbation du gouvernement du Roi. J'allais prendre la parole; M. de Neumann continua : « Nous regardons comme indispensable, me dit-il, que le sultan ne reste pas dans l'état d'humiliation et d'impuissance auquel il est réduit, qu'il recouvre une certaine étendue de territoire, qu'il obtienne des sûretés contre les nouveaux desseins ambitieux que pourrait former le pacha, que les villes saintes, par exemple, rentrent sous sa domination, que Candie lui soit rendue, que la restitution du district d'Adana le remette en possession des défilés du Taurus.... » Je continuais d'écouter; M. de Neumann s'arrêta là : « Nous n'avons, quant à nous, dis-je alors, aucune objection à cet arrangement; nous le trouvons raisonnable et nous pensons que, si la proposition en était faite, le pacha devrait l'accepter.—Mais la proposition pourrait en être faite par la Porte elle-même, reprit M. de Neumann; c'est avec la Porte que nous avons traité et que nous traitons; c'est à elle que nous avons adressé ensemble la note du 27 juillet 1839; nous ne connaissons que la Porte; nous sommes derrière elle. Si le sultan proposait au pacha l'arrangement dont nous parlons, en lui accordant l'hérédité de l'Égypte et lui laissant la Syrie comme il la possède aujourd'hui, les cinq puissances n'auraient rien à faire que de déclarer qu'elles approuvent cette transaction et qu'elles l'appuieront de concert. —J'ignore tout à fait, monsieur le baron, lui dis-je, si le pacha se contenterait de garder la Syrie comme il la possède aujourd'hui, et s'il ne persisterait pas à en réclamer l'hérédité comme celle de l'Égypte. Le gouvernement du Roi ne met, pour son propre compte, que peu d'importance à la distribution des territoires entre les deux parties; mais il en met beaucoup à ce que la transaction soit agréée de toutes deux et demeure pacifique; or rien ne nous autorise à penser que le pacha soit disposé à céder sur l'hérédité de la Syrie. »

M. de Neumann n'approuva et ne contesta rien à cet égard; cependant son silence avait assez l'air de dire que l'hérédité même de la Syrie n'était pas, à ses yeux, une concession impossible à faire faire par la Porte si du reste l'arrangement dont nous venions de parler était approuvé et efficacement soutenu par les cinq puissances. Il reprit : « Mon gouvernement désire autant que le vôtre le maintien de la paix en Orient; il est

fort peu enclin à l'emploi des moyens de contrainte;
il en connaît, comme vous, les difficultés et les périls;
ce qui importe, c'est qu'il y ait arrangement, arrangement efficace, et l'arrangement efficace ne peut avoir
lieu que si nous en tombons tous d'accord. L'empereur
mon maître et le roi de Prusse le désirent également.
Qu'une transaction agréée par vous soit donc proposée;
elle peut l'être de plusieurs manières; nous serons fort
disposés à l'appuyer, et lord Palmerston lui-même y
sera amené. Soyez sûr que la question est près de sa
maturité, et que le moment approche de s'entendre
définitivement. »

Peu après m'avoir fait ces ouvertures, les deux plénipotentiaires allemands allèrent, avec le plénipotentiaire russe, passer quelques jours à Stratfieldshaye, et
demander conseil au duc de Wellington dont l'opinion
avait toujours, auprès des cours de Vienne, de Saint-Pétersbourg et de Berlin, beaucoup de poids. On m'avait
dit que le duc était assez vif contre le pacha d'Égypte
et favorable à l'emploi des moyens de contrainte. Il n'en
était rien; les conseils du duc de Wellington furent au
contraire modérés; il dit aux plénipotentiaires continentaux que, dans l'arrangement à intervenir, les
limites des territoires importaient assez peu, qu'il fallait
qu'il y eût un arrangement, un arrangement agréé des
cinq puissances, que toute séparation de l'une d'elles
serait un mal plus grave que telle ou telle concession
territoriale, et que c'était là surtout ce qu'il fallait
éviter. A leur retour de Stratfieldshaye, MM. de Neumann

et de Bülow me témoignèrent les mêmes dispositions qu'avant leur départ.

Dans ces entretiens des deux plénipotentiaires allemands, rien ne m'avait indiqué s'ils avaient déjà parlé à lord Palmerston des concessions dont ils me faisaient entrevoir la possibilité, et s'ils l'avaient trouvé disposé à s'y prêter. En rendant compte à Paris de leurs ouvertures, je demandai des instructions précises sur la suite que j'y devais donner. Le cabinet ne vit dans ces ouvertures qu'un symptôme de l'embarras et de l'hésitation des deux puissances continentales qui voulaient naguère encore imposer au pacha d'Égypte des conditions si dures; les perpétuelles tergiversations par lesquelles avait été marquée, depuis un an, la politique du cabinet de Vienne ne permettaient pas, m'écrivit-on, d'attacher beaucoup de valeur à ce retour si incomplet vers des idées plus raisonnables, et le seul principe auquel l'Autriche fût restée fidèle dans cette grande question était évidemment la volonté absolue de ne pas nous donner raison contre les autres cabinets, alors même que nos intérêts étaient, au fond, d'accord avec les siens. D'ailleurs les nouvelles de Constantinople donnaient lieu de croire que les espérances que la Porte avait fondées sur les négociations de Londres commençaient à s'évanouir ; elle ne comptait plus guère sur un prochain accord des puissances pour forcer Méhémet-Ali à abandonner ses prétentions; et comme l'épuisement des ressources de l'Empire ottoman ne lui permettait pas d'accepter un *statu quo* indéfini, les

NÉGOCIATIONS SUR LES AFFAIRES D'ORIENT.   85

idées de conciliation et les chances d'arrangement direct entre le sultan et le pacha regagnaient peu à peu du terrain. Je ne fus donc chargé de donner aux tentatives de la Prusse et de l'Autriche aucun encouragement.

Mais des ouvertures à la fois plus limitées et plus pressantes ne tardèrent pas à m'arriver. Je reçus le 5 mai une nouvelle visite du baron de Neumann; il venait, me dit-il, non pas m'apporter, sur les affaires d'Orient, une proposition du cabinet autrichien, mais me dire quelles étaient, dans la pensée de ce cabinet et d'après les instructions qu'il venait d'en recevoir, les bases sur lesquelles on pourrait s'entendre, et en faveur desquelles il était prêt à insister de toute sa force auprès de lord Palmerston, avec l'espoir de les lui faire accepter. Ces bases seraient un partage de la Syrie entre le sultan et le pacha; partage dans lequel le pacha conserverait tout le territoire compris au sud et à l'ouest d'une ligne partant de Beyrouth et allant rejoindre la pointe septentrionale du lac de Tibériade, c'est-à-dire la plus grande partie du pachalik de Saint-Jean d'Acre, y compris cette place même, et presque jusqu'aux frontières des pachaliks de Tripoli et de Damas.

C'était là une addition considérable à la concession que, le 30 octobre 1839, lord Palmerston avait faite un moment au général Sébastiani, car cette première concession ne comprenait ni la partie septentrionale du pachalik de Saint-Jean d'Acre ni surtout cette place même. Et sur notre hésitation à l'accepter, lord Palmerston s'était empressé de retirer son offre, évidemment moins étendue que celle que le baron de Neumann venait m'apporter.

Sans faire au plénipotentiaire autrichien aucune observation, je lui demandai si ce serait à titre héréditaire que ces territoires seraient concédés au pacha. Il ne pouvait, dit-il, me répondre à cet égard avec certitude; il y aurait là encore, auprès de lord Palmerston, une grosse difficulté; cependant il croyait qu'on arriverait à la concession de l'hérédité, pour cette partie de la Syrie comme pour l'Égypte. Il ajouta qu'il avait fait, la veille, à lord Palmerston la même ouverture, et que lord Palmerston l'avait engagé à m'en parler, disant qu'il m'en parlerait aussi. Le baron de Neumann finit par me dire que, si Méhémet-Ali n'acceptait pas cet arrangement, l'Autriche, sans fournir aucunes troupes, était disposée à unir son pavillon à celui de l'Angleterre et de la Russie dans l'emploi des moyens de contrainte maritime, et que lord Palmerston lui avait paru décidé à pousser l'affaire jusqu'au bout, quand même l'Angleterre en resterait seule chargée.

Je vis lord Palmerston le surlendemain, et il me parla le premier, en y adhérant positivement, de l'ouverture que le baron de Neumann venait de me faire. L'abandon de la forteresse de Saint-Jean d'Acre à Méhémet-Ali lui coûtait évidemment beaucoup ; il s'en dédommagea en me disant, ce que je savais déjà, que, pour cet arrangement et si le pacha s'y refusait, l'Autriche consentait à concourir aux moyens de contrainte en joignant son pavillon aux pavillons de l'Angleterre et de la Russie. Il me développa alors son plan de contrainte, qui consistait dans un triple blocus d'Alexandrie, des côtes de la Syrie et de la mer Rouge. Il se montra persuadé qu'un tel blocus, obstinément prolongé, s'il le fallait, forcerait le pacha à céder, sans qu'il y eût aucune nécessité de faire une campagne de terre et d'y employer des troupes russes. Il était, me dit-il, très-décidé à poursuivre vigoureusement ce moyen si les nouvelles bases d'arrangement n'étaient pas acceptées. Je fis quelques observations sans entrer en discussion. Au point où l'affaire était parvenue, la discussion suscitait plus d'obstination qu'elle ne pouvait résoudre de difficultés. Le moment d'ailleurs était peu favorable ; je voyais lord Palmerston à la fois vivement contrarié d'abandonner Saint-Jean d'Acre et rendu très-confiant par l'adhésion de l'Autriche à l'emploi des moyens de contrainte. Je me bornai à persister dans le système que j'avais jusque-là soutenu, en disant que j'avais déjà transmis ces nouvelles ouvertures au gouvernement du Roi, que j'attendais sa réponse, et que, dans tous les cas, il aurait besoin de temps pour voir si le succès d'un tel arrangement pouvait être amené par les voies pacifiques, qu'il regardait toujours comme les seules praticables et efficaces.

Le temps ne devait pas manquer au gouvernement du Roi pour délibérer sur la résolution qu'il avait à prendre. La Porte n'avait fait aller Nouri-Efendi de Paris à Londres que pour prendre acte de l'admission de son plénipotentiaire dans la négociation ; elle y voulait avoir un agent plus capable et qui, venant de Constantinople, fût mieux informé de l'état des affaires en Orient et pût mieux éclairer les diplomates d'Occident sur les chances de succès de leurs diverses combinaisons. On annonça l'arrivée prochaine de Chekib-Efendi, l'un des plus intelligents confidents de Reschid-Pacha. La question d'Orient fut ainsi quelque temps suspendue; et d'autres affaires, beaucoup moins graves mais d'un vif intérêt momentané, devinrent pour quelques semaines, entre Paris et Londres, le principal objet d'attention et de négociation.

CHAPITRE XXIX

NÉGOCIATIONS DIVERSES.

Querelle entre l'Angleterre et le royaume de Naples à propos des soufres de Sicile. — Son origine et ses causes. — Légitimité des réclamations du cabinet anglais et violence de ses actes. — Ouvertures que je fais à lord Palmerston pour la médiation de la France — Il les accepte. — Instructions de M. Thiers à ce sujet. — La négociation se poursuit. — Oscillations du roi de Naples Ferdinand II. — Il se décide à accepter la médiation de la France. — Doutes de lord Palmerston. — Bonne issue de la négociation et arrangement définitif. — M. Thiers me charge de demander la restitution à la France des restes de l'empereur Napoléon enseveli à Sainte-Hélène. — Mon sentiment à ce sujet. — Note que j'adresse le 10 mai à lord Palmerston. — Le gouvernement anglais accède à la demande. — Mesures d'exécution à Paris et à Londres. — Choix des commissaires envoyés à Sainte-Hélène. — Mon intervention à l'appui de la compagnie chargée de la construction du chemin de fer de Paris à Rouen. — Tentative d'assassinat sur la reine Victoria. — Démarche du corps diplomatique à Londres. — Mon dîner dans la Cité à *Mansion-House*. — Dîner anniversaire de l'Académie royale pour l'encouragement des beaux-arts. — Discours que j'y prononce et accueil que j'y reçois.

Quelques semaines après mon arrivée à Londres, le bruit se répandit que la guerre était près d'éclater entre l'Angleterre et le royaume de Naples. On ne savait pas bien pourquoi cette guerre, ni dans quelle mesure elle était probable ; on parlait des soufres de Sicile, des obstacles apportés par le roi de Naples à leur libre exportation, du dommage qui en résultait pour le commerce anglais ; mais aucun acte connu, aucune déclaration publique du cabinet britannique ne donnaient lieu de croire que la guerre pût naître de cette cause; et les préparatifs militaires bruyamment ordonnés à Naples semblaient hors de toute proportion avec la question et le péril; toutes les côtes du royaume devaient être mises en état d'armement; un camp se formait près de Reggio; une levée en masse de la réserve était prescrite ; dix à douze mille hommes recevaient l'ordre de partir pour la Sicile; le roi Ferdinand lui-même était, disait-on, sur le point de s'embarquer pour aller veiller en personne à la défense de l'île. On ne s'expliquait pas de telles alarmes; les journaux anglais les mieux informés y cherchaient d'autres motifs que l'affaire des soufres; selon le *Morning Chronicle*, qui passait alors pour dévoué à lord Palmerston, les mesures napolitaines devaient être attribuées à la probabilité d'une rupture avec le bey de Tunis plutôt qu'à la crainte d'hostilités de la part de l'Angleterre. L'incertitude était si grande à Londres que je cherchais des informations à Paris : « Je demande ici à tout le monde, écrivais-je, des nouvelles de cette guerre ; personne ne me répond ; personne ne semble en rien savoir; pas plus les ministres que les autres; et ils ont vraiment l'air de ne pas me répondre parce qu'ils ne savent pas. Du reste c'est bien de ce temps et de ce pays-ci d'avoir deux guerres sur les bras, l'une en Chine pour des pilules, l'autre à Naples pour des allumettes. »

Je reçus, sous la date du 29 mars 1840, une lettre de

M. d'Haussonville, alors chargé d'affaires de France à Naples, qui me donna, sur la question et sur la situation, des notions plus complètes et plus précises. Jusqu'en 1838, l'exploitation et le commerce des soufres de Sicile avaient été parfaitement libres ; beaucoup de négociants français et anglais s'y étaient engagés; plusieurs Anglais avaient même acheté ou pris à bail en Sicile des mines de soufre (*solfatare*), et étaient devenus propriétaires ou fermiers exploitants aussi bien que commerçants; la fabrication de la soude artificielle, d'abord en France, puis en Angleterre, avait fait prendre à ce commerce un rapide développement ; pour la France seule, l'importation des soufres siciliens s'était élevée, de 536,628 kilogrammes en 1815 à 18,578,710 kilogrammes en 1838. Des intérêts considérables s'étaient ainsi formés, plus considérables encore pour l'Angleterre que pour la France. En même temps des abus s'étaient introduits, surtout dans l'exploitation des soufres; des plaintes s'élevaient de la part des petits propriétaires de mines de soufre dans l'intérieur de l'île. Aucun droit n'avait été jusque-là perçu sur l'exploitation de cette denrée. Le roi Ferdinand II crut pouvoir à la fois apaiser les plaintes, réformer les abus et assurer au trésor de l'État napolitain un revenu considérable en concédant à une compagnie française de Marseille, sous certaines conditions et moyennant une redevance annuelle de 400,000 ducats [1], le monopole,

---

[1] 1,700,000 francs.

un peu déguisé mais réel au fond, du commerce des soufres de Sicile. Ce contrat, passé le 9 juillet 1838 et qui dérogeait aux maximes les plus élémentaires de l'économie politique et commerciale, devint aussitôt, de la part de l'Angleterre, et même un peu aussi de la France, l'objet des réclamations les plus vives. Deux chargés d'affaires anglais, M. Kennedy et M. Mac-Gregor, demandèrent, à plusieurs reprises, l'abolition du monopole. Après beaucoup de consultations et d'hésitations, le roi de Naples la promit pour le 1er janvier 1840. Le prince de Cassaro, son ministre des affaires étrangères, y engagea sa parole. Le 1er janvier venu, le monopole continua. D'après l'ordre de lord Palmerston, et par une note plus fondée en droit que convenable dans les termes, M. Kennedy réclama l'exécution de la promesse qu'il avait reçue, c'est-à-dire l'annulation du contrat passé avec la compagnie Taix et l'abolition du monopole. La promesse fut renouvelée et demeura encore vaine. Dans les premiers jours de mars, M. Temple, ministre d'Angleterre à Naples et frère de lord Palmerston, revint à son poste après une longue absence et réclama de nouveau, par une note dure, l'abolition du monopole et une indemnité pour les négociants anglais qui en avaient souffert. Le roi Ferdinand, plus touché de l'offense qu'il recevait que de la promesse qu'il avait faite, déclara qu'il ne céderait point aux exigences anglaises, et ordonna au prince de Cassaro de notifier à M. Temple son refus péremptoire. Le prince de Cassaro, homme d'honneur et de sens, donna sa démission et partit pour Rome, à demi exilé. M. Temple, en vertu des instructions de lord Palmerston, transmit aussitôt à l'amiral sir Robert Stopford, qui commandait les forces maritimes anglaises dans la Méditerranée, l'ordre d'envoyer, dans les eaux de Naples et de Sicile, des bâtiments de guerre chargés de saisir tous les navires napolitains qu'ils rencontreraient, et de les emmener à Malte, où ils seraient retenus jusqu'à ce que les promesses du roi de Naples fussent exécutées et les réclamations de l'Angleterre satisfaites. Dans la première quinzaine d'avril, ces représailles étaient en plein exercice, et le roi de Naples, redoutant des coups encore plus graves, prenait toutes les mesures militaires que je viens de rappeler.

Me trouvant le 5 avril au *Foreing-Office*, je demandai à lord Palmerston quelques détails sur cette singulière querelle dont les journaux commençaient à faire grand bruit, et dont personne, parmi les gens les mieux informés, ne me paraissait à peu près rien savoir. Lord Palmerston me fit alors un long récit des faits que je viens de résumer, et arrivant à la dernière phase de l'affaire : « Quand j'ai vu, me dit-il, que le roi de Naples, au lieu d'accorder ce qu'on lui demandait et ce qu'il avait promis, prenait des mesures défensives, j'ai envoyé à mon frère un courrier porteur d'une note à communiquer au gouvernement napolitain ; et si, dans quinze jours, ce gouvernement n'a pas donné une réponse satisfaisante, mon frère enverra immédiatement à l'amiral Stopford des ordres en vertu desquels l'amiral exercera des représailles qui, j'espère, seront efficaces. » Et comme j'avais l'air de ne pas bien comprendre ce que pouvaient être ces représailles, « l'amiral saisira des bâtiments napolitains, me dit lord Palmerston, et nous verrons après. »

Les réclamations du cabinet britannique étaient fondées; il y avait là des intérêts anglais gravement lésés et des promesses napolitaines étrangement méconnues. Mais il n'y a point de si bonne cause que de mauvais arguments et de mauvais procédés ne puissent gâter, et qui n'en reçoive une fâcheuse apparence. Au lieu de fonder uniquement leurs réclamations sur le dommage qu'avaient souffert leurs nationaux et sur les promesses qu'avait reçues leur gouvernement, les agents anglais prétendirent que le monopole des soufres était une violation flagrante du traité de commerce conclu le 26 septembre 1816 entre l'Angleterre et le royaume de Naples, et ils soutinrent leurs prétentions avec une arrogance qui rendait, pour le roi de Naples, les concessions plus amères et plus difficiles. En principe, l'argument puisé dans le traité du 26 septembre 1816 ne valait rien; et les jurisconsultes anglais, sir Frédéric Pollock et le docteur Phillimore, consultés par la couronne, le reconnurent avec une honorable loyauté; ils déclarèrent, d'une part, que d'après les maximes générales du droit des gens, un souverain avait pleinement le droit de prendre, dans ses États, des mesures semblables au monopole en question, à moins que, par des stipulations conclues avec d'autres souverains, il n'eût expressément renoncé à ce droit; d'autre part, que le traité du 26 septembre 1816 ne contenait aucune stipulation semblable, et n'était ainsi point violé par le monopole décrété à Naples en 1838. En fait, la dureté hautaine des agents anglais, dans leurs conversations comme dans leurs notes, avait été choquante : « Il faut en finir avec ce roitelet, » disaient-ils ; et les mesures prises par le cabinet à l'appui de ce langage, quoique naturelles et probablement les seules efficaces, avaient été si inattendues qu'elles étaient regardées en général comme excessives, et que le roi de Naples, eût-il tort au fond, semblait autorisé à défendre, comme il le faisait, sa souveraineté et sa dignité. On disait partout qu'il y avait peu de vraie fierté à être si rude envers les faibles, et que, si le cabinet anglais avait eu ce différend avec la France ou les États-Unis d'Amérique, il y eût apporté plus de ménagements. Lord Palmerston lui-même avait le sentiment de cette situation et en était un peu embarrassé. Ayant eu occasion d'aller le voir le 10 avril, je lui parlai de l'état intérieur du royaume de Naples et des conséquences que pouvaient amener les récentes mesures du cabinet, conséquences bien plus graves et tout autres, à coup sûr, qu'il ne voulait. Lord Palmerston me raconta de nouveau toute l'affaire, avec un désir marqué de me prouver qu'il n'avait aucun tort, qu'il n'avait pu faire autrement, qu'au fond le roi de Naples, malgré ses promesses répétées, ne voulait pas abolir le monopole des soufres, et que, de son côté, le gouvernement anglais ne pouvait ni laisser sans protection des intérêts anglais si considérables, ni souffrir qu'on ne lui tînt pas les paroles qu'on lui avait données. Il me fut clair que, malgré sa persévérance dans ses résolutions, lord Palmerston était assez inquiet de cette affaire, du retentissement qu'elle avait en Europe, de l'ébranlement qu'elle pouvait causer en Italie, et qu'il n'avait nulle envie d'être forcé de la pousser jusqu'au bout. J'insistai sur les périls de cette situation, sur l'état des esprits en Sicile, l'irritation personnelle du roi de Naples, les complications si faciles en Europe; je rappellai que, sur la question des soufres et à son origine, le gouvernement français soutenait des intérêts analogues à ceux du cabinet anglais et avait agi de concert : « Je le sais, me dit lord Palmerston; aussi ne demandons-nous pas mieux que de marcher toujours avec vous. Pouvez-vous nous aider à finir cette affaire, et comment? — Mylord, lui dis-je, le mot de *médiation* est peut-être trop gros pour la circonstance, et je n'ai absolument aucune instruction à ce sujet; mais je suis sûr que le gouvernement du Roi emploierait volontiers ses bons offices pour mettre fin à une querelle qui pourrait avoir de si fâcheux résultats. — Eh bien, que votre gouvernement emploie en effet dans ce sens ses bons offices, son influence, son intervention; nous les accepterons et nous en serons fort aises. Ce qui est fait est fait. Aidez-nous à obtenir justice. En attendant, nous ne ferons rien de plus; nous ne donnerons point d'ordres nouveaux. Nous ne demandons pas mieux que de finir l'affaire à l'amiable et de vous en avoir l'obligation. »

Je rendis compte sur-le-champ à M. Thiers de cet entretien : « Je n'ai fait, lui dis-je, aucune proposition, ni pris, au nom du gouvernement du Roi, aucun engagement ; mais au moment où lord Palmerston se montrait empressé d'accepter l'intervention de la France, il m'a paru convenable et utile d'accepter à notre tour son empressement. Le gouvernement du Roi trouvera peut-être, dans ce caractère, sinon de médiateur officiel, du moins d'intermédiaire officieux, les moyens d'arranger un différend plein de périls. En tout cas, il nous convient, je crois, plus que jamais de montrer l'Angleterre unie à nous, s'entendant avec nous, et recherchant, dans ses propres embarras, nos bons offices. J'ai donc saisi sans hésiter l'occasion qui s'en offrait. Le gouvernement du Roi donnera à ces ouvertures la suite et le tour qu'il jugera convenables. Je prie seulement Votre Excellence de vouloir bien appeler promptement, sur cet incident, l'attention du Roi et de son conseil, car lord Palmerston m'ayant dit de lui-même qu'il suspendrait toute mesure nouvelle, il importe que je puisse lui apprendre bientôt ce que pense et croit pouvoir faire le gouvernement du Roi. »

La réponse du cabinet français ne se fit pas attendre ; M. Thiers m'écrivit le 12 avril : « Dites à lord Palmerston que, désirant donner preuve à l'Angleterre de notre bonne volonté, nous lui offrons d'intervenir, de la manière suivante, dans la question de Naples. Nous serons médiateurs ou négociateurs, comme on voudra nous appeler ; mais on déclarera au prince de Castelcicala, qui part de Paris pour Londres sous trois jours, que c'est la France à laquelle est confié le soin de traiter relativement au différend survenu. Si en effet il y avait, sur cette question, négociation à Naples, négociation à Paris, négociation à Londres, notre rôle serait des plus ridicules ; l'arbitrage ne serait plus qu'une confusion. Il faut que la France soit seule chargée de traiter. Cela fait, nous signifierons au roi de Naples que l'Angleterre nous a chargés du soin de négocier cet arrangement, et que nous l'invitons à nous en charger aussi. Pour le décider à nous accepter comme intermédiaires, il faudra que nous soyons munis d'une faculté, celle de suspendre les hostilités contre le pavillon napolitain. Munis de ce pouvoir par lord Palmerston, nous obligerons le roi de Naples à nous accepter comme arbitres. Lord Palmerston doit savoir que nous prononcerons l'abolition du monopole. Quant à la question de l'indemnité pour les négociants anglais, si notre avis ne convenait pas à lord Palmerston, il serait libre de ne pas accepter notre décision finale. Dans ce cas les représailles recommenceraient, et chacun des deux contendants serait laissé à lui-même et à ses forces. Cela est évidemment une médiation ; mais il faut laisser le cabinet anglais choisir le nom qui lui conviendra. »

Le cabinet anglais accepta sans hésiter et le fait, et son vrai nom. Je communiquai le 14 avril à lord Palmerston les propositions de M. Thiers. Il reconnut pleinement la nécessité des deux conditions que M. Thiers attachait à la médiation, et se montra content de cette occasion de donner une preuve publique de la bonne intelligence de nos gouvernements et de leur confiance mutuelle, ajoutant qu'il avait seulement besoin d'en parler à lord Melbourne et qu'il ne me ferait pas attendre longtemps sa réponse. Le surlendemain en effet le cabinet décida qu'il acceptait la médiation de la France sur les bases que nous avions indiquées; lord Granville l'annonça officiellement à Paris ; le ministre d'Angleterre à Naples, M. Temple, fut autorisé à suspendre l'exécution des mesures hostiles à partir du moment des négociations, et M. Thiers m'écrivit le 20 avril : « J'ai écrit hier par le télégraphe et j'écris aujourd'hui par exprès à M. d'Haussonville pour le charger de porter au gouvernement napolitain la proposition de la médiation. Il devra demander qu'elle ait lieu à Paris et que l'ambassadeur de Naples, le duc de Serra-Capriola, soit muni de pouvoirs illimités. Cette dernière condition est tellement absolue que, si on la refusait, nos offres d'intervention devraient être considérées comme non avenues. Ce qui me fait juger nécessaire d'établir ici le siége de la négociation, c'est beaucoup moins encore le désir de ménager la susceptibilité du roi des Deux-Siciles en lui épargnant l'humiliation d'un traité conclu, pour ainsi dire, en vue des forces anglaises, que l'avantage bien autrement sérieux de soustraire cette négociation aux tergiversations, aux incertitudes, aux revirements continuels qui constituen aujourd'hui toute la politique du cabinet napolitain.

C'était là en effet l'écueil sur lequel la négociatior

courait risque d'échouer. Il n'y a point de plus mauvaise école de gouvernement que le pouvoir absolu : les princes qui l'exercent deviennent étrangers à la clairvoyance, à la prévoyance, à la juste appréciation des faits, des obstacles, des forces; parce qu'ils peuvent, sans rencontrer aucune résistance, dire chez eux *je veux,* ils se figurent qu'ils peuvent aussi le dire aux étrangers et aux événements; ils agissent selon leur impression et leur fantaisie du moment, à la fois légers et obstinés, hautains et étourdis. S'ils sont puissants, ils poussent leurs volontés jusqu'à la démence; s'ils sont faibles, ils avancent et reculent, ils font et défont, comme des enfants. Leurs qualités mêmes tournent contre eux; la fierté ne les sauve ni de l'inconséquence ni de la faiblesse, et la dignité de leur caractère ne fait qu'aggraver leurs fautes et leurs périls. Le roi Ferdinand II portait, dès 1840, la peine de ce frivole aveuglement des souverains absolus, et tout en voulant sortir de la mauvaise situation qu'il avait encourue, il persistait dans les procédés qui l'y avaient conduit. Il accepta le 26 avril la médiation de la France; mais au même moment, pour satisfaire son humeur, il mit l'embargo sur les bâtiments anglais mouillés dans le port de Naples, ce qui empêcha le ministre d'Angleterre de donner, comme il l'avait promis, l'ordre de suspendre les hostilités, et sept bâtiments napolitains furent capturés en même temps que la médiation était proclamée. Vingt-quatre heures après, le roi sentit la nécessité de lever l'embargo, et les hostilités cessèrent;

mais les premières instructions envoyées à Paris au duc de Serra-Capriola, pour suivre la négociation, étaient incomplètes ; et à Londres, quoique toute intervention dans l'affaire fût interdite au prince de Castelcicala, et que lord Palmerston lui refusât même la conversation à ce sujet, cet ambassadeur mécontent essayait toujours de s'en mêler, soit pour satisfaire sa propre vanité, soit qu'il se flattât de plaire à son maître en suscitant à la médiation quelques embarras.

Ces tergiversations, ces complications qui semblaient volontaires ranimaient les méfiances et les exigences de lord Palmerston ; il les témoignait en insistant pour que notre médiation mît promptement fin à une affaire dont l'issue lui paraissait toujours douteuse. M. Thiers m'écrivit le 11 juin : « Lord Granville m'a donné connaissance d'une dépêche de lord Palmerston dans laquelle ce ministre témoigne une certaine impatience de voir résoudre sans plus de retards la question des soufres de Sicile. Vous pouvez l'assurer que je fais tout ce qui est en mon pouvoir pour hâter les résultats de la médiation confiée à mes soins ; mais n'ayant encore reçu ni de Londres ni de Naples les données indispensables pour pouvoir déterminer les catégories d'indemnitaires qui devront être appelés à liquidation, je suis obligé d'attendre que ces renseignements me soient parvenus. Quant aux objections de lord Palmerston contre l'idée d'une d'une commission siégeant à Paris pour le règlement des indemnités, et composée d'Anglais, de Napolitains et de Français, je regretterais qu'il y persistât. Le roi de Naples aurait voulu que le gouvernement français fixât seul, en bloc, un chiffre d'indemnités. Il lui répugne beaucoup de voir ce chiffre résulter d'une liquidation proprement dite. A plus forte raison peut-être se croirait-il humilié si cette liquidation s'effectuait à Naples, sous ses yeux. J'ajouterai d'ailleurs que le mode proposé par lord Palmerston serait d'une efficacité plus qu'incertaine ; car il est évident que des commissaires anglais et napolitains, sans commissaire surarbitre pour les départager, n'auraient que bien peu de chances de tomber d'accord. J'aime à penser que ces considérations suffiront pour ramener le cabinet de Londres à notre manière de voir. Lord Palmerston voudrait aussi que, sans attendre l'issue de la négociation, le roi de Naples proposât dès à présent la suppression du monopole. L'obstacle que j'y vois, c'est que le gouvernement napolitain, avant de prendre cette mesure, veut avoir constaté son droit d'imposer les soufres et d'en réglementer l'exploitation. Ce droit est au surplus d'une telle évidence que je ne comprends pas bien comment lord Palmerston peut croire que, pour le reconnaître pleinement, il a besoin d'attendre des éclaircissements plus complets. Vous pouvez lui donner l'assurance que, sur ce point, la législation napolitaine est tout à fait conforme à la nôtre. C'est donc sous l'empire du principe posé dans notre code sur les droits du gouvernement en matière d'exploitation des mines qu'ont traité les sujets anglais acquéreurs ou fermiers des soufrières siciliennes. »

Lord Palmerston se rendit à presque toutes les observations de M. Thiers, mais en insistant toujours pour que la question fût promptement vidée : « Je l'ai trouvé, répondis-je le 15 juin à M. Thiers, très-pressé en effet que la médiation atteignît son but et que le monopole des soufres fût aboli. Il m'a rappelé les craintes qu'il m'avait témoignées dès l'origine sur le désir qu'on pouvait avoir à Naples de gagner du temps et sur les lenteurs de la négociation à Paris.—Je ne comprends pas, m'a-t-il dit, pourquoi le roi de Naples n'abolirait pas immédiatement le monopole par un acte de propre mouvement et sans attendre le terme de la médiation. Il a concédé cette abolition. Il a concédé également le principe d'une indemnité en faveur des Anglais qui ont souffert du monopole. Qu'a-t-il besoin de connaître le montant, même approximatif, de cette indemnité et les diverses catégories des réclamants pour que le monopole soit aboli? Cette abolition prononcée, le médiateur sera toujours là pour protéger le gouvernement napolitain dans la question des indemnités. Et quant au droit du roi de Naples d'imposer les soufres et d'en réglementer l'exploitation, je ne comprends pas non plus en quoi ce droit peut s'opposer à l'abolition immédiate du monopole. Le roi de Naples ne peut prétendre que nous attendions, pour que cette abolition soit prononcée, qu'il ait publié son nouveau tarif sur l'exploitation des mines. Nous ne contestons point les droits inhérents à la souveraineté. Nous comprenons, en matière de mines, une législation différente de la nôtre; et nous admettons, sauf à examiner si l'application en est faite avec justice, que le principe général auquel nous avons droit, c'est que cette législation n'établisse en Sicile aucune exception, aucun privilége défavorable à nos nationaux. Mais, en aucun cas, l'abolition du monopole ne peut être à la merci des mesures futures de l'administration napolitaine, et en suspens jusqu'à ce que ces mesures soient adoptées. Le roi de Naples devrait penser d'ailleurs que, plus l'abolition se fait attendre, plus les dommages que souffrent les Anglais en Sicile, par l'effet du monopole, seront grands et leurs réclamations élevées. En sorte qu'en définitive le retard n'est bon à personne, et ne peut amener qu'un surcroît de charges et de difficultés. C'était ce que j'avais voulu prévenir en assignant, à la suspension des hostilités, un terme de trois semaines. Je vous prie instamment de mettre ces considérations sous les yeux du gouvernement du Roi. »

M. Thiers persista, avec une fermeté patiente envers le cabinet anglais comme envers le roi de Naples, dans les principes qu'il avait posés et dans l'attitude impartiale qu'il avait prise dès le commencement de la négociation. Il rédigea, sous le nom de *conclusum*, un projet d'arrangement qui, en ménageant la dignité du roi de Naples et en maintenant expressément ses droits de souveraineté, soit sur l'exploitation des mines dans ses États, soit sur la fixation des tarifs imposés à l'exportation des soufres, prononçait l'abolition du monopole accordé à la compagnie Taix, déterminait les limites assignées aux demandes d'indemnités anglaises, et réglait, en assurant aux deux parties des garanties efficaces, le mode de leur liquidation. Les termes de cet arrangement furent encore, pendant six semaines, l'objet de négociations minutieuses; j'eus quelque peine à les faire adopter tous par lord Palmerston; non qu'il y portât aucun mauvais vouloir; il désirait sincèrement le succès de la médiation et ne mit en avant point de prétention excessive ou intraitable; mais il a l'esprit exact, attentif aux détails, ne craint pas la dispute, et la soutient, même quand il est dans sa meilleure disposition, avec une opiniâtreté subtile. A Paris, de son côté, le duc de Serra-Capriola hésitait souvent, craignant de ne pas bien saisir les intentions flottantes de son maître. Enfin le roi de Naples donna à son ambassadeur des instructions précises et des pouvoirs complets; et lord Palmerston trouva suffisantes les satisfactions et les garanties que contenait le projet d'arrangement préparé par M. Thiers. Je transmis officiellement, le 7 juillet, ce *conclusum* au cabinet anglais, et j'en reçus, le même jour, l'acceptation officielle [1]. La médiation avait pleinement atteint son but spécial en mettant fin à la querelle qui menaçait de troubler le royaume de Naples, et son but général en témoignant de la bonne intelligence entre les cabinets de Paris et de Londres, et de leur désir de s'aider mutuellement. Et les relations des souverains se trouvèrent bien de cette conclusion, comme les inté-

---

[1] *Pièces historiques*, N° III.

rêts des États : le roi Louis-Philippe avait efficacement soutenu à Naples la maison de Bourbon ; et le roi de Naples, malgré ses boutades d'hésitation et d'humeur, sentait si bien quel service la médiation lui avait rendu que, pour manifester sa reconnaissance, il fit célébrer le 1ᵉʳ mai, à Naples, la fête du roi Louis-Philippe avec une solennité inaccoutumée.

J'avais eu à conduire simultanément une négociation d'une tout autre nature et à laquelle j'étais loin de m'attendre. Un de mes amis m'écrivit de Paris le 7 avril : « M. Molé dit que M. Thiers négocie avec le gouvernement anglais la translation du corps de Napoléon en France. Est-ce vrai ? M. Molé dit que ce sera un moment de grande émotion, qu'il en juge par lui-même. Politiquement, cela produirait de l'exaltation belliqueuse, et l'à-propos en venant, cela ne manquera pas son effet. Mais faut-il cela ? » Je répondis sur-le-champ : « Il n'est pas le moins du monde question de la translation du corps de Napoléon en France, » et en effet je n'en avais nullement entendu parler. Mais le 4 mai, après m'avoir entretenu de la question d'Orient et de la médiation napolitaine, M. Thiers m'écrivit : « J'ai maintenant à vous parler d'une affaire toute différente, mais qui a aussi son importance, bien que ce soit une affaire de sentiment. J'invoque ici tout votre zèle, car, si vous réussissez, cela vous fera autant d'honneur qu'à nous, et je vous aurai une grande reconnaissance personnelle du succès. Voici ce dont il s'agit. Le roi consent à transporter les restes de Napoléon de Sainte-Hélène aux Invalides, à Paris. Il y tient autant que moi, et ce n'est pas peu dire. Il faut donc obtenir cela du cabinet anglais. Je ne sais aucune manière honorable de motiver un refus. Si nous nous y prenions d'une manière détournée, en sondant le terrain sourdement, nous donnerions des commodités pour nous refuser; mais en demandant la chose purement et simplement, on sera placé en présence d'un refus pur et simple, et on y regardera. L'Angleterre ne peut pas dire au monde qu'elle veut retenir prisonnier un cadavre. Quand on a exécuté un condamné, on rend son corps à la famille. Et je demande pardon au ciel de comparer le plus grand des hommes à un condamné mort sur l'échafaud; mais je veux exprimer à quel point je sens l'indignité qu'il y aurait à ne pas nous rendre les restes de l'illustre prisonnier. Si l'Angleterre nous donne ce que nous lui demandons ici, elle mettra le sceau à sa réconciliation avec la France; tout le passé de cinquante ans sera aboli; l'effet, pour elle, en France sera immense. C'est sous ce point de vue qu'il faut présenter la chose. Le refus au contraire produirait une impression funeste. Je n'y crois pas; je n'y puis croire; mais il faut être armé contre toute hypothèse. Faites sentir combien cela serait révoltant. Je vous dirai entre nous qu'il faut cependant faire cette démarche de manière à pouvoir la laisser secrète, afin de ne pas être obligés de nous brouiller là-dessus. Lord Granville a été chargé d'écrire de son côté. Conduisez la chose de manière à pouvoir parler ou nous taire si nous avions un refus. Lord Granville ne croit pas au refus. Si la chose est accordée, un bâtiment partira sur-le-champ pour aller chercher la dépouille. Il faudrait qu'un commissaire anglais accompagnât le navire pour assurer la restitution. Réussissez dans cette affaire, et nous vous en laisserons tout l'honneur. »

Mon premier mouvement, en recevant cette instruction, fut la surprise. L'empereur Napoléon n'avait-il donc plus de partisans et d'héritier? Les menées du roi Joseph en 1830, l'entreprise de Strasbourg en 1836 étaient-elles oubliées? Était-ce au gouvernement du roi Louis-Philippe à glorifier et à ressusciter ainsi un rival? La présence, en France, du corps et du tombeau de Napoléon serait-elle, au dedans un gage de sécurité, au dehors un symbole de paix? Selon le bon sens, les objections se présentaient en foule. Mais il y avait, dans cette démarche, de la générosité et de la grandeur. Et aussi une noble confiance du Roi et de ses conseillers dans la force de son gouvernement, dans la bonté de sa cause et l'adhésion de la France à sa politique. C'était le caractère particulier et ce sera l'honneur du roi Louis-Philippe qu'il s'associait toujours vivement, spontanément, au sentiment national, tout en étant toujours prêt et décidé à lui résister quand, à ses yeux, l'intérêt national le commandait. Il était à la fois, dans ses rapports avec son pays, plein de sympathie et d'indépendance, ému de ce qui émouvait le peuple et ferme dans sa politique de gouvernement. Et aucune inquiétude personnelle, aucune jalousie subalterne ne le gênait quand il se trouvait en présence d'un vœu populaire ; il fallait, pour qu'il ne l'accueillît pas avec complaisance, que le bien public lui en fît une loi.

Pour moi, passé le premier mouvement de surprise, je fus touché du sentiment qui inspirait cette démarche, et j'acceptai de bonne grâce la part qu'on me demandait d'y prendre. Quelques-uns de mes amis me témoignèrent leurs doutes et leurs inquiétudes; je leur répondis : « Je comprends tout ce qu'on dit, tout ce qu'on peut dire de cette affaire. On me demande de l'arranger ici. Je ne suis pas chargé des conséquences. Les pays libres sont des vaisseaux à trois ponts; ils vivent au milieu des tempêtes; ils montent, ils descendent, et les vagues qui les agitent sont aussi celles qui les portent et les font avancer. J'aime cette vie et ce spectacle; j'y prends part en France ; j'y assiste en Angleterre. Cela vaut la peine de vivre. Si peu de choses méritent qu'on en dise cela ! »

Je me rendis sur-le-champ chez lord Palmerston, et je lui communiquai le vœu du gouvernement du Roi. Lui aussi fut un peu surpris, et quelque soin qu'il prît de ne pas le témoigner, je vis passer sur ses lèvres un sourire fugitif qui révélait son sentiment. Il accueillit ma demande avec courtoisie, me promit d'en entretenir sans retard le cabinet, et deux jours après, le 9 mai, je pus écrire à M. Thiers que le gouvernement anglais consentait à la translation des restes de Napoléon. « Je vous remercie, m'écrivit-il le 11, de la bonne nouvelle que vous me donnez. Maintenant je vous prie de me répondre immédiatement sur les points que voici. Il nous importe de savoir au plus tôt comment va procéder le cabinet anglais. Va-t-il envoyer à Sainte-Hélène un ordre ou dépêcher un commissaire? Ordre ou commissaire, enverra-t-il l'un ou l'autre par bâtiment anglais? Dans ce cas, il faudrait que ce fût immédiatement, pour que notre bâtiment n'arrivât pas le premier. Ce qui vaudrait tout autant, ce serait que le bâtiment français transportât le commissaire ou l'ordre anglais. Y a-t-il des relâches avec du charbon sur la route? Dites-moi tout cela le plus tôt possible. Je voudrais avoir aussi la réponse officielle afin de pouvoir présenter le projet de loi aux Chambres pour la dépense. C'est Rémusat qui fera cette présentation. Nous vous sommes bien reconnaissants du zèle que vous avez mis pour faire réussir cette affaire. »

J'adressai le 10 mai, en ces termes, à lord Palmerston la demande officielle qui devait amener la réponse officielle qu'attendait M. Thiers :

« Le soussigné, ambassadeur extraordinaire et plénipotentiaire de S. M. le roi des Français, conformément aux instructions qu'il a reçues du gouvernement du Roi, a l'honneur d'informer S. Exc. M. le ministre des affaires étrangères de S. M. la reine du royaume-uni de la Grande-Bretagne et d'Irlande que le Roi a fortement à cœur le désir que les restes de Napoléon reposent en France, dans cette terre qu'il a défendue et illustrée, et qui garde avec respect les dépouilles de tant de milliers de ses compagnons d'armes, chefs et soldats, dévoués avec lui au service de leur patrie. Le soussigné est convaincu que le gouvernement de Sa Majesté Britannique ne verra, dans ce désir de S. M. le roi des Français, qu'un sentiment juste et pieux, et s'empressera de donner les ordres nécessaires pour que les restes de Napoléon soient transportés de Sainte-Hélène en France. »

Je reçus le même jour de lord Palmerston cette réponse :

« Le soussigné, principal secrétaire d'État de Sa Majesté pour les affaires étrangères, a l'honneur d'accuser réception de la note, en date de ce jour, qu'il a reçue de M. Guizot, ambassadeur extraordinaire et plénipotentiaire de S. M. le roi des Français, et dans laquelle est exprimé le désir du gouvernement français que les restes de Napoléon soient transportés en France. Le soussigné ne peut mieux répondre à cette note de M. Guizot, qu'en transmettant à Son Excellence la copie d'une dépêche que le soussigné a adressée hier à l'ambassadeur de Sa Majesté à Paris, en réponse à une communication verbale que le président du conseil (M. Thiers) avait faite à lord Granville sur le même sujet auquel se rapporte la note de M. Guizot. »

Le 9 mai en effet, aussitôt après la décision de son cabinet, lord Palmerston avait adressé à lord Granville cette dépêche :

« Mylord, le gouvernement de Sa Majesté ayant pris en considération la demande du gouvernement français pour obtenir l'autorisation de transporter de Sainte-

Hélène en France les restes de Napoléon Bonaparte, j'invite Votre Excellence à assurer M. Thiers que le gouvernement de Sa Majesté accédera avec grand plaisir à cette demande. Le gouvernement de Sa Majesté espère que la promptitude de cette réponse sera considérée en France comme une preuve de son désir d'effacer toute trace de ces animosités nationales qui, pendant la vie de l'empereur, armèrent l'une contre l'autre la nation française et la nation anglaise. Le gouvernement de Sa Majesté a la confiance que, si de pareils sentiments existent encore quelque part, ils seront ensevelis dans le tombeau où vont être déposés les restes de Napoléon. »

Ces belles paroles furent répétées dans le discours que prononça M. de Rémusat en présentant, le 12 mai, à la Chambre des députés le projet de loi qui annonçait le résultat de la négociation, et demandait un crédit d'un million pour les dépenses de la translation et du tombeau. L'enthousiasme fut d'abord général ; ceux à qui la mesure n'inspirait aucune inquiétude étaient vivement émus, et l'émotion gagnait ceux-là même qui s'en inquiétaient. Mais bientôt un retour de réflexion se fit sentir ; quand la commission chargée d'examiner le projet de loi en fit le rapport par l'organe du maréchal Clauzel, les termes de ce rapport dépassèrent beaucoup ceux du discours du ministre de l'intérieur, et au lieu d'un million que le gouvernement avait demandé, la commission proposa un crédit de deux millions. Plusieurs journaux, soit par entraînement, soit avec préméditation, tenaient un langage où perçait une hostilité plus ou moins déguisée contre le gouvernement du Roi. La discussion fut courte mais significative; M. de Lamartine exprima, avec une éloquence courageuse, les appréhensions que lui inspirait cette ovation solennelle en l'honneur « du despotisme heureux et du génie à tout prix ; » et il marqua les limites dans lesquelles les amis de la liberté renfermaient leur adhésion. Animée du même sentiment, la majorité de la Chambre rejeta l'augmentation de crédit qu'avait proposée la commission : non par mesquine économie, tout le monde savait que les dépenses de la translation et du tombeau iraient fort au delà de la première proposition du cabinet ; mais on voulait se tenir en dehors de toute idolâtrie rétrospective, et faire acte d'attachement à la monarchie libre en même temps qu'on rendait hommage à la gloire du pouvoir absolu. Et le sentiment public répondit à celui de la Chambre, car plusieurs journaux ayant essayé de recueillir, par voie de souscription, la somme qu'elle n'avait pas voulu voter, la tentative échoua ridiculement et ses auteurs furent obligés de l'abandonner.

En négociant, avec le gouvernement anglais, les mesures nécessaires à l'accomplissement de sa promesse, je me trouvai, à Londres, en présence d'autres inquiétudes et d'autres susceptibilités suscitées par la même cause. J'en informai aussitôt M. Thiers : « Le cabinet, lui dis-je, trouve plus convenable pour lui-même d'envoyer ses ordres à Sainte-Hélène par un bâtiment anglais. Il y en a un à Portsmouth tout prêt à partir. Le capitaine sera mandé demain dimanche à Londres. On lui donnera ses instructions et on causera avec lui. Il sera de retour à Portsmouth mardi et mettra à la voile mercredi 20 mai. J'ai lu les instructions officielles dont nous aurons copie authentique. Elles sont parfaitement convenables. Elles prescrivent et règlent l'exhumation, la translation du tombeau au lieu d'embarquement, enfin la remise aux commissaires français et la rédaction d'un procès-verbal. Lord Palmerston m'a donné connaissance confidentielle des instructions particulières qui seront adressées aussi au gouverneur de Sainte-Hélène, le major Middlemore. Elles lui ordonnent et lui recommandent extrêmement de ne rien faire qui contienne, en réalité ou en apparence, un démenti ou un reproche à la conduite antérieure du gouvernement anglais pendant le séjour de Napoléon à Sainte-Hélène. Le cabinet verrait avec un vif déplaisir tout acte, toute parole qui donneraient aux torys sujet ou prétexte de se plaindre ou de réclamer. Jusqu'ici les torys sont bien dans l'affaire. Le duc de Wellington a été très-bien. Il a positivement approuvé dès le premier moment, quand lord Melbourne lui en a parlé en confidence. Il approuve tout haut depuis que la chose est publique. Il ne faut pas que rien trouble cette harmonie, et vienne élever des récriminations ou des questions de parti. Tenez pour certain que le cabinet met à ceci une extrême importance. Je sais que lord John Russell particulièrement en est très-préoccupé.

On ne voit pas sans inquiétude les anciens compagnons de la captivité de Napoléon chargés d'aller recevoir ses cendres. On craint leurs souvenirs, la vivacité de leurs sentiments, peut-être quelque parole amère, imprudente. On désire, on demande qu'ils reçoivent de vous les instructions les plus précises, les plus fortes recommandations. On le désire dans un esprit d'amitié sincère, pour la dignité même de ce grand acte international si noblement commencé, et qui doit s'accomplir comme il a été commencé. »

Le même esprit d'amitié sincère et de prévoyance délicate présida aux mesures d'exécution adoptées par le cabinet français : « Tout est pour le mieux dans ce qui vient de se passer, m'écrivit, le 23 mai, M. Thiers ; il vaut mieux que le bâtiment et le commissaire anglais nous précèdent ; nous trouverons ainsi toutes choses préparées. Je vais choisir un commissaire qui représentera le gouvernement français et signera le procès-verbal de remise du corps. Ce commissaire ne sera pas un des quatre captifs qui ont accompagné Napoléon ; ce ne sera ni Bertrand, ni Gourgaud, ni Las-Cases, ni Marchand ; ce sera un employé des affaires étrangères. Ainsi rien ne pourra offusquer la susceptibilité des torys anglais. Les quatre compagnons d'exil qui vont chercher les restes de leur maître auront pour instruction d'être témoins muets et impassibles de l'exhumation et de la translation à bord. Il n'y aura pas un discours, pas une manifestation. Les peintres, les gens de lettres, tout ce qui pourrait faire du bruit est écarté. Le bruit se fera en France et en famille. Le cabinet anglais n'aura pas à se repentir de sa conduite dans cette circonstance, et nous ne l'exposerons pas à quelque sortie des torys. Nous lui devons cette réserve en retour de son loyal empressement. »

Le choix du commissaire, le comte de Roban-Chabot, répondit parfaitement à la situation et à l'intention des deux cabinets. D'un cœur aussi français que dévoué au Roi, et bien connu en Angleterre où il résidait depuis plusieurs années comme secrétaire de l'ambassade de France, personne ne convenait mieux pour accompagner M. le prince de Joinville que le Roi son père avait placé à la tête de cette pacifique expédition. Avec un tel commandant naval et un tel commissaire diplomatique, le gouvernement français était assuré que ni la dignité ni le tact ne feraient défaut dans cette délicate mission. J'écrivis à M. Thiers que le cabinet anglais ne conservait plus aucune inquiétude et qu'il donnerait toutes les instructions que nous pouvions désirer. Un bruit s'était répandu qu'en 1821, lors de l'ensevelissement de l'empereur Napoléon, de la chaux vive avait été mise dans le cercueil; ce bruit fut formellement démenti : la dépêche de sir Hudson Lowe à lord Bathurst, en date du 14 mai 1821, qui contenait tous les détails de l'inhumation, nous fut communiquée [1], et l'exhumation, accomplie le 15 mai 1840, en confirma pleinement l'exactitude. Lord John Russell, chargé,

---

[1] *Pièces historiques*, N° IV.

comme secrétaire d'État des colonies, de tous les ordres
à donner sur les lieux mêmes, avait un moment pensé
que le cercueil, une fois exhumé, devait être livré aux
commissaires français sans être préalablement ouvert;
M. Thiers m'exprima le désir que cette ouverture pût
avoir lieu afin de faire tomber, en constatant l'identité,
beaucoup de bruits absurdes. Il me chargea également
de demander que le titre d'*Empereur*, admis par lord
Palmerston dans sa note du 9 mai qui nous avait annoncé la restitution du corps, fût conservé dans le procès-verbal qui en constaterait la remise. L'une et l'autre
autorisations furent données au gouverneur de Sainte-
Hélène; et le 15 mai, au moment où la mission s'ac-
complit, le procès-verbal, signé par le major Middlemore et le comte de Rohan-Chabot, fut rédigé en
conséquence. Enfin la dépêche qui contenait, pour le
gouverneur anglais, ces instructions supplémentaires
fut portée à Sainte-Hélène par le commissaire français;
et lorsque, le 7 juillet 1840, la frégate *la Belle-Poule* mit
à la voile sous les ordres de son royal commandant,
elle partit chargée de toutes les marques de bienveillance et de confiance mutuelles que pouvaient se donner les deux gouvernements, empressés l'un et l'autre
de mettre ce dernier sceau à la paix.

On m'écrivit de Paris qu'on s'étonnait que, dans tout
le bruit que faisait cette affaire et après la part que j'y
avais prise, mon nom n'eût pas été une fois prononcé,
ni dans les Chambres ni ailleurs. Je répondis : « J'ai été
peu surpris de ne pas voir mon nom dans le discours

de M. de Rémusat, et j'ai trouvé cela convenable ; il ne devait y avoir dans ce discours, comme il n'y a en effet, que quatre noms : le roi, Napoléon, la France et l'Angleterre. Ce que je remarque sans surprise, c'est l'art avec lequel les journaux ministériels, ou de la gauche, ont évité de parler de moi à ce propos. Cela m'arrivera souvent, même quand on m'aura écrit : « Réussissez dans cette affaire, et nous vous en laisserons tout l'honneur. »

En même temps que nous cherchions ainsi à effacer, entre les deux pays, les traces de leurs inimitiés, nous nous appliquions à multiplier leurs relations pacifiques et à unir leurs intérêts matériels. Le comte Jaubert, ministre des travaux publics, préparait alors un projet de loi pour l'exécution du chemin de fer de Paris à Rouen. De riches capitalistes anglais, qui jusque-là étaient restés étrangers aux associations tentées pour nos entreprises naissantes de grands travaux publics, annoncèrent l'intention de concourir à celle-ci pour une somme de vingt millions. Quatre d'entre eux vinrent me prier de soumettre, en leur nom, au gouvernement français, leur désir de quelques modifications au cahier des charges projeté ; j'écrivis au comte Jaubert : « Si ces modifications ne sont pas obtenues, particulièrement celle de l'art. 42 du cahier des charges, je crois fermement que vous n'aurez pas le concours des capitaux anglais, et qu'ainsi cette grande affaire échouera encore. Les quatre hommes dont les noms sont au bas de cette demande sont au nombre des meilleurs garants d'argent que ce pays-ci puisse offrir. Tout le monde me dit qu'à eux quatre ils fourniraient sans embarras les vingt millions dont il s'agit. L'un des quatre, M. Easthope, est le propriétaire du *Morning Chronicle* et membre de la Chambre des communes. Le chemin de Rouen à part, il est bon d'être bien pour lui et avec lui. Il est venu me voir à ce sujet. Il n'avait jamais mis le pied à l'ambassade. » Les modifications désirées n'avaient rien que de raisonnable ; le comte Jaubert agréa les principales, et les capitaux anglais entrèrent largement dans l'entreprise. J'intervins à plusieurs reprises pour lever les difficultés que rencontrait l'association ou lui procurer les facilités dont elle avait besoin. Quand la Chambre des députés eut adopté le projet, la ville de Southampton voulut saluer par une fête municipale l'acte législatif qui devait faire bientôt, de son port, l'une des principales stations du commerce anglo-français ; j'y fus invité le 20 juin, avec le duc de Sussex, lord Palmerston et beaucoup d'autres, acteurs intéressés ou spectateurs curieux. La fête fut célébrée avec cette solennité à la fois animée et régulière où se révèlent la satisfaction des intérêts et les habitudes de la liberté. Dans le cours du banquet, je prononçai en anglais quelques paroles bien accueillies [1], et je revins le jour même à Londres, content d'avoir, le premier, pris acte publiquement de ce nouveau gage de paix et de prospérité pour les deux pays.

---

[1] *Pièces historiques*, N° V.

Huit jours auparavant, un incident fort inattendu avait montré à quel point, de l'une à l'autre rive de la Manche, le mal comme le bien était contagieux. Le 10 juin, entre six et sept heures de l'après-midi, au moment où la reine Victoria, seule avec le prince Albert, passait en calèche le long de *St. James's Park*, deux coups de pistolet furent tirés sur elle. Arrêté à l'instant par les passants qui se trouvaient près de lui, l'auteur de l'attentat, Édouard Oxford, était un jeune homme de dix-huit ans, qui avait à peine l'air d'en avoir quinze, employé comme garçon cabaretier dans une taverne d'*Oxford Street*. Soudainement répandu dans Londres, le bruit de l'attentat suscita un mouvement général d'indignation mêlée de surprise et d'une sorte de honte triste; l'Angleterre se croyait à l'abri de tels crimes et de tels dangers. Je dînais ce jour-là chez sir Robert Inglis, le plus décidé, le plus respectable et le plus bienveillant tory que j'aie rencontré. J'allai en sortant de chez lui, dans un salon whig, chez lord Grey, où l'on faisait de la musique. Je trouvai partout la même impression. La reine, grosse en ce moment, avait montré un courage ferme et simple; on était touché du mouvement qui l'avait portée à se faire conduire sur-le-champ chez sa mère, la duchesse de Kent; on racontait, on écoutait avidement les détails qui arrivaient de moment en moment. J'écoutais comme les autres, tantôt la conversation, tantôt la musique; et en écoutant, je pensais à ces quelques têtes couronnées, partout le point de mire de ces frénétiques, inconnus de nombre comme de nom, dont les sombres passions fermentaient à côté de ces plaisirs frivoles. On parlait de l'assassin lui-même au moins autant que de la reine : « Qu'est-ce que ce jeune homme? De quelle classe? A-t-il l'air bien élevé? Est-il beau? Comment parle-t-il? Que dit-il de ses motifs? » J'assistais avec un sentiment pénible à cette explosion d'une curiosité aussi vive dans les salons que dans les rues : « C'est précisément là, me disais-je, ce que veulent ces fanatiques pervertis, un théâtre, un public, paraître et briller au grand soleil, eux petits et obscurs. Sous quel régime et dans quel pays aura-t-on assez de sens moral et politique pour les laisser à leur niveau, et ne pas leur donner ce qu'ils cherchent? »

Le lendemain matin 11 juin, plusieurs membres du corps diplomatique accoururent chez moi, me demandant s'il ne serait pas convenable que nous fissions en commun, auprès de la reine, une démarche qui témoignât des sentiments que nous inspirait l'attentat dont elle venait d'être l'objet. De concert avec eux, j'écrivis sur-le-champ à lord Palmerston :

« Mon cher vicomte, plusieurs membres du corps diplomatique, entre autres, M. le baron de Bülow, M. de Hummelauer et M. le comte de Pollon qui sont chez moi, et le général Alava qui vient de m'en écrire, me témoignent un vif désir qu'il y ait pour eux quelque manière d'exprimer à la reine l'intérêt profond que leur a inspiré le triste événement d'hier, et la part qu'ils prennent à la joie de son peuple. Je viens vous demander ce que nous pouvons faire, et par exemple s'il vous paraîtrait convenable de prendre les ordres de Sa Majesté, et de solliciter, pour le corps diplomatique, une audience où il pût lui offrir, ainsi qu'à S. A. R. le prince Albert, l'expression de ses sentiments. Veuillez, mon cher vicomte, me répondre à ce sujet, car nous serons, en attendant votre réponse, dans une immobilité qui nous déplaît. »

Lord Palmerston me répondit quelques heures après :

« Mon cher ambassadeur, je suis encore au conseil; nous sommes occupés à examiner les témoins sur l'attentat d'hier. Je crains que nous n'aurons pas fini jusqu'à cinq heures; et il faut alors que je me rende à la Chambre des communes. Je vous écrirai demain matin pour vous dire à quelle heure et où je pourrai vous recevoir. »

Il me donna rendez-vous le lendemain 12 juin, à six heures, et d'après la conversation que nous eûmes ensemble, je fis porter, le jour même, chez tous les membres du corps diplomatique, cette note :

« J'ai vu lord Palmerston à six heures. Il m'a remercié de la demande que je lui avais adressée d'après l'avis d'un grand nombre de membres du corps diplomatique. Il m'a dit qu'après avoir consulté les personnes compétentes et les précédents, notamment ce qui s'était passé lors des tentatives d'assassinat contre George III, George IV et Guillaume IV, le cabinet avait reconnu que le souverain n'avait jamais, en pareille occasion, reçu le corps diplomatique en masse et comme corps. Mais il a ajouté que la demande serait mise sous les yeux de la reine qui en serait, il pouvait me l'assurer, vivement touchée. »

Dans ma première impression, je n'avais pas assez bien présumé du bon sens anglais, gouvernement et peuple, juges et jurés. Quand Édouard Oxford fut traduit, le 9 juillet, devant la cour d'assises, la procédure et les papiers trouvés chez lui ne permirent pas de mettre en doute le caractère politique de son fanatisme ; il appartenait à une association dite *la Jeune Angleterre*, petite imitation des grandes sociétés secrètes du continent : « Il y a deux choses sûres, disaient les personnes chargées d'instruire l'affaire ; c'est qu'il n'est pas fou et qu'il n'est pas seul. » Mais en même temps tout indiquait que cette association était peu nombreuse, sans but précis, et que la contagion qui l'avait suscitée n'était ni bien ardente ni très-répandue. Il y eut un soin instinctif et général pour ne pas donner à l'incident ni à l'homme plus d'importance et d'éclat qu'ils n'en avaient réellement : après les interrogatoires et un court débat conduits par le grand juge, lord Denman, avec une équité scrupuleuse, quand la question définitive de la culpabilité d'Édouard Oxford fut posée, le jury répondit : « Coupable, et en même temps point sain d'esprit. »—C'est-à-dire, fit observer le baron Alderson, l'un des juges, non coupable, vu qu'il n'est pas sain d'esprit.—Oui, mylord, répondit le chef du jury ; c'est notre intention.—En ce cas, dit le procureur général, je demande humblement à Vos Seigneuries l'application au prévenu de l'acte rendu par le Parlement dans la 40ᵉ année du roi George III, qui ordonne que toute personne acquittée comme n'étant pas saine d'esprit restera en prison sous le bon plaisir du roi. » Telle fut en effet l'issue légale de la poursuite, et Édouard Oxford, puni et mis hors d'état de nuire sans être grandi, fut promptement oublié.

Pendant la lune de miel de mon ambassade, c'est-à-dire tant que la question d'Orient n'eut pas ostensiblement désuni les deux pays, j'eus deux occasions obligées de paraître et de parler devant le public anglais, devant des publics très-différents. J'étais populaire à Londres; depuis Sully et Ruvigny, j'étais le premier ambassadeur français protestant qu'on y eût vu; mes études historiques m'avaient valu l'estime des lettrés; politiquement, on me connaissait à la fois comme libéral et comme conservateur; les whigs me savaient gré de mon attachement aux principes du gouvernement libre, et les torys de ma résistance aux tendances anarchiques. C'était à mes propres travaux que je devais ce que j'avais acquis de bonne situation et de bon renom. Les classes diverses et les divers partis me témoignaient la même faveur. Le lord maire de Londres, sir Chapman Marshall, vint m'inviter, pour le 20 avril, au grand banquet de la Cité. Je me trouvai là au milieu de la bourgeoisie de Londres qui prenait plaisir à déployer ses magnificences et ses sentiments. La seule circonstance remarquable de la réunion fut qu'aucun des membres du cabinet whig n'y parut. La dernière fois qu'ils étaient venus au dîner de la Cité, ils y avaient été fort mal reçus et à peu près sifflés. Lord Melbourne s'en était tiré très-dignement; mais ni lui ni ses collègues ne se souciaient de recommencer. Lord Palmerston, à qui je dis le matin même que j'irais, me répondit que les ministres n'iraient pas, et pourquoi. Leur absence fut remarquée, mais sans étonnement, et leur santé fut portée avec une froideur décente. Tous les témoignages d'empressement et de faveur me furent réservés. Quand le lord maire eut porté ma santé et celle des autres ministres étrangers, j'y répondis en anglais, par un petit discours accueilli avec une satisfaction cordiale et bruyante [1]. Dans tous les *toasts* portés après celui-là, chaque orateur se crut obligé de me faire un compliment, et ce compliment était un remercîment amical. « Bizarre spectacle, écrivais-je le lendemain à Paris, que celui d'un dîner d'il y a trois siècles! Les cérémonies, les costumes, *the loving cup* et le bassin d'eau de rose passant, l'une de lèvre en lèvre, l'autre de main en main, tout cela m'a amusé et intéressé. Mais les hommes m'intéressent toujours infiniment plus que les choses; et j'oublie tous les spectacles du monde pour des yeux qui s'animent en m'écoutant et des figures graves et timides qui me parlent avec une émotion bienveillante. »

Quelques jours après, le 2 mai, je pris part à une réunion très-différente. C'était le dîner anniversaire de

---

[1] *Pièces historiques*, N° VI.

l'Académie royale pour l'encouragement des beaux-arts, à l'ouverture de leur Exposition. Rien ici n'avait le caractère des anciens temps et des longues traditions; l'Académie royale était d'origine récente ; elle avait été fondée en 1768 par le roi George III ; sir Josuah Reynolds avait été son premier président, et le bâtiment qu'elle occupait dans *Trafalgar-Square* ne datait que de 1834. Tout était nouveau, l'institution, l'édifice, et aussi le goût public. L'assemblée ne ressemblait pas plus que le lieu et les mœurs au dîner de *Mansion-House*; c'était l'aristocratie anglaise au lieu de la bourgeoisie de la Cité, l'aristocratie de toute opinion, et les savants, les lettrés, les artistes l'accueillant et accueillis par elle dans le Palais des arts, avec une mutuelle dignité. Le corps diplomatique avait été, selon l'usage, invité à cette réunion, et c'était à moi de répondre, en son nom, au *toast* porté en son honneur. On était un peu curieux de m'entendre, curieux aussi de savoir si je parlerais en français ou en anglais. Je reçus, à cet égard, des avis divers; lord Granville me fit dire, de Paris, qu'il lui semblait préférable que je parlasse anglais; mon impression fut différente ; outre que le français m'était beaucoup plus commode, il me parut qu'un ambassadeur de France devait parler sa langue partout où il pouvait être compris, et j'avais chance de l'être dans la réunion de l'Académie royale, du moins de la plupart des assistants; je ne l'aurais été presque de personne au dîner de la Cité. A la Cité d'ailleurs on n'avait vu, dans mon médiocre anglais, que ma bonne volonté ; à l'Académie royale, on verrait surtout mon mauvais accent. Je répondis donc au toast porté aux étrangers : « Le corps diplomatique est vivement touché, messieurs, de votre noble et bienveillante hospitalité, et je suis heureux d'avoir, en ce moment, l'honneur d'être l'organe de ses sentiments de reconnaissance et de sympathie. Nulle part, à coup sûr, ils ne sont plus naturels, ni mieux placés que dans cette enceinte et dans cette solennité. Il y a bien des siècles, quand l'empereur Vespasien conçut le dessein de réunir dans un même lieu tous les chefs-d'œuvre des arts que la conquête avait amassés dans Rome, il choisit le temple de la Paix. Il voulut que tous les peuples, oubliant leurs anciennes inimitiés, pussent jouir ensemble de ce beau spectacle. Rien ne se convient mieux que la paix et les arts. Il y a entre eux une naturelle et puissante harmonie. Quiconque en douterait n'aurait qu'à jeter les yeux sur ce qui se passe en Europe depuis vingt-cinq ans. On ne saurait dire que ces années aient été pour les arts une époque de grande et originale création, ni qu'elles aient produit beaucoup de ces chefs-d'œuvre nouveaux qui rendent un siècle illustre entre les siècles. Cependant l'intelligence et le goût des arts se sont répandus, ont pénétré dans des lieux et parmi des hommes qui, jusque-là, y étaient demeurés étrangers. En parcourant l'Allemagne, la France, et sans doute aussi l'Angleterre, on voit s'élever partout, dans les provinces comme dans les capitales, une foule de monuments, grands ou petits, ambitieux ou modestes. Les statues des grands hommes viennent peupler les places publiques. Si quelque exposition analogue à celle-ci s'ouvre quelque part, la foule y accourt. La peinture, la sculpture, la musique, tous les arts entrent dans les goûts, dans les mœurs, deviennent presque populaires. C'est un grand bonheur, messieurs, à cette époque et dans l'état des sociétés modernes ; que feriez-vous, que ferions-nous, dans toutes nos patries, de tous ces hommes, de ces millions d'hommes qui s'élèvent incessamment à la civilisation, à l'influence, à la liberté, s'ils étaient exclusivement livrés à la soif du bien-être matériel et aux passions politiques, s'il ne songeaient qu'à s'enrichir ou à débattre leurs droits? Il leur faut encore d'autres intérêts, d'autres sentiments, d'autres plaisirs. Non pour les détourner de l'amélioration de leur condition et du progrès de leurs libertés ; non pour qu'ils soient moins actifs et moins fiers dans la vie sociale ; mais pour les rendre capables et dignes de leur situation plus élevée, capables et dignes de porter plus haut, à leur tour, cette civilisation vers laquelle ils montent en foule. Et aussi pour satisfaire en eux ces penchants, ces instincts de notre nature auxquels ne suffisent ni le bien-être matériel ni même les travaux et les spectacles de la liberté politique. Comme les lettres, comme les sciences, les arts ont cette vertu ; ils ouvrent, à l'activité et aux jouissances des hommes, une belle et large carrière. Ils répandent des plaisirs brillants et pacifiques. Ils animent et calment en même temps les esprits. Ils adoucissent les mœurs sans les énerver. Ils rapprochent et unissent dans une satisfaction commune des hommes d'ailleurs fort divers de situation, d'habitudes, d'opinions, de volontés. Ce n'est donc pas pour vous seuls, messieurs, pour votre plaisir à vous seuls que vous cultivez, que vous encouragez les arts. L'Académie royale, son institution, ses expositions ont une plus grande portée; un mérite vraiment social. Nous nous félicitons d'être associés aujourd'hui à ses solennités. Nous sympathisons avec ses travaux et ses espérances. Dans une telle réunion, en présence de ces chefs-d'œuvre, sous l'empire du sentiment qu'ils nous inspirent, nous sommes vos hôtes, messieurs, mais il n'y a ici point d'étrangers. »

A l'accueil que reçurent ces paroles, je ne pus pas douter qu'elles n'eussent été comprises et approuvées.

CHAPITRE XXX

LA SOCIÉTÉ ANGLAISE EN 1840.

En quoi et à quelles conditions la vie mondaine peut servir en Angleterre à la vie diplomatique. — Prépondérance sociale des whigs en 1840. — Mes relations habituelles avec eux. — *Holland-House.* — Lord Holland. — Lady Holland. — *Lansdowne-House* et lord Lansdowne. — Lord Grey.—Mon dîner avec Daniel O'Connell chez mistriss Stanley. — Le docteur Arnold.—M. Hallam.—M. (depuis lord) Macaulay.—Ma visite, avec lui, à Westminster-Abbey.— M. Sidney Smith.— Lord Jeffrey.—Miss Berry.—Mes relations avec les torys.— Lady Jersey. — Lord Lyndhurst, lord Ellenborough et sir Stratford Canning. —M. Croker. — Les radicaux en 1840.— M. et Mme Grote.—L'Église anglicane.—Fausses idées répandues en France à son sujet.—État réel de l'Église anglicane. — Ma visite à Saint-Paul. — L'archevêque de Dublin. — Les dissidents.—Mme Fry.—Pourquoi je ne parle pas aujourd'hui de la cour d'Angleterre. — Mon isolement et mes loisirs. — Mes promenades dans Londres et aux environs. — *Regent's Park.*—*Sion-House.*—Chiswik.—École populaire de Norwood. —Collége d'Eton.—Caractère actuel et progrès moral de la société anglaise.

C'est le caractère et l'attrait particulier de la diplomatie que les agréments de la vie mondaine s'y unissent aux intérêts de la vie politique et les plaisirs superficiels aux sérieux travaux. Non-seulement le représentant d'un État à l'étranger se trouve placé, dès l'abord, dans la société la plus élevée du pays où il réside ; il est naturellement provoqué et amené à prendre cette société en grande considération ; pour s'y plaire et pour y réussir, il a besoin d'y plaire; il faut qu'il acquière, au sein de ce monde indifférent, des relations et des habitudes un peu intimes, qu'il s'y fasse une situation personnelle qui lui devienne une force dans sa mission. Pour lui, des soins en apparence frivoles sont une préoccupation nécessaire; il a tort si, dans les salons et au milieu des fêtes, la pensée des affaires ne lui est pas présente; une conversation fugitive peut le servir aussi bien qu'une entrevue officielle, et les impressions qu'il laisse dans le monde où il passe ne lui importent guère moins que les arguments qu'il développe dans le tête-à-tête du cabinet.

Nulle part ce mélange de la vie mondaine et de la vie politique et cet art de les faire servir l'une à l'autre n'ont plus d'importance qu'en Angleterre, car il n'y a nulle part, à côté du gouvernement, une société aussi grande, aussi indépendante, aussi attentive aux affaires publiques, et dont l'opinion, soit qu'elle approuve, soit qu'elle blâme, ait autant de poids et d'effet. Ce n'est pas qu'un ministre étranger eût, en Angleterre, la moindre chance de succès s'il essayait d'en appeler à cette société et de se servir d'elle contre son gouvernement; nulle part toute apparence d'influence étrangère n'est plus suspecte; nulle part toutes les classes de la nation, aristocratiques ou populaires, ne sont plus susceptibles sur ce point, et moins disposées à livrer, à un étranger quelconque, la réputation ou la force du pouvoir qui les gouverne. Et les Anglais sont des observateurs très-attentifs, singulièrement vigilants et fins, tout en ayant l'air de ne pas y regarder ; un ministre étranger se perdrait s'il blessait le moins du monde, en ceci, le sentiment national. Mais il y a, pour lui, un moyen d'exercer, sans la chercher, sur la société anglaise, une sérieuse influence ; c'est d'y acquérir une grande considération personnelle et quelques vrais amis. Nulle part l'opinion qu'on se forme du caractère et de l'esprit d'un homme n'exerce plus de puissance ; nulle part l'estime qu'on lui porte n'est plus efficace. Et s'il a, parmi les hommes considérables et honorés, des amis qui tiennent fortement à lui et aient confiance en lui, leur confiance se propage dans le public et lui assure un crédit véritable. Cette influence indirecte, lointaine, patiente, toute dérivée de la valeur et de la situation de l'homme lui-même, est la seule à laquelle, en Angleterre, un ambassadeur étranger puisse prétendre ; mais si elle est exercée prudemment, sans tentative de dépasser sa portée naturelle, et si elle a du temps pour agir, elle peut, à un moment donné, être d'une grande valeur.

C'est à cette condition et dans ces limites que la vie mondaine peut, en Angleterre, venir en aide à la diplomatie ; elle devient alors un moyen d'observation et d'information, d'autant plus important qu'il n'y en a guère d'autre ; la publicité et la conversation dans le monde, les journaux et les salons, par ces deux voies seulement un ministre étranger peut, à Londres, recueillir des faits, des indices, et apprécier les intentions ou pressentir les résolutions du gouvernement ; tout autre procédé de recherche serait à la fois compromettant et inutile ; la politique du gouvernement anglais est essentiellement publique ; ce qu'on n'en apprend ou n'en entrevoit pas dans les journaux ou dans les réunions du monde ne vaut pas la peine d'être recherché, et toute apparence d'effort ou d'intrigue dans cette recherche nuirait infiniment plus que ne servirait ce qu'on croirait découvrir.

Quand j'arrivai à Londres, la domination des whigs dans le gouvernement, à la cour et dans l'opinion publique, était encore bien établie : en vain ils avaient successivement perdu, depuis 1830, d'abord quelques-uns de leurs plus importants alliés, lord Stanley et sir James Graham, ensuite leur plus illustre chef, lord Grey; en vain, à la fin de 1834, sir Robert Peel avait tenté de fonder un cabinet tory ; cette tentative avait échoué, et malgré leurs pertes, les whigs restaient, en 1840, en pleine possession du pouvoir. J'avais eu avec eux, en France et avant mon ambassade, plus de relations qu'avec les torys ; en général les whigs venaient plus souvent et séjournaient plus longtemps que les torys sur le continent ; ils avaient plus de goût pour les idées et les mœurs étrangères, notamment pour les idées et les mœurs françaises ; ils avaient contracté, avec le gouvernement du roi Louis-Philippe, une éclatante alliance; c'était avec eux qu'à mon arrivée en Angleterre, je me trouvais en rapports mutuels et déjà un peu intimes. Ils m'accueillirent tous avec une extrême bienveillance, ceux qui ne me connaissaient pas encore comme ceux que j'avais connus en

France, le duc de Devonshire et lord Clarendon aussi bien que lord Holland et le marquis de Lansdowne. Les Anglais excellent à témoigner la faveur avec réserve et à se montrer particulièrement courtois sans être empressés.

Lord Holland n'était point le chef des whigs; mais *Holland-House* était toujours leur centre, leur lieu favori, le *home* du parti. Ils retrouvaient là leurs traditions, leurs plus glorieux souvenirs, une hospitalité héréditaire, une entière liberté d'esprit et de conversation. Lord et lady Holland ne s'établirent à Kensington qu'à l'approche du printemps, et ce fut le 12 avril au soir que j'allai les y voir pour la première fois. Je ne saurais assez dire à quel point cette maison me frappa et me plut; je lui trouvai un aspect essentiellement historique, et sociable depuis je ne sais combien de générations. J'ai horreur de l'oubli, de ce qui passe vite; rien ne me plaît tant que ce qui porte un air de durée et de longue mémoire. Je puis prendre plaisir aux choses agréables du moment et qui fuient sans laisser de trace; mais le plaisir qu'elles me donnent est petit et fugitif comme elles; j'ai besoin que mes joies soient d'accord avec mes plus sérieux instincts, qu'elles m'inspirent le sentiment de la grandeur et de la durée; je ne me désaltère et ne me rafraîchis réellement qu'à des sources profondes. Cette demeure antique et à demi gothique, cet escalier tapissé de cartes et de gravures, avec sa forte et sombre rampe en chêne sculpté, cette bibliothèque pleine de livres écrits dans toutes les langues, venus de tous les pays du monde, dépôt de tant de curiosité et d'activité intellectuelle, cette longue série de portraits peints, dessinés, gravés, portraits de morts, portraits de vivants, tant d'importance depuis si longtemps et si fidèlement attachée, par les maîtres du lieu, à l'esprit, à la gloire, aux souvenirs d'amitié, tout cela m'intéressa et m'émut fortement, et j'en garde encore aujourd'hui toute l'impression.

Les maîtres du lieu, lord Holland surtout, étaient à la fois en harmonie et en contraste avec leur demeure. Par quelques-unes de ses idées et de ses sympathies politiques et philosophiques, par ses goûts et le tour de sa conversation, lord Holland tenait au continent et à la France presque autant qu'à l'Angleterre; et il eût été au moins aussi bien placé à Paris, dans un salon du xviii° siècle, qu'à Holland-House, dans le sien. Par l'ensemble de sa situation et de ses mœurs, par ses traditions et ses habitudes aristocratiques, par son entourage et sa popularité héréditaire, il était très-anglais, et le possesseur, l'habitant très-approprié de cette belle maison tout anglaise où il exerçait une si noble hospitalité. C'était à la fois un whig anglais et un libéral français; ce mélange de l'esprit national et de l'esprit continental, cette intelligence européenne sous cette physionomie saxonne entrait pour beaucoup dans le charme de sa personne et de sa société. Il avait beaucoup voyagé et souvent vécu sur le continent; il connaissait à merveille les langues et les littératures française, italienne, espagnole; et en même temps très-familier avec sa propre littérature anglaise, il en reproduisait sans cesse, avec un à-propos charmant, les souvenirs et les chefs-d'œuvre. J'avais dîné un jour à Holland-House en très-petit comité; je ne me rappelle que deux des convives, lord Clarendon et un vieux M. Luttrel, tous deux habitués et très-bien placés dans la maison; nous venions de causer longtemps des grands écrivains et orateurs français, La Bruyère, Pascal, madame de Sévigné, Bossuet, Fénelon; je ne sais plus par quelle transition nous passâmes de la France du xviie siècle à l'Angleterre moderne; lord Holland se mit à parler de quelques-uns de ses contemporains célèbres, de son oncle M. Fox, de Sheridan, Grattan, Curran; non-seulement à en parler, mais à reproduire leurs manières, leur langage, et à les contrefaire pour les peindre. Il excellait dans cette mimique sans caricature : ce gros corps goutteux qui se remuait à grand'peine et qu'on roulait dans son fauteuil, cette grosse figure gaiement animée, ces gros sourcils qui ombrageaient ces yeux si vifs, tout cela devenait souple, mobile, gracieux, avec un air de moquerie fine et bienveillante, et je m'amusais presque autant à le regarder qu'à l'écouter.

Cette figure si originale se prêtait à de singulières ressemblances : nous dînions un jour chez lord Clarendon qui venait de recevoir de Madrid un tableau dont il faisait cas; il le fit apporter dans le salon; un personnage de moine s'y trouvait qui ressemblait vraiment beaucoup à lord Holland, à tel point qu'à Madrid, en voyant ce tableau, le général Charles Fox s'était récrié. A cette vue, lady Holland se fâcha, d'abord tout haut, puis tout bas : « Je suis courroucée, vraiment courroucée, dit-elle à lord Clarendon ; faites enlever ce tableau ; un moine si laid, si dégoûtant ! » Il y avait quelque chose de vrai dans ce courroux conjugal, mais encore plus de fantaisie impérieuse que de vérité ; il fallait que la volonté de lady Holland fût faite, que sur-le-champ on écartât d'elle ce petit déplaisir. Lord Clarendon se défendit bien, surpris d'abord, puis un peu fâché à son tour et obstiné. Lady Holland insista, mais habilement, mêlant la caresse à la colère, et d'une voix douce, quoique les regards fort animés. Lord Clarendon céda un peu à son tour, sans se retirer complétement, et la querelle finit par une transaction ; le tableau resta dans le salon, mais retourné contre le mur.

Lady Holland était bien plus purement anglaise que son mari : non qu'elle ne partageât, comme lui, les idées philosophiques du xviiie siècle français; mais, en politique, elle était whig très-aristocratiquement et sans aucune tendance radicale, libérale avec hauteur et aussi attachée à la hiérarchie sociale que fidèle à son parti et à ses amis. Il y avait en elle de la grandeur, de la force, une autorité à la fois naturelle et conquise, souvent impérieuse, quelquefois gracieuse, de la dignité jusque dans le caprice, un esprit très-cultivé sans prétention, et quoique assez égoïste au fond, elle était capable d'affection, surtout de ce dévouement soigneux et délicat qui rend faciles et agréables les détails familiers de la vie. Elle se prit de goût pour moi, et me le témoignait non-seulement par son bon accueil, mais en me rendant, sans qu'il y parût, de bons offices, et en me donnant, dans l'occasion, de bons avis. Elle m'envoyait les livres qui pouvaient m'intéresser ou me servir. Elle avait à cœur que je ne fisse pas trop de fautes en parlant anglais, et me redressait avec un soin amical; il m'arriva un jour de rappeler un proverbe populaire : *Hell's way is paved with good intentions* (le chemin de l'enfer est pavé de bonnes intentions); elle se pencha vers moi et me dit tout bas : « Vous me pardonnerez mon impertinence; on ne prononce jamais ici le mot de *Hell,* à moins que ce ne soit en citant des vers de Milton : la haute poésie est la seule excuse. » Comme beaucoup d'autres en Angleterre, elle était gourmande et sensible au mérite d'un bon dîner; peu après mon établissement à Londres où j'avais amené un excellent cuisinier, longtemps au service de M. de Talleyrand, elle écrivait à Paris : « M. Guizot plaît ici à tout le monde, à la reine aussi. Le public tire un bon augure de ce qu'il a placé le célèbre Louis à la tête du département de sa cuisine; peu de choses contribuent plus ici à la popularité que la bonne chère. » Quelques semaines après, lady Holland dînait chez moi; elle n'avait pas déjeuné le matin et attendait impatiemment qu'on se mît à table. Lord Palmerston n'arriva qu'à huit heures et demie. Lady Holland commença par l'humeur; puis, un vrai chagrin; puis, l'inanition. Au moment de passer dans la salle à manger, elle appela lord

Duncannon et se recommanda à lui, « car je ne suis pas sûre, dit-elle, de pouvoir aller jusque-là sans me trouver mal. » Le dîner, qui lui convint, dissipa l'humeur comme l'inanition ; mais je ne suis pas sûr qu'il ne lui soit pas toujours resté un peu de rancune de ce que, ce jour-là, j'avais attendu lord et lady Palmerston.

Cette personne si décidément incrédule était accessible, pour ses amis comme pour elle-même, à des craintes puérilement superstitieuses : elle avait été un peu malade ; elle allait mieux et elle en convenait : « Ne le répétez pas, me dit-elle, cela porte malheur. » Elle me raconta elle-même qu'en 1827 M. Canning malade lui ayant dit qu'il allait se reposer à Chiswik, maison de campagne du duc de Devonshire, elle lui avait dit : « N'allez pas là ; si j'étais votre femme, je ne vous laisserais pas aller là.—Pourquoi donc ? dit M. Canning.— M. Fox y est mort. » M. Canning sourit ; et une heure après, en quittant *Holland-House*, il revint à lady Holland et lui dit tout bas : « Ne parlez de cela à personne ; on s'en troublerait. »—« Et il mourut à Chiswik, » me disait avec trouble lady Holland.

Pendant tout le cours de mon ambassade, et à propos de la question d'Orient, je trouvai toujours à *Holland-House* le même bon vouloir sympathique, le même désir que l'Angleterre s'entendît avec la France plutôt qu'avec la Russie. Quand le cabinet anglais faisait un pas hors de cette voie, lord Holland était visiblement contrarié et troublé ; il aurait voulu que la France et son ambassadeur eussent toujours sujet d'être contents de l'Angleterre, et il se montrait alors, pour moi, plus aimable que jamais. Lady Holland, moins douce, témoignait en pareil cas son déplaisir par de l'humeur, tantôt contre les journalistes qui soutenaient la politique qu'elle n'aimait pas, tantôt contre la Russie et le baron de Brünnow lui-même qu'elle traitait en général avec peu de faveur. J'allais souvent passer la soirée à *Holland-House;* si quelque incident désagréable à ma négociation était survenu la veille ou le matin, lord et lady Holland prenaient grand soin d'écarter tout ce qui eût pu s'y rattacher et de porter la conversation sur de tout autres sujets. Ils avaient l'un et l'autre à cœur qu'on ne se brouillât pas avec la France, et que rien n'altérât l'agrément de leur société intime. Un de leurs habitués, ami dévoué de lord Palmerston, me dit un jour : « Prenez garde; lord Holland est très-aimable; mais il parle trop pour un ministre et devant les étrangers qui ne connaissent pas assez bien notre intérieur pour mesurer exactement ce que ses paroles ont d'importance et celle qu'il y attache lui-même. A entendre ses causeries, on s'imagine qu'il y a de grandes différences d'opinion dans le cabinet; on ne peut pas se résoudre à regarder tout cela comme des fantaisies de conversation, sans conséquence pour les affaires. » Mon interlocuteur avait raison; les dissentiments de lord Holland étaient plus sincères que sérieux.

Après *Holland-House,* le principal foyer whig était *Lansdowne-House,* et sans exercer une influence prépondérante, le marquis de Lansdowne avait, dans le cabinet, bien plus d'importance que lord Holland; il ne dirigeait pas, mais ceux qui dirigeaient ne croyaient pas pouvoir se passer de son approbation. Je n'ai connu, parmi les whigs, point de grand seigneur plus considérable, plus éclairé, plus généreusement et plus judicieusement libéral que lord Lansdowne; la naissance, la fortune, la parfaite éducation, les lumières, un caractère plein de loyauté et d'honneur, rien ne lui a manqué; mais il a toujours paru plus attentif à jouir de ces avantages que pressé de les faire valoir dans un but d'ambition et de pouvoir. Il avait besoin d'être honoré et compté, non d'agir et de dominer. Je dirais volontiers qu'il y avait quelque ressemblance entre lui et sa maison de Londres, grande, belle, très-bien ornée, mais un peu froide par la nature même de ses ornements: la salle à manger et la galerie du fond étaient remplies de statues antiques que son père, lord Shelburne, avait achetées en Italie. Magnifique décoration, mieux appropriée à des édifices publics qu'à des bals, des *routs* ou des concerts. Je me suis trouvé plusieurs fois dans les grandes réunions de *Lansdowne-House*, entre autres à un bal que, le 2 avril, lord Lansdowne donna à la reine; c'était un singulier effet que ces huit ou neuf cents personnes très-vivantes, très-brillantes, entourées de soixante ou quatre-vingts personnes de marbre immobiles et glacées au milieu de ce mouvement, de ces danses, de ces flots de musique et de lumière. Hors de ces jours de fête, dans le cours habituel de la vie, dans les petits dîners moitié politiques, moitié littéraires qu'il donnait souvent, lord Lansdowne était d'un commerce aussi agréable que sûr, et ne cessa de me témoigner, pour les bons rapports de son pays avec le mien et pour moi-même, une bienveillance à la fois sincère et réservée.

L'attitude de lord Grey et mes relations avec lui étaient tout autres. Ce grand chef whig qui, après avoir donné, pendant quarante-quatre ans, l'exemple de la plus ferme fidélité à ses principes, avait eu la rare fortune d'accomplir l'œuvre à laquelle il s'était voué, la réforme parlementaire, et d'atteindre ainsi le but de sa vie, lord Grey, en 1840, ne pouvait se consoler d'être vieux, et vivait presque hors du monde, dans la mélancolie et l'ennui, toujours très-honoré quand il reparaissait, et recevant les témoignages de respect avec un singulier mélange de dignité et d'humeur. Il dînait un jour chez moi avec les principaux whigs, entre autres plusieurs membres du cabinet, lord Melbourne, lord Palmerston, lord John Russell, lord Clarendon. Arrivé l'un des premiers, lord Grey s'était assis près de la cheminée, et les autres convives, en arrivant, allèrent tous le saluer. Je vois encore ce noble vieillard, avec sa grande taille et sa belle figure, se soulevant à peine de son fauteuil et ne répondant que par une inclination de tête fière et triste aux hommages qu'on lui rendait. Il fut très-sensible à l'empressement respectueux que je lui témoignai en toute occasion. J'allais le voir assez souvent, et mes visites lui faisaient évidemment plaisir. Un matin, je le trouvai tout à fait seul ; il me le fit remarquer : « Jadis, me dit-il, quand j'étais jeune, on ne passait guère devant ma porte, hommes ou femmes, sans venir me voir ; aujourd'hui, par cette fenêtre, je les vois passer ; ils n'entrent plus. » Un autre jour, le soir, il était avec sa femme, lady Grey, qui lui faisait la lecture ; elle me toucha par sa sollicitude pour son mari ; elle le gronda, devant moi, de ce qu'il n'allait plus à la Chambre des lords, ne parlait plus, ne se souciait plus de rien. Avec un abandon plein de simplicité et presque de confiance, comme si elle me connaissait depuis longtemps, elle me demanda de venir souvent les voir, de l'aider, elle, à combattre la disposition de lord Grey. J'entrai dans son désir ; je flattai son malade. J'ai du goût pour les âmes nobles et un peu faibles ; leur noblesse me plaît, et il me semble que je suis bon à leur faiblesse.

Je m'étonnais de ne jamais rencontrer dans ce monde whig un homme à qui les whigs avaient depuis longtemps affaire et dont l'appui leur était toujours indispensable, le célèbre Irlandais Daniel O'Connell. Je témoignai un jour mon étonnement chez mistriss Stanley, aujourd'hui lady Stanley d'Alderley, fille de lord Dillon, aimable personne, de qui les souvenirs de famille m'avaient rapproché, et dont le mari était alors, dans la Chambre des communes, le *Whipper-in* des whigs, c'est-à-dire chargé de rallier, dans l'occasion, tous les membres whigs et de veiller à leur exacte présence. Mistriss Stanley était elle-même de sentiments très-whigs, et très-active dans l'intérêt du parti et du cabinet : « Elle est notre chef d'état-major, » disait lord Palmerston. « Avez-vous envie, me dit-elle, de connaître M. O'Connell?—Oui certainement.—Eh bien, j'arrangerai cela. » Elle me donna en effet à dîner le 4 avril avec lui et cinq ou six personnes seulement, entre autres lord John Russell et lord Duncannon. Je trouvai M. O'Connell parfaitement tel que je l'attendais. Je le vis peut-être comme je l'attendais, mais c'est toujours beaucoup de répondre à l'attente. Grand, gros, robuste, animé, la tête un peu dans les épaules, l'air de la force et de la finesse ; la force partout, la finesse dans le regard prompt et un peu détourné, quoique sans fausseté ; point d'élégance et pourtant point vulgaire ; des manières un peu embarrassées et pourtant fermes ; quelque arrogance même, quoique cachée. Il était, avec les Anglais considérables qui se trouvaient là, d'une politesse à la fois un peu humble et impérieuse ; on sentait qu'ils avaient été ses maîtres et qu'il était puissant sur eux ; il avait subi leur domination et il recevait leurs empressements. Il était évidemment flatté d'être invité à dîner avec moi ; je lui dis quand on me le présenta : « Nous sommes ici, vous et moi, monsieur, deux grandes preuves du progrès de la justice et du bon sens; vous, catholique, membre de la Chambre des communes d'Angleterre ; moi, protestant, ambassadeur de France. » Cette entrée en matière lui plut, et nous causâmes, pendant le dîner, presque comme d'anciennes connaissances. Le matin, mistriss Stanley avait hésité à inviter quelques personnes pour le soir; elle s'y était pourtant décidée, et je vis arriver, après le dîner, lord et lady Palmerston, lord Normanby, lord Clarendon, l'évêque de Norwich, lady William Russell et quelques autres. En sortant de table, un accès de modestie sociale prit à M. O'Connell; il voulait s'en aller : « Vous avez du monde, » dit-il à M. Stanley.—Oui, mais restez, restez; nous y comptons.—Non, je m'en vais.—Restez, je vous prie. » Et il resta, avec une satisfaction visible qui ne manquait pourtant pas de fierté. « C'est donc là M. O'Connell ? » me dit lady William Russell qui probablement ne l'avait jamais vu.—Oui, lui dis-je, et je suis venu de Paris pour vous l'apprendre.—Vous croyiez peut-être que nous passions notre vie avec lui?—Je vois bien que non. » Ils étaient tous évidemment bien aises d'avoir cette occasion de lui être agréables, et lui bien aise d'en profiter. Il parla beaucoup; il raconta les progrès de la tempérance en Irlande, les ivrognes disparaissant par milliers, le goût des habits propres et des manières moins grossières venant à mesure que l'ivrognerie s'en allait. Personne ne voulait élever de doute. Je lui demandai si c'était là une bouffée de mode populaire ou une réforme durable. Il me répondit avec gravité : « Cela durera, nous sommes une race persévérante, comme on l'est quand on a beaucoup souffert. » Il prenait plaisir à s'adresser à moi, à m'avoir pour témoin du meilleur sort de sa patrie et de son propre triomphe. Je me retirai vers minuit, et je me retirai le premier, laissant M. O'Connell au milieu de quatre ministres anglais et de cinq ou six grandes dames qui l'écoutaient avec un mélange un peu comique de curiosité et de hauteur, de déférence et de dédain.

Je fis aussi connaissance, quelques jours après, avec un autre homme, beaucoup moins célèbre et moins important dans la sphère politique, mais investi, en Angleterre, d'une influence et d'une faveur publique très-originale et personnelle. La duchesse de Sutherland, alors grande maîtresse de la garde-robe de la reine et l'une des plus nobles parures du parti whig, autant par sa bonté que par sa beauté, m'écrivit un matin que le docteur Arnold désirait me voir et viendrait passer un jour chez elle dans ce dessein. Neuf ans auparavant, sans que nous eussions jamais eu aucune relation personnelle, il m'avait envoyé une édition de Thucydide qu'il venait de publier, en me témoignant une sympathie qui n'avait rien de superficiel ni de banal. Il vint en effet à Londres le 10 avril, et ce fut pour moi un jour de vive jouissance intellectuelle et morale. Le docteur Arnold était depuis longtemps déjà à la tête du collége de Rugby, grand établissement d'éducation publique, fondé sous la reine Elizabeth, dans le comté de Warwick; et sans la moindre charlatanerie, par ses seuls et propres mérites, il l'avait porté au plus haut degré de prospérité et de popularité. Je trouvai en lui un homme d'un esprit singulièrement élevé, animé, ouvert, large, exempt de préjugé et de routine, curieux de progrès, et en même temps ferme, pratique, sans fantaisies bizarres ou vagues, fidèlement attaché à toutes les fortes bases de l'ordre moral et social. Je n'ai point rencontré d'âme plus puissamment sympathique, plus humaine avec autorité. Il avait, en littérature classique, en histoire, dans les sciences, un savoir aussi solide que varié ; et sans être bien nouvelles, ses idées et ses méthodes, en fait d'éducation comme d'instruction, lui appartenaient en propre, et il les appliquait avec une verve communicative et efficace. Il agissait beaucoup par la conversation, d'âme à âme, et savait se servir de la liberté aussi bien que de la règle. Jamais peut-être aucun chef d'établissement semblable n'a exercé, sur la génération qui a passé par ses mains, une influence plus intime, ni laissé, dans les esprits et dans les cœurs, un plus profond souvenir.

Les whigs avaient alors la bonne fortune de compter dans leurs rangs, soit au sein même des affaires, soit sur les lisières de la politique active, plusieurs hommes éminents qui, par leurs écrits, agissaient puissamment sur le public; et j'eus aussi la bonne fortune de contracter avec plusieurs d'entre eux, à cette époque, des rapports de grande bienveillance ou même d'étroite amitié. Ils sont tous morts aujourd'hui, les uns, avant de ressentir les atteintes de l'âge, et dans la vigueur comme dans la maturité de leur talent; les autres, après avoir parcouru toute la carrière et atteint, par un noble travail, un juste renom et un honorable repos. Je ne me refuserai pas le mélancolique plaisir de rappeler ici leur mémoire, les impressions que j'ai reçues d'eux et les liens qui nous ont unis.

M. Hallam est celui avec qui j'ai été le plus intimement lié. Dès que je l'ai connu, et plus je l'ai connu, son caractère et son esprit m'ont également attiré et attaché. Avant 1830, ses beaux travaux historiques, surtout son *Histoire constitutionnelle d'Angleterre,* firent naître entre nous de bienveillants rapports; dans la préface de ce dernier ouvrage, il avait parlé de moi et de mon *Histoire de la Révolution d'Angleterre* en termes dont je ne pouvais qu'être très-honoré et touché. Après 1830, je le vis à Paris ; nous entrâmes en correspondance ; il m'exprima plusieurs fois son opinion sur ce qui se passait en Angleterre, entre autres sur la réforme parlementaire de 1831, et je fus frappé de la ferme indépendance comme de la judicieuse sagacité, soit de ses idées générales, soit de ses appréciations des mesures et des événements contemporains. Je n'ai point connu d'homme plus sincèrement, plus profondément libéral, et en même temps plus exempt de tout préjugé national et de tout esprit de parti; point d'homme qui s'inquiétât plus exclusivement de chercher la vérité et de rendre justice à tous, sans aucun souci de plaire ou de déplaire à ses adversaires ou à ses amis. La rectitude naturelle de son jugement, son vaste et exact savoir, la généreuse élévation de son âme et son parfait désintéressement le rendaient imperturbablement équitable, et étranger, dans la cause même qui lui tenait le plus à cœur, celle de la liberté religieuse et politique, à toute espèce de badauderie comme de fanatisme. Il me reçut à Londres, en 1840, avec un empressement amical; il aimait la société, la conversation, la discussion familière des souvenirs ou des idées, et il réunissait souvent à sa table les hommes les plus distingués de son pays, lettrés par profession ou par goût, M. Macaulay, lord Lansdowne, lord Mahon, sir Francis Palgrave, M. Milman, tous charmés de se trouver ensemble et autour de lui. En 1848, après la Révolution de février, M. Hallam fut pour moi le plus véritable, je dirai le plus infatigable ami; il n'y avait point de bons offices qu'il ne recherchât l'occasion de me rendre, point de soins, point de prévenances qu'il n'eût tous les jours pour mes enfants et pour moi, avec cette cordialité affectueuse qui rend tout facile et agréable à ceux qu'elle oblige, car elle prend, à ce qu'elle fait pour eux, autant de plaisir qu'elle peut leur en faire à eux-mêmes. J'ai entendu dire que, dans la première partie de sa vie, M. Hallam avait été un peu âpre et impérieux; mais il avait subi de grandes douleurs domestiques; il avait perdu sa femme et plusieurs de ses enfants, entre autres son fils aîné Arthur, jeune homme d'une distinction rare, à la mémoire duquel son ami, le poëte Tennyson, a consacré une de ses plus belles œuvres de poésie morale, intitulée : *In memoriam*. Au lieu d'aigrir ou d'assombrir M. Hallam, le malheur et l'âge l'avaient adouci et attendri; personne n'apercevait plus en lui la moindre trace de rudesse; il conservait tout son mouvement d'esprit, tous ses goûts littéraires et sociables, et semblait jouir de la vie en homme qui la trouve encore douce et veut la rendre douce à ceux qui l'entourent, mais qui en a connu les poignantes tristesses, et qui, au fond de l'âme et pour son propre compte, ne s'y passionne plus. Après mon retour en France, M. Hallam vint, en 1853, avec sir John Boileau, passer quelques jours au Val-Richer; il était encore le même, l'esprit toujours aussi animé et le cœur aussi affectueux; mais peu de temps après, il fut frappé d'une attaque d'apoplexie qui le laissa impotent et presque éteint. Pendant le voyage que je fis en Angleterre en 1858, j'allai le voir à la campagne, à Penshurst, près de Londres, où il vivait retiré chez sa fille, mistriss Cator. Je le trouvai enfoncé dans son fauteuil, auprès d'une table encore chargée de livres, quelques-uns entr'ouverts, et tenant à la main le *Times* du jour qu'il laissa tomber à terre quand j'entrai; il pouvait à peine marcher, ne parlait qu'avec embarras, et il arrêta sur moi des regards lents et tristes où perçaient un souvenir d'affection et le plaisir qu'il éprouvait à me revoir, mais qu'il n'exprimait pas. J'abrégeai ma visite qui le fatiguait autant qu'elle m'attristait. Il mourut quelques mois après. Homme rare, et modeste autant que rare, à qui il n'a manqué que plus d'éclat dans le talent et une soif plus passionnée du succès pour exercer, sur le public, autant de puissance qu'il a obtenu d'estime et d'amitié de ceux qui l'ont bien connu.

Je n'ai pas vécu aussi intimement avec lord Macaulay (M. Macaulay en 1840), et même après l'avoir beaucoup vu, j'ai moins connu l'homme que l'écrivain. Avant que nous nous fussions rencontrés, j'admirais son art savant et brillant pour recueillir les faits, les grouper, les animer, transformer le récit en drame, et semer, à travers les scènes et les acteurs du drame, les observations et les jugements du spectateur; il a excellé à répandre sur le passé des flots de lumière et de couleur, en le mettant constamment en face des idées et des mœurs du temps présent. Quand j'ai personnellement connu lord Macaulay, j'ai joui plus vivement encore de mon plaisir à l'admirer; l'harmonie était parfaite entre l'homme et l'artiste, le causeur et l'écrivain; rien ne se ressemblait plus que les écrits de lord Macaulay et sa conversation; même richesse et même à-propos dans la mémoire, même impétuosité facile dans la pensée, même vivacité d'imagination, même clarté de langage, même tour à la fois naturel et piquant dans les réflexions. Il y avait, à l'écouter, autant d'agrément et presque autant d'instruction qu'à le lire. Et lorsque, après tant de curieux et charmants *Essais*, il a publié son grand ouvrage, *l'Histoire d'Angleterre depuis l'avénement de Jacques II*, les mêmes qualités s'y sont déployées avec encore plus d'abondance et d'éclat. Je ne connais point d'histoire où le passé et l'historien qui le raconte vivent plus intimement et plus familièrement ensemble; lord Macaulay peint les faits et les hommes du xviie siècle avec autant de détails et des couleurs aussi vives que s'ils étaient ses contemporains. Méthode pleine de puissance et d'attrait, mais qui entraîne un péril auquel lord Macaulay n'a pas toujours échappé. J'éprouve souvent, en le lisant, le regret de rencontrer, dans l'histoire, l'esprit de parti de la politique. Je n'ai garde de mal penser ni de mal parler des partis; ils sont les éléments nécessaires d'un gouvernement libre. J'ai passé bien des années de ma vie dans cette arène, et je sais combien, pour lutter avec succès, pour gouverner comme pour résister efficacement, il est indispensable d'être entouré d'un parti compacte, discipliné, permanent. Les whigs et les torys ont fait en Angleterre, depuis deux siècles, la force du pouvoir et de la liberté. Mais les partis et l'esprit de parti ne sont bien placés que dans la politique active et actuelle; quand on rentre dans le passé, quand on rouvre les tombeaux, on doit, aux morts qu'on en fait sortir, une complète et scrupuleuse justice; il faut, en les ramenant sur la scène, mettre en lumière les idées et les sentiments qu'ils y ont portés; il faut faire équitablement, dans leur rôle, la part de leurs intérêts et leurs droits, et ne pas mêler à leurs cendres les charbons ardents de notre propre foyer. Lord Macaulay n'a pas toujours obéi à cette loi de la vérité comme de l'équité historique; il a porté quelquefois dans ses récits, et surtout dans ses appréciations des actes et des hommes, les passions et les préventions des whigs engagés dans les luttes anciennes ou modernes. Et j'ai lieu de croire qu'il s'en est lui-même aperçu; j'en ai deux preuves décisives puisées, l'une dans son grand ouvrage même, l'autre dans mes rapports avec lui. En avançant dans son travail, il s'est mieux dégagé de ses impressions premières; la justice de l'historien a pris le dessus sur les habitudes du politique; il a été beaucoup plus impartial dans son histoire du règne de Guillaume III que dans celle du règne de Jacques II, et surtout que dans son résumé des règnes de Charles Ier et de Charles II. Il juge les whigs de 1692 plus sévèrement que les républicains de 1648; et si je suis bien informé, son impartialité nouvelle lui a valu, de la part de quelques whigs intéressés ou ardents, d'assez vifs reproches. Ma preuve personnelle n'est pas moins concluante. Au printemps de 1848, je voulais que mon fils Guillaume reprît à Londres ses études classiques forcément interrompues à Paris; j'hésitais entre deux grands établissements, le collége de l'Université de Londres (*University's college*), fondé sous le roi Guillaume IV, comme cette Université elle-même, par l'influence des whigs, et le collége royal (*King's college*), fondé vers la même époque, sous le patronage de l'Église anglicane. Je consultai M. Macaulay sur le choix : « Vous m'interrogez comme père, me dit-il; je ne vous répondrai pas comme homme de parti; j'ai concouru, avec mes amis whigs, à la fondation de l'Université de Londres et de son collége; envoyez votre fils au *King's college*; c'est le meilleur. » Je le remerciai de sa sincérité et je suivis son conseil dont mon fils se trouva bien.

J'eus, en 1840, dans les loisirs de mon ambassade, une preuve frappante de l'étendue et de l'agrément de son savoir : il m'offrit de me servir de *cicerone* dans la visite de l'abbaye de Westminster et de sa célèbre église peuplée de morts dispersés ou entassés pêle-mêle dans toutes les parties de l'édifice, rois, reines, guerriers, politiques, magistrats, orateurs, écrivains, simples particuliers, les uns glorieux, placés là par l'admiration et la reconnaissance publiques, les autres obscurs, consacrés par la piété, ou l'affection, ou la vanité domestiques. Elizabeth et Marie Stuart, Buckingham et Monk, lord Chatham et lord Mansfield, Pitt et Fox, Shakespeare, Milton, Newton, Gray, Addison, Watts, les destinées et les natures les plus diverses mises côte à côte, la paix du ciel entre les hommes après les haines et les rivalités de la terre. Je ne fus pas choqué, comme ont paru l'être beaucoup de gens, du grand nombre des morts obscurs; qu'importe aux morts illustres? Ils n'en sont pas moins apparents ni moins seuls. Il n'y a pas de foule là; les tombeaux ne se gênent pas, ne se masquent pas l'un l'autre ; on ne s'arrête que devant ceux qui renferment vraiment un immortel. Ce qui est choquant, hideux, barbare, ce sont des figures de cire placées là dans des armoires, la reine Elizabeth, la reine Anne, Guillaume III et Marie, Nelson, Chatham, debout, les yeux ouverts, sous leurs propres vêtements. Cette prétention à la réalité, ce mariage de la vie apparente et de la mort sont d'un effet révoltant au milieu de ces tombeaux, de ces statues, purs symboles qui proclament la mort en perpétuant la mémoire, et transmettent le nom aux respects de la postérité sans livrer la personne à la curiosité de ses regards. Pendant trois ou quatre heures, je me promenai avec M. Macaulay dans cette galerie monumen-

tale de la nation et des familles anglaises ; je l'arrêtais
ou il m'arrêtait à chaque pas ; et tantôt répondant à mes
questions, tantôt les devançant, il m'expliquait un
monument allégorique, me rappelait un fait oublié,
me racontait une anecdote peu connue, me récitait
quelque beau passage des écrivains ou des orateurs
dont nous rencontrions les noms. Nous passions devant
le monument de lord Chatham debout, la tête haute
et le bras en avant comme dans un mouvement
d'éloquence ; devant lui, à ses pieds, sur une simple
pierre, était inscrit le nom de son fils William Pitt,
déposé là en attendant qu'on eût terminé et placé en
son lieu le monument qui lui devait être consacré :
« Ne dirait-on pas, me dit M. Macaulay, que le père
se lève et prononce là, devant le public, l'oraison
funèbre de son fils ? » Et à ce propos, quelques-uns
des plus beaux discours de lord Chatham et de M. Pitt
lui revinrent en mémoire, et il m'en répéta plusieurs
fragments. Les monuments des grands écrivains, pro-
sateurs ou poëtes, suscitaient en lui la même abondance,
la même verve de souvenirs ; Milton et Addison étaient,
pour lui, des favoris, et il me retint plusieurs minutes
devant leurs noms, se complaisant à me rappeler
quelques traits de leur vie, ou à me citer quelques passages de leurs œuvres, presque autant que je me plai-
sais à l'écouter. Un bas-relief, qui retraçait un incident
de la grande guerre entre l'Angleterre et ses colonies
américaines luttant pour leur indépendance, se trouva
sur notre chemin : « Regardez cette figure à laquelle

manque la tête, me dit M. Macaulay ; c'est celle de Washington ; le soir, sans doute, en se cachant, quelque ardent patriote anglais, encore courroucé contre ce chef de rebelles, se satisfit en lui cassant la tête ; on la rétablit ; quelque temps après on la retrouva encore cassée ; on a renoncé à la rétablir. Voilà comment les patriotes d'un pays comprennent et traitent ceux d'un pays rival. » Toute cette visite fut, pour moi, pleine d'intérêt et de charme ; comme les grands morts de l'Italie sur le passage de Dante, les plus illustres personnages de l'histoire et de la littérature anglaises sortaient devant moi de leur tombeau, à la voix d'un représentant digne d'eux.

Holland-House n'était pas seulement le rendez-vous habituel des whigs engagés dans la vie publique ; c'était aussi le salon favori, le *home* adoptif des lettrés libéraux étrangers à la conduite des affaires, mais dévoués à leurs idées et au redressement des vieilles injustices sociales. Ce fut là que je rencontrai pour la première fois le révérend Sidney Smith et lord Jeffrey, tous deux fondateurs, en 1801, de la *Revue d'Édimbourg*, et les deux hommes de ce temps qui, en dehors du Parlement, ont le plus contribué aux succès du parti whig et aux progrès de la liberté. Ils étaient l'un et l'autre bien loin, en 1840, du puissant élan de leur jeunesse et de leur influence ; mais M. Sidney Smith conservait, à soixante-neuf ans, cette vive originalité d'imagination et d'esprit, cette verve inattendue et plaisante qui éclataient partout, dans la vie familière comme dans les salons, et probablement aussi dans sa propre pensée, quand il était seul dans son cabinet. J'écrivais à Paris, après notre première rencontre : « J'ai causé hier soir avec M. Sidney Smith, qui a vraiment beaucoup, beaucoup d'esprit. Mais tout le monde s'y attend, tout le monde vous en avertit. C'est son état d'avoir de l'esprit comme c'est l'état de lady Seymour d'être belle. On demande de l'esprit à M. Sidney Smith comme une voiture à un sellier. On rit trop de ses plaisanteries. On rit avant, pendant, après. Et il plaisante un peu trop à propos de toutes choses, même à propos des évêques; ce qui ne l'empêche pas d'avoir sa réserve, et même sa timidité envers sa robe; il ne veut plus dîner hors de chez lui le dimanche, et il n'ose pas le dire à lady Holland qui l'invite le dimanche pour le plaisir de l'embarrasser. » Là étaient en effet l'embarras et le côté faible de M. Sidney Smith; le tour de son esprit et de son langage n'était pas en harmonie avec sa situation; il n'était pas devenu ecclésiastique par goût et de son libre choix; il avait obéi, en cela, au pressant désir de son père; et quelque soin scrupuleux qu'il apportât à remplir tous les devoirs de son état, il n'avait pu changer sa nature, ni régler toujours, selon de sévères convenances, son intarissable et quelquefois bouffonne gaieté. D'ailleurs le meilleur des hommes, aussi doux que courageux, plein de charité chrétienne comme de sincérité libérale, prédicateur efficace dans sa chaire autant que critique éminent dans la *Revue d'Édimbourg*, et dont les sermons, recueillis après sa mort, valent bien ses articles, et couvrent amplement ce qu'il y avait d'excessif dans ses saillies de moquerie et de gaieté. Il vint me voir un jour à l'ambassade, et sa conversation fut un agréable mélange de réflexions sérieuses et de traits piquants. Il me parla beaucoup de lord John Russell qu'il aimait fort et qu'il regardait comme l'âme du cabinet : « Lord Melbourne, me dit-il, est un homme de beaucoup d'esprit, un bon et aimable garçon plutôt qu'un politique, *a fine fellow rather than a politician,* et bien moins insouciant qu'il n'en a l'air. » Il tenait beaucoup à n'être pas pris pour un radical : « Les radicaux, me dit-il, sont en déclin dans la Chambre des communes, découragés et ne comptant plus sur leur avenir. Ils s'étaient figurés qu'ils changeraient toutes choses. Le bon sens public les paralyse. La plupart se fondront dans les whigs. » Je ne lui demandai pas si les whigs ne feraient pas la moitié du chemin. Je l'écoutais sans discuter. Il y a des gens à qui on plaît en leur parlant ; à d'autres, en les écoutant. On les distingue bien vite. M. Sidney Smith était accoutumé à être écouté, et même attendu.

Malgré l'ancienne union de leurs idées et de leurs travaux, lord Jeffrey, à l'époque où je l'ai connu, ne ressemblait en rien au révérend Sidney Smith. L'ecclésiastique anglais était resté, à soixante-neuf ans, aussi animé, aussi gai, aussi bienveillant, aussi confiant dans la nature humaine et dans l'avenir des sociétés humaines qu'il avait pu l'être dans sa jeunesse. Le critique écossais, à soixante-sept ans, portait l'empreinte des

épreuves et des mécomptes de la vie. Profondément
sérieux et sagace, il avait dans l'esprit plus d'activité et
de fermeté que de penchant aux brillantes et lointaines
espérances ; sincèrement attaché aux principes qu'il
avait soutenus et au parti qu'il avait servi avec ardeur,
il se méprenait peu sur leurs mauvaises pentes et leurs
mauvaises chances ; il avait exercé la critique littéraire
avec autant d'intégrité et d'indépendance que de péné-
tration et de bon jugement ; mais il était las de criti-
quer et ne trouvait plus guère à admirer. Il aimait
beaucoup la conversation, la discussion, l'échange et le
choc des idées ; il y était abondant, ingénieux, sensé
sans pédanterie quoique avec vigueur ; mais ses goûts
de société étaient combattus et attiédis par sa préférence
de plus en plus prononcée pour sa petite maison de campagne, près d'Édimbourg, pour la vie domestique et la
méditation tranquille au sein d'une belle nature. Après
l'adoption de la réforme parlementaire, il était entré
dans la Chambre des communes ; mais il n'y avait
obtenu ni un succès oratoire, ni une importance politique proportionnés à ses succès et à son importance
dans le monde lettré. Il était sorti du Parlement sans
regret, quoique avec un peu de tristesse, avait accepté
un siége dans la haute cour de session d'Écosse, et ne
venait plus à Londres que rarement et pour peu de
jours. Nous eûmes un matin, chez moi, un long entretien sur l'état actuel des idées et des mœurs, des sociétés et des gouvernements ; je fus frappé de la ferme
indépendance et de la longue prévoyance de sa pensée ;

ce vaillant champion des idées libérales s'inquiétait vivement de la domination exclusive de la démocratie, autant pour la dignité humaine et la liberté politique que pour la sécurité des droits divers et la forte constitution des États. Mais il m'exprimait ces judicieux sentiments avec cette nuance de découragement et d'humeur qui donne à l'esprit l'air vieux, et la vieillesse ne va pas mieux à l'esprit qu'au corps.

En sortant de *Holland-House* ou de *Lansdowne-House*, j'allais quelquefois finir ma soirée dans un modeste salon, chez deux vieilles personnes, miss Berry et sa sœur Agnès, que j'avais vues souvent à Paris. Après avoir longtemps vécu, sur le continent comme en Angleterre, dans le monde élégant et lettré, elles habitaient Londres, âgées l'une de soixante-dix-huit, l'autre de soixante-quatorze ans, restant chez elles tous les soirs, et recevant d'anciens amis et des gens d'esprit bien aises d'être assurés de les trouver et de s'y trouver ensemble. Elles avaient pour amie et pour compagne fidèle lady Charlotte Lindsay, fille de lord North, femme d'esprit aussi, pleine des souvenirs de la cour et de l'histoire d'Angleterre pendant le ministère de son père, et prenant plaisir à les raconter. L'aînée des deux sœurs, miss Berry, avait été belle et l'objet des soins particuliers d'Horace Walpole qu'elle avait, disait-on, refusé d'épouser, tout grand seigneur et homme d'esprit qu'il était, le trouvant trop vieux. Elle aimait la France et la société française qu'elle avait vues dans des temps et des états bien différents, et elle rappelait volontiers que c'était à la cour de Louis XVI, et par une bonne grâce particulière de la reine Marie-Antoinette, qu'elle avait été, pour la première fois de sa vie, invitée à un grand bal. En 1815, elle avait publié un premier recueil des *Lettres de lady Russell*, en le faisant précéder d'un *Essai biographique* écrit avec une émotion intelligente; et en 1840, je reportai sur l'éditeur quelque chose du profond et tendre intérêt que la mémoire de cette personne si rare, admirable exemple de la passion dans la vertu, m'avait dès lors inspiré. Je retrouvais d'ailleurs, dans le petit salon de miss Berry, non-seulement les goûts, mais les habitudes de la société et de la conversation françaises, plus de facilité, de variété, de sympathie complaisante que dans la plupart des salons anglais, un vif mouvement d'esprit littéraire et des sentiments libéraux sans préoccupations politiques. C'était, pour moi, un agréable délassement et comme un retour momentané vers ma jeunesse, dans le salon de madame Suard ou de madame d'Houdetot.

Quelque liberté que je prisse soin de garder pour mes relations personnelles, je voyais moins les torys que les whigs : non-seulement parce que je n'avais pas à traiter avec eux, mais aussi parce qu'ils avaient à Londres moins de foyers de réunion et de conversation un peu intime. J'ai déjà dit quel courtois empressement m'avaient témoigné, à mon arrivée, les principaux d'entre eux, notamment sir Robert Peel et lord Aberdeen; dès le 7 mars 1840, sir Robert Peel me donna à dîner avec ses plus particuliers amis. Lord Aberdeen se plaignait de ne pas me voir plus souvent. C'était surtout chez lady Jersey que je rencontrais les hommes considérables du parti et des diverses nuances du parti ; elle leur était très-fidèle, et prenait beaucoup de soin pour les attirer chez elle et leur rendre son salon agréable. Je fis là connaissance avec lord Lyndhurst, lord Ellenborough et sir Stratford Canning, aujourd'hui lord Stratford de Redcliffe : le premier, déjà âgé, me frappa par la vigueur, la précision, la netteté de sa pensée et de sa parole, et dix ans plus tard, je lui ai retrouvé les mêmes qualités, presque au même degré. Sir Stratford Canning n'avait pas encore déployé, dans l'ambassade de Constantinople, sa dominante et indomptable énergie ; mais la mâle franchise de son caractère et la fierté douce de ses manières eurent pour moi, dès l'abord, un attrait que les dissentiments diplomatiques n'ont jamais effacé. Lord Mahon, aujourd'hui comte Stanhope, aussi distingué par ses travaux historiques que par ses lumières politiques, réunissait souvent chez lui, à déjeuner, les libéraux et les lettrés du parti, les adhérents de sir Robert Peel, ceux que dès lors on appelait et qui eux-mêmes s'appelaient *conservateurs* plutôt que torys. Pris dans son ensemble, ce parti dominait dans la Chambre des lords, touchait et quelquefois atteignait, dans la Chambre des communes, à la majorité, et il avait pour chefs des hommes éminents par leurs talents comme par leur caractère, et en possession de l'estime du pays. Mais il était en proie à un travail, dirai-je de décomposition ou de transformation intérieure, qui paralysait sa force et livrait le pouvoir à ses adversaires. J'écrivais le 20 mai 1840 à l'un de mes amis : « J'assiste ici à un étrange spectacle, au spectacle d'une opposition très-forte, très-bien gouvernée, et qui n'ose pas, qui, de son propre aveu, ne peut pas devenir gouvernement. Les vieux torys, les torys de lord Liverpool et de lord Castlereagh sont à la fois le corps d'armée et l'embarras, le nerf et le fardeau du parti. Si tous les conservateurs étaient de l'espèce de sir Robert Peel, ils seraient les maîtres. Tenez pour certain que, bien qu'il n'y ait pas eu naguère ici, comme chez nous, une révolution, il y a, ici, comme chez nous, des résistances et des arrogances de classe que le pays n'acceptera plus; il y a des réformes, faites ou à faire, que tout le monde devra accepter, et qui rendront incapable de gouverner quiconque ne les acceptera pas sérieusement et sincèrement. Deux choses me frappent également en Angleterre, la puissance de l'esprit de conservation et la puissance de l'esprit de réforme. Malgré la violence des paroles et la ténacité des engagements de parti, ce pays-ci est le pays du bon sens définitif, du progrès lent mais continu. Il ne retrouvera un gouvernement fort que lorsque les partis divers, sans abdiquer leurs maximes et leurs tendances caractéristiques, se seront tous décidés à pratiquer cette politique équitable et modérée vers laquelle, soit qu'ils le proclament, soit qu'ils s'en taisent, convergent aujourd'hui tous les esprits. »

On prévoyait dès lors avec certitude que sir Robert Peel ne tarderait pas à arriver au gouvernement par cette voie; j'écrivais le 23 mai, à la veille d'un échec des whigs : « J'ai cru jusqu'ici que les conservateurs, les gens d'esprit du moins, ne se souciaient pas, au fond, de renverser le cabinet. Je commence à en douter. L'un d'entre eux m'a dit hier : « Nous dissoudrions le Parlement. La dissolution nous donnerait trente voix de majorité. Le problème du moment est d'obtenir de la Chambre des lords les réformes nécessaires, en Irlande et ailleurs. Peel peut seul manier (*manage*) cette chambre et lui faire faire des pas en avant. Peel n'est pas un grand homme, mais il fera ce que de grands hommes ne pourraient pas faire [1]. »

Sir Robert Peel a fait ce qu'on attendait de lui. Reste maintenant à savoir comment se refera ce qu'il a défait. De grandes réformes sociales ont été accomplies; les grands partis politiques, nécessaires à la puissance et à la longue durée des gouvernements libres, parviendront-ils à se réorganiser? C'est dans le travail de ce nouveau problème que tâtonne aujourd'hui l'Angleterre.

De tous les champions du vieux torysme anglais que j'ai rencontrés, c'est un homme étranger à la haute aristocratie et à la cour, c'est un bourgeois lettré et placé, dans la carrière politique, au troisième rang, M. John Wilson Croker, qui m'a le mieux représenté et fait comprendre son parti. Il avait été longtemps membre

---

[1] *Peel is not a great a man; but he will do what great men could not do.*

de la Chambre des communes et secrétaire de l'Amirauté; mais, depuis la réforme parlementaire qu'il avait énergiquement et spirituéllement combattue, il était sorti du Parlement et des affaires, et ne s'occupait plus que de critique politique et littéraire. Il y portait toutes les maximes, toutes les traditions, toutes les passions d'un serviteur du cabinet de lord Liverpool et de lord Castlereagh, toujours ardent adversaire, au dedans, des whigs, même quand il sentait la nécessité de certaines réformes, au dehors, de la Révolution française, républicaine ou impériale, quoique sans haine ni jalousie envers la France, et plein même, pour le génie français, d'admiration et presque de goût, comme un spectateur intelligent admire un grand acteur. C'était un homme d'une instruction peu commune, d'un esprit sagace, vigoureux, judicieux, curieux, mais l'esprit de parti incarné, intraitable, résolu à tout défendre, de peur de laisser entamer le système général auquel il appartenait. Il occupait, dans le palais de Kensington, un appartement que lui avait donné, pour sa vie, le roi George IV, et c'était dans le *Quarterly Review* qu'il déployait toute sa polémique. Je l'avais vu à Paris avant 1840; je le revis à Londres pendant mon ambassade; et quand je retournai en Angleterre en 1848, il me donna des marques d'un intérêt aussi actif qu'affectueux. Nous discutions à perte de vue; mais nous nous comprenions, même quand nous ne nous accordions pas, et j'ai beaucoup appris, dans ses entretiens, sur l'état de la société anglaise et sur l'histoire de son temps.

Les radicaux faisaient peu de bruit à Londres en 1840. En Angleterre comme ailleurs, plus que partout ailleurs, ce parti comprend deux éléments très-divers, les radicaux révolutionnaires et les radicaux réformateurs : les uns, ennemis passionnés de l'ordre établi et aspirant à le renverser; les autres, novateurs systématiques, travaillant à faire prévaloir leurs théories dans les institutions nationales et par ces institutions mêmes, sans en changer les grandes bases. La réforme parlementaire de 1832 avait, pour un temps, réduit ces deux fractions du parti, la première à l'impuissance, la seconde à l'espérance patiente : les chartistes ne tentaient plus de manifestations populaires, et les démocrates constitutionnels s'appliquaient à faire prévaloir, dans le Parlement comme dans le public, leurs projets de réforme : « J'ai dîné hier chez M. Grote avec cinq ou six radicaux, écrivais-je à Paris le 19 mars, esprits tranquilles quoique bien radicaux. M. Grote me parle des chartistes à peu près comme lord John Russell, et lord John Russell comme lord Aberdeen. Il y a bien du factice dans le classement politique des hommes, et ils diffèrent bien moins qu'ils ne croient. Mais c'est là le gouvernement représentatif; par la publicité et la discussion continues, il aggrave les dissentiments et échauffe les luttes. La vie politique est à ce prix. » En dehors du Parlement et dans les relations sociales, les whigs prenaient bien du soin pour plaire aux radicaux réformateurs et les attirer dans leurs rangs; j'écrivais le 30 avril : « Madame Grote devient un personnage; lady

Palmerston l'a invitée à une soirée. J'ai entendu avant-hier lady Holland faire un petit complot pour l'avoir à dîner à *Holland-House* la semaine prochaine, et elle recommandait à lord John Russell de n'y pas manquer et de plaire à madame Grote. Ils ne lui plaisent pas et elle ne leur plaira pas. Elle a de la hauteur et veut de la place. Ils ne lui en feront pas assez. Les complaisances aristocratiques ne réussiront pas à se mettre au niveau des fiertés bourgeoises. Il doit, il peut y avoir, entre les deux classes, des rapprochements sérieux et efficaces, par nécessité, par bon sens, par esprit de justice et de prévoyance; mais ce sera de l'entente politique, non de l'assimilation sociale; on pourra agir ensemble dans le Parlement; on ne vivra pas familièrement ensemble dans les salons. On n'aura pas le vote de M. Grote comme don Juan obtient l'argent de M. Dimanche. Tout ce qui est factice, superficiel, momentané dans les rapports de la vie mondaine, demeure sans effet, si même cela ne nuit pas à l'accord, au lieu d'y servir. »

En ma qualité de protestant, j'étais, pour les divers partis religieux en Angleterre, anglicans et dissidents, un objet de curieuse et bienveillante attention. Peu après mon arrivée, l'évêque de Londres, M. Bloomfield, savant helléniste, me donna à dîner avec l'archevêque de Cantorbéry, l'évêque de Llandaff, deux chanoines de Westminster et quelques laïques zélés. Il me demanda d'aller avec lui un dimanche, dans sa voiture, à l'office solennel, dans l'église de Saint-Paul. Il voulait m'y faire une réception officielle et étaler un peu, dans sa cathédrale, un ambassadeur de France protestant. Je m'y refusai. Je n'aime pas les grandeurs humaines dans ce lieu-là. J'allai en effet à Saint-Paul, mais sans bruit, entrant simplement avec l'évêque et assis à côté de lui. Parmi les prélats anglicans avec qui je fis connaissance, l'archevêque de Dublin, M. Whately, correspondant de notre Institut, m'intéressa et me surprit; esprit original, fécond, inattendu, instruit et ingénieux plutôt que profond dans les sciences philosophiques et sociales, le meilleur des hommes, parfaitement désintéressé, tolérant, libéral, populaire, et, à travers son infatigable activité et son intarissable conversation, étrangement distrait, familier, ahuri, dégingandé, aimable et attachant, quelque impolitesse qu'il commette et quelque convenance qu'il oublie. Il devait parler le 13 avril, à la Chambre des lords, contre l'archevêque de Cantorbéry et l'évêque d'Exeter, dans la question des biens à réserver pour le clergé au Canada[1] : « Je ne suis pas sûr, me dit lord Holland, que, dans son indiscrète sincérité, il ne dise pas qu'il ne sait point de bonne raison pour qu'il y ait, à la Chambre des lords, un banc des évêques. » Il ne parla point, car le débat n'eut pas lieu; mais, dans cette occasion comme dans toute autre, il n'eût certainement pas sacrifié, aux intérêts de sa corporation, la moindre parcelle de ce qu'il eût regardé comme la vérité ou le bien public.

[1] *Clergy reserves.*

On a beaucoup parlé et on parle encore beaucoup, notamment en France, de l'Église anglicane; elle est, à mon avis, peu connue et mal comprise. On lui reproche d'avoir pris naissance, non dans les croyances publiques, mais dans la tyrannie de Henri VIII; d'avoir, à son origine, scandaleusement varié dans ses professions de foi; de s'être approprié les dépouilles de l'Église catholique; d'avoir à son tour tyrannisé les dissidents et maltraité le bas clergé; enfin de manquer d'indépendance, ayant et acceptant, pour chef de l'Église, le chef laïque de l'État. Il y a beaucoup de vrai dans ces reproches, et je ne chercherai pas à les atténuer en discutant ce qu'ils peuvent avoir d'excessif. Je ne demanderai même pas quels sont les pouvoirs, quels sont les établissements humains dont on pourrait sonder l'origine sans y rencontrer les violences et les vices que sème partout la main des hommes quand elle prétend aux honneurs de la création. Un fait spécial apparaît dans l'histoire de l'Église anglicane; en durant et en grandissant, elle s'est singulièrement éloignée et affranchie de son berceau. Elle est riche, riche de biens qui lui appartiennent en propre; elle exerce sur la masse de la population anglaise une grande influence; elle siége dans la Chambre des lords; par son origine, par sa situation, elle semble essentiellement engagée dans la politique; elle y a été d'abord intimement associée et presque asservie; et pourtant elle n'a aujourd'hui point de prétentions politiques; elle se renferme dans sa mission religieuse; il n'est jamais arrivé qu'une Église si bien dotée, si haut placée et investie d'une si puissante action morale, se contentât si sagement de son rôle spirituel et cherchât si peu à intervenir dans le gouvernement civil du pays. Est-ce défaut d'indépendance dans son propre domaine et complète soumission au pouvoir laïque dont elle reconnaît la suprématie? Nullement, et ceux-là se trompent fort qui jugent, en ceci, d'après les inductions logiques et les premières apparences de l'histoire. Quand la Réforme du xvie siècle a éclaté, l'une de ses principales causes a été l'ardent travail des laïques, princes et peuples, non-seulement pour affranchir l'État de la domination de l'Église, mais aussi pour prendre, dans le gouvernement de l'Église elle-même, leur place et leur part. Tels avaient été les progrès de la civilisation et le mouvement des esprits que, dans une grande partie de l'Europe chrétienne, la société laïque ne voulait plus, même en matière de discipline religieuse, subir, sans participation et sans contrôle, le pouvoir absolu de la société ecclésiastique, du clergé. A la suite des luttes suscitées par cette fermentation sociale, trois systèmes se sont trouvés en présence : 1º le système catholique, c'est-à-dire l'autonomie indépendante de l'Église religieusement gouvernée par le clergé seul; 2º le système mixte, c'est-à-dire l'autonomie indépendante de l'Église religieusement gouvernée par les ecclésiastiques et les laïques mêlés à divers degrés et sous diverses formes ; 3º l'Érastianisme, c'est-à-dire l'abolition de l'autonomie de l'Église et son gouvernement passant aux mains du souverain laïque de l'État. Je n'ai garde de comparer ici ces divers systèmes ; je ne veux que les constater et les caractériser. Les deux derniers, quoique très-divers, puisque l'un a maintenu et l'autre aboli l'autonomie indépendante de l'Église, ont pris également leur source dans l'influence croissante de la société laïque et dans son désir d'échapper au pouvoir absolu du clergé. L'Érastianisme a prévalu en Angleterre, dans l'Église nationale, pendant que le système du gouvernement mixte prévalait, sur le même sol, dans la plupart des sectes dissidentes, Presbytériens, Indépendants, Baptistes, etc. Mais quoique soumise, en principe, au gouvernement laïque de l'État, et d'abord son docile et quelquefois même son servile instrument, l'Église anglicane n'a pas tardé à devenir, en fait, très-libre dans l'ordre spirituel. Par quelques-unes de ses maximes fondamentales, par son organisation aristocratique, par ses intérêts spéciaux, elle est restée le naturel et très-utile allié du pouvoir civil ; mais depuis longtemps la Couronne et le Parlement ne se mêlent guère de ses affaires propres et intérieures, pas plus qu'elle ne se mêle elle-même des affaires de l'État. L'Église nationale a sa part, en Angleterre, de la liberté générale du pays ; le complet établissement du régime libre a eu là cette salutaire conséquence que le pouvoir temporel et le pouvoir spirituel, bien que nominalement réunis dans les mêmes mains, se sont, dans la pratique, séparés l'un de l'autre et mutuellement respectés. L'instinct du droit et le bon sens ont prévalu à ce point que l'État et l'Église, confondus en apparence, sont distincts en réalité, et se renferment habituellement chacun dans son domaine naturel.

Et en même temps que l'état général de la société anglaise faisait ainsi recouvrer, en fait, à l'Église anglicane, une partie de l'indépendance qui lui manque en principe, cette Église vivait en présence de sectes dissidentes longtemps persécutées, opprimées, jamais anéanties ni entièrement dépouillées de leurs libertés anglaises, et toujours en possession de leur autonomie religieuse. Cette concurrence continue n'a pas permis à l'Église anglicane de tomber, d'une façon durable, dans l'indifférence, l'apathie, le relâchement, les mœurs mondaines, la complaisance servile envers le pouvoir; au milieu de ses faiblesses, de ses langueurs, de ses chutes, elle a eu constamment sous les yeux des exemples de foi vive, de ferveur pieuse, de ferme indépendance. A travers leurs divagations et leurs emportements, ces mérites n'ont jamais manqué, en Angleterre, aux sectes dissidentes; et leurs exemples, leur rivalité ont agi, sur l'Église anglicane, comme un aiguillon dans ses flancs; elle a été constamment provoquée et amenée à se relever, à se ranimer, à se retremper dans la foi et la vie chrétiennes. Elle n'est certes pas exempte aujourd'hui des doutes, des déviations, de la fermentation hostile qui travaillent le christianisme tout entier; comme l'Église catholique, comme les sectes dissidentes anglaises, comme le protestantisme continental, elle a ses incrédules, ses sceptiques, ses critiques; mais c'est une grande ignorance des faits ou un grand aveuglement de la passion de croire que, pour cela, elle soit en état de décomposition et de décadence ; au milieu même de la crise générale que subit le christianisme, l'Église anglicane est devenue de nos jours et devient chaque jour plus chaudement et plus efficacement chrétienne; les croyances essentielles du christianisme, les mœurs graves, les sentiments pieux, la foi, le zèle et la charité chrétienne y sont en incontestable progrès ; les édifices consacrés à son culte se multiplient rapidement; les populations s'y réunissent bien plus nombreuses et plus empressées ; ses œuvres pieuses, prochaines ou lointaines, s'étendent et prospèrent. Quand j'arrivai à Londres, en 1840, quand je vis l'Église anglicane de près et à l'œuvre, je fus frappé de la féconde activité religieuse qui s'y déployait; et depuis cette époque, les faits que j'ai recueillis ou vus moi-même me laissent convaincu qu'au sein de cette Église et en dépit des mouvements contraires, ce mouvement de renaissance chrétienne n'a pas cessé de se développer.

J'observai, chez les sectes dissidentes, un mouvement, non pas semblable, mais correspondant et d'un effet non moins salutaire. Dans ces petites sociétés persécutées, la ferveur religieuse avait toujours été grande ; mais des sentiments violents et durs y régnaient; la haine semble une vengeance de l'injustice, et les hommes se soulagent de leurs maux en en détestant les auteurs. Quand une politique libérale a fait cesser, en Angleterre, les gênes oppressives, les restrictions offensantes qui pesaient sur les dissidents, quand ils ont vu l'Église anglicane devenir à la fois plus zélée dans sa vie religieuse et plus bienveillante envers eux, ils se sont eux-mêmes apaisés et adoucis; l'isolement légal cessait, le rapprochement volontaire s'est accompli. Progrès moral d'abord plus qu'intellectuel; les idées religieuses de plusieurs des sectes dissidentes anglaises restent encore, sur beaucoup de points, bien étroites et exclusives; mais les sentiments amers et les préventions haineuses se sont singulièrement effacés. Les cœurs sont plus chrétiens que les esprits.

J'assistai un jour à un remarquable exemple de cet heureux progrès. J'avais vu plusieurs fois, à Paris, en 1838 et 1839, une femme déjà célèbre alors par ses œuvres pieuses dans les prisons, mistriss Elizabeth Fry, de la secte des quakers, si le mot de *secte* peut être employé à propos d'une personne dont le cœur était si ouvert à toutes les sympathies humaines; le nom que se donnent eux-mêmes les quakers, *Société des amis*, lui convenait beaucoup mieux. Partout où elle avait passé, en France et en Allemagne comme en Angleterre, Mme Fry avait vivement frappé tous ceux qui l'avaient vue, les grands comme les déshérités de la terre, les vertueux comme les coupables de la société, par son ardeur, je dirai aussi par sa puissance chrétienne et philanthropique. Je la revis à Londres en 1840, et elle m'engagea à dîner chez elle le 6 juillet, avec sa nombreuse famille et ses intimes amis. Je trouvai là, avec les quakers, des anglicans, des presbytériens, des indépendants, probablement d'autres dissidents encore, tous conservant leur croyance et leur physionomie propres, et pourtant réunis dans un sentiment commun de piété libre et affectueuse. Parmi les enfants mêmes de Mme Fry, plusieurs avaient cessé d'être quakers et étaient rentrés dans l'Église anglicane ; ils n'étaient pas moins bien traités, ni moins à l'aise dans leur famille. Évidemment, le respect de la liberté religieuse et de la foi sincère avait pénétré assez avant dans toutes ces âmes pour maintenir la bienveillance et la paix au sein de la diversité.

Je trouve, dans les *Mémoires* mêmes de Mme Fry sur sa vie, publiés par deux de ses filles, une mention de ce dîner que je veux citer textuellement, tant elle marque bien le caractère original de la personne et de la réunion :

« Upton-Lane, le septième jour du septième mois.

« Nous avons eu hier à dîner l'ambassadeur de France et une nombreuse compagnie. Ces occasions sont sérieuses pour moi. Je me demande s'il est bien fait de donner un dîner qui coûte cher, s'il en peut résulter quelque bien, et si, à l'approche de la mort, nous emploierions ainsi notre temps. D'un autre côté, après l'extrême bienveillance qui nous a été témoignée en France, même par le gouvernement français, nous devons bien aux Français quelque marque d'attention. Il est juste d'ailleurs et chrétien de se montrer hospitalier envers les étrangers, et je ne crois pas qu'on ait tort de les recevoir, dans une certaine mesure, comme ils ont coutume de vivre. Ma crainte est de n'avoir pas assez bien employé ce temps pour mettre en avant les importants sujets qui doivent toujours nous occuper. J'ai essayé de le faire un peu; pas assez, j'ai peur. »

Mme Fry pouvait se rassurer; elle n'avait pas négligé cette occasion de conversation morale et pieuse. Il est vrai qu'elle avait aussi pris quelque plaisir à faire apporter dans le salon un grand portefeuille, et à me montrer les portraits et les lettres des personnages considérables, grands du monde ou de l'esprit, avec qui elle avait été en rapport. Femme forte et excellente, née pour convertir, consoler et commander, car elle avait beaucoup de charité chrétienne, de sympathie féminine, d'autorité naturelle et un peu de vanité.

Après mes souvenirs de la société anglaise, telle que je l'ai vue en 1840, je voulais parler aussi de la cour d'Angleterre à cette époque. Je ne le ferai pas aujourd'hui. Je voyais commencer alors ce rare bonheur royal que la mort du prince Albert vient de détruire avant l'heure, s'il est permis de dire que telle heure, et non pas telle autre, convient à la mort. Comment retracerais-je en ce moment les réunions et les fêtes de cette royauté jeune, heureuse, charmée de son ménage comme de son trône, et de qui l'Angleterre se plaisait à concevoir ces belles espérances de vertu domestique et de sagesse politique qui ont été si dignement remplies? Les plus respectueuses paroles ne me satisferaient pas moi-même, et je ne me permettrais pas d'y mêler cette liberté d'observation que n'interdit pas le plus sincère respect. Plus tard, quand un peu de temps se sera écoulé, et s'il m'est donné de conduire ces *Mémoires* à leur terme, je retrouverai l'occasion de rentrer à Buckingham-Palace, à Windsor, et de rappeler les impressions que j'en ai reçues et les souvenirs que j'en ai gardés.

Chez moi comme hors de chez moi, par les affaires et par le monde, ma vie était très-occupée. Je ne saurais dire qu'elle fût pleine. Je n'ai jamais mieux reconnu quel vide peut exister dans des journées dont tous les moments sont remplis. Ma situation politique me convenait; j'avais de grands intérêts à traiter. Ce que je puis ressentir de curiosité et d'amour-propre mondain était satisfait. Je ne suis pas insensible à ces petits plaisirs; même quand je les trouve petits, quand j'ai l'air de m'en amuser plus que je ne m'en amuse réellement, je sais me défendre contre leur ennui; je ne m'en impatiente pas; l'impatience me déplaît et m'humilie; j'ai besoin de croire que je veux ce que je fais, et j'accepte de bonne grâce la nécessité pour échapper aux apparences de la contrainte. Mais ni les travaux de la vie politique, ni les plaisirs de la vie mondaine ne m'ont jamais suffi. Ce sont des joies superficielles, quelque fortes ou agréables qu'elles puissent être. Il y a loin de la surface au fond de l'âme; une vraie et longue intimité, des regards d'affection, des paroles de confiance, l'abandon, le calme et la chaleur du foyer domestique, c'est là ce qui épanouit et remplit vraiment le cœur. Salomon a trop dit quand il a dit : « Vanité des vanités, tout est vanité ; »

l'activité politique, l'importance sociale, le pouvoir, le monde, les succès d'ambition et d'amour-propre, tout cela est quelque chose, et, même aujourd'hui, je ne le dédaigne point. Mais je ne m'y suis jamais senti satisfait et reposé comme on se sent satisfait et reposé dans le bonheur intime. Pourquoi donc faire, dans la vie, une si large part, et avec tant de travail, à ce qui suffit si peu? C'est qu'on appartient à sa vocation bien plus qu'à soi-même; on obéit à sa nature bien plus qu'à sa volonté. Je me suis porté aux affaires publiques comme l'eau coule, comme la flamme monte. Quand j'ai vu l'occasion, quand l'événement m'a appelé, je n'ai pas délibéré, je n'ai pas choisi; je suis allé à mon poste. Nous sommes des instruments entre les mains d'une puissance supérieure qui nous emploie, selon ou contre notre goût, à l'usage pour lequel elle nous a faits.

Quand j'étais las de conversations diplomatiques, de dépêches, de visites et d'isolement dans ma maison, j'allais me promener seul, dans les parcs de Londres, ou plus loin, aux environs de la ville. *Regent's Park* surtout me plaisait; il est loin des quartiers populeux; l'espace est immense, la verdure fraîche, les eaux sont claires, les massifs d'arbres encore jeunes. Je trouvais là réunies deux choses qui vont rarement ensemble, l'étendue et la grâce. Je n'y rencontrais, je n'y apercevais presque personne. Dans la complète solitude et en présence de la nature, on oublie l'isolement.

Les dimanches, *Regent's Park* était un peu plus animé; assez de promeneurs, presque constamment silencieux;

des prédicateurs de plein vent, entourés de trente ou quarante auditeurs, commentant un texte de la Bible ou un précepte de l'Évangile, et mêlant à leurs commentaires des récits familiers ou d'étranges dissertations métaphysiques, mais toujours dans un dessein pratique, pour régler la pensée et la vie. Je m'arrêtai un jour à deux de ces groupes. Dans l'un, le prédicateur tenait un livre, un voyage en Afrique, et lisait l'histoire d'un missionnaire qui s'était guéri d'une longue maladie en vivant sobrement et buvant de l'eau : « Vous voyez bien par là, concluait-il, que boire de l'eau n'est pas du tout mauvais pour la santé. » L'autre orateur, calviniste rigoureux, soutenait, contre un interlocuteur qui le lui contestait, que l'homme n'est pas libre, n'a point de libre arbitre : « Regardez cet arbre, disait-il, vous voudriez croire que c'est une maison; vous ne le pouvez pas; vous n'avez donc pas de libre arbitre. » Le bon sens de ses auditeurs s'étonnait, mais ne cessait pas d'être attentif. Ce ne sont pas là, bien s'en faut, tout le peuple de Londres et tous ses plaisirs; mais il y a dans ce peuple, et en grand nombre, des familles dont ce sont là les plaisirs.

Hors de Londres, dans les vallées et sur les collines qui l'entourent, à Richmond, à Hampstead, à Norwood, la nature est charmante, aussi charmante qu'elle peut l'être par ses propres agréments bien ménagés et soignés par la main de l'homme. Il lui manque la grandeur des formes et l'éclat de la lumière; elle plaît et attache, sans émouvoir ni saisir. Les châteaux, les parcs, les *villas,* les *cottages* élégants sont semés en si grand nombre dans cette campagne que la nature semble n'être là qu'au service de l'homme et pour ses seuls plaisirs. Je visitai les principales de ces habitations ; deux surtout me frappèrent, *Sion-House,* qui appartient au duc de Northumberland, et Chiswick, au duc de Devonshire. *Sion-House* rappelle les maisons royales ; ses serres ont passé longtemps pour les plus riches de l'Angleterre ; la salle à manger est soutenue par douze colonnes de vert antique, les plus belles, dit-on, qui existent, et qui furent trouvées, il y a un siècle, dans le Tibre. Le grand-père du duc de Northumberland actuel les acheta et les fit transporter en Angleterre. Des vaches superbes paissaient dans une superbe prairie, sous les fenêtres de cette salle à manger ornée de ces colonnes, et dans laquelle on roulait, sur son fauteuil, le duc de Northumberland goutteux et impotent. Chiswick ne ressemble en rien à *Sion-House.* C'est une charmante maison italienne, sans le soleil, sans la *Brenta,* sans toute cette nature brillante et chaude qui anime et embellit, en Italie, la plus petite architecture. Et au bas de l'escalier, dans un coin, une statue de Palladio assis qui a l'air de grelotter. Chiswick est trop orné, trop joli. Le joli ne convient qu'au Midi. Les femmes de l'Espagne ou de la Provence se bariolent de rubans de toutes couleurs, de bijoux d'or et d'argent de toute espèce. Cela va à leur tournure fine et légère, à la vivacité de leurs mouvements, à leurs airs d'esprit et de corps. Lady Clanricarde était à Chiswick toute enveloppée de mousseline blanche, avec une seule pierre au milieu du front. Elle était belle et en harmonie avec sa patrie. Les maisons sont comme les personnes ; pas plus au point de vue de l'art que pour les usages de la vie, il ne leur convient d'être étrangères à leur climat. Le parc de Chiswick, voilà l'Angleterre. Je n'ai vu nulle part des gazons si épais, si égaux, si fins. C'est du velours qui pousse.

Je fis, dans mes excursions aux environs de Londres, deux visites, non plus de châteaux mais d'établissements publics, qui m'intéressèrent vivement. J'allai voir deux grandes écoles consacrées, l'une aux conditions sociales les plus humbles, les plus dénuées, l'autre aux classes élevées et puissantes. Il y avait alors, et sans doute il y a encore, à Norwood, une école populaire qui réunissait environ mille enfants pauvres, nés dans les manufactures ou recueillis dans les rues de Londres. Le premier objet qui frappa ma vue, en entrant dans la vaste cour de la maison, fut un grand vaisseau avec ses mâts, ses voiles, ses agrès; la cour était comme le pont du vaisseau, d'où partaient les mâts et tout l'équipement. Quatre-vingts ou cent petits garçons, de sept à douze ans, étaient dans la cour, commandés par un vieux matelot. A un signal donné par lui, je vis tous ces enfants s'élancer sur le vaisseau, grimpant le long des mâts, des vergues, des cordages. En deux minutes, un petit garçon de neuf ans était assis à la sommité du grand mât, à cent vingt pieds au-dessus du sol, et remuait fièrement de là, avec son pied, le grand pavillon. Tous les autres étaient répandus de tous côtés, les uns tranquilles, les autres en mouvement. C'était une lutte réglée de hardiesse, d'adresse, de sang-froid, d'activité naïve et sérieuse. La plupart de ces enfants deviennent en effet des matelots. On les préparait aussi à d'autres professions. Dans les diverses parties de l'école, de petits menuisiers, de petits tailleurs, de petits cordonniers, de petits palefreniers, de petites blanchiseuses étaient à l'œuvre, les uns occupés de leur apprentissage manuel, les autres réunis dans les salles de lecture ou de chant. Beaucoup d'entre eux avaient l'air chétif et maladif, triste fruit de leur origine; mais ils vivaient évidemment là sous un régime de travail salubre, de discipline bienveillante, et dressés pour un honnête avenir. Un petit garçon de douze ans, bossu, dirigeait l'école de chant avec intelligence et autorité. Cinq semaines après ma visite à l'école de Norwood, le 4 juin, j'étais au collége d'Eton; je parcourais, avec le digne et savant principal que cette grande école vient de perdre, le docteur Hawtrey, les salles d'étude, le réfectoire, la bibliothèque où s'élèvent les huit ou neuf cents membres du Parlement, juges, généraux, amiraux, évêques futurs de l'Angleterre. Tout, dans cette maison, a bon et grand air, un air de force, de règle et de liberté. Debout, au milieu de la cour, est la statue de Henri VI, ce roi imbécile, à peine roi de son temps, et qui n'en préside pas moins, depuis quatre siècles, dans la maison qu'il a fondée, à l'éducation de son pays. Autour de la maison, les plus belles prairies, et dans ces prairies les plus beaux arbres qu'on puisse voir. En face, Windsor, ce château royal qui a gardé toutes les apparences d'un château fort, et qui perpétue, au sein de la pacifique civilisation moderne, l'image de la vieille royauté. Rien que la Tamise entre Windsor et Eton, entre les rois et les enfants. Et la Tamise couverte, ce jour-là, de jolis bateaux longs et légers, remplis de jeunes garçons en vestes rayées bleu et blanc, avec de petits chapeaux de matelot, ramant à tour de bras pour gagner le prix de la course navale. Les deux rives couvertes de spectateurs à pied, à cheval, en voiture, assistant avec un intérêt gai, quoique silencieux, à la rivalité des bateaux. Et au milieu de ce mouvement, de cette foule, trois beaux cygnes étonnés, effarouchés, se réfugiant dans les grandes herbes du rivage pour échapper aux usurpateurs de leur empire. C'était un charmant spectacle qui a fini par un immense dîner d'enfants, sous une grande tente entourée, comme jadis les dîners royaux, de la foule des spectateurs. Je n'y trouvai à reprendre que l'abondance un peu excessive du vin de Champagne qui finit par jeter ces enfants dans une gaieté trop bruyante, même pour une fête en plein air.

Si j'étais allé en Angleterre il y a soixante ou quatre-vingts ans, ce petit fait ne m'aurait probablement pas frappé ; il y avait encore, à cette époque, même dans les classes élevées de la société anglaise, bien des restes de mœurs grossières et désordonnées. Précisément parce que l'Angleterre a été, depuis des siècles, un pays de liberté, les résultats les plus divers de la liberté s'y sont développés avec tous leurs contrastes ; la sévérité puritaine s'y est maintenue à côté de la corruption des cours de Charles II et des premiers George ; des habitudes presque barbares ont persisté au milieu des progrès de la civilisation ; l'éclat de la puissance et de la richesse n'avait point banni des hautes régions sociales les excès d'une intempérance vulgaire; l'élévation même des idées et des talents n'entraînait pas la délicatesse des goûts, et l'on pouvait ramasser ivre dans la rue M. Sheridan qui venait de ravir le Parlement par son éloquence. C'est de notre temps que ces choquantes disparates dans l'état des mœurs en Angleterre se sont évanouies, et que la société anglaise est devenue une société aussi polie que libre, où les habitudes grossières sont contraintes de se réformer ou de se cacher, et où la civilisation se montre de jour en jour plus générale et plus harmonieuse. Deux progrès divers, et qui marchent rarement ensemble, se sont accomplis et se développent, depuis un demi-siècle, en Angleterre ; les lois morales s'y sont raffermies et en même temps les mœurs y sont devenues plus douces, moins mêlées de violents excès, je dirai volontiers plus élégantes. Et ce n'est pas seulement dans les régions élevées et moyennes, c'est aussi dans les classes populaires que ce double progrès est sensible; la vie domestique, laborieuse et régulière, étend chez ces classes son empire; elles comprennent, elles recherchent, elles goûtent des plaisirs plus honnêtes et plus délicats que les querelles brutales ou l'ivresse. L'amélioration est, à coup sûr, très-incomplète ; les passions grossières et les habitudes désordonnées fermentent toujours au sein de la misère obscure et oisive, et il y a toujours, dans Londres, Manchester ou Glasgow, ample matière aux descriptions les plus hideuses. Mais à tout prendre, la civilisation et la liberté ont tourné en Angleterre, dans le cours du xix° siècle, au profit du bien plutôt que du mal ; les croyances religieuses, la charité chrétienne, la bienveillance philanthropique, l'activité intelligente et infatigable des classes élevées, le bon sens répandu dans toutes les classes ont lutté et luttent efficacement contre les vices de la société et les mauvais penchants de la nature humaine. Quand on vit quelque temps en Angleterre, on se sent dans un air froid mais sain, où la santé morale et sociale est plus forte que les maladies morales et sociales, quoiqu'elles y abondent.

Quand je dis qu'en Angleterre l'air est froid, dans la société comme dans le climat, je n'entends pas dire que les Anglais soient froids ; l'observation et ma propre expérience m'ont appris le contraire. On ne rencontre pas seulement chez eux des sentiments élevés et des passions fortes ; ils sont très-capables aussi d'affections profondes qui, une fois entrées dans leur cœur, deviennent souvent aussi tendres que profondes. Ce qui leur manque, c'est la sympathie instinctive, prompte, générale, cette disposition qui, sans motif ni lien spécial, sait comprendre les idées et les sentiments d'autrui, les ménager ou même s'y associer, et rendre ainsi les rapports sociaux faciles et agréables. Ce n'est pas que les Anglais ne tiennent beaucoup aux rapports sociaux, et ne soient très-curieux de ce que sont ou pensent les autres hommes; mais il faut que leur curiosité s'arrange avec leur dignité et leur timidité. Par gaucherie et embarras, autant que par fierté, ils ne montrent guère ce qu'ils sentent. Il en résulte, dans leurs relations et leurs façons extérieures, un défaut d'aisance et d'onction sociale qui refroidit et quelquefois repousse. Même entre eux, ils sont peu ouverts et peu bienveillants; ils ont presque constamment un air d'observation dédaigneuse et caustique qui respire et inspire un secret et petit déplaisir. Au fond, ils ont grand besoin et grande envie de mouvement d'esprit et d'amusement; ils aiment beaucoup la conversation, et quand elle s'offre à eux animée et variée, ils y prennent grand plaisir; mais d'eux-mêmes, et sauf quelques brillantes exceptions, ils y portent peu d'entrain et d'initiative. Ils ne savent pas faire ce qui leur plaît, ni jouir à leur aise de l'esprit qu'ils ont. Le feu est là, mais couvert; il faut que l'étincelle qui l'allumera vienne d'ailleurs.

Dans les solitaires loisirs que me laissaient souvent les affaires de l'ambassade et les soins obligés du monde, j'observais avec un profond intérêt cette grande société si fortement constituée en même temps que si libre, où tant de contrastes ne détruisent pas l'harmonie de l'ensemble, et où la nature humaine se développe si largement, bien que contenue par des freins et des contre-poids qui empêchent que ses prétentions et ses égarements ne se portent aux derniers excès. J'ai beaucoup appris dans cette étude morale et sociale qui m'ouvrait, à chaque pas, des horizons nouveaux, et ne me faisait pourtant pas oublier ma solitude domestique. Les Anglais ont raison d'attacher le plus grand prix à leur vie intérieure, à leur *home*, et surtout à l'intimité de la relation conjugale; ils ne trouveraient pas chez eux, dans la vie mondaine, ce mouvement, cette variété, cette facilité, cette douceur de toutes les relations qui, ailleurs et pour beaucoup de gens, tiennent presque lieu de bonheur. Un étranger, homme d'esprit et qui avait beaucoup vécu en Angleterre, me disait un jour : « Si on est bien portant, heureux chez soi et riche, il faut être Anglais. » C'était trop exiger, et il y a en Angleterre, au moins autant qu'ailleurs, beaucoup de vies heureuses à des conditions plus modestes; mais il est certain que, pour être heureux dans la société anglaise, il faut tenir au bonheur sérieux et intime plus qu'au laisser-aller et à l'amusement.

CHAPITRE XXXI

LE TRAITÉ DU 15 JUILLET 1840.

Arrivée de Chékib-Efendi à Londres.—Note qu'il adresse (31 mai) aux cinq plénipotentiaires.—Disposition du cabinet et du public anglais.—Instructions de M. Thiers.—Inquiétude des plénipotentiaires autrichien, prussien et russe.—Leur désir d'une prompte solution de la question égyptienne.—Disposition de lord Palmerston à attendre et à traîner.—Question que j'adresse à M. Thiers sur l'arrangement qui donnerait à Méhémet-Ali l'Égypte héréditairement et la Syrie viagèrement.—Sa réponse.—Mon pressentiment de l'arrangement à quatre.—Chute de Khosrew-Pacha à Constantinople.—Joie de Méhémet-Ali à cette nouvelle.—Sa démarche à Constantinople et sa confiance dans un arrangement direct avec le sultan.—Attitude du cabinet français à cet égard.—Effet de ces nouvelles à Londres.—Lord Palmerston presse la solution de l'affaire.—Conseils successifs du cabinet anglais.—Je rends compte à M. Thiers de cette situation et de son péril.—J'en informe le duc de Broglie et le général Baudrand.—Lord Palmerston m'appelle au *Foreign-Office*, et me communique la conclusion du traité du 15 juillet entre les quatre puissances.—*Memorandum* adressé à la France.—Mes observations.—Le cabinet français est justement blessé de n'avoir pas été informé d'avance de cette résolution définitive, et appelé à exprimer la sienne.—Causes de cette conduite du cabinet anglais.—Réponse du cabinet français au *Memorandum* anglais.—Mon entretien avec lord Palmerston en la lui communiquant.—Vrais motifs de la conclusion précipitée et cachée du traité du 15 juillet.—Caractère essentiel de la politique française et de la politique anglaise dans cette crise.—Le bruit se répand à Paris que je ne l'ai pas prévue et que je n'en ai pas averti le cabinet.—Mes démentis à ce bruit.—État des esprits en France.—Mon attitude à Londres.—Le roi m'appelle, avec M. Thiers, au château d'Eu.—Je pars de Londres le 6 août.

Je reprends les affaires d'Orient au point où je les ai laissées, à l'arrivée en Angleterre du nouvel ambassadeur turc, Chékib-Efendi, qu'on y attendait pour rentrer activement en négociation. M. Thiers m'annonça le 11 mai son passage à Paris : « Chékib-Efendi est ici, me dit-il ; il est capable et intelligent ; on peut causer avec lui. Il apporte les folles prétentions de la Porte ; mais au fond il les tient pour folles. Je lui ai donné les meilleurs conseils que j'ai pu ; mais cela ne fait rien ; il vous redira les folies du sérail sans les approuver. Au reste, la question ne sera jamais à Londres avec le plénipotentiaire turc. »

Ce n'était pas à la Porte en effet qu'il appartenait d'en décider, et Chékib-Efendi le savait bien. Il vint me voir en arrivant à Londres. Je lui tins le langage que je tenais à tout le monde : « L'Empire ottoman s'en va ; si on fait naître là une guerre, quelle qu'elle soit, il s'en ira encore plus vite. L'immobilité de l'Orient et l'accord général de l'Occident, à ces deux conditions, la Porte peut encore durer. Si l'une ou l'autre manque, si nous nous divisons ici et si on se bat en Asie, c'est le commencement de la fin. » Avec la réserve que lui commandait sa situation, Chékib-Efendi était de mon avis ; mais plus il en était, plus il se montrait pressant pour que les cinq puissances se missent d'accord ; et en retrouvant cette nécessité, nous retombions dans notre embarras. Le cabinet français n'avait pas seulement écarté les ouvertures des ministres d'Autriche et de Prusse pour que Méhémet-Ali, en obtenant la possession héréditaire de l'Égypte, conservât la possession viagère de la Syrie ; il avait aussi repoussé la concession que lord Palmerston nous avait offerte, pour le pacha, de la plus grande partie du pachalik et de la place même de Saint-Jean d'Acre : « Nous trouvons le partage de la Syrie inacceptable pour le pacha, m'écrivit M. Thiers le jour même où il m'annonça la prochaine arrivée à Londres de Chékib-Efendi; nous sommes certains, d'après ses dernières dispositions connues, qu'il ne l'acceptera pas. Imaginez que maintenant il revient sur Adana, ne paraît plus disposé à le céder, menace de passer le Taurus et de mettre le feu aux poudres. Jugez comme il écoutera le projet de couper en deux la Syrie. » Et quelques semaines plus tard, le 19 juin : « Je vous ai répondu à l'avance sur la proposition de couper la Syrie en deux. Cela est inadmissible, non pas du point de vue de notre intérêt individuel dans cette question, mais du point de vue le plus important de tous, la *possibilité*. Le pacha d'Égypte n'accordera jamais ce qu'on lui demande là...... On lui arracherait certainement Candie et les villes saintes, et peut-être Adana, mais jamais une portion quelconque de la Syrie. Nous ne nous ferons donc jamais les coopérateurs d'un projet sans raison, sans chance de succès, et qui ne peut être exécuté que par la force. Or, la force, nous ne la voulons pas et nous n'y croyons pas. »

Je me trouvais ainsi, en rentrant dans la négociation, hors d'état d'y faire un pas; je n'avais rien à offrir et ne pouvais rien accepter. J'étais immobile autant que Chékib-Efendi était impuissant.

Je reçus le 31 mai une note que Chékib-Efendi

adressa aux plénipotentiaires des cinq puissances, et dans laquelle, en leur rappelant que, le 27 juillet 1839, elles avaient promis à la Porte leur accord et leur appui, il se plaignait de l'indécision où la question restait encore, exposait le mal de jour en jour plus grave qui en résultait pour l'Empire ottoman, et réclamait instamment une solution définitive et une prompte action [1]. Je transmis immédiatement cette note à M. Thiers : « Si Votre Excellence, lui dis-je, la juge de nature à exiger de nouvelles instructions, je la prie de vouloir bien me les adresser promptement. Je ne m'en suis encore entretenu avec personne ; mais évidemment l'affaire va en recevoir une impulsion qui, sans aboutir peut-être à un résultat définitif, sera, pendant quelques jours du moins, assez forte et pressante. Tout le monde est maintenant convaincu qu'il y a, pour l'Empire ottoman, péril dans le retard ; tout le monde tient, à ce sujet, le même langage. Moi-même, en m'appliquant constamment à prouver qu'une solution violente aurait encore plus de péril, je témoigne mon étonnement qu'on ne sente pas la nécessité d'en finir par une transaction modérée et pacifique.

« L'agitation est grande dans l'intérieur du cabinet. Je n'hésite pas à dire qu'à l'exception de lord John Russell, dont je ne connais pas bien la pensée, la plupart de ses membres, tant ceux qui ne songent guère par eux-mêmes aux questions de politique extérieure

---

[1] *Pièces historiques*, N° VII.

que ceux qui s'en occupent, désapprouvent au fond la politique de lord Palmerston, s'en inquiètent, et voudraient en sortir au lieu de s'y engager plus avant. Je ne parle pas seulement de lord Holland et de lord Clarendon dont l'opinion est depuis longtemps décidée; je crois que la conviction d'un péril grave, dans toute conduite qui rallumerait en Orient la guerre civile et ne serait pas adoptée en commun par les cinq puissances, est bien établie dans l'esprit de lord Melbourne et de lord Lansdowne, et règle en ce moment leurs paroles comme leurs désirs : —Tout ce que nous ferons ensemble sera bon, me disait dimanche dernier lord Melbourne; tout ce que nous ferions en nous divisant serait mauvais et dangereux. —

« Je sais qu'il y a eu ces jours derniers, dans le cabinet, un débat animé où beaucoup d'objections ont été élevées contre les idées de lord Palmerston, et des efforts sérieusement tentés pour entrer dans d'autres voies.

« Autour du cabinet, dans le parti ministériel, le mouvement est le même. Les dissidents ne se séparent pas encore; ils évitent même de parler haut, car ils craignent d'ébranler le cabinet déjà chancelant et auquel ils sont sincèrement attachés. Mais entre eux et dans les conversations un peu intimes, la plupart n'hésitent pas à dire qu'ils ne suivront pas lord Palmerston, et que, s'il persiste à tout hasarder pour enlever la Syrie au pacha, il rencontrera bien plus d'opposition qu'il ne s'y attend.

« Ils comptent, pour rendre leur opposition efficace, sur la nécessité où serait lord Palmerston de demander des subsides pour les mesures de coercition. Ils pensent que le débat serait très-vif, que bien des amis du cabinet y manifesteraient leur désapprobation, et que probablement les sommes demandées ne seraient pas votées.

« J'ai lieu de croire, sans en être bien assuré, que le petit parti de lord Grey, dans la Chambre des communes, renouvellerait, dans ce cas, la dissidence qui a éclaté à l'occasion du bill de lord Stanley sur l'Irlande.

« L'opposition tory se tient dans une assez grande réserve. Quelques-uns de ses membres étaient, je crois, un peu enclins à ne pas blâmer beaucoup la politique de lord Palmerston et son rapprochement de la cour de Russie. Ils se sont, si je ne m'abuse, arrêtés sur cette pente; et le parti, ainsi que ses principaux chefs, surtout dans la Chambre des communes, s'empresserait de saisir cette occasion, comme toute autre, d'attaquer le cabinet avec quelque chance de succès.

« Quant au public en général, je crois que sa disposition devient de plus en plus contraire à toute mesure qui pourrait compromettre la paix de l'Europe, de plus en plus favorable à l'union avec la France et à des ménagements pour le pacha.

« Tel me paraît, en ce moment, l'état des esprits. Mais en revanche les desseins de lord Palmerston me semblent toujours à peu près les mêmes. Il croit nous avoir fait, en abandonnant la place de Saint-Jean d'Acre au pacha, une importante et difficile concession. Son amour-propre est fortement compromis. Enfin, telle est la nature de son esprit que, lorsqu'une fois certaines idées s'y sont établies, elles le remplissent et le possèdent tellement que les idées différentes qui se présentent à lui peuvent bien se faire remarquer en passant, mais n'entrent point. Et en même temps, je suis fort loin d'être assuré que, parmi ses collègues, ceux qui ne partagent pas ses idées, et même s'en inquiètent, soient décidés à lui résister assez fortement pour changer ou arrêter sa politique au moment de l'exécution. »

M. Thiers me répondit le 11 juin : « Les informations que contiennent vos dernières dépêches sur l'aspect que présente en ce moment à Londres la question d'Orient ont fixé toute l'attention du gouvernement du Roi. La communication du nouvel ambassadeur ottoman, manifestation si expressive des dangers auxquels la prolongation du *statu quo* exposerait la Porte, ne change pourtant pas la situation; et bien qu'elle appelle de notre part une réponse un peu plus développée que celle que vous avez faite au précédent ambassadeur, il est évident que vous n'avez pas à vous placer sur un autre terrain. Nous n'entendons certainement pas ôter toute signification à la démarche du 27 juillet 1839, dont la Porte ne cesse de se prévaloir; mais il nous est impossible de ne pas faire remarquer qu'on en dénature complétement la portée parce qu'on perd de vue les circonstances dans lesquelles elle a été faite. Les puissances, avant la mort du sultan Mahmoud, avant la bataille de Nézib et la défection de la flotte turque, n'avaient d'autre préoccupation que d'empêcher une collision entre la Porte et le pacha, et de les réconcilier par une interposition tout à fait pacifique. Comment croire qu'au moment même où la Porte, par un concours de circonstances dues en très-grande partie à ses imprudentes provocations, se trouvait si gravement compromise, ces mêmes puissances, changeant tout à coup de politique, aient pris envers elle l'engagement de lui faire obtenir, même par la force, ce qu'elle avait eu en vue en attaquant Méhémet-Ali malgré leurs représentations ? Évidemment, telle n'a pas été leur pensée. Ce qu'elles se sont proposé, c'est de donner à la Porte un appui moral qui relevât son courage et l'empêchât de subir complétement le joug de son puissant vassal. Ce but a été atteint. C'est là le véritable état de la question. Au surplus, monsieur l'ambassadeur, je m'en rapporte entièrement à vous pour la mesure et les termes de la réponse que vous aurez à faire à l'ambassadeur ottoman... Je vois, dans le consentement donné aujourd'hui par le cabinet de Londres à un arrangement qui maintiendrait le vice-roi en possession de la ville de Saint-Jean d'Acre, un progrès réel vers des idées de conciliation. C'est à ce titre seulement que j'y applaudis, car il ne dépend pas de moi de voir, dans cette concession unique, la base pratique d'une transaction. »

Et à ces instructions M. Thiers ajoutait ce renseignement : « Je crois qu'on s'éclaire à Constantinople et qu'on revient à des idées plus saines. Je vous envoie, pour vous en convaincre, les dernières dépêches de Péra et d'Alexandrie. Vous verrez qu'en Égypte on sent tous les jours davantage sa puissance, et qu'on est moins disposé que jamais à céder Adana. Tout ce que l'Europe gagne à ces lenteurs, c'est de rendre la Porte plus faible et le pacha plus exigeant. »

Des renseignements analogues arrivaient à Londres, et dans le corps diplomatique on commençait à s'en inquiéter; on craignait quelque incident nouveau et inattendu, une brusque attaque de Méhémet-Ali au delà du Taurus, un acte soudain de faiblesse à Constantinople. Les plénipotentiaires des trois grandes puissances du Nord n'étaient pas étrangers à ces alarmes. J'étais, le 11 juin, dans le salon d'attente du *Foreign-Office;* le baron de Brünnow y entra : « J'ai reconnu votre voiture devant la porte, me dit-il, et je suis monté; je suis charmé de vous rencontrer et de causer un peu avec vous. » Il aborda sur-le-champ la note de Chékib-Efendi, le déplorable état de l'Empire ottoman, la désorganisation intérieure qui résultait des réformes mêmes tentées pour sa réorganisation, le danger de l'incertitude prolongée, la nécessité, l'urgente nécessité d'amener, entre le sultan et le pacha, un arrangement qui mît un terme à ce mal toujours croissant, et prévînt une explosion, une confusion dont nous serions tous fort embarrassés : « On me donne à ce sujet, de Saint-Pétersbourg, me dit-il, les instructions les plus positives et les plus pressantes. Jamais certes la modération, je devrais dire la magnanimité de l'Empereur n'a brillé avec plus d'éclat. Il est instruit des progrès du mal; il voit l'Empire ottoman menacé de ruine; et loin de vouloir en profiter, il ne désire que le rétablissement de la paix, d'une paix qui raffermisse cet Empire. Il m'ordonne d'insister fortement dans ce sens auprès du cabinet britannique. Que la France et l'Angleterre s'entendent donc; tout dépend de leur accord; nous n'avons rien d'arrêté, rien d'exclusif qui puisse les empêcher de s'accorder. Prêtez-vous, de votre côté, à un arrangement que lord Palmerston puisse adopter; faites quelques concessions. Je vous jure que, si lord Palmerston était là, je lui tiendrais le même langage. L'Empereur ne forme point d'autre vœu que de voir cette périlleuse question réglée d'un commun accord entre les cinq puissances et la paix rétablie en Orient. »

J'écoutais le baron de Brünnow, ne l'interrompant que pour rappeler que nous avions toujours voulu la paix en Orient et un arrangement pacifiquement conclu entre le sultan et le pacha, seule façon de rétablir une vraie paix. Je me fis répéter plusieurs fois, au nom de l'empereur Nicolas, qu'il fallait que la France se mît d'accord avec l'Angleterre, et que tout fût réglé de concert.

Le lendemain, 12 juin, le baron de Neumann vint chez moi, aussi troublé que M. de Brünnow des nouvelles qui lui arrivaient de Vienne sur Constantinople, aussi pressant pour un arrangement prompt et définitif. Il déplora l'obstination de lord Palmerston. Il s'en prit à lord Ponsonby, « qui ne cesse, me dit-il, d'insister pour l'adoption des mesures coercitives, et qui envoie ici son secrétaire pour menacer de sa démission si on ne les lui accorde pas. J'en parlerai à lord Palmerston, ajouta M. de Neumann, et, s'il le faut, à lord Melbourne; j'insisterai fortement sur la nécessité de s'arranger, d'en finir. Eh bien, s'il faut laisser la Syrie à Méhémet-Ali, qu'on lui laisse la Syrie. Pas héréditairement, par exemple, cela ne se peut; ce serait trop contraire au principe de l'intégrité de l'Empire ottoman. Il faudrait toujours aussi que Méhémet-Ali rendît le district d'Adana; la Porte en a besoin pour sa sûreté. Mais finissons-en; je crains que lord Palmerston ne veuille attendre, traîner, qu'il ne croie que, plus tard, dans un autre moment, il conclura l'affaire d'une façon plus conforme à ses désirs. Cependant le mal s'accroît, le péril presse; il est clair maintenant que l'incertitude prolongée nuit encore plus au sultan qu'au pacha, et nous menace tous d'une crise que personne ne veut. J'espère que le cabinet anglais le comprendra, et je ne m'épargnerai pas pour l'amener à notre sentiment. »

J'acceptai l'accord de sentiments que me promettait M. de Neumann; je lui dis que les renseignements qui me venaient de Paris, sur l'état intérieur de l'Empire ottoman et le péril du retard, coïncidaient avec les siens. Je me tins, du reste, quant aux bases de l'arrangement, sur le terrain qui m'était prescrit, ajoutant seulement que le pacha se montrait plus difficile, et en particulier moins disposé à céder le district d'Adana.

J'eus le même jour une entrevue avec lord Palmerston, et, après lui avoir parlé de diverses affaires qui m'étaient spécialement recommandées, je repris la question d'Orient. Je tenais à voir s'il me témoignerait, pour en finir, le même empressement que M. de Brünnow et M. de Neumann, ou si, comme le dernier me l'avait dit, il était, pour le moment, enclin à laisser traîner l'affaire. Je reconnus sans peine qu'il était en effet dans une disposition dilatoire, et comme attendant quelque incident dont il ne parlait pas. Il éleva des doutes sur mes renseignements relatifs à la détresse et à la désorganisation croissantes de l'Empire ottoman : « Ils sont fort exagérés, me dit-il, et j'en ai de contraires. — Pardon, mylord; si c'est de lord Ponsonby que vous viennent des renseignements contraires aux nôtres, nous ne saurions y ajouter beaucoup de foi; lord Ponsonby s'est si souvent et si grandement trompé sur l'état de la Turquie que nous avons droit de révoquer en doute ses observations comme son jugement. — Ce n'est pas lord Ponsonby seul; plusieurs de nos consuls me transmettent les mêmes faits, des faits précis et qui prouvent que le *hatti-schériff* de Reschid-Pacha n'est pas si impuissant ni si inutile qu'on se plaît à le dire. Trois pachas, entre autres, qui opprimaient le peuple et volaient le sultan, ont été récemment destitués, l'un du côté d'Erzeroum, si je ne me trompe. Dans ces provinces-là, du moins, le peuple est content et l'argent rentre au trésor public. »

Je persistai dans mon doute; je développai nos raisons de penser que l'incertitude et les lenteurs n'avaient d'autre effet que de rendre la Porte plus faible et le pacha plus exigeant; j'insistai sur les périls d'une crise soudaine. Lord Palmerston m'écoutait et laissait languir la conversation : « Nous n'avons point encore reçu de réponse, me dit-il, sur l'arrangement qu'a proposé M. de Neumann, et auquel j'ai adhéré. » Il parlait de l'abandon à Méhémet-Ali d'une grande partie du pachalik de Saint-Jean d'Acre, y compris cette place même : « Il n'y a pas eu de proposition formelle, » lui répondis-je ; — Non; mais c'est une idée, une base de transaction sur laquelle je désire connaître l'opinion positive du gouvernement français. Je vous la demande. »

Cette demande de lord Palmerston n'était évidemment, de sa part, qu'une manière de traîner en ayant l'air d'agir. Je ne lui avais pas laissé ignorer que le gouvernement français, convaincu que Méhémet-Ali n'accepterait pas le partage de la Syrie, ne regardait pas cette proposition « comme la base pratique d'une transaction. » Je ne laissai pas d'informer sur-le-champ M. Thiers de l'insistance de lord Palmerston sur sa concession de Saint-Jean-d'Acre : « Votre Excellence, lui dis-je, a-t-elle transmis à Alexandrie l'idée de M. de Neumann? Le pacha a-t-il répondu? Puis-je, dans la conversation, traiter cette idée comme repoussée par une résolution formelle du pacha, et non pas seulement par nos conjectures sur sa résolution probable? Votre Excellence sait que nous nous sommes toujours présentés comme à peu près indifférents, pour notre compte, à tel ou tel arrangement territorial entre le sultan et le pacha, et prêts à trouver bonnes toutes les concessions qu'on pourrait obtenir de ce dernier. Je crois qu'il convient de rester scrupuleusement sur ce terrain. Ni le refus, ni le conseil de refus ne doivent jamais, ce me semble, pouvoir nous être imputés. »

Je revins en même temps sur une autre idée, plus plausible en soi, et qui me semblait offrir, pour une transaction, plus de chances de succès. J'écrivis le 24 juin à M. Thiers :

« Je vous disais le 15 juin : « M. de Neumann et M. de Bulow sont de nouveau prêts à laisser au pacha l'Égypte héréditairement et la Syrie viagèrement, pourvu qu'il rende Adana et Candie. Ils ont fait un pas de plus ; ils se disent disposés à déclarer cela à lord Palmerston et à lui demander formellement d'y accéder ; ils croient que M. de Brünnow se joindrait à eux dans ce sens. Vous m'avez répondu le 19 : — « Certainement, si on arrivait à céder la Syrie, (virgule) et l'Égypte héréditairement au pacha, on mettrait la raison du côté des cinq puissances, et nous ferions de grands efforts pour réussir. Mais la tête du pacha est bien vive et on n'est sûr de rien avec lui. Dans tous les cas, une telle résolution serait une grande conquête pour nous, et nous changerions sur-le-champ d'attitude. — Je pense que vous vous êtes bien souvenu, en me répondant, de ce que je vous avais dit, que votre réponse se rapportait à un arrangement qui donnerait au pacha l'Égypte *héréditairement* et la Syrie *viagèrement*, et que votre virgule après la *Syrie*, tandis qu'il n'y en a point entre l'*Égypte* et le mot *héréditairement*, a bien cette signification. Cependant, j'ai besoin de le savoir positivement, et je vous prie de me le dire. Nous touchons peut-être à la crise de l'affaire. Ce *pas de plus* dont je vous parlais, et qui consiste, de la part de l'Autriche et de la Prusse, à déclarer à lord Palmerston qu'il faut se résigner à laisser viagèrement la Syrie au pacha et faire à la France cette grande concession, ce pas, dis-je, se fait, si je ne me trompe, en ce moment. Les collègues de lord Palmerston d'une part, les ministres d'Autriche et de Prusse de l'autre, pèsent sur lui, en ce moment, pour l'y décider. S'ils l'y décident en effet, ils croiront, les uns et les autres, avoir remporté une grande victoire et être arrivés à des propositions d'arrangement raisonnables. Il importe donc extrêmement que je connaisse bien vos intentions à ce sujet; car de mon langage, quelque réservé qu'il soit, peut dépendre, ou la prompte adoption d'un arrangement sur ces bases, ou un revirement par lequel lord Palmerston, profitant de l'espérance déçue et de l'humeur de ses collègues et des autres plénipotentiaires, les rengagerait brusquement dans son système, et leur ferait adopter, à quatre, son projet de retirer au pacha la Syrie, et l'emploi, au besoin, des moyens de coercition. On fera *beaucoup, beaucoup,* dans le cabinet et parmi les plénipotentiaires, pour n'agir qu'à cinq, de concert avec nous, et sans coercition. Je ne vous réponds pas qu'on fasse tout, et qu'une conclusion à quatre soit absolument impossible. Nous pouvons être, d'un instant à l'autre, placés dans cette alternative : ou bien l'Égypte héréditairement et la Syrie viagèrement au pacha, moyennant la cession des villes saintes, de Candie et d'Adana, et par un arrangement à cinq; ou bien la Syrie retirée au pacha par un arrangement à quatre, et par voie de coercition, s'il y a lieu. Je ne donne pas pour certain que, le premier arrangement échouant, le second s'accomplira; mais je le donne pour possible. Notre principale force est aujourd'hui dans le travail commun de presque tous les membres du cabinet et des ministres d'Autriche et de Prusse pour amener lord Palmerston à céder la Syrie. Si, après avoir réussi dans ce travail, ils n'en recueillent pas le fruit d'un arrangement définitif et unanime, je ne réponds pas, je le répète, de ce qu'ils feront. Donnez-moi, je vous prie, pour cette hypothèse, votre pensée précise et des instructions. »

M. Thiers me répondit le 30 juin : « Ma virgule ne signifiait rien. Quand je vous parlais d'une grande conquête qui changerait notre attitude, je voulais parler de l'Égypte héréditaire et de la Syrie héréditaire. Toutefois j'ai consulté le cabinet; on délibère; on penche peu vers une concession. Cependant nous verrons. Différez de vous expliquer. Il faut un peu voir venir. Rien n'est décidé. »

Pendant que, sous l'empire des sentiments qui dominaient dans les Chambres et dans le public, le gouvernement français se renfermait dans cette politique purement critique et expectante, un événement survenait à Constantinople qui devait imprimer à la question égyptienne une impulsion nouvelle et décisive. Le grand vizir Khosrew-Pacha, vieux Turc habile, énergique et corrompu, longtemps conseiller intime du sultan Mahmoud et ennemi invétéré de Méhémet-Ali, fut soudainement destitué. En rendant compte de sa chute le 17 mai au cabinet français, l'ambassadeur de France à Constantinople, le comte de Pontois, ajoutait : « Cet important événement n'a point au reste la signification et la portée qu'on pourra être tenté de lui attribuer en Europe ; il n'indique point un changement dans la politique du Divan et une intention de rapprochement avec Méhémet-Ali. Il doit être attribué, dit-on, à la découverte d'intelligences secrètes de Khosrew avec la Russie, et plus encore, à ce que je crois, à l'ambition de Reschid-Pacha, et à son désir de se débarrasser successivement des hommes qui pourraient balancer son influence ou lui porter ombrage..... Quoi qu'il en soit, Reschid-Pacha se trouve aujourd'hui maître du terrain ; puisse-t-il comprendre que le premier usage à faire de sa toute-puissance devrait être de rendre la paix à son pays, en profitant de l'occasion favorable que lui offre la chute de Khosrew, regardé par l'opinion publique comme le plus grand obstacle à un accommodement avec Méhémet-Ali ! »

En même temps qu'il l'annonçait à Paris, M. de Pontois s'empressa d'informer M. Cochelet, consul général de France à Alexandrie, de la destitution de Khosrew-Pacha. « Aussitôt après avoir reçu cette dépêche, écrivit le 26 mai M. Cochelet à M. Thiers, je me rendis, quoique assez souffrant, à la maison de campagne qu'habite Méhémet-Ali depuis que la peste a sévi avec plus d'intensité, et que quelques-uns de ses serviteurs en sont morts. Avant de lui faire connaître le contenu de la lettre de M. de Pontois, je lui demandai les nouvelles qu'il avait reçues de Constantinople. Il me parla du renvoi du séraskier Halil-Pacha, mais je vis positivement qu'il ne savait rien de la disgrâce du grand vizir. Je lui dis alors que j'avais une nouvelle importante à lui communiquer, mais qu'avant de la lui annoncer j'exigeais de lui sa parole qu'il se montrerait docile à mes avis et modéré dans ses prétentions. Il me le promit, autant que cela pourrait se concilier avec ses intérêts. Je lui fis alors connaître que Khosrew-Pacha était au moment d'être destitué. Méhémet-Ali fit un bond sur son divan; sa figure prit une expression de joie extraordinaire, et des larmes vinrent même dans ses yeux. Je lui dis que j'étais heureux d'être le premier à lui apprendre cette bonne nouvelle, et qu'à ce titre je me croyais en droit de lui donner des conseils. Je lui lus alors la lettre de M. de Pontois, et je l'engageai fortement à se montrer respectueux et dévoué envers le sultan, conciliant et modéré envers la Porte. J'allais lui dire de commencer par renvoyer la flotte turque lorsque Méhémet-Ali sauta à bas de son divan, et après quelques minutes de réflexion en se promenant à grands pas, vint à moi, me frappa sur la poitrine avec la paume de la main, me serra les deux poignets avec effusion, et me dit : « Aussitôt que j'aurai la nouvelle officielle de la destitution du grand vizir, j'enverrai à Constantinople Sami-Bey, mon premier secrétaire ; je le chargerai d'aller offrir au sultan l'hommage de mon respect et de mon dévouement ; je demanderai à Sa Hautesse de me permettre de renvoyer la flotte ottomane sous le commandement de Moustouch-Pacha, l'amiral égyptien. Je la prierai de consentir à ce que mon fils Saïd-Bey vienne à bord de la flotte pour se jeter à ses pieds. J'écrirai à Ahmed-Féthi-Pacha [1], et une fois que les relations de bonne intelligence et d'harmonie seront rétablies, je m'arrangerai avec la Porte. » — Voilà, lui dis-je, ce qui est digne de vous ; voilà ce qui doit vous rendre les bonnes grâces du sultan, et disposer favorablement les puissances alliées. Montrez-vous maintenant modéré dans vos prétentions, car, je vous le répète, malgré tout ce que nous avons essayé, on ne consentira pas à vous laisser Adana. — Laissez-moi faire, me dit le pacha ; lorsque je serai en rapport avec la Porte, nous nous arrangerons ensemble, très-certainement. »

C'était précisément là le vœu du cabinet français, et le but vers lequel il tendait constamment, en dépit des entraves que lui imposaient l'engagement d'action commune contracté entre les cinq puissances par la note

---

[1] Successeur de Khosrew-Pacha comme grand vizir, et ancien ambassadeur en France.

du 27 juillet 1839 et la négociation suivie à Londres en vertu de cet engagement. Aussitôt après son avénement au ministère, le 21 mars 1840, M. Thiers m'écrivit : « Pourrait-on agir à Constantinople ou au Caire en conseillant aux deux parties de s'entendre directement? Nous l'avons fait, en nous bornant à des conseils très-pressants. Mais entamer une négociation spéciale, directe, qui nous serait imputée, ne produirait pas plus d'effet que les conseils, et nous exposerait, à l'égard de l'Angleterre, au reproche de duplicité, car elle dirait que nous temporisons à Londres pour agir au Caire ou à Constantinople. » Et quelques semaines plus tard, le 28 avril : « J'ai recommandé à nos agents, soit au Caire, soit à Constantinople, de ne pas pousser à une négociation directe entre le sultan et le pacha, pour que l'Angleterre ne nous accuse pas de jouer un double jeu, et de temporiser à Londres pendant que nous agissons au Caire et à Constantinople. Je fais prêcher par MM. de Pontois et Cochelet la disposition au sacrifice; je fais dire à la Porte qu'elle ne sera jamais sauvée à Londres par un accord des cinq puissances; je fais dire au pacha que nous ne risquerons pas les plus grands intérêts de la France et du monde pour satisfaire à des exigences déplacées. Je tire le câble des deux côtés pour rapprocher les deux parties ; mais je n'entame aucune négociation, pour nous éviter tout reproche fondé de duplicité. » Et lorsque j'eus communiqué à M. Thiers la note adressée, le 31 mai, par Chékib-Efendi aux cinq plénipotentiaires, pour leur demander un concert prompt et efficace, il me répondit : « Je ne sais qu'une chose à faire, c'est de répondre à cette note comme à celle de Nouri-Efendi. Il faut accuser réception en disant que la France est prête, comme toujours, à écouter les propositions d'arrangement qui seront faites, et à y prendre la part à laquelle l'oblige en quelque sorte le rôle amical qu'elle a joué jusqu'ici à l'égard de la Porte. Il ne faut pas avoir l'air d'abjurer la note du 27 juillet 1839, car un revirement de politique, l'abandon patent d'un engagement antérieur doit s'éviter avec soin. Mais il ne faut rien dire de ce déplorable engagement de terminer à cinq l'affaire d'Orient. »

Le 30 juin 1840, arriva à Paris une dépêche télégraphique, expédiée le 16 juin d'Alexandrie par M. Cochelet, et portant :

« En apprenant la destitution du grand vizir Khosrew-Pacha, Méhémet-Ali a ordonné à son premier secrétaire, Sami-Bey, de se rendre à Constantinople pour offrir au sultan l'hommage de son dévouement, et lui demander ses ordres pour le renvoi de la flotte turque. Méhémet-Ali ne doutait pas que cette démarche spontanée de sa part n'amenât un arrangement direct et à l'amiable de la question turco-égyptienne. »

En me transmettant immédiatement cette dépêche, M. Thiers m'écrivit : « Il faut induire de cette nouvelle, sans trop d'empressement et sans trop donner l'éveil, que l'arrangement spontané qui s'opérerait en Orient, entre le souverain et le vassal, serait la meilleure des solutions. Le pacha croit que le mouvement d'effusion auquel il cède sera partagé et qu'un arrangement s'ensuivra immédiatement. Il croit, d'après des renseignements qu'il dit certains, qu'on lui accordera l'hérédité de l'Égypte et de la Syrie ; il ne s'explique pas sur Candie, Adana, les villes saintes, et quand on lui dit qu'il faudra des sacrifices pour rendre possible l'arrangement direct immédiat, il répond : « Soyez tranquilles ; tout va s'arranger. » Je ne sais pas sur quoi repose sa confiance, mais elle est grande, soit qu'elle vienne de sa joie, soit qu'elle vienne de renseignements dignes de foi. De même, à Constantinople, on pensait, à la date des dernières nouvelles, que le renvoi de la flotte produirait un grand effet sur le Divan, et que de larges concessions pourront s'ensuivre... Un pareil état de choses doit fournir bien des arguments pour empêcher aucune conclusion à Londres. Du moins, si on vous proposait quelque chose, n'importe quoi, vous pourriez répondre que les deux parties vont s'aboucher entre elles, et qu'avant de faire des conditions pour leur compte, il est beaucoup plus naturel d'attendre pour voir ce qu'elles vont se proposer l'une à l'autre. Toute opinion émise aujourd'hui sur ce qui est acceptable ou non, au Caire, serait bien téméraire ; car, la joie du pacha d'une part, la satisfaction du sultan de l'autre, en apprenant le retour de sa flotte, peuvent singulièrement changer les conditions. Pour moi, je suis loin de croire l'arrangement direct conclu, ni même facile ; mais je regarde l'état nouveau des choses comme un puissant argument contre toute décision immédiate à

Londres. J'ai écrit à Alexandrie et à Constantinople pour conseiller la modération de part et d'autre ; mais j'ai donné des conseils, et j'ai eu soin d'interdire aux agents de prendre à leur compte, et comme une entreprise française, une négociation ayant pour but avoué l'arrangement direct. Si on nous imputait d'avoir fait une telle entreprise, vous pourriez le nier. Le jeune Eugène Périer a été envoyé à Alexandrie pour faire au pacha les plus vives remontrances s'il s'arrêtait en route, et si, après avoir offert la flotte, il ne tenait point parole et ne se montrait pas accommodant dans les conditions générales du traité. J'ai été jusqu'à lui faire conseiller d'accepter l'Égypte *héréditairement* et la Syrie *viagèrement.* »

Mais pendant que la chute de Khosrew-Pacha et la démarche conciliante de Méhémet-Ali causaient à Paris une vive satisfaction, et y faisaient espérer que toute résolution d'intervention européenne entre le sultan et le pacha serait ajournée, ces nouvelles produisaient à Londres des effets absolument contraires. Lord Palmerston, qui, depuis quelque temps, s'était montré peu impatient d'arriver à une solution, reprenait tout à coup sa politique active, réunissait le cabinet anglais, lui communiquait les renseignements que venait de lui apporter de Constantinople le comte Pisani, secrétaire particulier de lord Ponsonby, et pressait ses collègues de discuter et d'adopter promptement le plan de conduite qu'il leur présentait. J'informai sur-le-champ M. Thiers de ce nouveau tour que prenait l'affaire ; je lui écrivis les 6 et 9 juillet que, le 4 et le 8, deux conseils de cabinet avaient été tenus, que le dernier avait été long, que, le soir même, le prince Dolgorouki était parti en courrier pour Saint-Pétersbourg, et le 11 juillet, je rendis au cabinet français, dans une dépêche que je reproduis ici textuellement, un compte détaillé de cette situation, des informations que j'avais recueillies et des résultats qu'elles faisaient pressentir :

« Londres, 11 juillet 1840.

« Monsieur le Président du conseil,

« Depuis que la proposition de couper la Syrie en deux, en laissant à Méhémet-Ali la forteresse et une partie du pachalik de Saint-Jean d'Acre, a été écartée, lord Palmerston a paru éviter la conversation sur les affaires d'Orient. Je l'ai engagée une ou deux fois, plutôt pour bien établir la politique du gouvernement du Roi que pour tenter de faire faire, par la discussion directe, un nouveau pas à la question. Lord Palmerston m'a répondu en homme qui persiste dans ses idées, mais ne croit pas le moment propice pour agir et veut gagner du temps.

« Il n'a, en effet, pendant plusieurs semaines, comme je l'ai déjà mandé à Votre Excellence, ni entretenu le cabinet des affaires d'Orient, ni même communiqué à ses collègues la dernière note de Chékib-Efendi.

« Cependant le travail de plusieurs membres, soit du cabinet, soit du corps diplomatique, en faveur d'un arrangement qui eût pour base la concession héréditaire de l'Égypte et la concession viagère de la Syrie au pacha continuait : j'en suivais le progrès sans m'y associer. Conformément aux instructions de Votre Excellence, je n'ai ni accueilli cette idée, ni découragé, par une déclaration préalable et absolue, ceux qui en cherchaient le succès.

« C'est dans cet état de l'affaire et des esprits qu'est arrivée ici la nouvelle de la destitution de Khosrew-Pacha et de la démarche directe de Méhémet-Ali auprès du sultan. Elle ne m'a pas surpris. Votre Excellence m'avait communiqué une dépêche de M. Cochelet, du 26 mai, qui annonçait de la part du pacha cette intention. J'avais tenu cette dépêche absolument secrète ; mais j'ai appris depuis qu'une lettre de M. le comte Appony, en date du 16 juin, si je suis bien informé, avait annoncé au baron de Neumann la prédiction de M. Cochelet. La dépêche télégraphique par laquelle ce dernier a instruit Votre Excellence de la démarche de Méhémet-Ali était aussi du 16 juin. En sorte que, par une coïncidence singulière, le même jour, M. Cochelet mandait d'Alexandrie, comme un fait accompli, ce que M. le comte Appony écrivait de Paris, d'après une dépêche de M. Cochelet, disait-il, comme un fait probable et prochain.

« Quand donc le fait même est parvenu à Londres, lord Palmerston et les trois autres plénipotentiaires n'en ont guère été plus surpris que moi. Ils n'y ont vu, ou du moins ils se sont crus en droit de n'y voir qu'un acte depuis longtemps concerté entre le pacha et la France qui, à Constantinople comme à Alexandrie, avait travaillé à le préparer.

« L'effet de l'acte en a éprouvé une assez notable altération. Non-seulement il a perdu quelque chose de l'importance que la spontanéité et la nouveauté devaient lui assurer; mais les dispositions de lord Palmerston et des trois autres plénipotentiaires se sont visiblement modifiées. Ils ont considéré la démarche de Méhémet-Ali et son succès 1° comme la ruine de la note du 27 juillet 1839 et de l'action commune des cinq puissances; 2° comme le triomphe complet et personnel de la France à Alexandrie et à Constantinople.

« Dès lors ceux qui, dans l'espoir d'obtenir l'action commune des cinq puissances, poursuivaient l'arrangement fondé sur la concession héréditaire de l'Égypte et la concession viagère de la Syrie, se sont arrêtés dans leur travail, et semblent y avoir tout à fait renoncé.

« De son côté, lord Palmerston s'est montré tout à fait disposé à agir, et, dans deux conseils successifs, tenus les 4 et 8 de ce mois, il a présenté au cabinet, avec une obstination pleine d'ardeur, ses idées et son plan de conduite dans l'hypothèse d'un arrangement à quatre.

« Rien n'a été résolu. Le cabinet s'est montré divisé. Les adversaires du plan de lord Palmerston ont insisté sur la nécessité d'attendre les nouvelles de Constantinople; on s'est ajourné à un nouveau conseil. Mais lord Palmerston est pressant; les puissances, dit-il, sont engagées d'honneur à régler, par leur intervention et de la manière la plus favorable à la Porte, les affaires d'Orient. Elles l'ont promis au sultan. Elles se le sont promis entre elles. La démarche de Méhémet-Ali ne saurait les en détourner. C'est un acte au fond peu significatif, qui ne promet, de la part du pacha, point de concession importante, qui ne changera ni la situation, ni la politique de la Porte, qui n'amènera donc point la pacification qu'on en espère, et n'aura d'autre effet que d'entraver, si l'on n'y prend garde, les négociations entre les puissances, et d'empêcher qu'elles ne marchent elles-mêmes au but qu'elles se sont proposé. Cependant l'occasion d'agir est favorable. L'insurrection de la Syrie contre Méhémet-Ali est sérieuse. Un spectateur indifférent, lord Francis Egerton, qui vient de traverser la Syrie en remontant de Jérusalem vers l'Asie Mineure, écrit que les insurgés sont nombreux, animés, que l'administration d'Ibrahim-Pacha est violente, vexatoire, détestée. Lord Palmerston se prévaut beaucoup de ces renseignements. Il insiste en même temps sur les vues d'agrandissement et de domination de la France dans la Méditerranée. L'appui donné par la France au pacha d'Égypte n'a, selon lui, point d'autre motif. Il parle de l'Algérie, de l'extension de notre établissement africain. Il s'adresse enfin aux sentiments de susceptibilité et de jalousie nationale, surtout auprès des torys et pour se ménager quelque faveur dans une partie de l'opposition.

« Toutes les fois que l'occasion s'en présente, partout où je puis engager, avec quelqu'un des hommes qui influent sur la question, quelque entretien, je combats vivement ces idées. Je rappelle toutes les considérations que j'ai fait valoir depuis quatre mois, et dont je ne fatiguerai pas de nouveau Votre Excellence. Je m'étonne de l'interprétation qu'on essaye de donner à la démarche que vient de faire Méhémet-Ali. Quoi de plus naturel, de plus facile à prévoir, de plus inévitable que cette démarche? Depuis un an bientôt, les puissances essayent de régler les affaires d'Orient et n'en viennent pas à bout. Le pacha de son côté a déclaré que la présence de Khosrew au pouvoir était, pour lui, le principal obstacle à un retour confiant et décisif vers le sultan. Khosrew est écarté. Qu'est-il besoin de supposer une longue préparation, un travail diplomatique pour expliquer ce qu'a fait le pacha? Il a fait ce qu'il avait lui-même annoncé, ce que lui indiquait le plus simple bon sens. La France, il est vrai, a donné et donne encore à Alexandrie des conseils, mais des conseils de modération, de concession, des conseils qui n'ont d'autre objet que de rétablir en Orient la paix, et dans le sein de l'Empire ottoman la bonne intelligence et l'union, seul gage de la force comme de la paix. Il serait bien étrange de voir les puissances s'opposer à son rétablissement, ne pas vouloir que la paix revienne si elles ne la ramènent pas de leur propre main, et se jeter une seconde fois entre le suzerain et le vassal pour les séparer de nouveau au moment où ils se rapprochent. Il y a un an, cette intervention se concevait;

on pouvait craindre que la Porte épuisée, abattue par sa défaite de la veille, ne se livrât pieds et poings liés au pacha, et n'acceptât des conditions périlleuses pour l'avenir. Mais aujourd'hui, après ce qui s'est passé depuis un an, quand la Porte a retrouvé de l'appui, quand le pacha prend lui-même, avec une modération empressée, l'initiative du rapprochement, quel motif, quel prétexte pourrait-on alléguer pour s'y opposer, pour le retarder d'un jour? Ce serait un inconcevable spectacle. Il est impossible que l'Europe le donne; il est impossible que l'Europe qui, depuis un an, parle de la paix de l'Orient comme de son seul vœu, entrave la paix qui commence à se rétablir d'elle-même entre les Orientaux, et par leurs propres efforts.

« Ce langage frappe en général ceux à qui je l'adresse; mais je ne puis le tenir aussi haut ni aussi fréquemment que je le voudrais, car lord Palmerston s'applique à ne pas m'en fournir les occasions. Il agit surtout dans l'intérieur du cabinet; il dit que, puisque la France a tenté une politique séparée et personnelle, les autres puissances peuvent bien en faire autant; il promet à ses collègues l'adhésion positive de l'Autriche. Il leur donne enfin à entendre que, si ses plans étaient repoussés, il ne saurait rester dans le cabinet, et les place ainsi entre l'adoption de sa politique et la crainte d'un ébranlement ministériel.

« L'affaire est donc, en ce moment, dans un état de crise. Rien, je le répète, n'est décidé; la dissidence et l'agitation sont grandes dans le cabinet; ceux des ministres qui ne partagent pas les vues de lord Palmerston insistent fortement pour que l'on attende des nouvelles de Constantinople ; ceux dont l'opinion est flottante se montrent enclins à ce délai ; tous, quelle que soit leur pente, laissent entrevoir de l'hésitation et du trouble. Il y a donc bien des chances pour qu'on n'arrive pas encore à des résolutions définitives et efficaces. Tout en gardant une attitude tranquille et réservée, je ne négligerai rien pour agir sur ces esprits divisés et incertains. Mais pendant que les choses sont encore en suspens à Londres, il est bien à désirer que la démarche de Méhémet-Ali obtienne à Constantinople le succès qu'on en peut attendre, car on ne saurait se dissimuler que le plan d'un arrangement à quatre en a reçu ici une impulsion marquée, et fait en ce moment des progrès.

« *P.S.*—J'ai lieu de croire, d'après un renseignement qui m'arrive de bonne source, que la seule chose qui ait été à peu près décidée dans les conseils du 4 et du 8, c'est que les *quatre* puissances répondraient à la dernière note de Chékib-Efendi par une note dans laquelle seraient reproduites, sinon textuellement, du moins en substance, les intentions et les promesses de la note du 27 juillet 1839. Cette nouvelle note sera-t-elle collective à quatre, ou individuelle, mais semblable pour les quatre? Quelle en sera la rédaction? Quelles propositions d'arrangement y seront annexées et communiquées en même temps à la France pour demander son adhésion? Aucune de ces questions n'est encore résolue. On les reprendra probablement dans le conseil qui doit avoir lieu aujourd'hui. Des courriers ont été expédiés ces jours-ci à Vienne et à [Saint-Pétersbourg. »

Je ne me contentai pas de signaler ainsi directement à mon gouvernement la crise flagrante : ma disposition est en général optimiste, et il faut que le mal soit bien près d'éclater pour que je renonce à l'espérance. Je ne me faisais pourtant, à ce moment, aucune illusion sur le danger; et pour que le cabinet français ne s'en fît lui-même aucune, je donnai fortement l'éveil aux deux personnes qui pouvaient le lui communiquer avec le plus d'efficacité. Le 12 juillet, lendemain du jour où j'avais adressé à M. Thiers la dépêche que je viens de citer, j'écrivis au duc de Broglie :

« Je suis, depuis quelques jours, fort occupé de l'Orient. L'affaire dormait. Le pacha l'a réveillée. S'il réussit, rien de mieux; nous réussirons avec lui; la difficulté de l'arrangement à cinq aura été démontrée; l'arrangement direct en sera sorti. C'est tout ce que nous pouvons désirer, et le temps gagné depuis quelques mois aura été bien gagné. Mais si le pacha échoue, notre embarras sera grand. On prend ceci pour un coup de politique de la France qui, ne voulant rien faire à cinq, a tenté de faire seule, par les mains du pacha. Le coup manqué, l'arrangement à quatre reste seul, et nous pesons beaucoup moins, soit pour l'empêcher, soit pour ramener quelque arrangement à cinq. Lord Palmerston s'est remis en mouvement. Les trois

LE TRAITÉ DU 15 JUILLET 1840. 219

autres le suivent. J'attends avec une vive impatience des nouvelles de Constantinople. Pour le moment, l'affaire est là. »

Et le même jour, j'écrivis au général Baudrand :

« L'affaire d'Orient m'occupe beaucoup depuis quelques jours. Elle languissait. La démarche de Méhémet-Ali auprès du sultan, après la chute de Khosrew-Pacha, l'a ranimée. On a vu là l'œuvre de la France seule. On en a pris de l'humeur. On s'est dit : « Puisque la France a sa politique séparée et la suit, faisons-en autant. » Les quatre puissances se sont donc remises en mouvement, et lord Palmerston travaille à préparer un arrangement à quatre, toujours fondé sur cette double base : — Point de Syrie au pacha; la coercition au besoin. — Je ne tiens pas l'arrangement pour fait. Si la démarche de Méhémet-Ali à Constantinople réussit, et amène, entre le sultan et lui, un accommodement direct, tout sera pour le mieux; il faudra bien qu'ici on s'y résigne. Mais si rien ne se termine à Constantinople, il ne faut pas se dissimuler que notre influence auprès des quatre autres puissances en sera affaiblie, et que l'arrangement entre elles, sans nous, aura bien des chances de succès. »

Enfin, le 14 juillet, en donnant à M. Thiers quelques nouveaux détails sur la situation, je lui dis : « Je crois, sans en être parfaitement sûr, que le projet de note collective à quatre, en réponse à la note de Chékib-Efendi, a été adopté dans le conseil de samedi 11. La réserve est extrême depuis quelques jours; mais je sais que Chékib-Efendi a vu plusieurs fois lord Palmerston, et longtemps, notamment dimanche. On prépare, soit sur le fond de l'affaire, soit sur le mode d'action, des propositions qu'on nous communiquera quand on aura tout arrangé (si on arrange tout), pour avoir notre adhésion ou notre refus. »

« Mon cher collègue, me répondit M. Thiers le 16 juillet, je trouve fort graves les nouvelles que vous m'envoyez; mais il ne faut pas s'en émouvoir, et tenir bon. Les Anglais s'engagent dans une périlleuse tentative; s'isoler de la France sera, pour eux, plus fécond en conséquences qu'ils ne l'imaginent. Mais il ne faut pas se laisser intimider, et attendre avec tout le sang-froid que vous savez garder sur votre visage comme dans le fond de votre âme. Nous n'aurons pas, vous et moi, traversé un plus dangereux défilé; mais nous ne pouvons pas faire autrement. A l'origine, on aurait pu tenir une autre conduite; mais depuis la note du 27 juillet 1839, il n'est plus temps. »

Je reçus le 17 juillet, à une heure de l'après-midi, un billet de lord Palmerston qui me témoignait le désir de s'entretenir avec moi vers la fin de la matinée. Je me rendis au *Foreign-Office.* Il me dit que le cabinet, pressé par les événements, venait enfin d'arrêter sa résolution sur les affaires d'Orient, qu'il avait une communication à me faire à ce sujet, et que, pour être sûr d'exprimer exactement et complétement sa pensée, il avait pris le parti de l'écrire. Il me lut alors la pièce suivante, intitulée :

LE TRAITÉ DU 15 JUILLET 1840.

MÉMORANDUM D'UNE COMMUNICATION FAITE A L'AMBASSADEUR DE FRANCE PAR LE PRINCIPAL SECRÉTAIRE DE SA MAJESTÉ BRITANNIQUE.

« Le gouvernement français a reçu, dans tout le cours des négociations qui commencèrent l'automne de l'année passée, les preuves les plus réitérées, les plus manifestes et les plus incontestables, non-seulement du désir des cours d'Autriche, de la Grande-Bretagne, de Prusse et de Russie, d'arriver à une entente avec le gouvernement français sur les arrangements nécessaires pour effectuer la pacification du Levant, mais aussi de la grande importance que ces cours n'ont jamais cessé d'attacher à l'effet moral que produiraient l'union et le concours des cinq puissances dans une affaire d'un intérêt si grave et si intimement liée au maintien de la paix européenne.

« Les quatre cours ont vu, avec le plus profond regret, que tous leurs efforts pour atteindre leur but ont été infructueux; et malgré que tout dernièrement elles aient proposé à la France de s'associer avec elles pour faire exécuter un arrangement entre le sultan et Méhémet-Ali, fondé sur des idées qui avaient été émises, vers la fin de l'année dernière, par l'ambassadeur de France à Londres, cependant le gouvernement français n'a pas cru devoir prendre part à cet arrangement, et a fait dépendre son concours avec les autres puissances de circonstances que ces puissances ont jugées incompatibles avec le maintien de l'indépendance et de l'intégrité de l'Empire ottoman et avec le repos futur de l'Europe.

« Dans cet état de choses, les quatre puissances n'avaient d'autre choix que d'abandonner aux chances de l'avenir les grandes affaires qu'elles avaient pris l'engagement d'arranger, et ainsi de constater leur impuissance et de livrer la paix européenne à des dangers toujours croissants; ou bien de prendre la résolution de marcher en avant sans la coopération de la France, et d'amener, au moyen de leurs efforts réunis, une solution des complications du Levant conforme aux engagements que ces quatre cours ont contractés avec le sultan, et propre à assurer la paix future.

« Placées entre ces deux choix et pénétrées de l'urgence d'une solution immédiate et en rapport avec les graves intérêts qui s'y trouvent engagés, les quatre cours ont cru de leur devoir d'opter pour la dernière de ces deux alternatives, et elles viennent par conséquent de conclure avec le sultan une convention destinée à résoudre d'une manière satisfaisante les complications actuellement existantes dans le Levant.

« Les quatre cours, en signant cette convention, n'ont pu ne pas sentir le plus vif regret de se trouver ainsi momentanément séparées de la France dans une affaire essentiellement européenne; mais ce regret se trouve diminué par les déclarations réitérées que le gouvernement français leur a faites qu'il n'a rien à objecter aux arrangements que les quatre puissances désirent faire accepter par Méhémet-Ali, si Méhémet-Ali y consent;

que, dans aucun cas, la France ne s'opposera aux mesures que les quatre cours, de concert avec le sultan, pourront juger nécessaires pour obtenir l'assentiment du pacha d'Égypte; et que le seul motif qui a empêché la France de s'associer aux autres puissances, à cette occasion, dérive de considérations de divers genres qui rendraient impossible au gouvernement français de prendre part à des mesures coércitives contre Méhémet-Ali.

« Les quatre cours donc entretiennent l'espoir fondé que leur séparation d'avec la France à ce sujet ne sera que de courte durée, et ne portera aucune atteinte aux relations de sincère amitié qu'elles désirent si vivement conserver avec la France; mais de plus, elles s'adressent avec instance au gouvernement français, afin d'en obtenir du moins l'appui moral, malgré qu'elles ne peuvent en espérer une coopération matérielle.

« L'influence du gouvernement français est puissante à Alexandrie, et les quatre cours ne pourraient-elles pas espérer, et même demander de l'amitié du gouvernement français que cette influence s'exerce auprès de Méhémet-Ali dans le but d'amener ce pacha à donner son adhésion aux arrangements qui vont lui être proposés par le sultan?

« Si le gouvernement français pouvait, de cette manière, contribuer efficacement à mettre un terme aux complications du Levant, ce gouvernement acquerrait un nouveau titre à la reconnaissance et à l'estime de tous les amis de la paix. »

J'écoutai lord Palmerston jusqu'au bout sans l'interrompre, et prenant ensuite le papier de ses mains :
« Mylord, lui dis-je, sur le fond même de la résolution que vous me communiquez, je n'ajouterai rien, en ce moment, à ce que j'ai eu si souvent l'honneur de vous dire ; je ne veux pas non plus, sur une première lecture faite en courant, discuter tout ce que contient la pièce que je viens d'entendre ; mais quelques points me frappent sur lesquels je me hâte de vous exprimer mes observations. Les voici. »

Je relus d'abord ce passage : « Malgré que tout dernièrement les quatre cours aient proposé à la France de s'associer avec elles pour faire exécuter un arrangement avec le sultan et Méhémet-Ali, fondé sur les idées qui avaient été émises, vers la fin de l'année dernière, par l'ambassadeur de France à Londres, cependant le gouvernement français n'a pas cru devoir prendre part à cet arrangement, » etc., etc.

« Vous faites sans doute allusion, mylord, lui dis-je, à l'arrangement qui aurait eu pour base l'abandon au pacha d'une partie du pachalik de Saint-Jean d'Acre, y compris la forteresse ; et il résulterait de ce paragraphe que le gouvernement français, après avoir fait émettre ces idées par son ambassadeur, n'aurait pas cru ensuite pouvoir les accepter. Je ne saurais admettre, mylord, pour le gouvernement du Roi, un tel reproche d'inconséquence ; les idées dont il s'agit n'ont jamais été, que je sache, émises, au nom du gouvernement du Roi, par l'ambassadeur de France ; point par moi, à coup sûr, ni, je pense, par le général Sébastiani, mon prédécesseur. Elles ont pu apparaître dans la conversation, comme bien d'autres hypothèses; elles n'ont jamais été présentées sous une forme ni avec un caractère qui autorise à dire, ou du moins à donner lieu de croire que le gouvernement du Roi les a d'abord mises en avant, puis repoussées.

« Voici, continuai-je, une seconde observation. Vous dites que — le gouvernement français a plusieurs fois déclaré qu'il n'a rien à objecter aux arrangements que les quatre puissances désirent faire accepter par Méhémet-Ali, si Méhémet-Ali y consent, et que, dans aucun cas, la France ne s'opposera aux mesures que les quatre cours, de concert avec le sultan, pourront juger nécessaires pour obtenir l'assentiment du pacha d'Égypte.— Je ne saurais accepter, mylord, cette expression *dans aucun cas*, et je suis certain de n'avoir jamais rien dit qui l'autorise. Le gouvernement du Roi ne se fait, à coup sûr, le champion armé de personne, et il ne compromettra jamais, pour les seuls intérêts du pacha d'Égypte, la paix et les intérêts de la France. Mais si les mesures adoptées contre le pacha par les quatre puissances avaient, aux yeux du gouvernement du Roi, ce caractère et cette conséquence que l'équilibre actuel des États européens en fût altéré, le gouvernement du Roi ne saurait y consentir; il verrait alors ce qu'il lui conviendrait de faire, et il gardera toujours à cet égard sa pleine liberté. »

Je fis encore, sur quelques expressions du *memo-*

randum, quelques observations de peu d'importance; et sans rengager la discussion au fond, j'ajoutai : « Mylord, le gouvernement du Roi a toujours pensé que la question de savoir si deux ou trois pachaliks de la Syrie appartiendraient au sultan ou au pacha ne valait pas, à beaucoup près, les chances que l'emploi de la force et le retour de la guerre en Orient pourraient faire courir à l'Europe. Vous en avez jugé autrement. Je souhaite que vous ne vous trompiez pas. Si vous vous trompez, nous n'en partagerons pas la responsabilité. Nous ferons tous nos efforts pour maintenir la paix, nos alliances générales, et pour surmonter, dans l'intérêt de tous, les difficultés, les périls peut-être que pourra amener la nouvelle situation où vous entrez. »

Lord Palmerston combattit faiblement mes observations, et se répandit en protestations d'amitié sincère et sûre, malgré notre dissentiment partiel et momentané. Il réclama de nouveau les bons offices de la France et son influence à Alexandrie pour déterminer le pacha à accepter les propositions qui lui seraient faites. Puis il m'expliqua ces propositions mêmes et la marche qu'on avait dessein de suivre pour les faire prévaloir : « Le sultan, me dit-il, proposera d'abord au pacha de lui concéder, toujours à titre de vasselage, l'Égypte héréditairement et la portion déjà offerte du pachalik de Saint-Jean d'Acre, y compris la forteresse, mais ceci seulement en viager. Il lui donnera un délai de dix jours pour accepter cette proposition. Si le pacha refuse, le sultan lui fera une proposition nouvelle qui ne comprendra plus que l'Égypte, toujours héréditairement. Si après un nouveau délai de dix jours, le pacha refuse encore, alors le sultan s'adressera aux quatre puissances qui s'engagent, envers lui et entre elles, à faire rentrer son vassal dans l'obéissance. »

Lord Palmerston ne me donna aucun détail sur les moyens que les quatre puissances emploieraient à cet effet; il conclut en me disant qu'un secrétaire de Chékib-Efendi était parti la veille pour porter à Constantinople cet arrangement, que les premières propositions du sultan parviendraient au pacha dans trente ou trente-cinq jours, que Méhémet-Ali y répondrait dix jours après, et que sa réponse serait connue à Londres vingt ou vingt-cinq jours après, c'est-à-dire dans deux mois et demi environ, à partir du moment où nous parlions.

Je transmis immédiatement à M. Thiers la communication que je venais de recevoir, avec tous les détails de l'entretien qui l'avait suivie, et j'ajoutai : « La démarche directe de Méhémet-Ali auprès de la Porte et l'insurrection de la Syrie contre lui sont évidemment les deux causes qui ont précipité la résolution. Lord Palmerston m'a parlé de l'insurrection syrienne avec beaucoup de confiance; et comme son langage impliquait des mesures projetées ou déjà ordonnées pour empêcher Méhémet-Ali d'envoyer en Syrie des renforts capables de réprimer les insurgés, je lui ai adressé, à ce sujet, une question positive et directe. Il m'a répondu qu'en effet on ne négligerait rien pour arrêter promptement en Syrie l'effusion du sang : « Je ne veux pas vous le cacher, m'a-t-il dit. — Aussi vous l'ai-je demandé, mylord. — Des ordres ont très-probablement été donnés en ce sens à la flotte anglaise, et des secours en argent, vivres et munitions pour les insurgés de Syrie ont sans doute été mis à la disposition du sultan. »

« La crainte d'une crise ministérielle est le vrai motif qui a fait prévaloir lord Palmerston dans l'intérieur du cabinet. Le moment d'une action positive et efficace en Orient est encore éloigné, et le parlement se sépare dans quinze jours. »

En recevant cette nouvelle, le cabinet français fut non-seulement mécontent et chagrin, mais surpris et blessé. Lord Palmerston lui en avait donné le droit. On pensait à Paris, et je pensais moi-même à Londres, qu'aucune résolution définitive ne serait adoptée et signée entre les quatre puissances sans qu'on nous l'eût préalablement fait connaître, en nous demandant, à nous aussi, notre résolution définitive. Je répète la phrase qui terminait ma dernière lettre à M. Thiers, et que je rappelais tout à l'heure : « On prépare, soit sur le fond de l'affaire, soit sur le mode d'action, des propositions qu'on nous communiquera quand on aura tout arrangé (si on arrange tout), pour avoir notre adhésion ou notre refus. » Lord Palmerston eût pu, sans aucun risque pour sa politique, nous faire cette communication avant toute signature entre les quatre puissances, car nous ne nous serions certainement pas associés à une convention qui refusait à Méhémet-Ali la possession héréditaire de la Syrie, et qui réglait les moyens de coercition à employer contre lui s'il repoussait les offres du sultan. Nous nous serions trouvés alors isolés en pleine connaissance de cause, par notre propre volonté, et après qu'on aurait épuisé, envers nous, tous les procédés de conciliation. Mais lord Palmerston est un politique personnellement susceptible et taquin, qui se pique au jeu quand il se voit en danger de perdre, et qui précipite alors ses résolutions et ses coups, ne se souciant guère des procédés ni des conséquences, et recherchant le plaisir de la vengeance au moins autant que le succès. L'arrangement direct entre le sultan et le pacha lui paraissait imminent; il regardait le gouvernement français comme le promoteur secret de cette solution de la question; il ne s'inquiéta plus que de la prévenir et d'y substituer en toute hâte la solution européenne dont il s'était fait l'auteur. Un des membres secondaires du corps diplomatique à Londres, spectateur aussi impartial qu'intelligent de l'événement, me dit un jour : « Quand nous recherchons entre nous les causes de ce mauvais imbroglio, nous trouvons d'abord une disposition hargneuse à Londres, ensuite des illusions à Londres et à Paris. A Londres, ignorance volontaire ou réelle des dispositions de la France; à Paris, incrédulité sur le vouloir ou le pouvoir de lord Palmerston. Après cela, on dit aussi que la France a voulu jouer au plus fin, qu'elle voulait et croyait escamoter l'arrangement en le faisant conclure, d'une manière cachée et abrupte, entre les deux parties. On ajoute que c'est de Pétersbourg qu'on a donné l'éveil à Londres, que la même alarme y est venue ensuite par d'autres voies, et que cela a excité, non-seulement à faire, mais aussi à se cacher pour faire le traité. Voilà comment nous nous l'expliquons. »

Quelle qu'en fût l'explication, le gouvernement français fut justement choqué du procédé : « Votre dernière dépêche, m'écrivit le 21 juillet M. Thiers, m'a beaucoup surpris. D'après vos précédentes nouvelles, le gouvernement s'attendait que l'agitation qui se manifestait depuis quelques jours dans le cabinet anglais aboutirait à une proposition semblable à peu près à celle que M. de Neumann vous avait fait pressentir, et qui consistait à donner à Méhémet-Ali l'Égypte héréditairement, la Syrie viagèrement, en laissant à la France le choix de s'associer ou non à une telle proposition. Le parti pris par les puissances d'agir à quatre, sans mettre la France en demeure de s'associer à l'action commune, est un procédé fort naturel de la part des cabinets qui n'ont pas vécu dans notre alliance depuis dix ans, mais fort étrange et fort peu explicable, par des motifs satisfaisants, de la part de l'Angleterre qui faisait profession, depuis 1830, d'être notre fidèle alliée. Se plaindre est peu digne de la part d'un gouvernement aussi haut placé que celui de la France; mais il faut prendre acte d'une telle conduite, et laisser voir qu'elle nous éclaire sur les vues de l'Angleterre et sur la marche que la France aura à suivre dans l'avenir.

Désormais elle est libre de choisir ses amis et ses ennemis, suivant l'intérêt du moment et le conseil des circonstances. Il faut sans bruit, sans éclat, afficher cette indépendance de relations que la France sans doute n'avait jamais abdiquée, mais qu'elle devait subordonner à l'intérêt de son alliance avec l'Angleterre. Aujourd'hui, elle n'a plus à consulter d'autres convenances que les siennes. L'Europe ni l'Angleterre, en particulier, n'auront rien gagné à son isolement. Toutefois, je vous le répète, ne faites aucun éclat; bornez-vous à cette froideur que vous avez montrée, me dites-vous, et que j'approuve complétement. Il faut que cette froideur soit soutenue. Les quatre puissances qui viennent de sceller, à propos de la question d'Orient, une si singulière alliance, ne sauraient être longtemps d'accord; alors la France, en prononçant à propos ses préférences, fera sentir à l'Europe tout le poids de son influence. »

M. Thiers me donnait ensuite, sur l'attitude et le langage à tenir avec lord Palmerston, des instructions détaillées, m'exposait ses conjectures sur les conséquences probables de l'acte qui venait de s'accomplir à Londres, m'annonçait les mesures de précaution que, sur terre et sur mer, dans l'intérêt de la dignité de la France, le cabinet croyait devoir prendre, et enfin m'envoyait, en réponse au *memorandum* que lord Palmerston m'avait remis le 17 juillet, la note suivante :

« Paris, 21 juillet 1840.

« La France a toujours désiré, dans l'affaire d'Orient,

marcher d'accord avec la Grande-Bretagne, la Prusse et la Russie. Elle n'a jamais été mue, dans sa conduite, que par l'intérêt de la paix. Elle n'a jamais jugé les propositions qui lui ont été faites que d'un point de vue général, et jamais du point de vue de son intérêt particulier, car aucune puissance n'est plus désintéressée qu'elle en Orient.

« Jugeant de ce point de vue, elle a considéré comme mal conçus tous les projets qui avaient pour but d'arracher à Méhémet-Ali, par la force des armes, les portions de l'Empire turc qu'il occupe actuellement. La France ne croit pas cela bon pour le sultan, car on tendrait ainsi à lui donner ce qu'il ne pourrait ni administrer ni conserver. Elle ne le croit pas bon non plus pour la Turquie en général et pour le maintien de l'équilibre européen, car on affaiblirait, sans profit pour le suzerain, un vassal qui pourrait aider puissamment à la commune défense de l'Empire. Toutefois, ce n'est là qu'une question de système sur laquelle il peut exister beaucoup d'avis divers. Mais la France s'est surtout prononcée contre tout projet dont l'adoption devait entraîner l'emploi de la force, parce qu'elle ne voyait pas distinctement les moyens dont les cinq puissances pourraient disposer. Ces moyens lui semblaient ou insuffisants, ou plus funestes que l'état de choses auquel on voulait porter remède.

« Ce qu'elle pensait à ce sujet, la France le pense encore, et elle a quelque sujet de croire que cette opinion n'est pas exclusivement la sienne. Du reste, on ne lui a adressé, dans ces dernières circonstances, aucune proposition positive sur laquelle elle eût à s'expliquer. Il ne faut donc pas imputer, à des refus qu'elle n'a pas été à même de faire, la détermination que l'Angleterre lui communique sans doute, au nom des quatre puissances. Mais au surplus, sans insister sur la question que pourrait faire naître cette manière de procéder à son égard, la France le déclare de nouveau ; elle considère comme peu réfléchie, comme peu prudente, une conduite qui consistera à prendre des résolutions sans moyens de les exécuter, ou à les exécuter par des moyens insuffisants ou dangereux.

« L'insurrection de quelques populations du Liban est sans doute l'occasion qu'on a cru pouvoir saisir pour y trouver des moyens d'exécution qui jusque-là ne s'étaient point montrés. Est-ce un moyen bien avouable, et surtout bien utile à l'Empire turc, d'agir ainsi contre le vice-roi ? On veut rétablir un peu d'ordre et d'obéissance dans toutes les parties de l'Empire turc, et on y fomente des insurrections ! On ajoute de nouveaux désordres à ce désordre général que toutes les puissances déplorent dans l'intérêt de la paix ! Et ces populations, réussirait-on à les soumettre à la Porte après les avoir soulevées contre le vice-roi ?

« Toutes ces questions, on ne les a certainement pas résolues ; mais si cette insurrection est comprimée, si le vice-roi est de nouveau possesseur assuré de la Syrie, s'il n'en est que plus irrité, plus difficile à persuader, et qu'il réponde aux sommations par des refus positifs, quels sont les moyens des quatre puissances?

« Assurément, après avoir employé une année à les chercher, on ne les aura pas découverts récemment, et on aura créé soi-même un nouveau danger, le plus grave de tous. Le vice-roi, excité par les moyens employés contre lui, le vice-roi, que la France avait contribué à retenir, peut passer le Taurus et menacer de nouveau Constantinople.

« Que feront encore les quatre puissances dans ce cas? Quelle sera la manière de pénétrer dans l'Empire pour y secourir le sultan? La France pense qu'on a préparé là, pour l'indépendance de l'Empire ottoman et pour la paix générale, un danger plus grave que celui dont les menaçait l'ambition du vice-roi.

« Si toutes ces éventualités, conséquences de la conduite qu'on va tenir, n'ont pas été prévues, alors les quatre puissances se seraient engagées dans une voie bien obscure et bien périlleuse. Si au contraire elles ont été prévues et si les moyens d'y faire face sont arrêtés, alors les quatre puissances en doivent la connaissance à l'Europe, et surtout à la France dont encore aujourd'hui elles réclament le concours moral, dont elles invoquent l'influence à Alexandrie.

« Le concours moral de la France, dans une conduite commune, était une obligation de sa part; il n'en est plus une dans la nouvelle situation où semblent vouloir se placer les puissances. La France ne peut plus être mue désormais que par ce qu'elle doit à la paix et ce qu'elle se doit à elle-même. La conduite qu'elle tiendra dans les graves circonstances où les quatre puissances viennent de placer l'Europe dépendra de la solution qui sera donnée à toutes les questions qu'elle vient d'indiquer.

« Elle aura toujours en vue la paix et le maintien de l'équilibre actuel entre les États de l'Europe. Tous ses moyens seront consacrés à ce double but. »

Je me rendis le vendredi 24 juillet au *Foreign-Office* et je donnai lecture à lord Palmerston de la note que je viens de reproduire. A cette phrase : « Du reste, on n'a adressé à la France, dans ces dernières circonstances, aucune proposition positive sur laquelle elle eût à s'expliquer, » lord Palmerston fit un mouvement, comme surpris et voulant se récrier : « Permettez, mylord, lui dis-je, que j'aille jusqu'au bout; je reviendrai sur ce point; » et ma lecture achevée, prenant sur-le-champ moi-même la parole, je relus la phrase qui l'avait frappé : « Cette phrase vous étonne, mylord; le fait qu'elle exprime a bien plus étonné le gouvernement du Roi, et moi-même avant lui. Quand vous m'avez communiqué vendredi dernier le *memorandum* auquel je viens de répondre, en apprenant qu'à notre insu, sans qu'on nous eût définitivement rien dit ni rien demandé, une résolution définitive avait été prise entre les quatre puissances, une convention signée, peut-être l'exécution commencée, j'ai été profondément étonné, je dois dire blessé. J'ai retenu dans ce moment mon impression; je n'ai pas voulu que vous pussiez croire que, si je me montrais offensé, c'était pour mon propre compte et par un motif tout personnel. Mais cette impression, mylord, le gouvernement du Roi l'a éprouvée lui-même en recevant votre *memorandum*, et c'est en son nom et d'après ses instructions que je viens aujourd'hui vous exprimer à quel point il a été surpris qu'on ait procédé ainsi à son égard. Il avait signé la note du 27 juillet 1839 ; il a constamment répété, depuis cette époque, qu'il était prêt à tout discuter ; il a écouté et discuté en effet des propositions fort diverses. Quand on touchait au dernier acte de cette négociation, à coup sûr on lui devait de l'y appeler ; on lui devait de lui dire : — Nous n'avons pu jusqu'ici nous mettre d'accord pour agir à cinq ; nous ne pouvons tarder plus longtemps ; nous sommes décidés à agir ; voici sur quelles bases et par quels moyens. Voulez-vous vous associer à nous? C'est tout ce que nous désirons. Si décidément vous ne voulez pas, nous serons obligés d'agir à quatre, sur les bases et par les moyens que nous vous indiquons. — C'était là la marche naturelle ; on a fait le contraire ; c'est sans nous le dire, c'est en se cachant de nous qu'on a résolu d'agir sans nous. Ce n'est pas là, mylord, un procédé d'ancien et intime allié, et le gouvernement du Roi a tout droit de s'en montrer offensé. »

Lord Palmerston m'écoutait avec un déplaisir mêlé de surprise. Évidemment il y avait là, pour lui, quelque chose d'imprévu, et il n'avait pas compris d'abord le sens de la phrase qui l'indiquait. Il essaya deux ou trois fois de m'interrompre ; je m'y refusai. Quand je cessai de parler, « rien n'a été plus éloigné de notre intention, me dit-il, que de manquer, envers le gouvernement du Roi, à aucun des égards qui lui sont dus. Nous avons essayé, pour nous entendre avec vous, de diverses propositions. Les vôtres nous paraissaient inadmissibles. Vous avez repoussé les nôtres. Sur la dernière surtout qui consistait à laisser à Méhémet-Ali la place de Saint-Jean d'Acre avec une portion du pachalik, vous nous avez donné, pour raison péremptoire de votre refus, que le pacha ne consentirait jamais à aucun partage de la Syrie. Nous avons considéré dès lors votre résolution comme arrêtée, et nous ne nous sommes plus occupés que de la nôtre. Nous aurions trouvé quelque inconvenance à vous la déclarer avant de la prendre, et comme une sorte de sommation. Nous n'avons fait, en agissant ainsi, que ce qui s'est fait, en 1832, dans la question belge. Là aussi il s'agissait d'employer, contre le roi de Hollande, des moyens de coercition. Parmi les cinq puissances engagées dans la conférence sur les affaires de Belgique, trois se refusaient à concourir à de telles mesures. Elles l'avaient dit. La France et l'Angleterre, qui voulaient de la coercition, en ont arrêté entre elles les moyens, ont signé une convention, et ne l'ont annoncée aux autres puissances qu'après la signature. Nous serions désolés qu'à propos des affaires d'Orient vous vissiez quelque chose de blessant dans ce qui a été fait très-naturellement, sans aucune intention blessante de notre part, et comme on avait fait dans des circonstances analogues. »

Je persistai dans le sentiment que j'avais exprimé ; je repoussai l'assimilation avec l'affaire belge, constamment traitée dans des conférences générales et officielles, de telle sorte que rien n'avait pu être un moment douteux ni inconnu pour aucune des puissances : « Non-seulement on ne nous a pas dit ce qu'on faisait, ajoutai-je ; non-seulement on s'est caché de nous ; mais je sais que quelques personnes se sont vantées de la façon dont le secret avait été gardé. Est-ce ainsi, mylord, que les choses se passent entre d'anciens et intimes alliés ? Est-ce ainsi que les alliances se maintiennent et s'affermissent ? L'alliance de la France et de l'Angleterre, mylord, a donné dix ans de paix à l'Europe ; le ministère whig, permettez-moi de le dire, est né sous son drapeau, et y a puisé, depuis dix ans, quelque chose de sa force. Je crains bien que cette alliance ne reçoive en ce moment une grave atteinte, et que ce qui vient de se passer ne donne pas à votre cabinet autant de force, ni à l'Europe autant de paix. »

Lord Palmerston protesta vivement : « Nous ne changeons point de politique générale ; nous ne changeons point d'alliances ; nous sommes et nous resterons, à l'égard de la France, dans les mêmes sentiments. Nous différons, il est vrai, nous nous séparons sur une question importante sans doute, mais spéciale et limitée. Je reviens à l'exemple dont je parlais tout à l'heure. C'est ce qui est arrivé dans l'affaire de Belgique ; nous pensions comme vous sur la nécessité de contraindre le roi de Hollande à exécuter le traité des vingt-quatre articles; pour agir avec vous, nous nous sommes séparés des trois autres puissances; mais nous ne nous sommes point brouillés avec elles; la paix de l'Europe n'a pas été troublée. Nous espérons bien qu'il en sera encore ainsi, et nous ferons tous nos efforts pour qu'il en soit ainsi. Si la France reste isolée dans cette question, comme elle-même l'aura voulu, comme M. Thiers, à votre tribune, en a prévu la possibilité, ce ne sera point un isolement général, permanent; nos deux pays resteront unis d'ailleurs par les liens les plus puissants d'opinions, de sentiments, d'intérêts, et notre alliance ne périra pas plus que la paix de l'Europe.

« —Je le souhaite, mylord ; je ne doute pas de la sincérité de vos intentions; mais vous ne disposez pas des événements, ni du sens qui s'y attache, ni du cours qui peut leur être imprimé. Partout en Europe ce qui se passe en ce moment sera considéré comme une large brèche qui peut en ouvrir de plus larges encore. Les uns s'en réjouiront, les autres s'en inquiéteront, tous l'interpréteront ainsi, et vos paroles ne détruiront pas l'interprétation. Viendront ensuite les incidents que doit entraîner en Orient la politique où vous entrez; viendront les difficultés, les complications, les méfiances réciproques, les conflits peut-être; qui peut en prévoir, qui en empêchera les effets? Vous nous exposez, mylord, à une situation que nous n'avons point cherchée, que, depuis dix ans, nous nous sommes appliqués à éviter. M. Canning, si je ne me trompe, était votre ami et le chef de votre parti politique ; M. Canning, dans un discours très-beau et très-célèbre, a montré un jour l'Angleterre tenant entre ses mains l'outre des tempêtes et en possédant la clef; la France aussi a cette clef, et la sienne est peut-être la plus grosse. Elle n'a jamais voulu s'en servir. Ne nous rendez pas cette politique plus difficile et moins assurée. Ne donnez pas en France, aux passions nationales, de sérieux motifs et une redoutable impulsion. Ce n'est pas là ce que vous nous devez, ce que nous doit l'Europe pour la modération et la prudence que nous avons montrées depuis dix ans. »

Lord Palmerston me renouvela plus vivement encore ses protestations et ses assurances. Elles étaient sincères ; il se promettait d'accomplir ce qu'il entreprenait sans se brouiller réellement avec la France et sans troubler sérieusement la paix de l'Europe. Il croyait avoir une excellente occasion de raffermir l'Empire ottoman en réprimant le pacha d'Égypte, et de soustraire la Porte à la domination de la Russie, en plaçant, de l'aveu de la Russie elle-même, les affaires turques sous le contrôle du concert européen. C'était là, pour l'Angleterre, de la puissance en Orient, et pour lord Palmerston lui-même en Angleterre, de la gloire. Il ne croyait ni à la force réelle, ni à la résistance persévérante de Méhémet-Ali. L'insurrection de la Syrie était, à ses yeux, une nouvelle preuve de la faiblesse du pacha et un nouveau moyen de l'attaquer. Et au moment où ces circonstances réunies lui semblaient un gage assuré de succès, il voyait surgir, entre le sultan et le pacha, la chance d'un arrangement direct conclu sous l'influence de la France, et qui eût renversé ses espérances de crédit et de pouvoir, en Orient pour son pays, et, dans son pays pour lui-même. Devant ce péril, toute autre considération, toute autre prévoyance, toute politique générale disparut de son esprit; et, pour y échapper, il conclut en toute hâte le traité du 15 juillet. Ni dans notre conversation du 24 juillet, ni dans aucune de celles qui l'avaient précédée ou qui la suivirent, je n'entrevis aucun dessein, aucune combinaison qui vînt d'ailleurs et qui portât plus loin.

Je m'appliquai à troubler la confiance de lord Palmerston dans son succès, et à lui faire entrevoir un avenir bien plus compliqué et plus grave que celui qu'il espérait. Quand la conversation commença à se ralentir, m'adressant à lui par une question brusque et directe : « Mais enfin, mylord, lui dis-je, si le pacha repousse, comme je le crois, vos propositions, que ferez-vous? De quoi êtes-vous convenus? Comment exercerez-vous, sur Méhémet-Ali, votre contrainte? Vous demandez encore à la France son concours moral; elle a droit de vous demander à son tour par quels moyens et dans quelles limites vous comptez agir.

« — Vous avez raison, me répondit lord Palmerston, et je dois vous le dire. L'emploi des forces navales pour intercepter toute communication entre l'Égypte et la Syrie, pour arrêter les flottes du pacha, pour mettre le sultan en état de porter, sur tous les points de son Empire, tous les moyens de rétablir son autorité, ce sera là notre action principale, et c'est le principal objet de notre convention.

« — Et si le pacha passe le Taurus, si Constantinople est de nouveau menacée?

« — Cela n'arrivera pas; Ibrahim-Pacha aura trop à faire en Syrie.

« — Mais si cela arrive?

« — Le sultan va établir à Isnik-Mid (l'ancienne Nicomédie) un corps de troupes turques qui, réuni à la présence d'un certain nombre de chaloupes canonnières sur la côte d'Asie, suffira, je pense, pour mettre à l'abri Constantinople.

« — Et si cela ne suffit pas, si les troupes turques sont battues? »

Il en coûtait à lord Palmerston de me dire expressément que l'entrée d'un corps d'armée russe à Constantinople, combinée avec celle d'une flotte anglaise dans la mer de Marmara, était un point convenu. Il me le dit pourtant, en rappelant que dans le temps où l'on examinait les moyens d'agir à cinq, la France elle-même n'avait pas regardé ce fait comme absolument inadmissible, et avait discuté le *quo modo* de l'entrée et de la présence de ses propres vaisseaux dans la mer de Marmara. Et il se hâta d'ajouter : « Au delà, rien n'est prévu, rien n'est réglé; on est simplement convenu de se concerter de nouveau si cela était nécessaire. Mais l'affaire n'ira pas si loin. »

Lord Palmerston revint alors sur l'immense avantage qu'il y aurait, pour toute l'Europe, à faire cesser le protectorat exclusif de la Russie sur la Porte. Je revins, de mon côté, sur la nouveauté et la gravité de la situation où nous allions tous entrer : « Nous nous lavons les mains de cet avenir, lui dis-je; la France s'y conduira en toute liberté, ayant toujours en vue, comme le dit la réponse que j'ai l'honneur de vous remettre, la paix, le maintien de l'équilibre actuel en Europe, et le soin de sa dignité et de ses propres intérêts. »

Nous nous séparâmes, moi avec une froideur polie, et lord Palmerston avec une politesse qui tenait à se montrer amicale.

Le jour même où j'avais avec lord Palmerston cet entretien, je reçus de M. de Rémusat, celui des membres du cabinet français qui, après M. Thiers, suivait avec le plus de soin le cours de la négociation, et à qui j'en parlais avec le plus de confiance, cette lettre :

« Nous sommes fortement préoccupés de votre dernière dépêche, et j'en attends les développements et les commentaires ultérieurs avec une grande curiosité. Je ne puis croire que tout cela soit le résultat d'une longue intrigue suivie avec persévérance et dissimulation; encore moins que le reste de l'Europe fût dans le secret. Je suppose que les troubles du Liban, dont on s'est exagéré l'importance, et la restitution de la flotte turque par le pacha, qu'on a interprétée pour de la faiblesse, ont été les deux causes occasionnelles de cette brusque détermination. Les deux causes générales sont la conviction que le vice-roi n'a qu'une puissance apparente, et que la France n'a de résistance sur rien.

J'espère que les événements feront mentir cette conviction sur les deux points. Tel qu'il est, même réduit à une résolution précipitée, le procédé est intolérable, et le seul moyen de n'en pas être humilié est de s'en montrer offensé. »

Je répondis à M. de Rémusat [1] : « Vous avez mille fois raison de ne croire à aucune longue intrigue, à aucune préméditation européenne. Nous avons, il y a quatre mois, proposé un arrangement, l'Égypte et la Syrie héréditaires pour le pacha, Candie, l'Arabie et Adana restituées à la Porte; mais nous n'avons pas voulu nous engager à y mettre la sanction de la coercition. Lord Palmerston nous a cédé la place de Saint-Jean d'Acre; nous avons dit que c'était trop peu. On nous a fait entrevoir l'Égypte héréditairement et la Syrie viagèrement; nous n'avons pas accueilli. Au milieu de toutes ces propositions avortées est arrivée la nouvelle de la démarche du pacha auprès du sultan. M. Appony l'avait annoncée ici trois semaines auparavant. C'était le triomphe de la France et la *mystification* des quatre autres puissances. C'est le mot dont on s'est servi entre soi, en exhalant son humeur. Au milieu de cette humeur, l'insurrection de Syrie est venue jeter l'espérance, une forte espérance. Lord Palmerston l'a saisie. Il a promis, en Orient, un succès facile, et menacé, à Londres, de la dissolution du cabinet. Il avait une convention toute prête, et des moyens de

[1] Le 26 juillet 1840.

LE TRAITÉ DU 15 JUILLET 1840.   245

coercition tout inventés, bons ou mauvais. On s'est réuni en toute hâte. On a envoyé en toute hâte des courriers. On s'est promis le secret, pour se venger de la mystification d'Alexandrie et ordonner sans bruit les premières mesures. Et on a signé.

« Voilà comment on a fait ce qu'on a fait. Voici ce qu'on espère. Un succès prompt, qui rendra courte la situation difficile où l'on s'est mis avec nous. On commence à avoir un sentiment vif de cette difficulté : notre attitude nettement prise et hautement déclarée, l'antipathie visible du public anglais pour toute chance de rupture et de guerre avec la France à propos d'une question qui n'excite aucune passion anglaise, cela frappe et intimide déjà. On n'avoue pas ce qu'on a fait. On ne se défend qu'en riant, ou en éludant, ou en promettant que ce ne sera rien. Cela se passe ainsi dans la presse comme au Parlement. On est doux et caressant avec nous. On travaille à prévenir les conséquences de ce qu'on a fait. Si on a raison dans ce qu'on espère, si le succès est prompt et facile, on aura eu raison dans ce qu'on a fait, et il faudra bien que nous le sentions. Mais si le prompt succès ne vient pas, si la question dure et s'aggrave, si des complications éclatent, si de grands efforts sont nécessaires, la situation de lord Palmerston sera très-mauvaise et la nôtre très-forte. Pour peu que nous prenions soin de ne pas irriter les passions anglaises, nous aurons pour nous les intérêts anglais, les penchants libéraux, la prudence de tous les partis, et nous sortirons peut-être avec avantage de l'épreuve dans laquelle nous entrons. »

Nous entrions en effet dans la crise : les politiques française et anglaise, n'ayant pas réussi à s'entendre, étaient l'une et l'autre au pied du mur, près de se heurter. La politique française se préoccupait vivement en Orient des intérêts divers et du grand et lointain avenir; nous restions fidèles à notre idée générale; nous voulions à la fois conserver l'empire ottoman et prêter aide à la fondation des nouveaux États qui essayaient de se former de ses débris; nous défendions tour à tour les Turcs contre les Russes, et les chrétiens contre les Turcs; nous soutenions en Syrie l'ambition de Méhémet-Ali, que nous combattions en Arabie et sur les frontières de l'Asie Mineure. La politique anglaise était plus simple et plus exclusivement dirigée vers un seul but et un avenir prochain; elle ne s'inquiétait que de faire durer l'empire ottoman et de le défendre, soit en Europe, soit en Asie, contre les ambitions extérieures et les déchirements intérieurs. Lequel des deux gouvernements connaissait le mieux, dans l'affaire égyptienne, le véritable état des faits et appréciait le mieux les forces et les chances? Étions-nous, comme naguère en Grèce, en présence d'une insurrection persévérante et d'une nation chrétienne renaissante? Ou n'avions-nous affaire qu'à un pouvoir personnel et précaire, plus ambitieux que fort, aussi souple qu'ambitieux, et capable de se résigner à un grand revers comme de tenter une grande aventure? Là était la question. Je l'exposais nettement au cabinet français, plein moi-même de doute et d'inquiétude, mais bien résolu à le soutenir fermement de Londres dans sa difficile situation, et à ne pas faire une démarche, à ne pas dire un mot qui pût l'affaiblir ou l'embarrasser.

Deux ou trois jours après, il me revint de Paris qu'on y disait que je n'avais pas prévu la possibilité de l'arrangement entre les quatre puissances sans nous, et que je n'en avais pas averti mon gouvernement. J'écrivis sur-le-champ à M. de Rémusat [1] : « Mon cher ami, je prends une précaution peut-être fort inutile, mais que je veux prendre pourtant. Je vous envoie la copie de quelques passages de mes dépêches officielles et de mes lettres particulières qui prouvent que, depuis le 17 mars jusqu'au 14 juillet, je n'ai cessé de parler de la chance de l'arrangement à quatre, et de le représenter comme possible, ou probable, ou imminent. J'y joins copie de quelques passages d'autres lettres particulières, au duc de Broglie et au général Baudrand, qui prouvent que j'ai pris soin de faire arriver aussi ma prévoyance par les voies indirectes. Enfin, j'ai successivement chargé MM. de Bourqueney, de Chabot et Mallac d'exprimer à ce sujet, dans leurs conversations soit avec le Roi, soit avec les ministres, mon avis et ma crainte, et ils m'ont écrit qu'ils l'avaient fait. Vous ne ferez, comme de raison, usage de ceci, mon cher ami, que s'il y avait lieu sérieusement, et auprès des

---

[1] le 28 juillet 1840.

personnes convenables ou nécessaires. Je m'en rapporte à vous. Mais j'ai voulu que vous fussiez complétement édifié vous-même à ce sujet et en mesure d'édifier qui que ce soit. »

J'avais raison de tenir compte de ces bruits; on m'avertit qu'ils se répandaient de plus en plus, et le 31 juillet j'écrivis de nouveau à M. de Rémusat : « Mon cher ami, ma précaution était bien fondée et n'a pas suffi. Je lis, dans le *Siècle* de mercredi 29 juillet, qui m'arrive ce matin, un article emprunté à la *Gazette d'Augsbourg* et que je ne puis laisser passer. Je vous y renvoie. Il commence par : « M. Guizot qui s'était imaginé, » etc., etc. — Après les extraits de ma correspondance que vous avez entre les mains, je n'ai pas besoin de vous dire que, malgré le mélange de vrai et de faux, d'éloge et de blâme que contient cet article, il est essentiellement faux et inacceptable pour moi. 1° Je n'ai point manqué de prévision; car, dès le 17 mars, j'ai annoncé à M. Thiers ce qui vient d'arriver comme « l'issue probable de l'affaire, issue à laquelle il faut s'attendre et se tenir préparé. » Et du 9 au 14 juillet, je lui ai fait suivre pas à pas les progrès de l'arrangement à quatre dans la crise qui a abouti à cette issue; issue qu'entre ces deux époques (du 17 mars au 14 juillet) j'avais plusieurs fois annoncée. 2° Je ne me suis point imaginé que je ramènerais lord Palmerston à mon opinion. J'ai au contraire constamment parlé de son obstination comme de l'obstacle décisif, et j'ai toujours dit que, s'il menaçait de se retirer, je ne croyais pas que ses collègues lui résistassent. Voyez, entre autres, un extrait de ma dépêche du 1ᵉʳ juin que vous avez entre les mains. Il y en a dix semblables. 3º Enfin, j'ai chargé Bourqueney en avril, Chabot en juin, Mallac en juillet, de répéter ce que j'écrivais sur la probabilité de l'arrangement à quatre, auquel je savais qu'on ne croyait pas. Et dans la dernière crise, j'ai été très-exactement informé des progrès et des oscillations de l'arrangement. On nous l'a caché, et c'est là le mauvais procédé dont nous nous sommes offensés à bon droit. Mais nous n'avons point ignoré qu'on en traitait, et j'ai rendu compte à peu près jour par jour de ce qui se passait.

« Voici donc, mon cher ami, ce que je demande, car j'en ai absolument besoin. Faites répéter dans le *Constitutionnel* l'article de la *Gazette d'Augsbourg* en y ajoutant : — La *Gazette d'Augsbourg* est mal informée. La prévoyance n'a manqué ni à M. Thiers à Paris, ni à M. Guizot à Londres. M. Guizot ne s'est point imaginé qu'il ramènerait lord Palmerston à son opinion. Il a au contraire toujours parlé de la persistance du ministre anglais dans sa politique, et il a exactement informé le gouvernement de ce qui se passait et se préparait.—»

Le cabinet fit droit à mon désir; le *Constitutionnel* du 3 août publia la rectification que j'avais demandée[1], et la vérité fut rétablie, sans cesser, comme il arrive toujours, d'être encore souvent contestée.

[1] *Pièces historiques*, n° VIII.

Huit jours environ se passèrent avant que les résolutions adoptées le 15 juillet par les quatre puissances devinssent publiques. Le traité même ne devait être publié que lorsque toutes les ratifications en seraient arrivées à Londres; et en attendant, ce fut seulement le 23 juillet que la presse anglaise en fit connaître positivement la conclusion et les bases. Tout ce qui m'arrivait de Paris dans cet intervalle me montrait à quel point l'émotion, je devrais dire l'irritation, y était vive et générale; elle avait sa source dans le mauvais procédé du cabinet anglais autant que dans la faveur du public pour Méhémet-Ali, et l'offense française tournait au profit de la cause égyptienne : « L'esprit public est incroyablement belliqueux, m'écrivait le 30 juillet M. de Lavergne; les têtes les plus froides, les caractères les plus timides sont emportés par le mouvement général; tous les députés que je vois se prononcent sans exception pour un grand déploiement de forces; les plus pacifiques sont las de cette question de guerre qu'on éloigne toujours et qui toujours se remontre; il faut en finir, dit-on. Cette disposition a réagi sur nos anniversaires de ce mois; il y avait, le 28, soixante à quatre-vingt mille hommes sous les armes, et tout le monde était heureux de voir tant de baïonnettes à la fois. Hier, quand le roi a paru au balcon des Tuileries, il a été salué par des acclamations réellement très-vives, et quand l'orchestre a exécuté la *Marseillaise*, il y a eu un véritable entraînement. »

Le cabinet français, quoique très-ému de cette impression publique, ne s'y livrait pas sans mesure et sans prévoyance : en me recommandant, le 21 juillet, « de bien dessiner mon attitude et de pénétrer dans les desseins de l'Angleterre, » M. Thiers ajoutait : « Je n'ai pas besoin de vous dire dans quelle mesure vous devez faire tout cela. Ayez soin, en faisant sentir notre juste mécontentement, de ne rien amener de péremptoire aujourd'hui. Je ne sais pas ce que produira la question d'Orient. Bien sots, bien fous ceux qui voudraient avoir la prétention de le deviner. Mais, en tout cas, il faudra choisir le moment d'agir pour se jeter dans une fissure et séparer la coalition. Éclater aujourd'hui serait insensé et point motivé. D'autant que nous sommes peut-être en présence d'une grande étourderie anglaise. En attendant, il faut prendre position et voir venir avec sang-froid. Le roi est fort calme; nous le sommes autant que lui. Sans aucun bruit, nous ferons des préparatifs plus solides qu'apparents. Nous les rendrons apparents si la situation le commande, et si les égards dus à l'opinion le rendent convenable. »

En toute occasion, avec les hommes importants de tous les pays et de tous les partis, je pris et gardai avec soin cette attitude. Inquiéter gravement, bien que tranquillement, mes interlocuteurs, bien établir qu'on créait pour de très-petits motifs une situation pleine de périls, que nous voulions sincèrement la paix et l'alliance, mais que, dans l'isolement où l'on nous mettait, nous userions, selon les événements, de toute notre liberté, c'était là mon travail assidu : « L'affaire sera longue et difficile. La France ne sait pas ce qu'elle fera, mais elle fera quelque chose. L'Angleterre et l'Europe ne savent pas ce qui arrivera, mais il arrivera quelque chose. Nous entrons tous dans les ténèbres. » On s'inquiétait en effet; on se demandait avec un mélange de curiosité et de trouble : que fera la France? « Les quatre puissances croiseront sur les côtes de Syrie, couperont toute communication de la Syrie avec l'Égypte, bloqueront les ports, débarqueront, pour aider l'insurrection syrienne contre Méhémet-Ali, des armes, des munitions, des vivres, des soldats peut-être, Turcs ou dits Turcs. Que fera la France sur les côtes de Syrie? Les quatre puissances bloqueront Alexandrie, détruiront peut-être la flotte du pacha, porteront peut-être des troupes turques en Égypte même. Que fera la France à Alexandrie et en Égypte? Si le pacha envahit l'Asie Mineure et menace Constantinople, des troupes russes y viendront peut-être; des vaisseaux anglais entreront peut-être dans la mer de Marmara. Que fera la France aux Dardanelles? » On examinait ainsi toutes les chances; on suivait pas à pas le cours des événements; on cherchait à pressentir ce que ferait la France à chaque instant, dans chaque lieu, à chaque phase de l'affaire. J'acceptais toutes les questions; je disais qu'il y en avait bien d'autres qu'on ne prévoyait pas, et je ne laissais entrevoir aucune réponse.

Le lendemain du jour où le traité avait été signé en secret, le ministre de Hollande, M. Dedel, me demanda:

« Y a-t-il quelque chose de nouveau?—Je crois que oui. —Quoi donc?—Les cinq puissances ont promis, l'an dernier, d'arranger les affaires entre le sultan et le pacha et de rétablir la paix en Orient. Elles n'y ont pas encore réussi. Tout à l'heure les affaires allaient s'arranger et la paix se rétablir d'elle-même. Quatre puissances s'unissent pour l'empêcher. »

Quelques jours après, je rencontrai sir Robert Peel. Je savais que les vieux torys avaient envie de complimenter lord Palmerston et de l'appuyer contre nous. J'expliquai complétement à sir Robert Peel la politique de la France en Orient, « la seule, lui dis-je, qui puisse maintenir, en Europe comme en Orient, la paix et l'alliance de nos deux pays. » Il m'écoutait en homme qui n'a point de parti pris. De lui-même, il avait peu pensé à la question et ne s'en faisait pas une idée bien nette; mais il voulait sincèrement les bons rapports avec la France et la paix, comme tout le torysme modéré dont il était le représentant et le chef. Il me dit en finissant : « Nous nous tairons; nous laisserons au cabinet toute la responsabilité. Nous serons comme la France en Orient, attentifs et immobiles en attendant les événements. » Je lui dis que les événements trouveraient la France décidée et prête à ne rien accepter qui pût nuire à ses intérêts propres et à l'équilibre des États. Je le laissai bien disposé pour nous et inquiet de l'avenir.

Le 28 juillet, j'eus un long entretien avec lord Melbourne et lord John Russell. Je les trouvai inquiets; lord Melbourne surtout, esprit toujours libre et prudent. Il me laissa entrevoir et me dit presque le fond de sa pensée : « Lord Palmerston affirme que le succès sera prompt et facile. On tente l'entreprise dans cette confiance. Si la confiance est trompée, on ne poussera pas l'entreprise à bout. Le pacha n'est pas un insensé, et la France sera là. La France avait indiqué un arrangement, l'Égypte et la Syrie héréditaires pour le pacha, Candie, l'Arabie et Adana restituées au sultan ; le pacha pourra toujours refaire cette proposition. Pourquoi ne la referait-il pas bientôt, en réponse aux propositions de la Porte ? Et si elle est repoussée à présent, pourquoi ne la reproduirait-il pas dans le cours des événements, lorsqu'il aura fait preuve de résistance et que la confiance de lord Palmerston commencera à être déjouée ? L'Angleterre ne veut ni se brouiller avec la France ni bouleverser l'Europe. L'Autriche ne le veut pas davantage. Ceci est très-fâcheux et pourrait devenir très-grave ; mais on pourra s'arrêter, et on voudra s'arrêter. Et la France, qui n'aura pas voulu aider les quatre puissances à marcher, les aidera à s'arrêter. »

Il n'y avait là, de la part de lord Melbourne, point de proposition formelle, point d'abandon actuel de lord Palmerston, mais une porte de salut entrevue et entr'ouverte dans l'avenir.

Le baron de Bulow me tint le même langage : « L'Autriche et la Prusse n'ont pas voulu se séparer de l'Angleterre. Le cabinet anglais n'a pas voulu se séparer de lord Palmerston. On compte sur un succès facile. Toute la confiance vient de là. Mais on prend déjà ses mesures dans d'autres hypothèses. »

Je rendais à M. Thiers un compte exact et quotidien de cet état des esprits et de tous ces incidents de conversation. En lui écrivant le 29 juillet, j'ajoutai à mes récits : « Je veux vous parler aussi de nos journaux. Il importe beaucoup qu'ils se montrent animés et unanimes ; mais ils ne faut pas qu'ils échauffent et raillent les journaux anglais. Je suis informé ce matin que le *Times* hésite à continuer son attaque contre lord Palmerston, tant l'attaque française lui paraît vive et dirigée contre l'Angleterre elle-même autant que contre lord Palmerston. Je comprends toutes vos difficultés, et parmi vos difficultés celle de pousser et de retenir à la fois, la plus grande de toutes. Mais je vous montre le côté que je vois et avec lequel je traite. Vous lui ferez sa part. Il n'y a, dans ce pays-ci, point d'ardeur pour l'entreprise où lord Palmerston s'engage ; mais l'ardeur pourrait venir à la suite de l'orgueil blessé ou d'un péril général, et il nous importe beaucoup qu'elle ne vienne pas. »

M. Thiers me répondit le 31 juillet : « Je ne vous ai pas écrit depuis plusieurs jours parce que je n'ai pas eu un seul instant à moi. Les résolutions à prendre, les ordres à donner, la correspondance à écrire moi-même dans toutes les cours, tout cela m'a complétement absorbé. J'ai reçu toutes vos excellentes lettres. Je ne vous dis qu'un mot en réponse : *tenez ferme*. Soyez froid et sévère, excepté avec ceux qui sont nos amis. Je n'ai rien à changer à votre conduite, sinon à la rendre plus ferme encore, s'il est possible, sans mettre contre nous l'amour-propre de ceux qui peuvent changer les résolutions de l'Angleterre. Le roi va passer vingt jours à Eu. Je vous y donne rendez-vous de sa part le vendredi 7 août. Si vous voulez un grand bâtiment à vapeur, *le Véloce* ira vous chercher à Brighton. »

Rien ne me convenait mieux que ce rendez-vous. Plus la situation devenait vive, moins la correspondance me suffisait, soit pour dire tout ce que j'avais à dire, soit pour apprendre tout ce que j'avais besoin de savoir. Rien ne remplace la présence réelle, et de loin il n'y a point de vue claire et complète dans le fond des cœurs et des choses. Je demandai que le premier secrétaire de l'ambassade, le baron de Bourqueney, qui était en congé à Paris, revînt sur-le-champ en Angleterre pour y être chargé d'affaires en mon absence. Il était au courant de la question d'Orient, connaissait bien les personnes avec qui nous en traitions, et j'avais en lui pleine confiance. Il arriva à Londres le 5 août et j'en partis le 6 pour le château d'Eu, décidé à revenir en Angleterre aussitôt que j'aurais puisé, dans la conversation avec le roi et M. Thiers, les clartés que j'allais y chercher.

CHAPITRE XXXII

EXÉCUTION DU TRAITÉ DU 15 JUILLET 1840.

Débarquement du prince Louis-Napoléon à Boulogne.— Mes avertissements à ce sujet.—Prévoyance du cabinet français. —Mon séjour au château d'Eu.— Mes conversations avec le Roi Louis-Philippe et M. Thiers.—État des esprits et dispositions du corps diplomatique à Londres.—Plan du roi des Belges pour un rapprochement de la France et des quatre puissances signataires du traité du 15 juillet.—Instructions que je reçois en partant du château d'Eu.—Mon retour à Londres.—Conversation avec le baron de Bülow.—Mon séjour au château de Windsor.—Mes conversations avec le roi Léopold et lord Palmerston. — Nouveau *Memorandum* adressé le 31 août par lord Palmerston au gouvernement français. — Ce qu'en pensa M. Thiers.—J'insiste auprès de lui sur l'importance de sa réponse.—Deux incidents : 1° conférence sur le renouvellement et l'extension des conventions de 1831 et 1833 pour l'abolition de la traite des nègres ; 2° reprise de la négociation entre Paris et Londres pour le traité de commerce.— Plaintes de lord Palmerston sur l'attitude des agents français à Constantinople.— Réponse de M. Thiers.—Les plaintes sont sans fondement.—Les événements se précipitent en Orient.— La Porte ratifie le traité du 15 juillet et envoie Rifaat-Bey à Alexandrie pour sommer Méhémet-Ali de s'y conformer.— Attitude de Méhémet-Ali.— L'amiral Napier devant Beyrout. —Nos plaintes sur l'exécution du traité avant l'échange des ratifications.—Protocole réservé du 15 juillet.—Échange des ratifications et communication officielle du traité du 15 juillet. —Le comte Walewski à Alexandrie.—M. Thiers m'annonce les concessions de Méhémet-Ali.—Mon entretien avec lord Palmerston à ce sujet.—Ses soupçons sur l'action exercée par le comte Walewski à Alexandrie.—M. Thiers me charge de les démentir formellement.—Lord Palmerston reconnaît son erreur.—Conseils de cabinet à Londres sur les propositions de Méhémet-Ali.—Ils n'aboutissent à aucun résultat.— Exécution militaire du traité du 15 juillet. — Bombardement de Beyrout.—Le sultan prononce la déchéance de Méhémet-Ali comme pacha d'Égypte.—Comment lord Palmerston explique et atténue cette mesure.—Dépêches de M. Thiers des 3 et 8 octobre en réponse au *memorandum* anglais du 31 août, et sur la déchéance prononcée contre Méhémet-Ali.—État des esprits en France.—Résolutions et préparatifs militaires du cabinet français.—Fortifications de Paris.—Convocation des chambres.—L'escadre française est rappelée à Toulon.—Motifs et effets de cette mesure.—Situation du cabinet français et ses causes.

Le jour même où je quittais Londres pour me rendre au château d'Eu, le 6 août, le prince Louis-Napoléon, vers quatre heures du matin, débarquait près de Boulogne et, avec son nom seul pour armée, tentait une seconde fois la conquête de la France. Quel ne serait pas aujourd'hui l'étonnement d'un homme sensé qui, après avoir dormi, depuis ce jour-là, du sommeil d'Épiménide, verrait, en se réveillant, ce prince sur le trône de France et investi du pouvoir suprême? Je ne ne relis pas sans quelque embarras ce que disait tout le monde en 1840 et ce que j'écrivais moi-même de ce que nous appelions tous « une folle et ridicule aventure » et de son héros. Quand je le pourrais en pleine liberté, je ne voudrais pas, pour ma propre convenance, reproduire aujourd'hui le langage qu'on tenait partout alors. La Providence semble quelquefois se complaire à confondre les jugements et les conjectures des hommes. Il n'y a pourtant, dans l'étrange contraste entre l'incident de 1840 et l'Empire d'aujourd'hui, rien que de naturel et de clair. Aucun événement n'a ébranlé la foi du prince Louis-Napoléon en lui-même et dans sa destinée ; en dépit des succès d'autrui et de ses propres revers, il est resté étranger au doute et au découragement. Il a deux fois, bien à tort et vainement, cherché l'accomplissement de sa fortune. Il a toujours persisté à y compter, et il a attendu l'occasion propice. Elle est enfin venue, et elle l'a trouvé toujours confiant et prêt à tout tenter. Grand exemple de la puissance que conserve, dans les ténèbres de l'avenir, la foi persévérante, et grande leçon à quiconque doute et plie aisément devant les coups du sort.

On a dit souvent que le gouvernement du roi Louis-Philippe avait eu en 1840, soit à Paris, soit à Londres, le tort de ne faire aucune attention aux menées bonapartistes, et de n'être informé de rien. C'est une erreur; ni M. de Rémusat comme ministre de l'intérieur, ni moi comme ambassadeur en Angleterre, nous n'étions tombés dans une telle négligence. Dès le 2 avril, j'écrivis à M. de Rémusat : « Sachez bien que je n'ai ici pas le moindre moyen de police, et que je ne puis rien savoir ni rien apprendre, soit sur les Bonaparte, soit sur les réfugiés d'avril. Si vous avez quelque agent direct qui corresponde avec vous, faites-le-moi connaître. Si vous n'en avez pas, pensez à ce qu'il peut convenir de faire. » M. de Rémusat me répondit le 15 mai : « Je ne doute guère que le prince Louis Bonaparte ne se monte la tête et ne tente quelque aventure. Je suis assez bien instruit de ce qui le concerne. Cependant je vous le recommande et je vous prie de me prévenir, au besoin, de ce que vous soupçonneriez. » Et le 8 juin : « Le bo-

napartisme s'agite beaucoup. Je vous recommande toujours Son Altesse Impériale. » Je lui écrivis le 30 juin :
« Vous me demandez de faire attention au parti bonapartiste. Ce n'est pas facile. Le parti se pavane, fait grand bruit de lui-même. Le prince Louis est sans cesse au Parc, à l'Opéra. Quand il entre dans sa loge, ses aides de camp se tiennent debout derrière lui. Ils parlent haut et beaucoup; ils racontent leurs projets, leurs correspondances. L'étalage des espérances est fastueux. Mais quand on veut y regarder d'un peu près et saisir ce qu'il y a de réel et d'actif sous ce bruit de paroles, on ne trouve à peu près rien. Au sortir du Parc ou de l'Opéra, le prince et le parti rentrent dans une vie assez obscure et oisive. Cependant je sais qu'il est question d'équiper un bâtiment, d'attaquer en mer, à son retour de Sainte-Hélène, la frégate chargée des restes de Napoléon, et d'enlever ces restes comme une propriété de famille; ou bien de suivre la frégate française et d'entrer avec elle au Havre à tout risque. » En me remerciant de ces informations, M. de Rémusat ajoutait le 12 juillet : « Les illusions d'émigrés sont folles, et je ne peux tout à fait rejeter, sous prétexte d'extravagance, les projets que l'on prête à Son Altesse Impériale. Les divers renseignements qui me parviennent me représentent sa cour de Londres et sa cour de Paris comme persuadées que le moment d'agir approche, et qu'il ne faut pas attendre l'époque de la translation des restes de l'Empereur. Leur désir serait d'opérer sur deux points à la fois. Metz paraît être celui sur lequel

ils agissent le plus. Lille est aussi fort travaillé. Mais leur action se renferme dans un cercle bien étroit, et la masse de la population et de l'armée y reste inaccessible. Cependant je crois à une tentative. »

Le gouvernement du Roi ne saurait donc, à cette occasion, être taxé d'imprévoyance, et il était pleinement dans son droit lorsqu'il disait dans le *Moniteur* du 8 août 1840 : « Le gouvernement savait depuis assez longtemps que Louis Bonaparte et ses agents avaient le projet de devancer l'époque de la translation des restes de l'Empereur Napoléon pour occuper d'eux le public par quelque tentative inattendue. Des émissaires avaient sans cesse voyagé de Paris à Londres, de Londres à nos places de guerre, pour étudier l'esprit de nos garnisons et se livrer à ces manœuvres, aussi vaines que coupables, qui sont un passe-temps pour certains esprits. Depuis quelques jours, il n'était plus permis de douter que le moment de l'action ne fût arrivé. Des ordres et des avertissements avaient été donnés en conséquence dans toutes les villes que désignaient les chimériques espérances des habitués de *Carlton-Gardens*, et sur tous les points du littoral ou de la frontière. C'est sur la ville de Boulogne que Louis Bonaparte, entouré de presque tous ses partisans, a tenté ce coup de main qui vient d'échouer d'une manière si prompte et si définitive. »

Au premier moment et dans l'embarras de trouver une explication à cette étrange tentative, le soupçon courut à Paris que le gouvernement anglais, piqué d'humeur contre le gouvernement français, pouvait bien n'y avoir pas été étranger. Ce soupçon n'avait pas le moindre fondement. Le baron de Bourqueney, chargé d'affaires à Londres en mon absence, écrivit le 7 août à M. Thiers :

« Le grand incident de la journée d'hier est la nouvelle du débarquement de Louis-Napoléon à Boulogne. Les rapports sont parvenus par un exprès au *Morning-Post* qui a publié une troisième édition. L'impression a été d'abord celle d'une incrédulité absolue dans la folie d'une semblable entreprise, et je n'ai rencontré que des gens convaincus que la nouvelle était une pure spéculation de Bourse. Cette nuit, les détails sont arrivés; j'ai reçu moi-même, par courrier, les dépêches télégraphiques officielles du sous-préfet de Boulogne au ministre de l'intérieur, et tous les journaux contiennent le récit plus ou moins exact des faits qui ont suivi le débarquement de Louis-Napoléon. Il faut avoir habité longtemps l'Angleterre pour se persuader qu'une entreprise de cette nature puisse se préparer et s'accomplir dans le port de Londres sans qu'il en parvienne au gouvernement anglais la moindre connaissance officielle. C'est cependant la vérité et ma conviction est que lord Normanby [1], je ne dirai pas sur un avertissement formel, mais sur un simple soupçon, n'eût pas perdu un moment pour informer le gouvernement français, par l'organe de son

---

[1] Alors ministre de l'intérieur à Londres.

ambassade à Londres. Le journal ministériel de ce soir, *le Globe*, contient un démenti officiel de la visite que lord Palmerston aurait faite à Louis-Napoléon, ou qu'il aurait reçue de lui. Des journaux français, ce fait, raconté sur je ne sais quelle autorité, avait repassé dans la presse anglaise. J'ai cru devoir provoquer cette rectification, par un billet confidentiel, que j'ai adressé ce matin à lord Palmerston. » Et le lendemain, 8 août, M. de Bourqueney ajoutait : « Lord Palmerston, qui avait répondu hier à mon billet du matin en publiant, dans *le Globe*, le démenti officiel de sa prétendue visite à Louis-Napoléon, m'a fait prier de me rendre chez lui dans la soirée; et là, en termes plus explicites que ne le comportait la courte dénégation du journal ministériel, il m'a donné sa parole d'honneur que, depuis plus de deux ans, ni lui, ni lord Melbourne, n'avaient aperçu la figure de Louis-Napoléon : « Je vous parle ainsi, m'a-t-il dit, non assurément pour repousser jusqu'à l'apparence d'une initiation aux projets de cet insensé ; je n'accepterais pas la défense sur ce terrain. — L'attaque, ai-je repris, est pour le moins aussi loin de ma pensée. — Mais, a continué lord Palmerston, les faits doivent être bien établis; vous connaissez le laisser-aller, les habitudes officielles anglaises, et vous savez que nous aurions pu, mes collègues ou moi, accorder un rendez-vous à Louis-Napoléon, nous rencontrer par chance en maison tierce, avoir enfin avec lui je ne sais quel rapport de hasard ou de société. Eh bien, il n'en est rien ; je vous répète, sur l'honneur, que nous n'avons pas aperçu la figure de Louis-Napoléon ou d'un seul des aventuriers qui l'accompagnaient. Il m'est démontré que la nouvelle d'une visite faite ou reçue a été imaginée d'ici et transmise aux journaux français, soit pour accréditer le mensonge d'un appui indirect, soit pour aigrir et compromettre les relations de nos deux gouvernements. »

En arrivant le 7 août au château d'Eu, je trouvai le Roi, M. Thiers et tout leur entourage à la fois très-animés et très-tranquilles sur ce qui venait de se passer ; ils y voyaient en même temps l'explosion et la fin des menées bonapartistes ; on s'en étonnait et on s'en moquait : « Quel bizarre spectacle, disait-on ; Louis-Napoléon se jetant à la nage pour regagner un misérable canot au milieu des coups de fusil de la garde nationale de Boulogne, pendant que le fils du roi et deux frégates françaises voguent à travers l'Océan pour aller chercher à Sainte-Hélène ce qui reste de l'Empereur Napoléon ! » Notre rendez-vous pour parler des affaires d'Orient fut un peu dérangé par cet incident ; le Roi et M. Thiers partirent d'Eu le 8 août au soir pour aller tenir un conseil à Paris, et convoquer la Cour des pairs appelée à juger le prince Louis et ses compagnons. J'en profitai pour me donner le plaisir d'aller voir à Trouville mes enfants et ma mère qui me reçurent, mes enfants avec les charmants transports de leur jeune tendresse, et ma mère avec ce mélange de vivacité méridionale et de gravité pieusement passionnée qui faisait l'attrait comme la puissance de sa nature. En me promenant avec eux sur la plage et les coteaux de Trouville, je me reposai un moment de l'Égypte, de Londres et de Paris. De retour au château d'Eu le 11 août, j'y retrouvai le Roi et M. Thiers, et nous passâmes deux jours en conversation intime et continue sur les affaires d'Orient, les nouvelles de Syrie et d'Égypte, les complications européennes, les intentions, les idées, les forces des acteurs, et sur la conduite qu'avait à tenir la France dans les diverses chances de l'avenir. Il y avait grand accord dans le langage, et je dirai aussi, à ce moment, dans la pensée du Roi Louis-Philippe et de son ministre ; on pouvait bien, en y regardant de près, pressentir entre eux une différence ; le Roi, le plus animé en paroles, se promettait qu'en définitive la paix européenne ne serait pas troublée, et M. Thiers, en désirant aussi le maintien de la paix, se préoccupait vivement de la chance de guerre et des moyens d'y faire face si les événements nous y jetaient. Ils voulaient l'un et l'autre être en harmonie avec la susceptibilité belliqueuse qui éclatait dans le pays, inquiets pourtant, au fond de l'âme, l'un d'avoir un jour à y résister, l'autre d'être un jour appelé à s'y associer ; mais ils échappaient pour le moment à cette inquiétude, convaincus l'un et l'autre que la forte résistance de Méhémet-Ali et les embarras qui en résulteraient pour les quatre puissances alliées fourniraient à la France l'occasion de reprendre, sans guerre, dans la question d'Orient, sa place et son influence. « On s'est trompé à Londres dans ce qu'on a fait, et on le verra bientôt. Le pacha ne cédera point et ne fera point de folie. La coercition maritime ne signifiera rien. On n'entreprendra pas la coercition par terre. » C'était là ce qu'on me répétait sans cesse. Lord Palmerston m'avait dit souvent à Londres : « Je ne comprends pas que votre gouvernement ne soit pas de mon avis. » Le roi Louis-Philippe et M. Thiers me tenaient, sur lord Palmerston, le même langage. Il est rare que les esprits même les plus distingués s'écoutent et se comprennent bien les uns les autres ; chacun s'enferme dans son propre sens comme dans une prison où nul jour ne pénètre, et c'est du fond de cette prison que chacun agit. La diversité obstinée des informations et des appréciations sur l'état des faits en Orient a été, en 1840, entre Paris et Londres, le véritable nœud de la situation et la cause déterminante des résolutions.

Pendant qu'au château d'Eu nous délibérions, le Roi, M. Thiers et moi, sur les diverses chances de l'avenir, on se préoccupait vivement à Londres de l'attitude de la France, du langage de nos journaux, de l'ardeur du sentiment public, et des préparatifs militaires dont on parlait beaucoup sans en bien connaître la nature ni la mesure. Chaque fois qu'ils voyaient le baron de Bourqueney, les ministres d'Autriche et de Prusse lui témoignaient leur sollicitude et leur désir qu'on trouvât une façon convenable de faire rentrer le gouvernement français dans la négociation dont, à tort peut-être, quoique sans dessein blessant, le traité du 15 juillet l'avait exclu : « Quand portez-vous au pacha vos premières propositions? demanda M. de Bourqueney au baron de Bülow.—Mais tout de suite ; le courrier pour Constantinople est parti, je crois, deux jours avant la signature du traité.—Comment? vous n'attendez donc pas, pour l'exécuter, que les ratifications en soient échangées ? » dit M. de Bourqueney d'un ton surpris, et M. de Bülow, surpris à son tour, lui répondit avec quelque embarras : « En effet, la première sommation de la Porte au pacha doit précéder la ratification ; mais ce n'est pas nous qui faisons une proposition au pacha ; c'est la Porte. » Le baron de Neumann ne tenait pas un langage moins caressant : « Il est impossible, disait-il à M. de Bourqueney, qu'après dix ans de sagesse tous les gouvernements de l'Europe ne se donnent pas la main pour travailler en commun au dénoûment pacifique de la crise actuelle. Pour nous, nous vous donnerons bien la preuve de la pureté de nos intentions ; nous ne lèverons pas un soldat, nous n'achèterons pas un cheval, nous ne fondrons pas un canon ; et il en sera de même en Prusse. Qu'avant de faire un pas nouveau dans la carrière où tous les pas engagent et entraînent si rapidement, votre gouvernement attende les premières paroles du prince de Metternich ; vous connaissez son respect personnel pour votre souverain ; vous savez son dévouement absolu au repos de l'Europe ; M. de Sainte-Aulaire est retourné à son poste ; qu'on patiente à Paris jusqu'à l'arrivée des premières dépêches. »

Le 11 août, la reine Victoria prorogea en personne la session du parlement. On avait dit à M. de Bourqueney que le discours de la couronne contiendrait l'expression spéciale et formelle du sentiment le plus amical pour la France, et une phrase dans ce sens avait en effet été discutée dans le conseil. Elle ne se retrouva pas dans le discours publiquement prononcé ; la reine se borna à rappeler (en insistant sur le mot *amical friendly*) la médiation amicale de la France dans le différend de l'Angleterre avec le roi de Naples ; et en faisant des vœux pour le maintien de la paix générale, elle s'abstint de toute allusion aux événements qui pourraient rendre, plus tard, l'intervention du parlement nécessaire. On avait craint, dit-on à M. de Bourqueney, que des avances trop marquées ne fussent mal reçues en France par la presse, et ne fournissent, à la guerre des journaux des deux pays, un nouvel aliment. Mais dans les réunions, soit de la cour, soit du monde, qui suivirent la clôture de la session, les égards pour la France et ses représentants furent de plus en plus marqués : « Hier, chez la reine, écrivait le 11 août, M. de Bourqueney à M. Thiers, le duc de Wellington s'est approché de moi ; il croyait me parler bas, mais sa surdité l'empêche de mesurer la portée de sa voix, et tous ceux qui étaient présents dans le salon de la reine l'ont entendu me dire : « Moi, j'ai une ancienne idée politique bien simple, mais bien arrêtée ; c'est qu'on ne peut rien faire dans le monde pacifiquement qu'avec la France. Tout ce qui est fait sans elle compromet la paix. Or on veut la paix ; il faudra donc s'entendre avec la France. »

Le roi des Belges se trouvait alors en Angleterre, et parmi ceux qui sentaient la nécessité de s'entendre avec la France, nul ne la sentait aussi vivement que lui. Il était à la fois intéressé et impartial dans la question ; pour l'affermissement de son nouvel État et de son nouveau trône, il avait besoin de la paix européenne ; il tenait, par des liens presque également intimes à la France et à l'Angleterre, et il n'était engagé, par aucun intérêt direct ni par aucun acte personnel, dans leur dissentiment en Orient. Aux lumières naturelles de cette situation se joignaient celles d'un esprit aussi fin que sensé et plein de ressources dans sa judicieuse prévoyance. Il avait conçu et il essaya de faire accueillir à Londres une idée qui lui paraissait propre à couper court aux périls de l'avenir comme aux embarras du présent : « La convention du 15 juillet, disait-il, ne sera véritablement abolie dans ses désastreux effets sur l'opinion de la France que le jour où elle sera remplacée par un traité entre les cinq puissances dont le but avoué soit l'indépendance et l'intégrité de l'Empire ottoman. C'est par un semblable traité, et en résolvant ainsi la question européenne, qu'on donnera à la France l'occasion et le moyen de sortir de l'isolement où on l'a mise à propos de la question égyptienne. » Il écrivit, sur ce thème, d'abord au roi Louis-Philippe, puis à M. Thiers, et pendant mon séjour au château d'Eu, sa proposition fut le sujet de nos derniers entretiens. D'un commun accord, nous la jugeâmes très-acceptable si, en garantissant, dans son *statu quo* actuel, l'intégrité de l'Empire ottoman, le nouveau traité entre les cinq puissances s'appliquait au pacha comme au sultan, vidait ainsi la question égyptienne comme la question européenne, et prenait la place du traité du 15 juillet conclu seulement à quatre. « Mais si au contraire, disait M. Thiers, le traité à cinq n'avait pas pour but de garantir le *statu quo* pour tout le monde, si par exemple il contenait la garantie de l'existence de l'Empire turc en laissant exécuter le traité à quatre qu'on vient de stipuler, ce qu'on ferait n'aurait aucun sens. Tandis qu'on exécuterait à notre face le vice-roi d'Egypte, contre nos intérêts et nos désirs, nous signerions, avec les quatre exécuteurs, un traité à cinq contre les dangers futurs de l'Empire ottoman, uniquement pour faire quelque chose à cinq. Nous ressemblerions à des enfants mécontents qui ont pleuré et fait du tapage pour qu'on leur ouvrît une porte qu'on leur aurait fermée. Cela n'aurait ni sens ni dignité. »

Je reçus donc le 14 août, en quittant le château d'Eu pour retourner à Londres, une instruction confidentielle portant :

« Deux projets :

1° Le *statu quo* garanti ;

2° La médiation de la France.

« *Premier projet*. Les cinq puissances garantiraient l'état actuel des possessions ottomanes, dont l'arrangement de Kutahié serait la base. Le pacha n'aurait aucune hérédité. Si le pacha, ou tout autre, voulait envahir les États du sultan, les cinq puissances, la

France comprise, emploieraient leurs forces contre l'envahisseur. L'avantage de ce projet est de ne pas exiger de recours au pacha.

« *Deuxième projet*. Le pacha chargerait la France de traiter pour lui. La France négocierait pour le compte du pacha, et les quatre puissances traiteraient de nouveau avec elle. L'Égypte héréditaire et la Syrie viagère seraient la base de l'arrangement. Ce projet a l'inconvénient de dépendre d'une circonstance étrangère à nos volontés, c'est que le pacha demande à la France de négocier pour lui.

« Ce second projet ne devrait être proposé que s'il y avait chance de le faire accueillir, de manière surtout à ne pas compromettre la dignité de la France en ayant l'air de vouloir la faire rentrer dans une négociation qu'on lui a fermée. »

Quand je m'embarquai à Calais le 15 août, le vent était violent, la mer grosse; le capitaine de mon paquebot, *le Courrier*, jugea que l'entrée du port de Douvres serait difficile, et nous nous dirigeâmes sur Ramsgate. Je n'y étais pas attendu; mais la disposition des pavillons et deux coups tirés de mon bord annoncèrent la présence de l'ambassadeur de France, et à mon entrée dans le port après les saluts d'usage, je trouvai réunies sur la jetée, non-seulement les autorités locales, mais presque toute la population qui me reçut avec les *hourras* de la bienveillance la plus empressée. Les peuples libres et bien instruits de leurs affaires s'associent à la politique de leur gouvernement, et saisissent avec un prompt instinct les occasions de la servir. On voulait, à Ramsgate, me témoigner qu'il n'y avait en Angleterre que des dispositions amicales pour la France, et qu'on espérait bien qu'un dissentiment momentané sur une question spéciale ne nuirait pas à leurs bons rapports. Je trouvai, en arrivant à Londres, une invitation de la reine Victoria au château de Windsor pour le mardi 18 août et les deux jours suivants. Le roi et la reine des Belges devaient y passer encore ces trois jours-là, et toute la cour y était réunie, ainsi que plusieurs des ministres, notamment lord Melbourne et lord Palmerston. Sans désavouer la politique de leur cabinet dans la question d'Égypte, la souveraine et le peuple, Windsor et Ramsgate avaient également à cœur de marquer que cet incident ne changeait rien, dans la politique générale, à leurs sentiments et à leurs desseins.

Pendant les deux jours que je passai à Londres avant de me rendre à l'invitation de la reine, tous les membres du corps diplomatique qui s'y trouvaient encore vinrent me voir, curieux et inquiets de ce que je rapportais du château d'Eu. Je n'eus garde de les instruire ni de les rassurer; il nous convenait d'entretenir leurs alarmes par mon silence. Avec le baron de Bülow seul j'eus un long et sérieux entretien. Il était sur le point de partir pour Berlin; la mort du roi Frédéric-Guillaume III l'y rappelait; on disait que le nouveau souverain Frédéric-Guillaume IV lui destinait le ministère des affaires étrangères, et quand on lui en parlait,

EXÉCUTION DU TRAITÉ DU 15 JUILLET 1840. 273

il ne se récriait pas. Je savais que sa cour avait ratifié le traité du 15 juillet et que ses instructions à ce sujet lui étaient arrivées. Ce fut par là qu'il engagea lui-même la conversation : « On s'étonne, me dit-il, que nous ayons ratifié ce traité; on nous en témoigne de l'humeur. Pouvions-nous faire autrement? Par la note du 27 juillet 1839, nous avions promis de faire quelque chose. On faisait quelque chose. Je n'avais qu'une instruction générale, faire comme l'Autriche. J'ai signé; on a ratifié. Mais ma cour, vous le savez bien, est parfaitement désintéressée et presque étrangère dans la question; elle n'y est entrée et elle n'y reste que pour concilier, pour aider aux transactions, pour prévenir tout choc fâcheux et maintenir la paix.

— « Ce dont nous nous plaignons précisément, lui dis-je, ce que je vous reproche, permettez-moi le mot, c'est que vous n'ayez pas fait cela; c'est que vous n'ayez pas, vous et l'Autriche, pris en ceci toute votre place et joué tout votre rôle. Oui, vous êtes des conciliateurs naturels; vous voulez les transactions, les solutions pacifiques. Pourquoi donc vous êtes-vous laissé entraîner dans d'autres voies? Pourquoi vous êtes-vous associés aux résolutions extrêmes, aux moyens de coercition, aux chances de guerre? Il vous était facile d'arrêter tout cela; vous n'aviez qu'à n'en pas être. Mais au lieu de faire prévaloir votre politique, vous vous êtes mis à la suite d'une politique qui n'est pas la vôtre. Ne vous blessez pas de mes paroles; vous avez agi, non en puissances modératrices, mais en puissances secondaires;

vous pouviez, vous deviez être des médiateurs; vous vous êtes faits des satellites. Je ne sais ce qu'on en dit en Allemagne; mais en France d'où je viens, les gens sensés, les amis de la paix ne vous comprennent pas. Et il vous était si aisé de faire autrement! Un peu de résistance passive, sans le moindre danger!

— « Il peut y avoir du vrai dans ce que vous dites là, reprit M. de Bülow, évidemment un peu embarrassé du reproche; mais cela fût-il vrai, le fond de nos intentions et de notre situation subsiste toujours, et nous n'avons pas dessein d'en sortir. Nous sommes toujours des modérateurs. Les ratifications du traité n'ont pas l'importance qu'on leur attribue.

— « Je ne sais pas quelle importance auront, en fait, les ratifications; ce que je sais, c'est que chaque nouvel acte qui confirme ou développe la convention du 15 juillet, chaque nouveau pas dans cette voie redouble le sentiment d'offense et d'irritation qu'elle a excité en France. Mes amis, les conservateurs français, luttent depuis dix ans, avec une constance infatigable, contre les passions anarchiques ou belliqueuses; depuis dix ans, ils défendent en Europe, et pour toute l'Europe, l'ordre établi et la paix; ils ont fait de grands efforts, de pénibles sacrifices; ils ont soutenu des mesures difficiles, des lois fortes; et au bout de dix ans, ils apprennent un beau jour que, sans le concours de la France, en se cachant d'elle, on a pris des résolutions qui, pour un très-petit, très-lointain, très-problématique motif, mettent en péril cette politique pacifique, ces alliances pacifiques qu'ils avaient si laborieusement soutenues et fait triompher. Ils sont blessés; ils trouvent qu'on a manqué envers leur pays, envers leur Roi, envers eux-mêmes, de reconnaissance et d'égards, comme de prudence sur le fond des choses, et ils sont irrités en même temps qu'inquiets.

—« Je ne comprends pas, me dit vivement M. de Bülow, je n'accepte pas ce reproche de résolutions prises contre vous en se cachant de vous ; vous saviez d'avance tout ce qu'on pensait, tout ce qu'on voulait ; soyons justes ; la France n'a-t-elle pas cherché à faire prévaloir, sans nous, sa pensée politique? N'a-t-elle pas cherché à amener, entre Constantinople et Alexandrie, un arrangement direct, c'est-à-dire précisément ce que, par la note du 27 juillet 1839, nous avions tous, vous comme nous, engagé le sultan à ne pas faire ? La France aussi avait signé cette note ; comme on se serait moqué de nous si l'arrangement direct avait eu lieu ! Comme on aurait dit, et avec raison, que la France avait réglé seule, et à son gré, les affaires d'Orient ! Mais tout cela est passé ; personne n'a plus rien à y faire, ni rien à gagner à s'en occuper. Parlons du présent qui nous presse tous.

—« La France est étrangère à la situation présente ce n'est pas elle qui l'a faite ; on l'a mise en dehors ; elle se tient en dehors et n'agit que pour son propre compte.

—« C'est précisément ce qu'il faut faire cesser ; il faut que la France rentre dans les affaires d'Orient;

il faut en chercher les moyens. Nous avons pensé à un second *memorandum* par lequel, après l'échange des ratifications, les quatre puissances donneraient de nouveau à la France, sur les motifs, le sens, la portée de la convention du 15 juillet, les explications les plus complètes, les plus rassurantes, et s'engageraient même, entre elles, à ne jamais rechercher, dans l'Empire ottoman, aucun agrandissement territorial, aucun avantage exclusif. Il y a lieu de croire que M. de Brunnow lui-même signerait sans difficulté cet engagement. Mais allons à quelque chose de plus direct, de plus pratique; voyons ce que les événements prochains vont amener. Méhémet-Ali acceptera ou refusera les propositions que va lui adresser la Porte. S'il accepte, tout est fini, pour vous comme pour nous. S'il refuse, c'est alors qu'il faudra reprendre l'affaire en considération et tâcher de vous y rappeler. Vous savez l'idée du roi Léopold, une grande mesure européenne, un traité entre les cinq grandes puissances qui garantirait l'état actuel des possessions de la Porte et le *statu quo* de l'Orient.

—« Cela serait bon, repris-je, si le *statu quo* était garanti pour tout l'Orient et pour tout le monde en Orient, c'est-à-dire si la question des rapports de la Porte avec l'Égypte était réglée en même temps que celle des rapports de la Porte avec l'Europe, et par le même traité des cinq grandes puissances. Mais un traité général qui laisserait subsister les traités partiels, entre autres la convention du 15 juillet et le traité d'Unkiar-Skélessi, serait une vanité et presque une dérision. Que tout traité partiel tombe ; qu'un traité général place sous la garantie des cinq grandes puissances, pour tous et contre tous, l'état actuel des possessions de la Porte, on aura rendu à l'Europe un grand service, et nous sommes prêts à nous y associer.

— « Je vous comprends : à cette seule condition en effet on peut en finir et sortir de la situation actuelle. Mais la difficulté sera extrême pour en finir à Londres, directement avec lord Palmerston et en restant dans l'ornière où nous sommes engagés. Il faut non-seulement vous faire rentrer dans l'affaire, mais la déplacer, la porter ailleurs. Quand le pacha aura répondu, s'il refuse, il y a plus d'une manière de se rapprocher de vous. Nous vous avons demandé votre concours moral, votre influence à Alexandrie ; nous pouvons rentrer dans cette voie. J'ai entendu dire aussi que M. Thiers, sans s'expliquer, aurait parlé à lord Granville d'une hypothèse, je ne sais pas bien, dans laquelle le pacha, pour toute réponse, s'en remettrait à la France. Quoi qu'il en soit, et de quelque manière que vous soyez rappelés dans la question, quand on recommencera à la traiter pour la résoudre à cinq, croyez-moi, ce n'est pas à Londres, c'est à Vienne qu'il faut la porter. Le prince de Metternich n'est pas engagé comme lord Palmerston. Lord Palmerston lui cédera ce qu'il ne cédera pas à M. Thiers. Vienne est plus près de l'Orient, plus au centre de l'Europe. Les vues pacifiques, la politique de transaction prévaudront plus aisément à Vienne qu'à Londres. Le prince de Metternich s'est tenu, depuis quelque temps, fort à l'écart; mais n'en doutez pas; si la solution de l'affaire d'Orient pouvait être son testament politique, il en serait charmé, et il ferait tout pour y réussir. C'est là l'idée qui m'est venue et que je crois pratique. Je vais en écrire à ma cour. »

Sans m'engager à rien, en écoutant avec une attention de bonne grâce, mais point empressée, je reconnus qu'en effet il y avait là une idée qui pouvait être utile, et qu'il fallait voir quel cours les événements permettraient de lui donner.

Une heure après mon arrivée au château de Windsor, le 18 août, j'eus, avec le roi Léopold, une première conversation : « Je m'occupe assidûment de nos affaires, me dit-il, et je crois avoir déjà gagné du terrain. J'ai trouvé ici le duc de Wellington dans les dispositions les plus raisonnables, et il m'a été fort utile. Il n'aime guère le pacha qui ne devrait pas, dit-il, posséder Saint-Jean d'Acre; mais le maintien de la paix et la nécessité de s'entendre avec la France sont, à ses yeux, l'intérêt dominant auquel tout doit être subordonné. Il blâme le procédé du cabinet anglais envers le vôtre, et toute la façon dont l'affaire a été conduite. Il accuse lord Ponsonby d'avoir fait tout le mal. Je l'ai amené à avoir avec lord Melbourne un long entretien dans lequel il lui a dit tout cela en concluant qu'il fallait chercher quelque arrangement qui fît rentrer la France dans la question et qui assurât la paix. Je suis sûr que cet entretien a fait, sur lord Melbourne, une impression profonde, et qu'il en a parlé à lord Palmerston qui est lui-même troublé et inquiet. Ils sont l'un et l'autre fort disposés à accueillir mon idée d'une grande mesure européenne, d'un traité entre les cinq puissances pour garantir, contre tout ennemi et tout danger, l'état actuel des possessions de la Porte. C'est la seule manière d'en finir réellement; sans cela, la situation actuelle, ou quelque chose d'analogue, pourra toujours se renouveler, et nous serons, quant à l'Orient, dans une crise permanente.

— « Votre Majesté a grande raison, dis-je au Roi; rien n'est plus désirable qu'une mesure définitive qui place l'état actuel de l'Empire ottoman sous la garantie des cinq puissances, et prévienne le retour de ces ébranlements presque périodiques dont nous souffrons. Mais il faut, Sire, que ce soit bien réellement l'état actuel de l'Empire ottoman qui se trouve ainsi garanti dans toutes ses parties, pour tout le monde et contre tout le monde. Il faut que le *statu quo* et la garantie s'appliquent au pacha d'Égypte comme au sultan, et que le traité général entre les cinq puissances fasse tomber tous les traités partiels par lesquels on a tenté sans succès de résoudre cette grande question qui ne peut être résolue que dans son ensemble et par le concert de tous. Que le traité d'Unkiar-Skélessi, d'une part, et celui du 15 juillet dernier de l'autre, soient remplacés par un traité européen qui garantisse et impose à la fois, à tous les éléments de l'Empire ottoman, le *statu quo* et la paix; alors l'Europe aura fait vraiment en Orient acte de sagesse, et sa sécurité sera fondée.

— « Oui, sans doute, reprit le roi Léopold, c'est là

le but qu'il faut atteindre. Je n'ai pas encore parlé à lord Palmerston de cette nécessité que le *statu quo* s'applique à tous, au pacha comme au sultan, et que le traité du 15 juillet tombe devant le traité général. Ce sera là le point difficile : j'entamerai demain, avec lui, la conversation à ce sujet.

— « J'attendrai que Votre Majesté veuille bien m'instruire de ce qu'elle aura fait et de ce que lord Palmerston lui aura répondu. Dans la situation qu'on a faite à la France, mon attitude est nécessairement immobile et expectante. Je n'ai rien à demander, rien à proposer. On nous a laissés en dehors; nous nous tenons en dehors, jusqu'à ce qu'on s'aperçoive que cela a de graves inconvénients pour tous, et qu'on nous rouvre une porte convenable. »

Le lendemain 19, après le déjeuner, le roi Léopold voulut me revoir avant d'entrer en conversation avec lord Palmerston: « Entendons-nous bien, me dit-il, et rendons-nous compte bien exactement de ce que nous voulons faire; c'est le système du *statu quo* garanti par les cinq puissances, et garanti au profit de tous comme contre tous, que je vais exposer et soutenir.—Oui, Sire, et les avantages en sont si grands, si évidents que, si rien n'était compromis, tout le monde, j'ose le dire, s'empresserait de l'adopter. Ce système vide à la fois toutes les questions, celle d'Alexandrie comme celle de Constantinople; il dissipe les périls du présent et prévient ceux de l'avenir; il ne met l'Europe à la merci, ni du sultan, ni du pacha. Les cinq puissances traitent ensemble et elles n'ont rien à demander ni à attendre de personne pour mettre leurs résolutions en vigueur. On ne peut pas dire que ce système est trop favorable à Méhémet-Ali, car, d'une part, il ne lui accorde point, pas plus en Égypte qu'en Syrie, l'hérédité qui est le but avoué de son ambition; d'autre part, il lui interdit toute ambition nouvelle, tout agrandissement territorial en associant la France aux mesures de coercition qui seraient alors prises contre lui. Certes il n'y a aucune politique qui donne, au repos de l'Europe, plus de garanties, et qui prouve, de la part des puissances décidées à l'adopter, plus de désintéressement.

— « Cela est vrai, parfaitement vrai, reprit le roi Léopold; mais la question n'est pas entière; les objections, les difficultés ne manqueront pas. Il y a un autre système dont vous vouliez me parler.

— « Oui, Sire, et le voici. Dans le cas où le pacha, sommé par la Porte, demanderait à la France de traiter pour lui, et où les quatre puissances, de leur côté, manifesteraient, sur cette demande du pacha, le désir de rentrer en négociation avec la France, l'Égypte héréditaire et la Syrie viagère pourraient être, dans l'opinion du gouvernement du Roi, la base de l'arrangement. Mais, je dois le répéter à Votre Majesté, sur ce second système comme sur le premier dont Votre Majesté a elle-même suggéré l'idée, la France n'a rien à demander ni à offrir, et sa dignité ne lui permet de reparaître, dans une question qu'on a essayé de résoudre sans elle, que lorsqu'on y sentira la nécessité de sa présence. J'ajoute que le second système a le grave inconvénient d'exiger le recours au pacha ; et si le pacha refuse son assentiment, il peut, en passant le Taurus et en menaçant Constantinople, plonger l'Europe dans cette extrême confusion que nous voulons tous éviter. »

Le roi Léopold en convint : « Mais, dit-il, dans le cas où, pour adopter le système du *statu quo* garanti au profit de tous, on exigerait de Méhémet-Ali quelque concession, celle du district d'Adana par exemple, de sorte que le *statu quo* ne fût pas exactement, pour le pacha, celui de l'arrangement de Kutahié, que croiriez-vous possible ? »

Je répondis que je n'avais, à ce sujet, aucune instruction.

Dans la matinée, le roi Léopold eut en effet, avec lord Palmerston, une conversation de plus de deux heures ; et le soir, lorsque je m'approchai pour prendre congé de lui, car je devais quitter Windsor le lendemain matin, il me tira à l'écart : « J'ai ouvert la brèche, me dit-il ; le sentiment de la gravité de la situation est réel ; mais l'obstination est grande ; il y a de l'amour-propre blessé, de la personnalité inquiète ; les noms propres se mêlent aux arguments, les récriminations aux raisons. Lord Palmerston persiste d'ailleurs à dire que Méhémet-Ali cédera, soit sur la sommation de la Porte, soit sur le premier emploi des moyens coercitifs. Il y a pourtant un grand pas de fait ; l'idée d'un traité entre les cinq puissances pour garantir l'Empire ottoman est fort accueillie ; la nécessité de faire rentrer la France dans la question est fort sentie. Je resterai encore ici quelques jours. Je continuerai : il faut de la patience et marcher pas à pas. »

Il me fut évident que le roi Léopold n'avait pas gagné, auprès de lord Palmerston, beaucoup de terrain, et je doutai fort qu'en prolongeant son séjour à Windsor il en pût gagner davantage, car je savais que lord Palmerston devait retourner ce jour même à Londres, et de là se rendre, le 22 août, à Tiverton où l'on annonçait un *meeting* qui lui fournirait l'occasion de parler de l'état des affaires. Pendant mon séjour à Windsor, je n'échangeai, ni avec lord Palmerston, ni avec lord Melbourne, pas une parole politique; ils ne m'en adressèrent aucune; je n'en prononçai et n'en provoquai aucune. Lord Palmerston paraissait un peu abattu; lord Melbourne, contre son habitude, avait l'air soucieux; ils avaient l'un et l'autre, avec moi, leur courtoisie accoutumée; la Reine et le prince Albert me traitaient avec une bienveillance qui voulait avoir, sans le dire, une signification politique; mais je quittai Windsor, le 20 août, convaincu qu'au fond rien n'était changé dans la situation, et que les événements suivraient le cours très-obscur que le traité du 15 juillet leur avait imprimé.

Ce que j'observai en rentrant à Londres, soit dans le gouvernement, soit dans le public, ne fit que me confirmer dans cette conviction. Mon attitude silencieuse était fort remarquée; on se demandait, on me demandait ce qui s'était fait à Eu, à Windsor, ce qu'il y avait enfin de nouveau. Ma réponse, directe ou indirecte, était toujours : « Rien. La France n'a changé ni de sentiments, ni d'intentions ; elle désire toujours la paix ; elle est toujours étrangère à toute vue d'ambition ; mais elle se tient dans la position qu'on lui a faite, et elle se prépare aux événements qu'on a semés. » La solitude de Londres à cette époque et la réserve que je gardais rendaient pour moi les occasions et les moyens d'information assez rares ; cependant, il me parut certain que le cabinet était de jour en jour plus sérieusement préoccupé de ce qu'il avait fait ; il le regrettait peut-être, et il ne le ferait peut-être pas s'il avait à recommencer ; mais il n'abordait pas encore l'idée de revenir sur ses pas, et il fallait tout autre chose que des raisonnements et des conversations pour l'y déterminer. On annonçait que l'insurrection de Syrie contre le pacha avait été promptement réprimée par son fils Ibrahim : des mécomptes analogues, les refus persévérants de Méhémet-Ali, l'insuccès des premiers essais de coercition, des événements en un mot qui vinssent, d'une part, aggraver le poids de la situation sur ses auteurs, et de l'autre, ouvrir, pour la rentrée de la France dans la question, quelque nouvelle porte, c'était là, à mon avis, la seule cause assez puissante pour retirer le cabinet anglais de la voie où il était engagé.

Quant au public anglais, la vivacité des manifestations en France l'avait d'abord surpris, et même rallié à son gouvernement ; mais, en revenant à Londres, je crus m'apercevoir que le désir de la paix et un sentiment de méfiance envers la politique de lord Palmerston reprenaient peu à peu leur empire. Les intérêts étaient plus sérieusement alarmés; les périls montaient sur l'horizon et apparaissaient à tous les yeux. Les torys se montraient moins disposés à accepter ce qu'avait fait le pouvoir. Le duc de Wellington répétait à Londres ce qu'il avait dit, à Windsor, au roi Léopold; c'était, selon lui, une bien mauvaise affaire; on avait eu de bien mauvaises manières; il fallait trouver un moyen de s'entendre avec la France. Lord Lyndhurst protestait contre toute intervention des troupes russes à Constantinople ou en Asie. A tout prendre enfin, le mouvement des esprits n'était pas favorable à la politique qui avait prévalu en Angleterre, et le doute pénétrait au sein de cette politique elle-même: « Mais en même temps que je rends compte à Votre Excellence de ces symptômes, écrivais-je le 21 août à M. Thiers, je ne voudrais pas lui en exagérer l'importance. Je ne vois point encore ici, dans le public, ni dans les partis, ces sentiments décidés et ces impressions fortes et actives qui font ou arrêtent les événements. »

A Windsor, le mercredi 19 août, lady Palmerston, qui retournait à Londres, m'avait engagé à aller dîner chez elle le vendredi suivant. Je m'y rendis. Nous étions en très-petit comité. Après le dîner : « Je voudrais bien causer un moment avec vous ce soir, » me dit lord Palmerston, et un quart d'heure après, passant avec moi dans un petit cabinet voisin du salon : « Je voulais vous parler de nos affaires à Windsor, mais dans ces maisons royales on fait rarement ce qu'on veut; le temps et la liberté manquent.

— « Pour moi, mylord, si je ne vous ai rien dit là, c'est que je n'avais rien à vous dire ; rien n'est changé pour nous depuis mon dernier entretien avec vous ; nous ne sommes pas dans les événements ; nous les attendons, et en attendant, nous nous conduisons selon notre prévoyance.

— « Je retourne demain à Windsor ; j'en reviendrai après-demain soir ; lundi, je conduirai lady Palmerston dans l'île de Wight ; j'irai de là à Tiverton voir mes *constituents* et assister à nos courses locales. Je ne serai de retour à Londres qu'au commencement de la semaine suivante ; je pense que nous saurons alors quelque chose d'Alexandrie.

— « Est-ce que rien ne vous est encore revenu sur les propositions de la Porte au pacha ?

— « Non ; il y a eu quelque retard dans les courriers ; les propositions doivent avoir été faites au pacha, ou lui être faites à peu près en ce moment.

— « Elles auront donc été faites avant l'échange des ratifications ?

— « Oui.

— « Et toutes les ratifications sont-elles arrivées ?

— « Oui ; celles de la Russie sont venues avant-hier, il ne manque plus que celles de la Porte elle-même. »

Je ne relevai pas la conversation, et il y eut un moment de silence. Lord Palmerston reprit : « M. Thiers, à son retour du château d'Eu, a parlé à lord Granville des instructions données à vos amiraux ; je sais qu'elles sont très-modérées, très-prudentes, et que vous leur prescrivez d'éviter avec soin tout malentendu, tout conflit.

— « Les instructions du gouvernement du Roi sont exactement conformes à sa politique. Il désire que la paix ne soit pas troublée. Il ne va pas au-devant des périls qu'il n'a pas faits; il s'appliquera, au contraire, à les détourner.

— « L'amiral Stopford restera à son poste, quoique son temps de service soit fini et que, selon la règle, il eût pu être rappelé. C'est un homme très-sage et qui s'est toujours bien entendu avec les amiraux français.

— « On peut, je crois, en dire autant de l'amiral Hugon. »

La conversation languit encore un instant : « Le roi Léopold m'a parlé de son idée, dit lord Palmerston; un traité entre les cinq puissances qui garantisse le *statu quo* de l'Empire ottoman. »

— « Nous avons déjà, mylord, causé plus d'une fois, vous et moi, bien qu'un peu en passant, de cette solution; elle est efficace et simple. Elle assure à la Porte un protectorat incontesté. Elle n'accorde point au pacha ce qu'il demande, et ne tente point de lui retirer, par la force, ce qu'il possède. Elle maintient la paix dans le présent et la garantit dans l'avenir. Elle unit les cinq puissances dans une action commune aussi bien que dans une même intention. Mais il est clair qu'un même traité général ne pourrait se conclure qu'autant qu'il ferait tomber et remplacerait tous les traités partiels qui l'auraient précédé.

— « Cela est vrai, et c'est ce qui n'est pas possible à présent. Un traité a été conclu entre quatre puissances, non dans un but général et permanent, comme serait celui dont nous parlons, mais dans un but spécial et momentané. Ce traité partiel doit suivre son cours, et lorsqu'il aura atteint son but, le traité général pourra fort bien prendre place. Aujourd'hui il faut attendre les événements.

— « Oui, mylord ; mais nous prévoyons les événements autrement que vous ; nous regardons comme très-difficile, comme impossible, peut-être, ce qui vous paraît facile, et comme très-périlleux ce qui vous paraît sans danger. Et pendant que votre traité partiel suivra son cours, la paix de l'Orient, l'équilibre de l'Europe, la paix de l'Europe pourront fort bien être compromis sans retour.

— « Je sais que vous pensez ainsi. On verra. Si les événements vous donnent raison, alors comme alors. Au fond, nous avons, vous et nous, en Orient, la même politique générale et permanente. S'il fallait faire venir des armées russes en Asie, l'Angleterre n'y serait probablement pas plus disposée que la France. Nous chercherions alors d'autres moyens, et ce qui n'est pas possible aujourd'hui le serait peut-être alors. En attendant, nous essayerons de ce qui a été convenu, les moyens maritimes.

— « Mylord, que vont faire réellement vos flottes ?

— « Elles intercepteront toute communication avec l'Égypte et la Syrie, et fourniront au sultan les moyens de transport dont il pourra avoir besoin. Nous n'établirons aucun blocus. Nous nous trouvons ici dans la même situation où nous avons été naguère, vous et nous, sur les côtes d'Espagne. Méhémet-Ali n'est pas un souverain, pas plus que ne l'était don Carlos; nous n'avons pas, à son égard, le droit belligérant; le sultan aurait seul le droit de blocus. Il fera ce qu'il pourra avec ses propres forces. Pour nous, nous ne nous mettrons en conflit ni avec les intérêts commerciaux, ni avec les droits des neutres. Nous ne le pouvons pas. »

Je retins et prolongeai la conversation sur ce point; je rappelai avec détail ce qui s'était passé quant à l'Espagne, les difficultés que nous avions, l'Angleterre et nous, également reconnues, les principes que nous avions également respectés. Lord Palmerston convint de tout et me répéta à plusieurs reprises ces paroles : « Point de blocus commercial. »

— « Est-il vrai, mylord, lui dis-je, que vous augmentiez votre flotte de quelques vaisseaux ?

— « Oui, nous allons la porter à seize. Vous portez, en ce moment, la vôtre à dix-huit. Vous préparez même cinq vaisseaux de plus, ce qui vous donnerait une prépondérance que nous ne saurions accepter. Je ne sais pas bien à quelle époque vos cinq vaisseaux pourraient être prêts; mais si cet accroissement annoncé se réalisait, nous serions obligés, soit de convoquer le Parlement pour lui demander de plus puissants moyens, soit d'inviter une partie de la flotte russe à venir nous joindre dans la Méditerranée, ce qui nous déplairait fort, car nous n'avons nulle envie d'ajouter encore, de ce côté, aux apparences d'intimité. »

Je ne répondis rien. La conversation se prolongea quelque temps, revenant sur des idées ou des faits rebattus, sur la question de savoir si Méhémet-Ali accéderait aux propositions de la Porte, sur le vrai sens de la note du 27 juillet 1839, sur la tentative d'arrangement direct entre la Porte et le pacha et sur la part que la France y avait prise. Lord Palmerston me tint, à cet égard, le même langage que le baron de Bulow : « Votre cabinet a fait cela en se cachant de nous et pour finir l'affaire sans nous. On se serait bien moqué de nous si cela avait réussi. » Je répondis par une récrimination péremptoire, la convention du 15 juillet conclue en se cachant de nous, et nous nous séparâmes sans nous être rapprochés d'un pas, mais sans aigreur et en nous en remettant aux événements prochains de la conduite que, de part et d'autre, nous aurions désormais à tenir.

Tous ces entretiens, tous ces plans, toutes ces tentatives de conciliation aboutirent à un nouveau document diplomatique que, le 24 août, j'annonçai à M. Thiers en ces termes : « Le roi Léopold et lord Melbourne ont, avec quelque peine, décidé lord Palmerston à écrire à lord Granville une dépêche qui vous sera communiquée, et qui contiendra d'abord de nouvelles explications sur le sens de la convention du 15 juillet dernier et les intentions spéciales de l'Angleterre dans cet acte. Pas la moindre pensée d'hostilité ni de négligence envers la France. Aucune vue d'agrandissement quelconque en Orient. L'adhésion pure et simple et pratique à la note du 27 juillet 1839, conçue dans l'unique dessein de maintenir l'indépendance et l'intégrité de l'Empire ottoman. Ceci sera destiné à répondre aux susceptibilités, aux inquiétudes, aux pressentiments sinistres de la France. Puis viendra l'indication que, malgré la convention du 15 juillet dernier, et même en en supposant le succès, l'Orient sera bien loin d'être réglé. La situation générale de l'Empire ottoman et ses rapports avec l'Europe resteront en l'air. Allusion à la convenance, à la nécessité d'un grand traité entre les cinq puissances pour garantir, envers et contre tous, l'état actuel des possessions de la Porte. Ouverture à la France pour rentrer ainsi dans l'affaire. — Eh bien oui, a dit lord Palmerston, je ferai le premier pas (*I'll move the first*).

« Dans la pensée de lord Melbourne, m'a dit le roi Léopold, la convention du 15 juillet dernier serait absorbée et abolie par le traité général, s'il se concluait. Lord Palmerston n'en est pas encore là.

« Je vous donne cela comme je l'ai reçu, sans me charger de concilier et de faire marcher ensemble ces deux traités, l'un spécial, l'autre général et ne réglant pourtant pas ce que le spécial a réglé ; l'un s'exécutant pendant que l'autre se négocie ; le grand traité destiné à subir le petit, si le petit réussit, et à le remplacer s'il échoue. Je vois surtout là une manière de nous rappeler dans l'affaire, et une initiative indirectement prise envers nous, à cet effet.

« La dépêche de lord Palmerston à lord Granville ne contiendra aucune demande d'explication sur les armements de la France. On espère que, dans votre réponse, vous caractériserez vous-même ces armements, et toute la politique comme les mesures actuelles de la France, d'une façon qui exclue toute idée de menace et d'ambition belligérante. Le roi Léopold regarde ceci comme important, surtout pour les cabinets continentaux.

« Sur ceci, j'ai dit à l'instant qu'en écartant de nos préparatifs toute idée de menace et d'ambition belligérante, vous ne voudriez, à coup sûr, rien donner à entendre qui en atténuât le moins du monde l'importance et l'effet, ni qui altérât en rien l'attitude que la France croyait devoir prendre et voulait garder. Mon insistance a été bien comprise et bien acceptée.

« Voilà pour cette dépêche projetée, qui, du reste, n'était pas encore rédigée hier. Lord Palmerston y travaillait. »

Terminée le 31 août et expédiée à Paris le 1er septembre, la dépêche de lord Palmerston fut communiquée le 3 au cabinet français par sir Henri Bulwer, chargé d'affaires d'Angleterre en l'absence de lord Granville. Elle trouva M. Thiers dans une disposition peu favorable ; les nouvelles qu'il recevait de Saint-Pétersbourg lui décrivaient la vive satisfaction que causait à l'empereur Nicolas le traité du 15 juillet : « Depuis son avénement, m'écrivait M. Thiers le 23 août, il n'a pas été plus joyeux. Il triomphe, non pas d'être exposé au voyage d'Orient, mais d'avoir brouillé la France et l'Angleterre. Il tient ce résultat pour immense, et il ne dissimule pas les espérances qu'il en conçoit. Il regarde comme dur d'être obligé éventuellement d'agir en Orient, car il n'est pas si préparé qu'il veut le paraître ; mais il n'en fera pas moins tout ce qu'il faudra pour amener la brouille de la France et de l'Angleterre au dernier terme. Il a dit qu'il exécuterait la convention du 15 juillet à lui seul, s'il le fallait. »

Les nouvelles d'Alexandrie ne préoccupaient pas moins M. Thiers que celles de Saint-Pétersbourg : « Si les Anglais, comme je le crains, me disait-il, vont tenter quelque chose sur les côtes de Syrie, je crains que, pour le pacha, cela ne soit équivalent à tout ; car il est capable, sur une menace, sur un blocus, sur un acte quelconque, de mettre le feu aux poudres. En preuve, je vous envoie une dépêche de Cochelet. Vous verrez comme il est facile de venir à bout d'un tel homme ! Vous verrez si, quand je vous parlais, il y a deux mois, de la difficulté de *la Syrie viagère et de l'Égypte héréditaire*, j'avais raison, et si je connaissais bien ce personnage singulier!... Tenez pour certain que, s'il y a quelque chose de sérieux sur Alexandrie, ou tel point du pays insurgé ou insurgeable, Méhémet-Ali passe le Taurus, amène les Russes et fait sauter l'Europe avec lui. Les gens qui sont sensibles au danger de la guerre doivent être abordés avec cette confidence... Nous attendons le nouveau *memorandum*. La réponse ne m'embarrasse guère ; elle sera adaptée à la demande. »

Quand le nouveau *memorandum* de lord Palmerston arriva, il fut loin de produire, sur le cabinet français, l'effet que s'en étaient promis, je ne dirai pas le ministre qui l'avait écrit, mais ceux qui le lui avaient suggéré : « La fameuse note n'arrange rien, m'écrivit le 4 septembre M. Thiers ; elle empirerait la situation plutôt qu'elle ne l'améliorerait, si nous voulions être susceptibles. C'est exactement le *memorandum* du 17 juillet, augmenté de récriminations sur le passé, demandant une seconde fois notre influence morale, et offrant, après l'exécution du traité du 15 juillet, de nous admettre encore au nombre des cinq pour garantir l'Empire turc contre les dangers dont il pourrait être éventuellement menacé. Cela, interprété au vrai, signifie qu'après avoir accepté l'alliance russe contre Méhémet-Ali, l'Angleterre nous ferait l'honneur d'accepter l'alliance française contre les Russes. On n'est pas plus accommodant en vérité, et nous aurions bien tort de nous plaindre. Il valait mieux en rester sur le *memorandum* du 17 juillet. Toutefois il ne faut pas prendre ceci en aigreur. Il faut être froid et indifférent, dire que cette note ajouterait au mauvais procédé si nous voulions prendre les choses en mauvaise part, car lorsque le traité du 15 juillet nous a si vivement blessés, nous dire qu'on l'exécutera et qu'après l'exécution on se mettra avec nous, c'est redoubler le mal. Mais il faut dire cela accessoirement, sans y insister, sans en faire une réponse officielle, par forme de confidence, afin qu'on sache que nous ne nous tenons pas pour satisfaits. Il faut éviter que cette démarche devienne une nouvelle cause de mécontentement entre les deux cours ; mais il faut se garder de laisser dire aux Anglais qu'ils nous ont donné une satisfaction. La réponse officielle sera faite avec calme, avec mesure, avec beaucoup d'égards pour l'Angleterre ; mais elle maintiendra notre dire et notre droit. Elle n'est pas très-urgente. »

L'impression de M. Thiers était fondée : en rédigeant sa note du 31 août, lord Palmerston s'était beaucoup plus préoccupé de lui-même que de ses lecteurs français ; et sans aucun dessein d'envenimer le dissentiment des deux pays, il s'était appliqué à établir que, depuis l'origine et dans le cours de l'affaire, l'Angleterre n'avait eu aucun tort, ni fait aucune faute, bien plutôt qu'à dissiper les préventions et à apaiser l'irritation de la France. C'est un esprit essentiellement argumentateur, qui se déploie et se complaît dans la discussion même, au point d'en perdre souvent de vue le but définitif et pratique. Je répondis le 9 septembre à M. Thiers : « Je pense comme vous que la nouvelle dépêche de lord Palmerston n'est qu'une seconde édition du *memorandum* du 17 juillet, qui vaut moins que la première. C'est de la politique comme les théologiens font de la controverse, possédés de la manie d'avoir eu toujours et pleinement raison. Lord Palmerston ne songeait pas à cette dépêche. On l'en a pressé ; on voulait qu'elle devînt une démarche, une avance ; il n'a pas voulu faire une avance ; il a écrit une dissertation. Il met cependant à cette dissertation une certaine importance. Ses amis en parlent comme d'un chef-d'œuvre. Si elle était publiée, elle ferait quelque effet sur le public anglais. Votre réponse aura donc, à son tour, de l'importance; et il est fort désirable que, lorsqu'elle viendra à être connue, elle puisse aussi, à son tour, faire de l'effet. Soyez sûr qu'ici le public a besoin d'être informé, éclairé; sa disposition est bienveillante, son désir de la paix très-vif; mais il est dans une grande anxiété d'esprit; il ne voit pas clairement en quoi son gouvernement a eu tort, pourquoi la France a raison de s'en plaindre et de s'en séparer. Les idées ne sont ici ni promptes, ni fécondes. On ne saisit pas, par soi-même et du premier coup, tout ce qu'il y a dans une question, dans une situation. On attend les faits, les allégations, les raisons réciproques. On a, des enquêtes et des discussions à la suite des enquêtes, une telle habitude que cette habitude est devenue en quelque sorte la règle et presque la nature des esprits. Il faut donc leur fournir de quoi examiner, comparer, débattre, réfuter. Aux hommes même les mieux disposés, les plus décidément amis, il faut donner des renseignements, des preuves, car ils n'y suppléent pas par la seule activité de leur propre pensée, et si on ne leur fournit pas ce qu'ils attendent, ils demeurent incertains et inactifs. Je sais combien il est difficile, en de telles affaires, de satisfaire à une telle disposition; mais il importe que vous la connaissiez et que vous en teniez grand compte. »

Deux incidents survinrent à cette époque qui méritent d'être rappelés : l'un, à raison de ses conséquences que je retrouverai plus tard ; l'autre, comme symptôme de l'état des esprits parmi les hommes qui, à Constantinople, à Alexandrie, à Paris et à Londres, concouraient ou assistaient diplomatiquement à l'exécution du décret du 15 juillet.

Le 25 juillet, lord Palmerston m'invita à me réunir chez lui, le lendemain, aux plénipotentiaires d'Autriche, de Prusse et de Russie, pour continuer, de concert avec eux, la négociation commencée par mon prédécesseur le général Sébastiani, pour un traité entre les cinq puissances au sujet de la traite des nègres. Cette négociation avait surtout pour objet d'amener l'Autriche, la Prusse et la Russie à entrer dans le système de répression de la traite déjà adopté par la France et l'Angleterre en vertu des conventions du 30 novembre 1831 et du 22 mars 1833. Par convenance seulement, et pour mettre les cinq puissances sur le même pied, au lieu de demander à trois d'entre elles une simple adhésion aux mesures déjà réglées entre les deux autres, on était tombé d'accord qu'on rédigerait un nouveau traité auquel les cinq Puissances concourraient également. Et comme il avait été reconnu que quelques modifications étaient nécessaires dans les mesures convenues, depuis plusieurs années, entre la France et l'Angleterre pour en assurer l'efficacité, lord Palmerston avait introduit ces modifications dans le projet de traité nouveau dont il remit le même jour, aux cinq plénipotentiaires, une réimpression. Le principale de ces modifications se rapportait à la fixation des limites dans lesquelles le droit de visite mutuelle, adopté et pratiqué par la France et l'Angleterre, serait désormais exercé entre les cinq puissances. M. de Brünnow s'opposa, par ordre de sa cour, aux nouvelles limites proposées par lord Palmerston, ainsi qu'au caractère de perpétuité que devait avoir le traité. Lord Palmerston maintint la condition de la perpétuité en se montrant disposé à faire, quant aux nouvelles limites qu'il proposait pour l'exercice du droit de visite mutuelle, des changements propres à lever les objections du baron de Brünnow ; mais comme le ministre russe déclara qu'il n'était pas autorisé à accepter ces nouvelles propositions, il fut convenu qu'il les transmettrait à sa cour, et qu'en attendant toute négociation resterait suspendue.

Vers la fin d'août, je fus informé que le baron de Brünnow venait de recevoir de Saint-Pétersbourg l'autorisation de consentir aux nouvelles limites indiquées pour l'exercice du droit de visite mutuelle ainsi qu'à toutes les autres dispositions et au caractère perpétuel du traité. Les plénipotentiaires d'Autriche et de Prusse étaient munis de la même autorisation. J'appris en même temps que M. Porter, chargé par son gouvernement de la négociation commerciale pendante entre la France et l'Angleterre, était sur le point de partir pour Paris, emportant des instructions définitives pour la conclusion du traité projeté. Nos amis de Londres me disaient : « Quoique nous n'ayons pas le droit d'attendre de la France un accueil bien empressé pour M. Porter, il est cependant d'une grande importance qu'il y retourne.

comme indice de bonnes dispositions, et ce qui est plus, comme représentant une opinion très-prononcée contre la politique actuelle de lord Palmerston. » Ils me prièrent donc de l'appuyer chaudement auprès du cabinet français. En même temps je m'attendais, d'un jour à l'autre, à recevoir de lord Palmerston l'invitation de me réunir aux quatre autres plénipotentiaires pour signer définitivement le nouveau traité relatif à la répression de la traite. Je demandai le 2 septembre à M. Thiers ses instructions et les pouvoirs nécessaires à ce sujet : « Il paraîtrait étrange, lui dis-je, que je fusse seul dépourvu de ces pouvoirs, et qu'au moment où l'Autriche, la Prusse et la Russie adhèrent, après une longue hésitation, au système de répression de la traite que, depuis longtemps, la France et l'Angleterre pratiquent de concert, la France seule parlât de retard. Vous savez quelle importance on attache ici à cette question. Si nous finissions en même temps, avec l'Angleterre, un traité sur des intérêts matériels, le traité de commerce, et un traité sur un grand intérêt moral, l'abolition de la traite des nègres, cela ferait, dans le public anglais, beaucoup d'effet, et de bon effet. Comme de raison, c'est de l'effet *ici* que je suis préoccupé et que je vous parle. Son importance est grande. Vous en jugerez. »

Comme de raison aussi, M. Thiers se préoccupa de l'effet à Paris plus que de l'effet à Londres. Il me répondit[1] quant au traité de commerce : « J'accueillerai

[1] Le 26 août 1840.

bien M. Porter. C'est une chose grave que de consentir au traité de commerce dans la situation présente. Je crains d'ôter tout son sérieux à cette situation. Toutefois, je comprends les inconvénients d'un refus. » Et quant au nouveau traité sur l'abolition de la traite [1] : « Je vais consulter sur l'affaire de la traite des nègres. Je crains de faire traité sur traité avec des gens qui ont été bien mal pour nous. » Les deux négociations demeurèrent ainsi en suspens.

Le 5 septembre, lord Palmerston, revenant de sa seconde visite à Windsor, m'écrivit qu'il désirait me communiquer des rapports importants qui lui arrivaient de Constantinople. Je me rendis sur-le-champ chez lui. Il me donna à lire deux dépêches, l'une de lord Ponsonby, à lui adressée, l'autre du baron de Stürmer, internonce d'Autriche à Constantinople, adressée au prince de Metternich. Les deux dépêches rendaient compte d'une conversation de M. de Pontois avec Reschid-Pacha, conversation que Reschid-Pacha, fort troublé, aurait fait rapporter par son drogman à lord Ponsonby et à M. de Stürmer. M. de Pontois avait déclaré, disait-on, à Reschid-Pacha que la France ne souffrirait pas, en Orient, l'exécution du traité du 15 juillet, ni l'emploi des mesures de coercition contre Méhémet-Ali ; qu'elle soutiendrait, par la force, le pacha dans sa résistance, et qu'elle s'unirait à lui pour *révolutionner* toutes les provinces de l'Empire ottoman. Je me contentai de

---

[1] Le 8 septembre 1840.

dire froidement à lord Palmerston qu'il y avait là quelque chose que je ne comprenais pas, faute d'informations sans doute, et que je lui demandais copie de ces deux dépêches : « Mylord, ajoutai-je, vous vous rappelez le langage que je vous ai tenu en recevant de vos mains votre *memorandum* du 17 juillet dernier; il contenait cette phrase : « Que la France, dans aucun cas, ne s'op-
« poserait aux mesures que les quatre cours, de concert
« avec le sultan, pourraient juger nécessaires pour ob-
« tenir l'assentiment du pacha d'Égypte. » J'ai refusé d'accepter l'expression *dans aucun cas*; j'ai ajouté que j'étais certain de n'avoir rien dit qui l'autorisât; que le gouvernement du Roi ne se faisait, à coup sûr, le champion armé de personne, et ne compromettrait jamais, pour les seuls intérêts du pacha d'Égypte, la paix et les intérêts de la France; mais que, si les mesures adoptées contre le pacha par les quatre puissances avaient, aux yeux du gouvernement du Roi, ce caractère ou cette conséquence que l'équilibre actuel des États européens en fût altéré, il ne saurait y consentir, qu'il verrait alors ce qu'il lui conviendrait de faire, et qu'il garderait toujours, à cet égard, sa pleine liberté. Ce que j'ai eu l'honneur de vous dire le 17 juillet, mylord, je vous le répète aujourd'hui ; et tout ce que j'ai vu, entendu, reçu, depuis le 17 juillet, me donne lieu de penser et d'affirmer que ce sont là en effet les intentions du gouvernement du Roi. » — « Cela est vrai, me dit lord Palmerston; c'est bien là le langage que vous m'avez toujours tenu ; mais comment expliquer celui de M. de

Pontois? Ce serait la guerre. Aurait-on voulu, en effrayant les Turcs, les empêcher de ratifier le traité? » — « Je n'en sais rien, mylord; je n'ai rien à dire sur ce que je ne sais pas. Veuillez m'envoyer copie de ces deux pièces. Je les transmettrai sur-le-champ au gouvernement du Roi. » Et je me retirai.

Sans attendre la copie des deux dépêches, j'informai le cabinet français de la communication que lord Palmerston venait de m'en faire; M. Thiers me répondit immédiatement: « M. de Sainte-Aulaire a reçu, à Königswarth, du prince Metternich, une communication semblable. Les reproches adressés de Vienne à M. de Pontois étaient absolument les mêmes que vous avez recueillis. Il avait annoncé la guerre immédiate, dans tous les cas, quoi qu'on fît en Syrie; il avait annoncé que nous allions nous réunir à Méhémet-Ali pour insurger l'Asie Mineure et mettre l'Empire ottoman en confusion. Je n'ai pas besoin de vous dire qu'il n'y a pas un mot de vrai dans tout cela; vous pouvez le déclarer en mon nom. J'ai reçu avant-hier une longue dépêche de M. de Pontois qui ne dit pas un mot de tout cela, et qui ne permet pas de rien supposer de pareil. Les instructions données à Constantinople étaient conformes aux instructions données aux autres agents, et M. de Pontois n'était pas homme à les outre-passer. Je ne doute pas qu'il n'ait tenu un langage très-énergique, qu'il ne se soit plaint vivement de la Porte, de son infidélité à notre antique alliance, qu'il n'ait qualifié de conduite coupable et imprudente celle de Reschid-Pacha, qu'il ne lui ait dit que Méhémet-Ali soulèverait tout l'Empire ottoman; mais j'affirme qu'il n'a pas dit tout ce que lui prête Reschid-Pacha. Il n'est pas d'ailleurs vrai qu'on ait voulu empêcher la ratification du traité du 15 juillet; c'était trop impossible pour que M. de Pontois le tentât. Mais il a voulu faire peur d'une manière générale; il a réussi, et Reschid s'en est vengé en le dénonçant aux quatre cours. Voilà tout. Maintenant il faut nier, sans affaiblir l'effet produit par M. de Pontois. Il faut se borner à nier un point, l'annonce de notre concours, accordé à Méhémet-Ali pour insurger l'Asie Mineure. Il faut faire cette simple phrase : « Mylord, nous avons trop blâmé ce qui se fait en Syrie pour l'imiter en Asie Mineure. Cela pourra bien arriver, mais non pas par notre faute et par nos suggestions. Quant au langage menaçant, on ne peut pas répondre du style des agents et de la fidélité des traducteurs. M. de Pontois a dit vrai s'il a déclaré que, dans certains cas, la France ne resterait pas spectatrice inactive de ce qui se passerait en Orient. » Je n'ai pas la prétention de vous dicter vos discours; vous y êtes plus habile que moi; mais c'est là, je crois, le ton bon à prendre. »

Quelques jours après, le 11 septembre seulement, lord Palmerston m'envoya les copies des deux dépêches qu'il m'avait communiquées. Il y avait joint une note de lui, en date du 9, sur laquelle j'appelai, en la transmettant à Paris, l'attention du gouvernement du Roi :
« Si je ne me trompe, écrivis-je le 12 septembre à M. Thiers, cette note a pour objet d'atténuer le langage

que le gouvernement du Roi a tenu au gouverneme
Britannique, soit à Paris et par l'organe de Votre Excellence dans ses relations avec lord Granville, soit à Londres et par mon propre organe dans mes relations avec lord Palmerston. Ce langage a toujours été empreint d'une grande modération et d'un vif désir que la paix de l'Europe ne fût point troublée; mais en même temps nous avons toujours manifesté l'opinion que se formait le gouvernement du Roi de la convention du 15 juillet et de ses conséquences possibles, et il a réservé pour l'avenir la pleine liberté de sa conduite. Si on lui enlevait ce caractère, la politique du gouvernement du Roi pourrait y perdre quelque chose de sa dignité, et en éprouver un jour quelque embarras et quelque entrave. Il importe, je crois, qu'aucune parole ou aucun silence ne puisse lui être attribué qui mette sa prévoyance ou son indépendance en question. Votre Excellence se rappellera le *memorandum* anglais du 17 juillet dernier et sa tentative de donner à croire que la France s'était engagée à ne s'opposer, *dans aucun cas*, à aucune des mesures que les quatre puissances pourraient prendre au sujet du pacha d'Égypte. La nouvelle note que j'ai l'honneur de transmettre à Votre Excellence me paraît conçue, au fond, dans la même pensée. Les plaintes élevées contre le langage de M. de Pontois deviendraient ainsi un moyen d'énerver, dès ce jour, ce qu'a pu dire et de gêner plus tard ce que pourrait faire, s'il le jugeait sage et utile, le gouvernement du Roi. Le moyen le plus simple et le plus efficace, ce me semble, de prévenir cet

inconvénient, c'est de remettre sous les yeux du gouvernement Britannique le langage que le gouvernement du Roi a tenu, soit à Paris, soit à Londres, lorsque la convention du 15 juillet dernier lui a été annoncée. C'est ce que j'ai essayé de faire dans le projet de note que j'ai l'honneur de transmettre à Votre Excellence. Je n'ai pas voulu prendre sur moi de répondre ainsi, sans votre approbation, à la note que lord Palmerston vient de m'adresser. Mais si le gouvernement du Roi pense qu'il est difficile de laisser sans réponse cette note qui n'a pas été écrite sans intention, il trouvera peut-être convenable d'y répondre, comme je le propose, par les paroles mêmes qui ont été adressées, en son nom, au gouvernement Britannique, d'abord au moment où le *memorandum* du 17 juillet dernier nous a été communiqué, ensuite dans le *contre-memorandum* de Votre Excellence en date du 24 juillet, et au moment où je l'ai remis à lord Palmerston.

« Je prie Votre Excellence de me donner, à ce sujet, ses instructions. »

M. Thiers me répondit le 18 septembre : « Le gouvernement du Roi donne la plus entière approbation au projet de note que vous m'avez envoyé en réponse à la note que vous a passée lord Palmerston au sujet du langage imputé par Reschid-Pacha à M. le comte de Pontois. L'habile rédaction de ce projet est bien faite pour déjouer l'intention qu'a pu avoir le ministre britannique en prenant acte, d'une manière si inexacte et si exagérée, de nos déclarations antérieures. Je vous engage donc à ne pas retarder la transmission d'un document qui doit placer la question sur son véritable terrain, à l'abri de toute interprétation arbitraire ou intéressée. Il est parfaitement vrai d'ailleurs que M. le comte de Pontois n'a pas tenu les étranges propos qu'on lui attribue. Il s'est borné à déclarer que la France, justement mécontente du procédé de la Porte et de ses alliés, se réservait toute sa liberté d'action, et à appeler sérieusement l'attention de Reschid-Pacha sur les dangers de la voie où il engageait son gouvernement, particulièrement sur celui des insurrections qu'il serait facile à Méhémet-Ali de susciter parmi les peuples soumis à l'autorité du sultan [1]. »

Pendant qu'à Paris et à Londres nous tournions ainsi dans le même cercle, faisant des réserves et prenant des précautions pour un avenir qui nous semblait de plus en plus incertain, les événements se précipitaient en Orient et tranchaient les questions que nous ne cessions pas de discuter. La nouvelle de la conclusion du traité du 15 juillet était arrivée à Constantinople, et malgré quelques dissentiments dans l'intérieur du divan et quelques objections de sa mère la sultane Validé, le sultan, toujours sous l'influence de Reschid-Pacha, s'empressa de l'accepter, en fit expédier à Londres les ratifications, et chargea Rifaat-Bey d'aller porter à Alexandrie les sommations successives qu'aux termes de ce traité la Porte devait adresser au pacha. Arrivé à

---

[1] *Pièces historiques*, n° IX.

Alexandrie le 11 août, Rifaat-Bey n'y trouva pas Méhémet-Ali; il était depuis quelques jours en tournée dans la basse Égypte, sous prétexte d'aller visiter les canaux du Nil, mais en réalité pour gagner du temps et préparer ses moyens de défense. Revenu à Alexandrie le 14, il reçut Rifaat-Bey le 16 au matin, et sans entrer avec lui en discussion, le laissant même à peine parler, il se refusa à la première des sommations que prescrivait le traité. Le lendemain 17, les consuls des quatre puissances signataires demandèrent une audience au pacha, et lui adressèrent des représentations sur son refus. Il les repoussa avec vivacité, coupa la parole au colonel Hodges, consul général d'Angleterre, et persista dans sa résistance en disant : « Je ne rendrai qu'au sabre ce que j'ai acquis par le sabre. » Il n'essayait pas de cacher son agitation, mais sans se montrer inquiet ou intimidé, et quelques-uns des assistants purent croire que la gravité des circonstances était, pour cet esprit aventureux, une cause de satisfaction plutôt qu'un sujet de déplaisir. D'autres, plus clairvoyants ou plus sceptiques, ne voyaient, dans l'attitude et le langage du pacha, point de résolution définitive, et disaient que, le jour où le péril deviendrait imminent, il serait plus prudent qu'aventureux, et se résignerait, pour ne pas tout compromettre, aux sacrifices qu'on lui demandait.

Presque au même moment où Rifaat-Bey arrivait à Alexandrie et avant qu'il eût reçu audience de Méhémet-Ali, l'amiral Napier, avec quatre vaisseaux et plusieurs bâtiments d'ordre inférieur détachés de l'escadre de l'amiral Stopford, se présentait le 14 août devant Beyrout, sommait Soliman-Pacha [1], qui y commandait pour Méhémet-Ali, d'évacuer la ville et la Syrie, adressait aux Syriens une proclamation pour les engager à secouer le joug égyptien et à rentrer sous la domination du sultan, annonçait qu'en cas de refus il prendrait contre Beyrout et la garnison des mesures décisives, et saisissait immédiatement les petits navires égyptiens qui se trouvaient sous sa main. En même temps l'amiral Stopford lui-même, avec le reste de son escadre, arrivait en rade d'Alexandrie et s'y établissait, attendant que Méhémet-Ali eût répondu aux sommations du sultan.

La nouvelle de ces premiers actes d'exécution du traité du 15 juillet arriva à Paris le 5 septembre, et M. Thiers m'écrivit le 8 : « Demandez comment il se fait qu'avant les ratifications, avant surtout l'expiration des délais, on ait pu commencer à opérer en Syrie contre Beyrout. En vérité, cela est peu séant et peu légal en fait de droit des gens. Du reste, adieu les moyens coercitifs ! La Syrie ne remue pas ; l'émir Beschir reste fidèle à Méhémet-Ali ; Ibrahim-Pacha, avec toutes ses forces, revient pour écraser les gens qui seraient tentés de débarquer. Il ne reste plus, si les choses se passent ainsi, qu'à donner au public anglais le spectacle satisfaisant de l'intervention russe. » Je n'avais pas attendu cette instruction pour

---

[1] Sèves (Octave-Joseph), lieutenant dans l'armée française en 1814, et qui, en 1816, avait passé en Egypte, où, par son mérite et ses services, il avait obtenu toute la faveur du pacha, et était devenu major général de l'armée égyptienne.

faire à Londres ce qu'elle me prescrivait; j'écrivis le 9 septembre à M. Thiers : « Ce matin, en lisant les proclamations de Napier et le détail de ses premières démarches, j'ai cherché comment je pourrais en témoigner sur-le-champ ma surprise, et obliger le cabinet à quelques explications. Point de ministre à Londres; lord Palmerston à Broadlands, lord Melbourne et lord John Russell à Windsor. On dort bien à l'aise derrière l'Océan. J'ai été chez lord Clarendon que je n'ai pas trouvé. Il est venu chez moi une heure après : —« Mylord, lui ai-je dit, vous êtes le seul membre du cabinet que je puisse joindre; soyez, je vous prie, un moment lord Palmerston, et dites-moi comment il se peut qu'on fasse, en Syrie, la guerre au pacha avant de lui avoir seulement dit, en Égypte, ce qu'on lui demande. » Lord Clarendon ne m'a, comme de raison, rien expliqué. Mais il répétera ce que je lui ai dit. J'ai parlé dans le même sens, et vivement, à plusieurs membres du corps diplomatique. Lord Palmerston doit revenir à Londres après-demain. Je lui porterai ma surprise. Tout ce qui me revient me donne lieu de croire à quelque brusque et forte tentative de la marine anglaise sur quelque point de la côte de Syrie, probablement sur Saint-Jean d'Acre. Si un tel coup réussissait, l'effet en serait grand. J'ai peine à croire au succès. Mais certainement on a préparé et on attend ici quelque chose de semblable, quelque acte vigoureux qui empêche l'affaire de traîner en longueur. »

Lord Palmerston avait, à nos plaintes sur l'exécution

précipitée du traité du 15 juillet, une réponse fondée sur un document qui, à cette époque, n'était pas encore public; au texte de ce traité était joint un protocole réservé, signé à Londres, le même jour, par les plénipotentiaires des quatre puissances et de la Turquie, et qui portait :

« Considérant que, vu la distance qui sépare les capitales de leurs cours respectives, un certain espace de temps devra nécessairement s'écouler avant que l'échange des ratifications de ladite convention puisse s'effectuer, et que les ordres fondés sur cet acte puissent être mis à exécution ;

« Et lesdits plénipotentiaires étant profondément pénétrés de la conviction que, vu l'état actuel des choses en Syrie, des intérêts d'humanité, aussi bien que les graves considérations de politique européenne qui constituent l'objet de la sollicitude commune des puissances signataires de la convention de ce jour, réclament impérieusement d'éviter, autant que possible, tout retard dans l'accomplissement de la pacification que ladite transaction est destinée à atteindre ;

« Lesdits plénipotentiaires, en vertu de leurs pleins pouvoirs, sont convenus entre eux que les mesures préliminaires mentionnées à l'article II de la présente convention seront mises à exécution tout de suite, sans attendre l'échange des ratifications; les plénipotentiaires respectifs constatent formellement, par le présent acte, l'assentiment de leurs cours à l'exécution immédiate de ces mesures. »

Ce protocole ne faisait point disparaître ce qu'il y avait

de violent et d'injuste à exécuter, contre Méhémet-Ali, le traité du 15 juillet avant de lui avoir adressé les sommations prescrites par ce traité même pour l'inviter à en accepter ou à en refuser les conditions; il effaçait seulement l'irrégularité diplomatique qu'avant l'échange des ratifications nous avions droit de signaler.

Le 16 septembre, quand toutes ces ratifications furent arrivées et échangées à Londres, lord Palmerston nous donna enfin connaissance officielle et textuelle du traité du 15 juillet, et deux jours après, il me communiqua un protocole en date de la veille, 17 septembre, par lequel « les plénipotentiaires des cours d'Autriche, de la Grande-Bretagne, de Prusse et de Russie, dans le but de placer dans son vrai jour le désintéressement qui avait guidé leurs cours dans la conclusion du traité du 15 juillet, déclaraient formellement que, dans l'exécution des engagements résultant dudit traité pour les puissances contractantes, ces puissances ne chercheraient aucune augmentation de territoire, aucune influence exclusive, aucun avantage de commerce pour leurs sujets, que ceux des autres nations ne pussent également obtenir[1]. »

Le jour même où lord Palmerston me faisait cette communication, je recevais de M. Thiers cette dépêche datée du 17 septembre :

« Monsieur l'ambassadeur, Méhémet-Ali, cédant à nos pressantes instances, vient de se décider à une grande

Pièces historiques, n° X.

concession. Il consent à rendre immédiatement au sultan Adana, Candie, les villes saintes, bornant ainsi ses prétentions à l'investiture héréditaire de l'Égypte et à la possession viagère de la Syrie. Je ne puis croire que des conditions aussi raisonnables ne soient pas acceptées. Les repousser, ce serait évidemment réduire le pacha à la nécessité de défendre par les armes son existence politique, et j'ai la conviction qu'il n'hésiterait pas à le faire. J'ajouterai que ce n'est pas le gouvernement du Roi qui lui demanderait d'ajouter de nouveaux sacrifices à ceux qu'il vient d'offrir. Les puissances se verraient sans doute obligées, pour surmonter la résistance de Méhémet-Ali, de recourir à des moyens extrêmes ; et parmi ces moyens, il en est qui peut-être rencontreraient quelques obstacles de notre part ; il en est d'autres auxquels nous nous opposerions très-certainement ; on ne doit se faire, à cet égard, aucune illusion. Il importe donc que les propositions si conciliantes de Méhémet-Ali obtiennent l'assentiment de la Porte et de ses alliés. J'ajouterai que cet assentiment ne saurait être trop prompt, la situation des choses étant telle que, d'un moment à l'autre, ce qui est à présent praticable, et facile même, peut devenir absolument impossible. Dans ces circonstances, le gouvernement du Roi, immolant à l'intérêt de la paix des susceptibilités trop bien justifiées cependant, n'hésite pas à faire un appel à la sagesse des cours alliées. Je viens d'en écrire à Vienne, à Berlin et à Constantinople. Veuillez, monsieur l'ambassadeur, en entretenir aussi le cabinet de Londres. Je vous laisse juge de la forme que vous devrez donner à cette communication.

« Quelques personnes ont pensé, tant à Alexandrie qu'à Constantinople, que la Porte pourrait préférer, aux stipulations proposées, un autre arrangement qui, donnant seulement à Méhémet-Ali l'Égypte et le pachalik d'Acre, conformément au traité du 15 juillet, conférerait à son fils Ibrahim-Pacha l'investiture des trois autres pachaliks syriens. Nous croyons que ce plan pourrait aussi être accepté. »

A ces instructions officielles, M. Thiers ajoutait ces informations particulières : « Voyant qu'il fallait placer la résistance là où nous la placions, et sachant, par un dernier envoi postérieur à notre entrevue à Eu, que nous la placions dans l'*Égypte héréditaire et la Syrie viagère*, le vice-roi a fait les concessions que nous lui demandions et a résumé enfin ses prétentions dans l'Égypte héréditaire et la Syrie viagère. Mais au delà il n'y a plus de concessions à espérer, car il ne fera que celles que nous lui arracherons, et nous ne lui en demanderons pas une au delà de l'Égypte héréditaire et de la Syrie viagère. Tenez cela pour infaillible. Il a fait cette concession pour obtenir notre appui et nous engager tout à fait à sa cause. C'était son intention évidente. Maintenant, après l'avoir poussé jusque-là, il y a, pour nous, une sorte d'engagement moral de lui prêter notre appui lorsqu'il se renferme, à notre demande, dans les limites de la raison et de la modération.

« Peut-être on va conclure, de ce qu'il a dit aux quatre

consuls, qu'il va tout céder; c'est une illusion qu'il faut détruire. Il leur a déclaré qu'il acceptait l'hérédité de l'Égypte, et que, pour le surplus, il s'en rapportait à la magnanimité du sultan. Voici ce qu'il a entendu, et il l'a expliqué à Rifaat-Bey. Il a entendu qu'il prenait d'abord l'hérédité de l'Égypte, et se résignait à la possession viagère de la Syrie, de Candie et d'Adana. C'est après nos instances qu'il a consenti à entendre par ces mots la possession héréditaire de l'Égypte et la possessions viagère de la Syrie seule. Vous avez là la dernière concession possible. »

L'influence de la France était en effet, sinon la seule, du moins l'une des principales causes de ces concessions de Méhémet-Ali. Le lendemain même du jour où Rifaat-Bey avait débarqué en Égypte porteur des sommations du sultan au pacha, le comte Walewski était aussi arrivé à Alexandrie, chargé par M. Thiers de contenir le pacha, si celui-ci était disposé à faire des coups de tête, et de lui donner, en tout cas, les conseils les plus propres à amener, entre la Porte et lui, un arrangement. A l'arrivée du comte Walewski, les consuls des quatre puissances s'empressèrent de l'assurer que Méhémet-Ali se soumettrait aux conditions qui lui étaient offertes si la France lui déclarait nettement qu'il ne devait pas compter sur son appui : « L'acceptation ou le refus du pacha, disait le colonel Hodges, dépend de la mission du comte Walewski. » Ainsi averti de la délicate situation qu'on lui faisait, l'envoyé français ne voulut voir le pacha qu'après l'audience donnée à Rifaat-Bey et le refus de l'*ultimatum* de la Porte. Il trouva Méhémet-Ali très-animé : « Je n'ai pas laissé parler le messager de la Porte, » répéta-t-il plusieurs fois. Il exposa ensuite complaisamment ses plans et ses moyens de résistance. Selon lui, les Anglais n'avaient pas assez de troupes de débarquement pour s'aventurer dans l'intérieur de l'Égypte; il était impossible aux Russes de faire traverser l'Asie Mineure à plus de vingt mille hommes, car ils ne trouveraient pas de vivres pour une force plus considérable; il ne craignait pas vingt mille Russes. Il brûlait de se mesurer avec les Autrichiens. S'il n'y avait pas plus de douze vaisseaux anglais devant Alexandrie, il était décidé à faire sortir sa flotte pour les combattre. Tout cela était dit sans fanfaronnade apparente, avec une grande humilité ironique, et en même temps avec une confiance dans son étoile que quarante années de chances heureuses pouvaient seules expliquer.

Le comte Walewski représenta au pacha qu'il ne pouvait espérer de lutter contre les quatre puissances signataires de la convention de Londres. Une attitude défensive, expectante et menaçante était, lui dit-il, la seule qui lui convînt et dont il pût attendre de bons résultats. Il pouvait, à Alexandrie, embosser sa flotte en prenant des précautions contre les bombes de l'ennemi, et garder des troupes en nombre suffisant pour s'opposer à un débarquement. En Syrie, il n'avait qu'à concentrer assez de régiments réguliers pour comprimer les nouvelles tentatives d'insurrection qui pourraient y être suscitées contre lui. Au pied du Taurus, à

Marash, il devait réunir une armée considérable et menacer de là la Turquie. Mais qu'il ne songeât ni à risquer un vaisseau à la mer, ni à envoyer un homme dans l'Asie Mineure ; s'il passait le Taurus, il provoquait un tremblement de terre qui engloutirait à la fois Constantinople et le Caire. Méhémet-Ali adopta, sans grand'peine, ce système défensif, disant pourtant : « Si les Anglais bloquent mon commerce, il faudra bien que je fasse marcher Ibrahim. » Le comte Walewski lui fit observer qu'un blocus n'était pas encore l'hostilité complète ; le pacha en convint ; il ne voulait ni résister aux conseils de l'envoyé français, ni cesser de faire entrevoir qu'il tenait dans ses mains la paix ou la guerre européenne ; et le comte Walewski, en rendant compte le 18 août à M. Thiers de ces entretiens, finit par dire : « Si les Anglais se bornent à bloquer, s'ils ne cherchent ni à incendier la flotte, ni à faire une descente, ni à bombarder Alexandrie, on pourra peut-être empêcher Méhémet-Ali de donner à son armée l'ordre de passer le Taurus ; mais si une flotte anglaise veut brûler et sa ville, et son palais, et ses magasins, et ses arsenaux, et sa flotte enfin, il ne peut l'empêcher qu'en faisant sortir ses vaisseaux, et dans l'état où ils sont, c'est leur ruine positive. Si on débarque des troupes turques et autrichiennes en Syrie, si on y rallume l'insurrection qui n'est que comprimée, il ne peut s'y opposer qu'en condamnant à une perte presque certaine l'armée de Soliman-Pacha. Dans toutes ces hypothèses donc, il n'a qu'un seul parti à prendre, celui de faire passer le Taurus à son armée ; là, de nouvelles et grandes chances se présentent à lui, et il les comprend trop bien pour que, le cas échéant, il consente à ne pas jouer son sort sur la seule carte qui puisse le faire gagner. »

Le moment était pressant ; je me rendis le 19 septembre au *Foreign-Office*, et j'entamai l'entretien avec lord Palmerston en lui exposant les faits dont M. Thiers venait de m'instruire, les concessions de Méhémet-Ali, les efforts des agents français qui l'y avaient amené, le départ tout récent du comte Walewski qui avait quitté Alexandrie dans les premiers jours de septembre pour aller à Constantinople presser la Porte d'accepter les propositions du pacha : « Voilà donc, dis-je à lord Palmerston, une chance d'arrangement. Le pacha n'est point intraitable. La Porte le sera-t-elle ? A en juger par le langage de Rifaat-Bey, elle n'y est pas disposée. Rien ne la gêne pour entrer dans les voies qui s'ouvrent à la transaction. Les propositions qu'elle a faites au pacha ne font point partie de la convention qu'elle a conclue avec les quatre puissances. C'est un acte séparé, qui émane de la Porte seule, et qu'elle peut modifier sans que la convention du 15 juillet en soit atteinte. La modification que demande Méhémet-Ali, Rifaat-Bey lui-même paraît en avoir suggéré l'idée. Les trois pachaliks de Syrie en viager pour un fils du pacha, est-ce acheter trop cher le terme d'une situation grave pour la Porte, grave pour l'Europe, et qui peut le devenir bien plus ? — « Je suis fort aise, me dit lord Palmerston, que Méhémet-Ali ait fait cette démarche ; elle est de bon augure. Ne vous trompez pas sur la valeur de ce qu'a pu dire Rifaat-Bey. C'est un pauvre homme, très-effrayé de la mission qu'il remplit, et qui n'est pressé que de s'en aller. Il n'aurait pas mieux demandé que d'aller sur-le-champ porter lui-même à Constantinople les propositions du pacha. Il voulait partir après l'expiration du premier délai de dix jours. Les consuls ont eu quelque peine à l'en empêcher. Je sais que la situation est grave. Je n'en redoute pas la responsabilité et elle ne s'aggravera point de notre fait. Nous ne voulons point faire, nous ne ferons point la guerre à la France. Nous ne ferons rien qui justifie la guerre. Nous ne poursuivons qu'un but légitime, avoué; la note que je vous ai adressée en vous communiquant la convention du 15 juillet, le protocole du 17 de ce mois, c'est là tout notre dessein. Nous n'avons pas une pensée, nous ne ferons pas un pas au delà. La France est pleine de respect pour le droit des gens et la justice. Elle n'a pas jugé à propos de prêter comme nous, son concours à la Porte; mais elle n'est pas ennemie de la Porte; elle ne fera pas la guerre à la Porte pour soutenir le sujet contre le souverain. Elle ne déclarera pas la guerre à des puissances amies qui ne la provoqueront pas. — « Certainement, mylord, la France est pleine de respect pour le droit des gens et la justice; la France ne veut point la guerre, et ne provoquera pas plus qu'elle ne se laissera provoquer. Mais il y a des situations, et ce sont les plus graves, où la guerre peut naître d'elle-même, sans la volonté, contre la volonté de tout le monde, par cet entraînement des situations, par ces incidents imprévus auxquels on n'échappe pas en les déplorant. En 1831 aussi, la France ne voulait pas la guerre, et elle en a donné certes d'éclatantes preuves ; mais quand l'Autriche, pour venir au secours du gouvernement pontifical, entra dans les Légations, la France ne put accepter cette intervention étrangère, cette présence armée dans un État indépendant, cette rupture de l'équilibre en Italie ; à son tour, la France voulut être là, et elle alla à Ancône. Grâce à la sagesse de l'Europe, grâce à la loyauté bien comprise de la France, la guerre ne sortit point de là ; mais elle en pouvait sortir, et pourtant la France n'hésita point. Des circonstances analogues pourraient amener, sous des formes bien diverses, des résolutions, des actes également pleins des chances de guerre que nous repoussons tous. Et plus la situation qui peut faire naître de tels actes se prolonge, plus on avance vers la limite à laquelle on peut rencontrer ces chances. Hâtons-nous de mettre un terme à cette situation, mylord, quand il en est temps encore et quand le moyen s'en offre à nous.

— « Les situations sont bien différentes. On a beaucoup crié, en 1831, contre ce que faisait la France à Ancône. Pour moi, je suis de ceux qui ont pensé dès lors que la France n'avait pas le tort qu'on lui attribuait, et qu'il y avait, pour elle, de grandes raisons d'agir ainsi. L'Autriche était entrée seule dans les Légations ; le gouvernement pontifical était protégé précisément par la puissance dont la protection devait paraître, aux autres États, plus suspecte et plus périlleuse. C'est exactement la situation où la Porte serait aujourd'hui si elle avait pour protectrice la Russie seule, en vertu du traité d'Unkiar-Skélessi. Nous avons, en droit, repoussé, comme vous, ce protectorat exclusif de la Russie ; en fait, nous ne l'accepterions pas plus que vous. L'Autriche de plus, en 1831, n'avait pas invité la France à se joindre à elle pour protéger le pape, pour entrer avec elle dans les Légations. Aujourd'hui ce sont quatre puissances d'intérêts fort divers, et dont plusieurs ont des intérêts semblables à ceux de la France, qui s'allient pour protéger la Porte ; et ces quatre puissances ont constamment pressé la France de s'unir à elles, d'agir comme elles, d'être partout avec elles dans le même dessein. Ce sont là, à coup sûr, des différences considérables entre les situations, et la France n'aurait pas aujourd'hui, pour agir en Orient comme elle l'a fait en 1831 en Italie, les mêmes motifs.

— « Mylord, peu importent ces différences quand l'analogie est au fond des choses. Pourquoi redoutons-nous ce que les quatre puissances entreprennent en Orient ? Parce que nous croyons qu'au lieu de la pacification intérieure, c'est la guerre civile, avec toutes ses secousses et toutes ses chances, qu'elles vont porter dans l'Empire ottoman, et que, si quatre puissances sont présentes dans le traité du 15 juillet, en définitive une seule en profitera. C'est là le résultat que nous repoussons. Nous voulons en Orient la paix et l'équilibre des États européens. Nous croyons la paix et l'équilibre compromis par le traité dont vous poursuivez l'exécution. Un État du premier ordre, la France ne peut, en pareille occurrence, manquer à son rôle et à son rang. Elle n'y manquera point.

— « Elle aura bien raison, et nous serions bien fâchés qu'elle y manquât. Croyez-moi, mon cher ambassadeur ; nous n'avons aucune envie que vous n'exerciez pas en Orient l'influence qui vous appartient. Nous savons combien votre influence y est nécessaire ; et soyez sûr que, si la prépondérance d'une autre puissance y devenait en effet menaçante, vous nous verriez à côté de vous pour la réprimer. Mais rien de semblable n'est à craindre aujourd'hui ; ce qui se fait en Orient détruira au contraire toute prétention isolée, tout protectorat exclusif. Nous aurions infiniment préféré que vous y prissiez part avec nous. Vous n'avez pas voulu. Nous aussi, en 1823, quand vous êtes intervenus en Espagne, nous n'avons pas voulu nous y associer. On nous l'avait proposé, demandé à Vérone. Nous avons pensé que cela ne convenait pas à notre politique, intérieure et extérieure. Avons-nous fait la guerre à cause de cela ? Depuis bien longtemps pourtant nous redoutions l'influence de la France en Espagne. Vous y êtes entrés seuls. Vous y êtes restés longtemps. Vous avez occupé cinq ou six ans Cadix, point si important à nos yeux. Nous avons gardé la paix et nous croyons que, pas plus que le reste de l'Europe, l'Angleterre n'y a rien perdu. »

Je ne prolongeai pas cette discussion sur des comparaisons boiteuses et sans importance pratique ; je ramenai la conversation vers son objet sérieux, les propositions du pacha : « Le gouvernement du Roi, dis-je, craint qu'on ne se fasse, à Londres, des illusions à cet égard. Il est convaincu qu'on n'obtiendra rien de plus à Alexandrie. Il trouve lui-même ces propositions modérées et raisonnables; il ne croirait ni devoir, ni pouvoir insister auprès du pacha pour lui arracher davantage; il ne voit enfin, au delà de ces termes, qu'une situation de plus en plus violente et qui nous pousserait chaque jour plus rapidement vers les événements les plus graves. »

— « Je ne pense pas, me dit lord Palmerston, que ce soient là les derniers termes auxquels le pacha puisse être amené. La Porte n'acceptera point la Syrie tout entière pour Ibrahim. Ibrahim, c'est Méhémet. Le district d'Adana, si je ne me trompe, avait été donné au nom d'Ibrahim; Méhémet en dispose, comme de tout le reste. La convention du 15 juillet a un but sérieux, faire disparaître le danger auquel le voisinage et la puissance de Méhémet, maître de la Syrie, tenaient la Porte sans cesse exposée. Il est indispensable que ce but soit atteint.

— « Dois-je conclure de là, mylord, que la Porte n'admettra aucune modification aux propositions qu'elle a adressées au pacha ?

— « Je ne dis pas cela; le pacha montre de la sagesse; il commence à transiger. Aucune mesure de coercition n'a pourtant encore été réellement tentée; on verra; une place qui s'est bien défendue pendant six mois, et qui donne lieu de croire qu'elle se défendra bien encore, est traitée autrement que celle dont les remparts sont minés et près de tomber. Il y a tel dessein qu'on peut modifier lorsque, à la pratique, on en a reconnu les difficultés. Quant à présent, Ibrahim s'est rapproché de Beyrout avec un corps de troupes, ce qui prouve qu'il ne pense pas à passer le Taurus. »

— « Savez-vous ce qu'il fera, mylord, quand il saura que les dernières propositions de son père ont été rejetées ?

— « Ce ne seront pas les dernières ; le pacha est entré dans une bonne voie ; il comprendra qu'il y a, pour lui, plus d'avantage à y persévérer qu'à en sortir. »

Je rendis sur-le-champ à M. Thiers un compte détaillé de cet entretien, et en dehors de mon récit officiel j'ajoutai : « On ne m'a pas dit, et je n'aurais pas souffert qu'on me dît, mais on croit ici que le pacha découragé avait cédé bien davantage, et qu'il était prêt en effet à se contenter de l'Égypte héréditaire, en s'en remettant d'ailleurs à la générosité du sultan. MM. Cochelet et Walewski lui auraient, dit-on, reproché d'avoir fait cette démarche à leur insu, et l'auraient fait revenir de sa première résolution ; en sorte que la France seule aurait fait obstacle à la conclusion de l'affaire.

« Quand on conçoit des doutes sur cette explication de ce qui s'est passé à Alexandrie, voici celle qu'on adopte en échange. Le pacha, dit-on, a fait une feinte ; il s'est montré disposé à tout céder, dans l'espoir que les agents français eux-mêmes trouveraient ses concessions excessives, lui conseilleraient d'autres propositions dont ils prendraient la responsabilité, et lieraient ainsi la France à sa cause. En sorte que, dans la première hypothèse, la France serait plus exigeante et, dans la seconde, moins fine que le pacha. »

La première hypothèse devint bientôt à Londres un bruit fort répandu et d'un très-fâcheux effet. J'écrivis le 22 septembre à M. Thiers : « Je ne puis vous laisser ignorer, et je vous l'ai déjà indiqué hier, que lord Palmerston, pour retenir ses collègues sous son drapeau, se servira et se sert déjà beaucoup de cette assertion que le pacha avait cédé, allait céder, que les agents français seuls lui ont rendu courage et l'ont rengagé dans la résistance. C'est ce qu'on lui mande de plusieurs côtés, et avec affirmation. On l'a, dit-on, également mandé à Vienne, et M. de Metternich en est aussi persuadé que lord Palmerston. Lord Beauvale en a écrit à Londres. L'amiral Stopford y croit, dit-on, également, et lui, qui était assez favorable au pacha, et en bonne intelligence avec nous, va changer de disposition et poursuivre avec ardeur les moyens de contrainte, très-blessé, pour son propre compte, d'avoir tiré à tort le canon de raccommodement. J'ai trouvé hier lord Holland fort troublé de tout ce qu'on lui disait à cet égard, et redoutant beaucoup l'effet de tout ce qu'on pouvait dire. On raconte que M. Walewski a parlé au pacha de 30,000 hommes que la France réunissait dans ses départements méridionaux. Deux de nos amis, des plus chauds et des plus utiles, sont venus ce matin me dire les *ravages*, je me sers à dessein de l'expression, que les adversaires d'une transaction pourraient faire et feraient, dans le cabinet et dans le public, avec de telles allégations. Car la France a toujours répété, disent-ils, que, pour elle, la question des territoires lui était indifférente et que, si le pacha voulait céder, elle n'y objecterait pas du tout. J'attendrai impatiemment votre réponse. »

Elle ne se fit pas attendre; M. Thiers m'écrivit le 24 septembre : « A la fausse assertion que la France, loin d'amener les concessions du vice-roi, les a au contraire empêchées d'être pleines et entières, donnez en mon nom, et au nom du gouvernement français, le démenti le plus solennel. Je ferai donner aujourd'hui ce démenti par un journal officiel [1]. Voici la rigoureuse vérité. Le vice-roi, en pourparlers avec Rifaat-Bey, avait commencé à s'adoucir, et avait conçu, de certaines insinuations qui lui avaient été faites, l'espoir d'obtenir du sultan des conditions meilleures que le traité du 15 juillet. Il fit alors cette réponse qu'il acceptait « l'Égypte héréditaire, et qu'il s'en fiait, pour le surplus, à la magnanimité du sultan. » On en était là quand nos agents le virent, et il dit ce qu'il entendait par ce recours à la magnanimité du sultan; il entendait qu'on lui laisserait la possession viagère de la Syrie, d'Adana et de Candie. C'est alors que nos agents lui déclarèrent que c'était là une prétention impossible à justifier et à satisfaire. Notamment sur Candie, il fallut y revenir à plusieurs fois pour l'ébranler et le convaincre. L'assertion qu'il allait

---

[1] *Moniteur* du 25 septembre 1840.

tout céder est donc un indigne mensonge auquel je vous prie de donner, en mon nom et au nom de la France, le plus éclatant démenti. Je vous envoie une lettre de M. Cochelet que vous pouvez lire à qui cette lecture sera utile. »

Elle fut utile, mais point nécessaire. Je répondis le 26 septembre à M. Thiers : « Je sors de chez lord Palmerston. J'avais déjà démenti, auprès de lui et auprès de tout le monde, l'assertion relative à la conduite des agents français à Alexandrie. Je viens de le faire avec l'autorité de votre lettre, du rapport de M. Cochelet et de votre démenti officiel. J'ai trouvé lord Palmerston convaincu d'avance et assez embarrassé. Il avait reçu hier le rapport du colonel Hodges, en date du 30 août, signé des trois autres consuls et de Rifaat-Bey, et parfaitement d'accord avec celui de M. Cochelet. Ce rapport, rédigé en forme de procès-verbal de la conférence entre le pacha, Rifaat-Bey et les quatre consuls, prouve : 1° que le pacha, en déclarant aux consuls qu'il acceptait l'Égypte héréditaire, et s'adresserait, pour le reste, aux bontés du sultan, leur a, même au premier moment, donné à entendre qu'il demanderait et qu'il espérait bien obtenir le gouvernement viager de la Syrie, ajoutant ensuite que, s'il était refusé, il aurait recours aux armes ; 2° que les agents français, loin de détourner le pacha des concessions pleines et entières qu'il avait faites d'abord, s'étaient, au contraire, appliqués et avaient réussi à obtenir de lui des concessions plus étendues et plus précises. »

« Ce dernier point n'est pas textuellement exprimé dans le rapport du colonel Hodges, qui ne traite que de ce qui s'est passé entre le pacha et les consuls; mais il en découle nécessairement, et le rapport de M. Cochelet est pleinement confirmé. Lord Palmerston l'a reconnu sans hésiter, sans essayer d'atténuer la vérité. J'ai pris sur lui tous mes avantages. J'ai prononcé les mots d'étrange crédulité, de confiance aveugle dans tout ce qui flattait ses idées ou son désir; j'ai parlé des offenses auxquelles il se laissait ainsi entraîner envers nous, que nous devions ressentir, que nous ressentions, et qui rendraient les affaires encore bien plus difficiles et périlleuses si nous n'étions pas plus attentifs avant de croire et de parler. Il n'a point cherché de mauvaise excuse, et vous pouvez être sûr qu'à cet égard, en ce moment, il a le sentiment d'un tort et presque envie de le réparer. Ce qui importe encore plus, c'est qu'il a perdu par là un grand moyen d'action sur l'esprit de ses collègues, d'ici au conseil de lundi prochain et dans ce conseil même. »

Trois conseils de cabinet furent tenus en effet, le 29 septembre et les 1er et 2 octobre, pour délibérer sur les concessions du pacha; les amis de la politique pacifique soutenaient qu'elles pouvaient devenir la base d'une transaction, et demandaient qu'on fît, à ce sujet, quelque nouvelle ouverture à la France. Lord Palmerston se retranchait dans les difficultés de conduite, les scrupules de dignité : « Le traité s'exécute, disait-il, et s'exécutera facilement; comment le rétracter sans humilier l'Angleterre et l'Europe? » Ses objections ne ramenaient pas à lui les partisans d'un arrangement; mais ils ne les résolvaient pas à leur propre satisfaction. Ils cherchaient quelque chose qui, sans violer et abolir formellement le traité du 15 juillet, en prît la place et maintînt à la fois la paix et l'honneur diplomatique de l'Angleterre. Ils ne le trouvaient pas. La chance d'une dislocation du cabinet était d'ailleurs présente à l'esprit de tous ses membres, et rendait toutes les discussions molles et vaines.

Au milieu de ces petites agitations intérieures du cabinet anglais, arriva à Paris et à Londres la nouvelle télégraphique que, le 11 septembre, l'escadre anglaise avait d'abord sommé, puis bombardé Beyrout qui, après une résistance peu efficace, s'était rendu; que des troupes turques, ou auxiliaires des Turcs, avaient été débarquées et commençaient à agir en Syrie; et que, pendant ce temps, à Constantinople, aussitôt après l'arrivée de Rifaat-Bey revenu d'Alexandrie et malgré les efforts du comte Walewski pour faire accepter les propositions d'arrangement du pacha, le sultan, à la suite de deux réunions solennelles du divan, avait, le 14 septembre, prononcé la déchéance de Méhémet-Ali comme pacha d'Égypte et nommé Izzet-Méhémet pour le remplacer. Le traité du 15 juillet était ainsi exécuté en Orient dans ses conséquences extrêmes, pendant qu'on cherchait encore, en Occident, un moyen de les prévenir.

En me transmettant, le 2 octobre, ces nouvelles, M. Thiers ajoutait : « Vous pouvez vous figurer aisément l'impression du public de Paris. Il m'est impossible de dire ce qui en résultera, ni quelles seront les résolutions du gouvernement. J'ai assemblé le cabinet ce matin ; je l'assemblerai encore ce soir ; je vous ferai part de ses résolutions dès qu'elles seront prises, et qu'il y aura besoin de vous les faire connaître pour votre conduite à Londres. En attendant, vous ne devez pas dissimuler combien la situation est grave. Elle ne l'a jamais été, à beaucoup près, autant. »

En recevant, le 4 octobre au matin, ces nouvelles et sans rien attendre de plus, je pensai que, soit avec les amis, soit avec les adversaires d'un arrangement pacifique, je ne devais pas rester inactif et silencieux. Je pris quelques mesures pour que les premiers connussent bien, sans retard, la gravité de la situation, et je demandai à lord Palmerston de me recevoir dans la matinée. Il me répondit qu'il m'attendait.

« Mylord, lui dis-je en entrant, je n'ai, de la part du gouvernement du Roi, rien à vous demander ni à vous dire ; mais je tiens à vous informer sur-le-champ des nouvelles que je reçois et de l'effet qu'elles produisent en France. » Je lui lus une dépêche de M. de Pontois, en date du 15 septembre, sur ce qui venait de se passer à Constantinople, et trois dépêches télégraphiques que M. Thiers m'avait transmises.

Sur la dépêche de M. de Pontois, lord Palmerston s'empressa de me dire : « Il n'y a point de successeur nommé à Méhémet-Ali en Égypte ; la Porte a pensé que, puisqu'elle était en guerre avec lui, il fallait lui retirer tout pouvoir légal. Elle l'a déposé pour qu'il ne fût plus, en Égypte comme ailleurs, le représentant du sultan, pour que tous les sujets du sultan, Égyptiens comme Syriens, sussent bien qu'ils ne devaient plus à ses ordres aucune obéissance. Elle a pensé en même temps que cette mesure l'intimiderait et contribuerait à le faire céder. Elle ne s'est point interdit tout arrangement avec lui quant à l'Égypte; elle n'a investi Izzet-Méhémet-Pacha que d'un pouvoir provisoire et limité. J'ai écrit à lord Granville pour qu'il donnât à votre gouvernement cette explication et rétablît la vérité des faits. »

— « Il n'en est pas moins vrai, mylord, que c'est au moment où Méhémet-Ali faisait des concessions et abandonnait une partie de ses prétentions, qu'on a pris contre lui une mesure extrême, et poussé tout à coup la convention du 15 juillet à ses dernières conséquences. L'article VII de cette convention ne présentait le retrait de l'Égypte même à Méhémet-Ali que comme une chance éloignée, sur laquelle le sultan consulterait ses alliés. Apparemment le conseil de lord Ponsonby a été aussi prompt que la résolution du sultan. C'est sans doute dans le même esprit de promptitude, et pour aller au-devant des événements, qu'on fait dans l'Asie Mineure, auprès de Nicodémie, les préparatifs d'un camp pour des troupes russes. Aux termes de l'article III de la convention du 15 juillet, c'est seulement dans le cas où Ibrahim passerait le Taurus que ces mesures sont annoncées pour la sûreté de Constantinople. »

« — Aussi n'y a-t-il, quant à présent, rien de fondé dans le bruit dont vous me parlez. On ne fait point de préparatifs pour un camp russe à Nicomédie, et j'espère que rien de semblable ne sera nécessaire, et qu'Ibrahim ne franchira pas le Taurus. »

La conversation passa de Constantinople en Syrie. Lord Palmerston ne savait, sur Beyrout, que ce qu'il avait appris par nos dépêches télégraphiques : « Mes dernières dépêches de Beyrout, me dit-il, sont du 26 août ; mais l'événement ne m'étonne pas ; Beyrout était un point important à occuper. C'est le seul port de cette côte. Il coupe les communications du pacha. C'est de là que l'insurrection de la Syrie contre lui peut être efficacement soutenue.

— « Oui, cette insurrection qu'on soutient sans qu'elle existe, et qu'on ne parvient pas à créer.

— « Elle existera dès qu'elle aura un point d'appui. Notre drogman, M. Wood, a parcouru le Liban ; il a vu les principaux chefs, l'émir Beschir lui-même ; ils lui ont tous dit que, dès qu'ils verraient le drapeau turc arboré et protégé par des forces suffisantes, ils prendraient les armes, car la tyrannie du pacha leur est insupportable. »

Je parlai avec amertume de ce drapeau turc arboré sur Beyrout en cendres, et par des mains qui n'étaient pas toutes turques. Lord Palmerston révoqua en doute les neuf jours de bombardement et la ruine complète de Beyrout : « Les Égyptiens, me dit-il, étaient dans un fort, dans le lazaret, je crois. Ce point-là aura été détruit, ce qui aura déterminé la retraite. Quant aux troupes débarquées, ce sont bien des Turcs. Il n'y a point d'Autrichiens. Peut-être quelques marins anglais, pour un moment, comme nous avons fait en Espagne. Mais c'est par des Turcs que Beyrout est occupé, et une seconde expédition de troupes turques ne tardera pas à y arriver.

— « Je ne sais, mylord, si c'est Beyrout même ou seulement le lazaret qui a été détruit, ni dans quelle mesure les Anglais, les Autrichiens et les Turcs ont contribué à sa destruction, ni si ce serait une insurrection bien naturelle que celle qui viendrait si tard et à condition d'être si bien garantie. Ce que je sais, c'est que tous les faits que nous venons d'apprendre, et dont quelques-uns sont des conséquences rigoureuses, extrêmes, lointaines, du traité du 15 juillet, ont éclaté à la fois, au début même de l'exécution, au moment où les concessions du pacha avaient fait concevoir des espérances d'arrangement. Ces faits ont produit en France un effet déplorable, et il en résulte la situation la plus grave qui se puisse imaginer, une situation dans laquelle personne ne peut plus répondre de l'avenir.

— « Comment un nouvel arrangement serait-il possible? Comment pourrions-nous modifier la convention du 15 juillet sous le coup des menaces dont nous sommes assaillis? Au milieu d'une telle explosion, notre honneur nous commande de tenir à ce que nous avons fait, d'accomplir ce que nous avons entrepris.

— « Pardon, mylord, que voulez-vous dire? De quelle explosion, de quelles menaces parlez-vous ? Est-ce des journaux? Vous savez, comme moi, ce que c'est qu'un pays libre; vous connaissez, comme moi, ce qu'y peuvent être les exagérations de la pensée, les emportements du langage. Si vous me parliez de nos journaux, je parlerais des vôtres. Vous ne voudriez certainement pas en répondre.

— « Et vos armements sur terre et sur mer?

— « Nos armements, mylord, sont une sûreté pour nous, point une menace de notre part. Comment? Depuis l'origine de cette affaire, la France répète que son motif pour repousser l'emploi de la force contre le pacha, c'est la crainte que, par là, on ne soulève en Orient les questions les plus graves, qu'on ne trouble l'Empire ottoman et la paix de l'Europe. Elle a tort ou raison; mais enfin c'est son avis, sa prévoyance. Et pendant qu'elle pense et prévoit ainsi, la France voit quatre grandes puissances s'unir pour employer la force en Orient; elle se voit isolée, et elle ne prendrait pas ses précautions! Elle ne se préparerait pas pour les chances d'un avenir qu'elle a toujours prévu et prédit! Ces préparatifs, mylord, ces armements n'ont rien d'agressif; ils ne menacent les droits d'aucun État; ils sont notre garantie, à nous, contre les périls et pour les nécessités de la situation qu'on nous a faite. Il fallait prévoir, mylord, cette conséquence de cette situation; il fallait prévoir l'élan du sentiment national dans la France isolée, et l'attitude qu'il imposerait à son gouvernement. Je vous l'ai souvent annoncé; je vous ai fait pressentir cette explosion dont vous vous plaignez et ses conséquences. Vous n'avez jamais voulu y croire.

— « C'est volontairement que la France s'est isolée. Nous avons vivement désiré, instamment demandé qu'elle fût avec nous. Nous ne pouvions abandonner ce que nous pensions, ce que nous voulions faire dans le seul intérêt du repos de l'Europe, parce que la France n'était pas de notre avis sur le choix des moyens. C'eût été reconnaître, accepter son *veto*, sa dictature. Nous nous sommes appliqués à vous rassurer, à vous donner, sur nos intentions, sur notre action, toutes les garanties possibles. S'il en est que vous désiriez, que vous imaginiez, dites-les; nous irons très-loin pour dissiper toute inquiétude. Mais quand, après un an de négociations, nous avons conclu la convention du 15 juillet, nous avons fait un acte sérieux; nous l'avons fait pour guérir en Orient un mal sérieux. Nous ne voulons faire que cela; mais nous le voulons sérieusement, comme des gens qui se respectent eux-mêmes, qui ne vont point au delà de ce qu'ils ont dit, mais ne rétractent point ce qu'ils ont fait.

— « Nous aussi, mylord, nous tenons à ce que nous avons dit; nous ne voulons que ce que nous avons annoncé. Nous avons toujours voulu la paix; toute notre politique a été dirigée vers le maintien de la paix. Nous n'avons pas créé la situation dans laquelle la paix peut être compromise; nous ne répondons pas, je le répète, de l'avenir que cette situation peut amener. »

Je transmis sur-le-champ à M. Thiers les détails de cet entretien, et je lui communiquai en même temps l'impression qu'à ce moment même et dans la situation ainsi aggravée, je ne cessais pas de conserver : « Je regarde, lui dis-je, les dernières paroles que m'a adressées lord Palmerston comme l'expression vraie et complète de sa pensée, et par conséquent de la pensée du cabinet où il prévaut. Il veut sincèrement renfermer la convention du 15 juillet dans les limites indiquées, la restitution de la Syrie au sultan ; il veut sérieusement l'exécuter dans ces limites. Il est plus que jamais convaincu que les événements s'y renfermeront, et que le pacha portera plus loin ses concessions, ou sera dompté sans longs et violents efforts. »

Deux jours après, pour que le gouvernement du Roi n'ignorât rien de l'état des esprits à Londres, j'écrivis à M. Thiers : « J'espérais recevoir, il y a déjà quelque temps, votre réponse à la grande dépêche de lord Palmerston du 31 août dernier. En vous écrivant le 9 septembre, je vous ai parlé de l'effet qu'elle produisait en Angleterre et de l'importance qu'il y aurait pour nous à agir, à notre tour, sur l'esprit flottant du public anglais mal informé. Depuis cette époque, non-seulement la dépêche du 31 août, mais plusieurs autres pièces dans le même sens ont été publiées, entre autres la note que m'a adressée lord Palmerston, le 16 septembre, en me communiquant la convention du 15 juillet, celle qui accompagnait le protocole du 17 septembre, et ce protocole lui-même. Ces publications ont réellement agi sur l'opinion en Angleterre, et aussi, me dit-on, en Allemagne. Rien n'est venu de notre part, non-seulement à la connaissance du public, mais à l'adresse du cabinet anglais qui, je le sais, s'est un peu étonné de ne recevoir aucune réponse à ses diverses communications. »

M. Thiers m'envoya, le 8 octobre, sa réponse, en date du 3, au *memorandum* anglais du 31 août. C'était un complet et habile résumé de la politique du gouvernement français depuis 1839, dans les affaires d'Orient. Ses motifs, sa persévérance à travers toutes les phases de la question, ses efforts à la fois pour le maintien de l'Empire ottoman et pour l'acceptation intelligente et pacifique des faits qui, dans certains lieux, en attestaient l'incontestable décadence, enfin ses objections au traité du 15 juillet 1840 et ses griefs contre le brusque procédé de la conclusion, y étaient exposés avec lucidité, fermeté et mesure. Je donnai le 12 octobre, à lord Palmerston, revenu ce jour même de la campagne, lecture et copie de ce document [1]. Il me fit, dans le cours de cette lecture, quelques observations courtes et réservées, quoique son impression, je pourrais dire sa contrariété, fût, au fond, assez vive. J'ai déjà dit qu'il a le goût de la polémique et un besoin passionné, non-seulement d'avoir, mais d'avoir toujours eu raison, dans ses raisonnements comme dans ses actes. La lecture terminée, il m'exprima l'intention de répondre, par écrit, à cette dépêche, et d'y relever tout ce qui lui paraissait susceptible de contradiction. Il avait l'air, en m'écoutant, de méditer déjà sa réponse.

A sa dépêche du 3 octobre, M. Thiers en avait joint

[1] *Pièces historiques*, n° XI.

une autre, en date du 8, pratiquement bien plus importante. C'était la déclaration de l'attitude que prenait le gouvernement du Roi en raison de la déchéance prononcée à Constantinople contre Méhémet-Ali, comme pacha d'Égypte [1]. Cette déclaration était conçue en termes aussi mesurés que graves; le mot et le moment précis du *casus belli* n'y étaient pas prononcés; mais elle portait formellement « que la déchéance du vice-roi, mise à exécution, serait, aux yeux de la France, une atteinte à l'équilibre général de l'Europe. On a pu livrer, aux chances de la guerre actuellement engagée, la question des limites qui doivent séparer, en Syrie, les possessions du sultan et du vice-roi d'Égypte; mais la France ne saurait abandonner à de telles chances l'existence de Méhémet-Ali comme prince vassal de l'Empire. Quelle que soit la limite territoriale qui les sépare, par suite des événements de la guerre, leur double existence est nécessaire à l'Europe, et la France ne saurait admettre la suppression de l'un ou de l'autre. Disposée à prendre part à tout arrangement acceptable qui aurait pour base la double garantie de l'existence du sultan et du vice-roi d'Égypte, elle se borne en ce moment à déclarer que, pour sa part, elle ne pourrait consentir à la mise à exécution de l'acte de déchéance prononcé à Constantinople. »

Je portai cette dépêche à lord Palmerston le 10 octobre, quelques heures après l'avoir reçue. Il arrivait de

---

[1] *Pièces historiques*, N° XI.

la campagne et se disposait à se rendre au conseil. Il écouta ma lecture avec une attention silencieuse ; sur le passage seulement où M. Thiers rappelait la déclaration que lui avait faite lord Granville au sujet de la déchéance prononcée contre le pacha : « Je ne sais, me dit lord Palmerston, si ces mots *mesure comminatoire, sans conséquence effective et nécessaire,* rendent bien exactement ma pensée. J'ai chargé lord Granville, comme je vous l'ai dit à vous-même, de déclarer au gouvernement du Roi que nous considérions cette déchéance, non comme un acte définitif et qui devait nécessairement être exécuté, mais comme une mesure de coercition destinée à retirer au pacha tout pouvoir légal, à agir sur son esprit pour l'amener à céder, et qui n'excluait pas, entre la Porte et lui, s'il renonçait à ses premiers refus, un accommodement qui le maintînt en possession de l'Égypte. — C'est aussi, mylord, ce que j'ai mandé au gouvernement du Roi » et je continuai ma lecture. Quand j'eus fini : « Je ne saurais, me dit lord Palmerston, vous répondre immédiatement ; je ne suis pas le gouvernement. Je n'entreprendrai pas non plus, en ce moment, de discuter les raisonnements exprimés dans cette dépêche, et qui pourraient donner lieu à des observations que probablement il conviendra mieux de faire par écrit. Je mettrai la dépêche sous les yeux du cabinet. » Et nous nous séparâmes sans plus de conversation.

Cinq jours après, le 15 octobre, poussé par la vive impression qu'avaient faite, sur ses collègues et sur lui-même, cette dépêche du gouvernement français et la déclaration qu'elle contenait, lord Palmerston adressa à l'ambassadeur d'Angleterre à Constantinople, lord Ponsonby, des instructions portant : « Pour que le récent exercice de l'autorité souveraine du sultan aboutisse à un prompt et satisfaisant règlement des questions pendantes, le gouvernement de Sa Majesté pense qu'il conviendrait que les représentants des quatre puissances à Constantinople reçussent ordre d'aller trouver le ministre turc et de lui dire que, d'après les stipulations de l'article 7 de l'acte séparé annexé au traité du 15 juillet, leurs gouvernements respectifs recommandent fortement au sultan que, si Méhémet-Ali fait bientôt sa soumission et s'engage à restituer la flotte turque et à retirer ses troupes de toute la Syrie, d'Adana, de Candie et des villes saintes, le sultan, de son côté, non-seulement rétablisse Méhémet-Ali comme pacha d'Égypte, mais lui donne aussi l'investiture héréditaire de ce pachalik, conformément aux conditions spécifiées dans le traité du 15 juillet, et pourvu, comme de raison, que Méhémet-Ali ou ses successeurs ne commettent, sous peine de forfaiture, aucune infraction de ces conditions. Le gouvernement de Sa Majesté a droit d'espérer que l'avis ainsi suggéré de sa part au sultan aura le concours des gouvernements d'Autriche, de Prusse et de Russie; Votre Excellence donc, aussitôt que ses collègues auront reçu des instructions correspondantes, fera la démarche prescrite dans cette dépêche. Si le sultan, comme le gouvernement de Sa Majesté n'en saurait douter, consent à agir d'après l'avis qui lui sera ainsi donné par ses quatre alliés, il conviendra qu'il prenne immédiatement les mesures nécessaires pour faire connaître à Méhémet-Ali ses gracieuses intentions; et Votre Excellence, de concert avec sir Robert Stopford, fournira au gouvernement turc toutes les facilités qu'il pourra demander à cet effet. »

Lord Palmerston m'envoya aussitôt copie de cette dépêche, et lord Granville reçut ordre de la communiquer officiellement au gouvernement du Roi. Le cabinet anglais avait hâte de nous rassurer quant à l'existence de Méhémet-Ali en Égypte, et de faire ainsi disparaître la chance de guerre que la dernière dépêche de M. Thiers faisait entrevoir.

Mais dans la situation que les événements d'Orient et l'état des esprits en France avaient faite au cabinet français, c'était là une bien petite satisfaction et un calmant bien inefficace. La France se sentait offensée et se croyait menacée. Elle voyait, dans le traité du 15 juillet, une atteinte à sa dignité, et l'alliance des quatre puissances pour résoudre, sans elle, la question égyptienne était, à ses yeux, le présage d'une nouvelle coalition contre elle, dans un avenir peut-être prochain. Les ennemis du gouvernement de 1830 fomentaient ce double sentiment, s'en promettant des chances pour le plaisir de leurs passions et le succès de leurs desseins. Sous la pression de l'irritation et de l'alarme publiques, le cabinet avait pris et prenait chaque jour des mesures aussi graves qu'auraient pu l'être, s'ils avaient éclaté, les périls qui semblaient approcher. Dès le 29 juillet, des ordonnances du Roi avaient appelé à l'activité les jeunes soldats encore disponibles sur les classes de 1836 et 1839, et ouvert les crédits nécessaires pour augmenter l'effectif de la marine de dix mille matelots, de cinq vaisseaux de ligne, de treize frégates et de neuf bâtiments à vapeur. Des ordonnances du 29 septembre prescrivirent la création de douze nouveaux régiments d'infanterie, de dix bataillons de chasseurs à pied et de six régiments de cavalerie. Des ordonnances du 5 août et du 21 septembre allouèrent des crédits extraordinaires s'élevant à 107,829,250 francs pour l'accroissement du matériel de l'armée et de son effectif en hommes et en chevaux. Le 13 septembre, le *Moniteur* annonça que la grande œuvre des fortifications de Paris était résolue et que le gouvernement en faisait immédiatement commencer les travaux : « Nous avons réuni les deux systèmes, m'écrivait M. Thiers en me l'annonçant, qui tous deux sont bons, qui réunis sont meilleurs, et qui n'ont qu'un inconvénient, à mon avis fort accessoire, c'est de coûter cher. En France, cela est pris, non pas avec plaisir, mais avec assentiment. On comprend que notre sûreté est là, et que c'est le moyen infaillible de rendre une catastrophe impossible. » Le 7 octobre enfin, au moment même où le cabinet, par sa note du 8, déclarait sa résolution de ne pas consentir à la déchéance de Méhémet-Ali comme pacha d'Égypte, une ordonnance royale convoqua les Chambres pour le 28 de ce mois, et M. Thiers m'écrivit le 9 : « La position s'aggravant d'heure en heure, les armements doivent être accélérés en proportion. Nous allons être à 489,000 hommes. Nous demanderons aux Chambres 150,000 hommes sur la classe de 1841. Nous les demanderons par anticipation. Notre chiffre sera alors de 639,000 hommes. Les bataillons mobiles de garde nationale seront organisés sur le papier ; et si un moment vient où le cœur de la nation n'y tienne plus, devant un acte intolérable, devant une des cent éventualités de la question, nous nous adresserons aux Chambres et au Roi, et les uns et les autres décideront. »

Au même moment, et pour bien établir le sens comme la limite des graves résolutions qu'il prenait, le cabinet rappela du Levant notre escadre qui, en présence des événements engagés sur les côtes de Syrie, attendait des instructions dans la rade de Salamine ; il ordonna qu'elle se concentrât à Toulon, dans le triangle formé par le port de Saint-Florent et Alger, prête à se porter, au premier signal, sur tous les points de la Méditerranée, particulièrement sur Alexandrie si l'Égypte même était attaquée. Ce rappel de l'escadre fut, de la part du cabinet français, un acte de courage politique; en présence d'une grande fermentation nationale, et tout en prenant les grandes mesures qu'il jugeait nécessaires pour faire face aux grands événements qu'il croyait possibles, il ne voulut pas que la politique et l'avenir de la France fussent à la merci d'un incident survenu entre des vaisseaux français et anglais voisins les uns des autres, loin de leurs gouvernements respectifs, et au bruit des coups de canon tirés par l'escadre anglaise contre le client populaire de la France. Mais, dans l'apparence, cette mesure était en contradiction avec l'ensemble de la situation et l'attitude générale du gouvernement français; c'était une précaution pacifique prise au milieu d'une prévoyance belliqueuse. Elle fut vivement attaquée par les adversaires du gouvernement, défendue avec embarras par ses amis, et elle produisit dans le public une de ces impressions incertaines et tristes qui affaiblissent le pouvoir, même quand il a raison.

Ainsi éclataient les conséquences des erreurs qui, depuis l'origine de la question égyptienne, avaient jeté et retenu dans de fausses voies la politique de la France. Nous avions attaché à cette question une importance fort exagérée; nous avions regardé les intérêts de la France dans la Méditerranée comme bien plus engagés qu'ils ne l'étaient réellement dans la fortune de Méhémet-Ali. Et en même temps pourtant nous n'avions pas concentré, sur l'Égypte même et sur sa transformation en État presque indépendant, tout notre désir et notre effort. Nous avions, d'une part, fait à l'Égypte une trop grande place dans notre politique générale, et de l'autre nous ne nous étions pas empressés de saisir l'occasion et d'assurer, avec l'adhésion de l'Europe, la consolidation, sous notre influence, de ce nouveau démembrement de l'Empire ottoman. En soutenant toutes les prétentions de Méhémet-Ali sur la Syrie, nous avions trop cédé à son ambition et trop peu pensé à son établissement permanent sur les bords du Nil qui avait, pour la France, bien plus de prix. En nous refusant aux diverses concessions qui nous avaient été offertes pour le pacha, nous avions aidé nous-mêmes au travail de l'empereur Nicolas pour nous mettre mal avec l'Angleterre et nous isoler en Europe. Nous avions tenu cette conduite dans la double conviction que Méhémet-Ali défendrait puissamment ses conquêtes, et que, pour les lui enlever, les quatre puissances unies dans le traité du 15 juillet auraient à faire de grands efforts qui seraient ou vains, ou compromettants pour la paix de l'Europe. Ces puissances commençaient à peine à agir, et déjà les événements démentaient notre appréciation des forces et des chances ; déjà on pouvait pressentir que Méhémet-Ali résisterait faiblement et qu'une escadre anglaise suffirait à le dompter. Et pour une question si secondaire, pour ce client si peu en état de se soutenir lui-même, nous avions compromis notre situation en Europe ; nous nous étions séparés de l'Angleterre ; nous avions inquiété dans leur indifférence pacifique l'Autriche et la Prusse ; nous avions livré ces trois puissances au travail hostile de la Russie. Et nous nous trouvions seuls, en présence d'une alliance qui n'était pas, qui ne voulait pas être, envers nous, une coalition agressive, qui s'inquiétait pour elle-même bien plus qu'elle ne songeait à nous menacer, mais qui réveillait chez nous les souvenirs encore brûlants de nos luttes contre la grande coalition européenne, et qui suscitait dans toute la France une fermentation pleine de colère et d'alarme.

EXÉCUTION DU TRAITÉ DU 15 JUILLET 1840. 345

Les erreurs qui avaient amené cette situation n'étaient celles de personne en particulier, ni d'aucun parti, ni d'aucun homme : c'étaient des erreurs publiques, nationales, partout répandues et soutenues, dans les Chambres comme dans le pays, dans l'opposition comme dans le gouvernement, au sein des partis les plus divers. Tous avaient placé la question égyptienne plus haut que ne le voulait l'intérêt français ; tous avaient repoussé les transactions présentées ; tous avaient cru Méhémet-Ali plus fort et le dessein des quatre puissances plus difficile qu'il ne l'était réellement. L'heure des mécomptes était venue, et c'était le cabinet présidé par M. Thiers qui avait à en porter le poids.

CHAPITRE XXXIII

AVÉNEMENT DU MINISTÈRE DU 29 OCTOBRE 1840.

Situation parlementaire du cabinet de M. Thiers au début et pendant le cours de la session de 1840.—Discussion et vote des fonds secrets dans la Chambre des députés.—Proposition de réforme parlementaire par M. de Rémilly.—Son issue.—Dispositions du Roi envers le cabinet.—État du cabinet à la clôture de la session.—Effets divers du traité du 15 juillet 1840 sur la situation du cabinet.—Perspectives de guerre.—Inquiétude et fermentation qu'elles excitent.—J'écris au duc de Broglie le 23 septembre à ce sujet.—Sa réponse.—Effet du bombardement de Beyrout et de la déchéance prononcée à Constantinople contre Méhémet-Ali sur la situation du cabinet.—Deux courants opposés se manifestent dans le public.—Esprit révolutionnaire et esprit pacifique.—Le cabinet offre sa démission au Roi qui la refuse.—Caractère précaire de l'accord rétabli entre le Roi et le cabinet.—Avertissements qui me parviennent à Londres.—Ma situation et ma réponse.—Opinion de M. Duchâtel.—La session des Chambres est convoquée et je demande un congé pour m'y rendre.—Ce que je pense de l'état des affaires et ce que j'en écris au duc de Broglie le 13 octobre.—Le cabinet se propose de porter M. Odilon Barrot à la présidence de la Chambre des députés.—Mon opinion et ma résolution à cet égard.—Attentat de Darmès sur le Roi.—Le cabinet propose au Roi un projet de discours pour l'ouverture de la session.—Le Roi le refuse.—Démission du cabinet.—Le Roi m'appelle à Paris.—Formation du cabinet du 29 octobre 1840.

J'ai dit quels motifs m'avaient déterminé, quand le cabinet présidé par M. Thiers se forma, à rester ambassadeur à Londres, quelles limites j'assignai, dès le premier moment, à mon adhésion, et quelles assurances me furent données que le cabinet ne les dépasserait point : « Il s'est formé, m'écrivait M. de Rémusat, sur cette idée : point de réforme électorale, point de dissolution. » La plupart de mes amis politiques, surtout dans la Chambre des députés, se confiaient peu dans ces assurances ; le cabinet s'éloignait évidemment du centre de cette assemblée ; il avait dans le centre gauche son siége et son chef ; le côté gauche lui offrait son appui ; le premier jour où les nouveaux ministres ouvrirent leurs salons, les députés de l'ancienne opposition y firent foule. Les chefs tenaient un langage modéré ; mais tout en contenant ses exigences, le nouveau parti ministériel manifestait ses espérances ; on élevait précisément les questions que le cabinet avait promis d'écarter ; on parlait, plus ou moins haut, de réforme parlementaire et électorale, même de la dissolution de la Chambre si elle se refusait à ce qu'on ne pouvait se dispenser de lui demander : « Il ne s'agit, disait-on, que d'arriver à la fin de la session, et quoi de plus simple ? Il suffit de ne pas effaroucher les conservateurs, dût-on même les flatter et les caresser un peu, de manière à en gagner un nombre suffisant pour avoir une majorité passable, avec laquelle on puisse obtenir les fonds secrets, le budget et deux ou trois lois d'une extrême urgence ; après quoi, la clôture. Alors nous serons maîtres du terrain ; nous épurerons, s'il le faut, le ministère et nous ferons la dissolution. Nul doute sur le résultat des élections faites sous notre puissance administrative et sous l'influence de notre presse. Ainsi notre victoire deviendra incontestable et incontestée. »

Ces propos, ces projets, entendus ou pressentis par les conservateurs, les remplissaient d'humeur et de méfiance ; ils se souvenaient des périls que le pays avait courus et des luttes que, depuis le ministère de M. Casimir Périer, ils avaient soutenues pour l'en défendre ; les rancunes suscitées par la coalition étaient récentes et vives. Le parti du juste-milieu serrait ses rangs, proclamait ses craintes et se promettait de résister fermement à toute déviation de la politique qu'il faisait triompher depuis neuf ans : « La situation, m'écrivaient mes amis, est plus grave que vous ne pouvez le penser, n'étant pas sur le théâtre même des événements. Un ministère soutenu publiquement et ardemment par la gauche, appuyé par les journaux de cette couleur, au nom des idées que nous avons combattues, ce n'est pas là un fait léger et sans importance pour l'avenir. Il ne s'agit de rien moins que d'un complet déplacement du pouvoir, et le mouvement ira vite si on ne l'arrête. » Le duc de Broglie lui-même, qui avait regardé l'entrée de M. Thiers au pouvoir comme nécessaire et qui l'avait aidé à former son cabinet, ne se faisait point d'illusion sur cet état des esprits et des partis : « Les querelles des journaux, m'écrivait-il, ont fort envenimé la situation et compliqué les difficultés. Je crois, pour ma part, que le ministère traversera le défilé des fonds secrets ; mais je doute fort qu'il arrive jusqu'à la session prochaine. Il sortira de celle-ci, s'il en sort, tellement meurtri et délabré que M. Thiers sera obligé de chercher du secours. Et comme, en pareil cas, il est d'autant plus difficile d'en trouver qu'on en a besoin; les probabilités sont qu'il n'ouvrira pas la session prochaine. Je désire beaucoup que votre mission à Londres ait assez réussi alors pour vous permettre de rentrer dans les affaires. Il n'y a que vous qui puissiez maintenant diriger les affaires étrangères utilement pour le pays, et agir sur l'esprit du Roi sans révolter son amour-propre. »

Le cabinet traversa en effet heureusement le défilé des fonds secrets; M. Thiers eut non-seulement les honneurs de la discussion, mais un succès de vote qui dépassa son attente. Un amendement proposé par M. d'Angeville, ferme député conservateur, pour réduire de 100,000 francs la somme demandée par le gouvernement, fut rejeté par 246 suffrages contre 158 qui l'adoptèrent. Un de mes plus judicieux et plus fidèles amis, M. Dumon, m'écrivit le lendemain 27 mars : « Notre minorité se compose de quelques voix dans le centre gauche, de la majorité des 221 qui ont soutenu M. Molé contre la coalition, et des doctrinaires. L'alliance avec la gauche étant offerte au cabinet et acceptée de lui, il nous a paru impossible de donner notre adhésion à cette nouvelle majorité et nous avons travaillé à la reconstitution du centre droit. Autant qu'on puisse juger une situation le lendemain du jour où elle s'est dessinée, voici, ce me semble, où nous en sommes. Nos 158 voix ne sont pas complétement homogènes; mais en les réduisant à 140, on a le chiffre des conservateurs déterminés à empêcher l'alliance avec la gauche, soit dans le pouvoir, soit dans l'opposition. 40 voix à peu près dans la majorité ministérielle ont la même tendance, mais non la même résolution. Le parti conservateur est donc aujourd'hui en minorité dans la Chambre; il ne peut recevoir la majorité que de ses alliances ou des fautes du cabinet. Ceci me semble dicter la conduite que nous devons tenir. Nulle occasion qu'on puisse prévoir ne se présentera, d'ici à la fin de la session, de donner un vote politique; elle établirait la division, d'une manière permanente, entre nous et la portion la plus rapprochée de nous dans la nouvelle majorité. L'attitude expectante au contraire nous laissera prêts pour l'une ou l'autre des deux éventualités que le temps doit prochainement amener. Si M. Thiers se gouverne et se modère, la gauche ne tardera pas à le quitter, et nous lui deviendrons nécessaires. Nous restons assez nombreux pour faire nos conditions. Si M. Thiers s'enivre de son succès, s'il demande la dissolution de la Chambre pour consolider sa majorité, nous sommes en mesure d'appeler à nous la portion la plus modérée de ses amis, et de former, avec eux, une majorité et un ministère. Dans les deux hypothèses, la guerre parlementaire ne nous serait bonne à rien, et nous ne pouvons que gagner à la paix. »

J'étais pleinement de l'avis de M. Dumon. Au moment même de la formation du cabinet, j'avais conseillé à mes amis la conduite modérée et expectante qu'il indiquait. Bientôt survinrent des incidents nouveaux qui la rendirent plus difficile, mais qui n'ébranlèrent pas ma conviction que c'était la seule sensée et convenable. Un député conservateur, M. de Rémilly, esprit flottant et curieux de popularité, fit une proposition pour interdire aux députés, pendant toute la durée de la législature et sauf quelques exceptions, l'acceptation de toute fonction salariée et tout avancement dans leur carrière. C'était un premier pas dans la réforme parlementaire et électorale. Le cabinet s'efforça, sous main, de faire écarter la proposition; mais quand la Chambre fut appelée à en délibérer, le côté gauche, par fidélité à ses antécédents, les ministres par égard pour leurs nouveaux alliés, la plupart des conservateurs par malice envers le cabinet et pour l'embarrasser, votèrent la prise en considération, et une commission fut chargée de faire, à ce sujet, un rapport qui devait amener une résolution définitive. Rejetée, malgré l'appui du ministère, la proposition entraînait sa chute; adoptée, elle rendait la dissolution de la Chambre inévitable. J'écrivis le 6 mai au duc de Broglie : « Je suis chaque jour plus inquiet. Quand le cabinet s'est formé, il m'a écrit en propres termes qu'il se formait sur cette idée : « Point de réforme électorale, point de dissolution ; » et il glisse de jour en jour dans la réforme et dans la dissolution ! Si la proposition Rémilly ne meurt pas dans la commission, si elle est rapportée et discutée, la dissolution de la Chambre viendra, et elle viendra sous un cabinet de plus en plus engagé avec le côté gauche; c'est-à-dire qu'on fera en 1840, contre le corps du parti conservateur, du parti avec lequel nous avons de 1830 à 1836 sauvé le pays et notre honneur, ce que

M. Molé a fait en 1837 contre la tête de ce même parti, contre les doctrinaires. Que la situation soit forcée, que les conservateurs y aient poussé le cabinet, que depuis trois mois ils aient manqué de prudence et de patience, aujourd'hui cela importe assez peu; s'en plaindre, c'est de la morale, non de la politique. Politiquement, le fait actuel et imminent, c'est une nouvelle dissolution contre notre ancienne armée, à la suite de deux dissolutions faites naguère contre nous. Et au bout de ces trois dissolutions sera l'abandon de la politique qui a été la nôtre depuis 1830, de la seule politique sensée et honorable.

« Il faut que la proposition Rémilly meure dans la commission. Il faut qu'elle ne soit pas rapportée et discutée. A cette condition seule, on peut gagner encore du temps, le temps de guérir les blessures dont nous souffrons, le temps de ramener le pouvoir vers le centre et le centre vers le pouvoir. J'espère que cela se peut. Mais cela ne se peut qu'avec du temps; et si la proposition Rémilly est discutée, nous n'en aurons point; nous serons fatalement précipités dans une voie fatale.

« Il y a, je le sais, bien peu de vraie passion, bien peu d'énergie dans les partis de gauche ou de droite, vainqueurs ou vaincus, et ils peuvent se traîner longtemps dans des oscillations courtes et misérables. Mais il y a aussi bien de la légèreté, bien de l'imprévoyance, bien peu de résistance au mal, et il ne faut pas un vent bien fort pour emporter ces brins de paille. Si le parti qui, depuis 1830, a commencé à fonder vraiment chez nous le gouvernement libre est définitivement battu et dissous, Dieu sait ce qui arrivera! Dieu sait quel temps et quels événements il faudra pour retrouver un point d'arrêt!

« Pensez bien à ceci, je vous prie. Voyez ce que vous pouvez faire, jusqu'à quel point vous pouvez agir sur le cabinet. Épuisez votre pouvoir; forcez-les d'épuiser le leur pour n'en pas venir à cette extrémité. J'en suis très-préoccupé moi-même, préoccupé avec un déplaisir infini. Je ne puis oublier que ce qui m'a décidé, il y a deux mois, à rester dans le poste où je suis, ce sont ces paroles : « Point de réforme électorale, point de dissolution. »

On n'en vint pas à l'extrémité que je redoutais; quand la commission eut fait son rapport, la discussion de la réforme parlementaire proposée par M. de Rémilly fut ajournée après le vote du budget. C'était la renvoyer à une autre session, et la dissolution de la Chambre des députés cessait d'être inévitable. Le cabinet s'appliquait ainsi à écarter toute mesure décisive, toute classification définitive; il espérait qu'en gagnant du temps il parviendrait à recruter, soit parmi les anciens conservateurs, soit dans l'ancienne opposition, les éléments d'une majorité nouvelle et un point d'appui pour une politique un peu nouvelle aussi, assez du moins pour contenter le côté gauche sans effrayer et aliéner le centre. Mais dans un gouvernement de discussion libre et publique, l'équilibre entre les partis est une situation de très-courte durée, car elle condamne le pouvoir à une immobilité qui l'annule ou à un jeu de bascule qui le décrie; et il n'y a point de dextérité de conduite ou de parole qui suffise à contenir longtemps, sans les combattre, les passions qu'on ne veut pas satisfaire, et à opérer promptement les transformations dont on aurait besoin. Malgré les efforts, malgré les succès même de M. Thiers et de ses collègues, et quoique leur existence ministérielle ne fût plus menacée, les difficultés de leur situation s'aggravaient au lieu de s'évanouir; la gauche avait beau dissimuler ou ajourner ses prétentions, les méfiances du centre devenaient de jour en jour plus vives; on parlait de l'entrée de M. Odilon Barrot dans le cabinet, et les dénégations des ministres ne dissipaient pas les alarmes des conservateurs; les mutations diplomatiques, judiciaires ou administratives, quoique faites en petit nombre et avec réserve, étaient observées et commentées avec une humeur inquiète; et bien que trop amèrement ou imprudemment exprimée, l'inquiétude était légitime, car, malgré les hésitations et les précautions du ministère, c'était évidemment la désorganisation du parti conservateur qui s'opérait et c'était au profit de l'ancienne opposition que se préparait l'avenir.

Le roi Louis-Philippe était, au fond, de l'avis des conservateurs et partageait leur inquiétude; mais il ne contrariait point le ministère, ne lui suscitait aucun embarras, ne se refusait point, tout en les discutant, aux mesures de détail qui lui étaient demandées, et restait strictement dans son rôle constitutionnel, ne se séparant point de ses conseillers sans se confondre avec eux : « Le Roi, m'écrivait le 15 mars M. de Rémusat, nous traite parfaitement bien et nous prête un réel appui. » Quelquefois, les personnes qui l'approchaient, diplomates ou courtisans, lui trouvaient l'air triste et soucieux ; il laissait quelquefois percer, à l'endroit de ses ministres, un peu des usceptibilité royale ; on remarqua que, le 1er mai 1840, dans les réceptions de sa fête, il s'était montré froid avec M. Thiers et lui avait à peine adressé la parole. Mais ces petits mouvements personnels n'altéraient point son attitude générale, et laissaient, à la politique du cabinet, son libre développement. Des hommes dignes d'exercer le pouvoir sous leur responsabilité ne prétendent pas que la personne royale leur asservisse sa pensée et sa vie intime ; ils n'ont droit qu'à sa loyauté constitutionnelle et ne lui demandent rien de plus. Le roi Louis-Philippe d'ailleurs avait du goût pour M. Thiers, comptait sur son attachement, et traitait avec lui sur un pied de confiance familière, soit qu'ils fussent ou ne fussent pas du même avis. Sur une seule question, question de crise et d'avenir, le Roi avait son parti pris, indépendamment de ses ministres ; il était décidé à ne pas leur accorder la dissolution de la Chambre des députés s'ils la lui demandaient, et à accepter leur démission plutôt que de leur laisser faire les élections de concert avec la gauche et sous son influence. Résolution parfaitement légitime en principe, car c'est le droit essentiel de la royauté, quand elle diffère d'opinion avec ses conseillers, de se séparer d'eux et d'en appeler, soit dans les Chambres, soit dans les élections, au jugement du pays. Le Roi prévoyait cette chance, et s'entretenant, vers la fin d'avril, avec le maréchal Soult, il lui demanda si, dans le cas où il se verrait obligé de refuser à ses ministres actuels la dissolution de la Chambre, il pouvait compter sur lui pour former un nouveau cabinet : « Je suis prêt, Sire, lui dit le maréchal, à reprendre le ministère de la guerre; et ce qu'à mon avis le Roi, dans ce cas, aurait de mieux à faire, ce serait d'offrir à M. Guizot le portefeuille des affaires étrangères. Quand j'ai insisté, dans le précédent cabinet, pour que l'ambassade d'Angleterre lui fût confiée, je pensais qu'un jour le Roi pourrait bien avoir besoin de lui ailleurs. » Le Roi prit la main au maréchal, et le remercia en lui disant : « Ceci sera ma ressource en cas de mésaventure. »

M. Duchâtel m'informa sur-le-champ de cet entretien en y ajoutant : « Soyez sûr que la dissolution est au fond de la situation actuelle. On prend des renseignements de tous les côtés. On s'y prépare le plus mystérieusement que l'on peut. On envoie, aux journaux des départements, des articles que j'ai lus et qui vantent les heureux effets probables d'une dissolution. Le Roi est décidé à la refuser; mais le pourra-t-il? Là sera la question. Que dites-vous, quant à ce qui vous regarde, de la combinaison dont le maréchal lui a parlé? J'aurais grand besoin de savoir le fond de votre pensée. »

Je lui répondis le 29 avril : « Comme vous, je suis

frappé du mouvement vers la gauche. Comme vous, je le crois très-dangereux pour notre pays et notre gouvernement. Mais je doute que ce mouvement marche aussi vite et aussi uniformément que vous le supposez. Je crois à des lenteurs, à des oscillations. Il faut régler sa conduite sur le fait général, mais en tenant compte des incidents qui doivent le ralentir ou le masquer pendant quelque temps. Je crois aussi qu'il importe infiniment de ne pas se tromper sur le moment de la réaction et sur la position à prendre pour la diriger. Il ne faut rentrer au pouvoir qu'appelés par une nécessité évidente, palpable. Je ne connais rien de pis que les remèdes qui viennent trop tôt; ils ne guérissent pas le malade et ils perdent le médecin. Le parti conservateur nous a manqué deux fois, par imprévoyance et par faiblesse : en 1837, au moment de la loi de disjonction, en 1839, au moment de la coalition. Il ne faut pas nous livrer sans défense aux défauts de nos amis. Il faut, quand nous nous rengagerons, que leur péril soit assez pressant, assez clair pour qu'ils s'engagent bien eux-mêmes avec nous, et à des conditions honorables et fortes pour nous. Les partis ne se laissent sauver que lorsqu'ils se croient perdus. Quand ce moment viendra, s'il vient, comme je le pense, je n'aurai, à la combinaison dont vous me parlez, aucune objection. Je la crois bonne, et personnellement elle me convient. Mais, je le répète, ce qui est capital en soi, ce qui, pour moi, est de rigueur, c'est que rien ne se fasse ou ne se tente d'une manière factice ou prématurée, par un travail caché, pour échapper à des ennuis, à des désagréments. Il faut des motifs publics, énormes; il faut que le Roi ait à refuser des choses qu'il ne puisse accepter avec sûreté, que nous-mêmes nous ne puissions accepter avec honneur. Je n'entrevois, quant à présent, que deux choses pareilles, la dissolution de la Chambre des députés ou l'admission de la gauche elle-même dans le gouvernement. Ce sont là, je le reconnais, pour le Roi et pour nous, des motifs suffisants. Pour ces motifs-là et sur les bases que vous m'indiquez, je ne manquerai ni à ma cause ni à mes amis. »

Je tenais beaucoup à ce que le cabinet fût bien instruit de mes dispositions, et le 16 juin, je priai le duc de Broglie de s'en expliquer nettement pour mon compte : « On me dit, lui écrivis-je, qu'il est question de l'entrée de M. Odilon Barrot dans le cabinet. Je ne sais pas si cela est sérieux, et je ne veux en écrire à personne du cabinet avant de savoir si cela est sérieux. Je n'ai nul goût pour les déclarations inutiles. Mais comme je ne veux pas qu'il puisse y avoir, dans l'esprit de personne, un moment d'incertitude sur ce que je ferais en pareil cas, je vous prie de dire positivement à M. de Rémusat, et comme le sachant bien, que, si cela arrivait, je ne resterais pas à Londres. La dissolution de la Chambre ou l'admission de la gauche dans le gouvernement, ce sont, pour moi, les cas de retraite que j'ai prévus et indiqués dès le premier moment. » J'avais, en effet, trois semaines auparavant, écrit à M. de Rémusat : « Une chose me préoccupe toujours, la proposition Rémilly et la très-fausse position dans laquelle, si elle était discutée et en partie adoptée, elle mettrait la Chambre, le cabinet et tout le monde. Position qui, étant le grand chemin de la dissolution, ne serait acceptable ni tenable pour personne. Pourvoyez à cela. Il me semble que le pouvoir ne vous manque pas. » M. de Rémusat communiqua sans doute ma lettre à ses collègues, car, quelques jours après, M. Thiers, en m'écrivant sur les diverses négociations dont j'étais chargé, me dit à la fin, avec une fine ironie qui me fit sourire sans me rassurer : « Je vous souhaite mille bonjours et vous engage à vous rassurer sur les affaires intérieures de la France. Nous ne voulons pas la dissolution, et nous ne vous perdons pas le pays en votre absence. »

Le 15 juillet, le même jour où les quatre puissances signaient, sans nous, à Londres, leur traité sur les affaires d'Orient, la session des Chambres finit à Paris, laissant le ministère point menacé, mais point affermi, sans rivaux agressifs, mais sans amis sûrs et sans avenir clair. Aucun parti ne l'attaquait, mais aucun ne le soutenait comme le représentant vrai et efficace de ses idées, de ses intérêts, de sa cause : « La session s'est close médiocrement pour le cabinet, m'écrivait M. Villemain ; il y avait, à la Chambre des députés, diminution de confiance, quoique la confiance n'eût jamais été grande. Le parti nécessaire, le centre, n'était pas hostile, mais froid et assez sévère dans ses jugements. La gauche était humble, mais une partie avait de l'humeur et, sans les journaux, en aurait eu davantage. La session prochaine retrouvera les choses dans le même état, et plutôt aggravées. Les conquêtes individuelles seront assez rares et péniblement compensées. Il y aura de l'impossible à satisfaire la gauche, ou à la conserver aussi bénigne sans la satisfaire. » Les partisans mêmes du cabinet, les hommes qui l'avaient hautement approuvé et soutenu pendant le cours de la session, n'étaient guère plus confiants dans son avenir : « Voilà la session finie, m'écrivait M. Duvergier de Hauranne, et bien finie, quoi qu'on en puisse dire. Sur quelques points secondaires, on peut sans doute reprocher au cabinet quelques faiblesses; mais il n'a pas fléchi sur une seule question importante, et son drapeau est aujourd'hui ce qu'il était au 1er mars. La Chambre d'ailleurs lui a accordé tout ce qu'il lui demandait. Je conclus de là qu'à moins d'événements imprévus, son existence est parfaitement assurée pour six mois, et que les difficultés renaîtront seulement au début de la session prochaine. J'avoue qu'à cette époque elles pourront être grandes. »

Les difficultés devaient être d'autant plus grandes qu'elles ne provenaient ni de la composition, ni des mérites du cabinet. Depuis son entrée au pouvoir, il avait déployé beaucoup d'activité, d'adresse, de talent. Il avait un chef reconnu et point de dissensions intérieures. Son mal était dans sa situation même; il ne représentait et ne satisfaisait aucune des grandes opinions et des grandes classifications politiques du pays; il vivait entre elles, voué à un travail continu de transaction et d'équilibre : travail quelquefois nécessaire, mais de courte haleine, et où le succès même use plus qu'il ne fortifie. Il faut au pouvoir une base plus large et plus fixe pour qu'il puisse prétendre à un long avenir.

Dans cette situation, le traité du 15 juillet fut, au premier moment, une bonne fortune pour le cabinet français, et lui valut, pendant six semaines, plus de force qu'il ne lui suscita de péril. La question intérieure, dans laquelle M. Thiers et ses collègues étaient aux prises avec des embarras à la fois graves et petits, s'évanouit devant la question extérieure qui parut, dès l'abord, grande et simple. Le sentiment national était blessé; la dignité, même la sûreté nationale semblaient compromises; tous les partis se pressèrent autour du pouvoir, lui apportant des impressions encore plus vives que les siennes et lui offrant tout leur appui. Le centre était aussi décidé que le côté gauche, le Roi aussi animé que le ministère; on entendait partout des paroles également chaudes; toutes les premières mesures prises ou annoncées par le gouvernement obtinrent l'assentiment général : « La force de la situation, m'écrivait le 29 août M. de Rémusat, l'a emporté sur les velléités d'ambition ou de vengeance de nos adversaires ; on avait un moment espéré, pendant l'absence du Roi, nous trouver séparés de lui au retour, ou nous rendre suspects à ses yeux. On a bientôt reconnu qu'il n'y fallait pas penser. Le Roi a tenu, tant à l'égard de son ministère que de la situation générale, un langage très-ferme et très-net. Vos dernières nouvelles et celles du prince de Metternich ont fait regagner beaucoup de terrain à la paix, et j'ai plus de confiance dans l'avenir.

Cependant nos préparatifs sont sérieux : ne fussent-ils, comme je le pense, qu'une précaution sans emploi, c'est une excellente chose que de saisir cette occasion de rendre à la France la force militaire dont elle a besoin pour soutenir son rang. »

C'était là en effet, à cette époque, la pensée et l'espérance du cabinet. Toujours persuadé que Méhémet-Ali résisterait énergiquement, que les moyens de coercition employés contre lui seraient vains ou inquiétants pour l'Angleterre elle-même, qu'ainsi la question resterait longtemps en suspens, et finirait, soit par un arrangement direct entre la Porte et le pacha, soit par de nouvelles transactions diplomatiques dans lesquelles la France, fortement préparée, pèserait efficacement sur l'Europe embarrassée, le gouvernement français, Roi et ministres, se flattait que la guerre ne résulterait pas des mesures qui semblaient la prévoir, et que le pouvoir sortirait de cette crise à la fois plus populaire et mieux armé.

Mais tout le monde n'avait pas la même confiance : quand l'émotion des premiers jours se fut un peu calmée, l'inquiétude de la guerre, d'une guerre sans raison sérieuse et légitime, rentra dans beaucoup d'esprits. M. Duchâtel m'écrivit, le 8 août, de Genève : « La situation me paraît de loin grave et inquiétante. Je ne puis pas cependant me figurer que la guerre en sorte. J'ai une confiance d'instinct dans le maintien de la paix. Mais nous sommes, comme en 1831, sur la lame d'un couteau, et le défilé n'est pas facile à passer. Je voudrais surtout être assuré que nulle part on ne souhaite la guerre, et que l'on se conduira de manière à ne pas la précipiter, tout en soutenant l'honneur du pays avec la fermeté que les circonstances réclament. Les bavardages des journalistes ne conviennent pas aux hommes d'État, et par susceptibilité pour soi-même, il ne faut pas provoquer justement l'amour-propre des autres. La nouvelle quadruple alliance n'a pas entre les mains les moyens d'enlever par force la Syrie au pacha. Ce ne serait pas une chose facile à une armée de cent mille Russes, et l'Angleterre peut-elle admettre une armée russe, non-seulement en Asie Mineure, mais au delà du Taurus? Ce serait un degré de démence dont je ne crois pas le bon sens de John Bull susceptible. Mais tout en nous montrant dignes et résolus, ne forçons pas nos voisins à se fâcher contre nous par point d'honneur. Maintenons notre honneur; ne blessons pas celui des autres.

M. Villemain m'écrivait au même moment : « Les démonstrations militaires, car je ne puis croire à la guerre, feront-elles ce que n'ont pu faire jusqu'ici les négociations? J'en doute fort. Il est certain que ce qui s'est montré d'énergie dans la presse a frappé. Il a été écrit par M. d'Appony à sa cour que ce pays-ci était plus inflammable qu'il ne l'avait cru, et qu'un grand mouvement vers la guerre pouvait avoir lieu. Reste la force de ce mouvement en lui-même, et la probabilité de ce qu'il peut inspirer de prudence à l'étranger. Vous êtes juge à cet égard. Seulement on peut penser qu'après dix ans de paix habilement maintenue, l'isolement n'est pas une politique; c'est une nécessité qui aurait pu être prévenue, et dont la cause est plus individuelle que nationale. La paix depuis dix ans est une force acquise au Roi et par le Roi. Le nom du Roi et son action personnelle doivent servir encore à la maintenir. S'il en arrivait autrement, j'aurais de tristes pensées sur les sacrifices qui seraient imposés au pays et qu'on sentirait bientôt. »

La perspective des sacrifices ne tarda pas à s'ouvrir; les affaires commerciales et industrielles se ralentirent; dans les ports, les armements devinrent plus timides et plus difficiles; des rassemblements d'ouvriers se formèrent à Paris et prirent un caractère séditieux; la fermentation et l'inquiétude se développaient ensemble; les esprits ardents commençaient à parler de la guerre sur le Rhin et les Alpes comme du seul moyen de prévenir les périls dont la nouvelle coalition menaçait la France; les esprits prudents regardaient les périls d'une telle guerre comme infiniment plus grands que ceux du traité du 15 juillet, et tournaient leur pensée vers le Roi, demandant s'il laisserait disparaître, pour que le pacha d'Égypte conservât toute la Syrie, la paix qu'il maintenait si laborieusement depuis dix ans. Quand on apprit que le traité du 15 juillet commençait à s'exécuter, l'excitation des uns et l'inquiétude des autres redoublèrent; les lettres qui m'arrivaient de toutes parts m'apportaient à la fois les velléités belliqueuses et les vœux pacifiques du pays. Dans cette perplexité publique, j'éprouvai le besoin et je jugeai de mon devoir de résumer et d'exprimer pleinement à Paris mon opinion sur l'état de l'affaire que j'étais chargé de traiter à Londres et sur la conduite qu'il nous convenait de tenir. J'écrivis donc le 23 septembre au duc de Broglie une lettre que j'insère ici tout entière :

« La situation devient grave. Je veux vous dire ce que je pense, tout ce que je pense. Je ne connais pas bien l'état des esprits en France. Je ne puis apprécier ce qu'il commande ou permet au gouvernement. Mais à ne considérer que les choses en elles-mêmes, j'ai un avis, et nous touchons peut-être à l'un de ces moments où c'est un devoir impérieux de n'agir que selon son propre avis.

« Depuis l'origine des négociations, le thème de notre politique a été celui-ci : — « Nous n'avons en Orient qu'un seul intérêt, un seul désir, le même que celui de l'Angleterre, de l'Autriche, de la Prusse. Nous voulons l'intégrité et l'indépendance de l'Empire ottoman. Nous repoussons tout accroissement de territoire ou d'influence au profit de toute puissance européenne. Dans l'intérieur de l'Empire ottoman, entre les musulmans, entre le sultan et le pacha d'Égypte, la répartition des territoires nous touche peu. Si le sultan possédait la Syrie, nous dirions : « Qu'il la garde. » Si le pacha consent à la rendre, nous dirons : « Soit. » C'est là, selon nous, une petite question. Mais si on tente de résoudre cette petite question par la force, c'est-à-dire de chasser le pacha de la Syrie, aussitôt s'élèveront les grandes questions dont l'Orient peut devenir le théâtre. Le pacha résistera. Il résistera à tout risque, au risque de la ruine de l'Empire ottoman, et de sa propre ruine. Sa résistance amènera les puissances chrétiennes, et au-dessus de toutes la Russie, au sein de l'Empire ottoman. Chance imminente que cet empire soit mis en pièces et l'Europe au feu. Nous ne voulons pas de cette chance. C'est pourquoi nous voulons, entre le sultan et le pacha, une transaction qui soit acceptée des deux parts, et qui maintienne en Orient la paix, seul gage de l'intégrité et de l'indépendance de l'Empire ottoman, par conséquent de la paix de l'Europe. »

A ce thème de la politique française, lord Palmerston a opposé celui-ci :

— « La paix n'est pas possible en Orient tant que le pacha d'Égypte possédera la Syrie. Il est trop fort et le sultan trop faible. Il faut que la Syrie retourne au sultan. L'intégrité et l'indépendance de l'Empire ottoman sont à ce prix. Si le pacha ne veut pas rendre la Syrie, il n'y a point de danger à employer la force pour la lui ôter. Au dernier moment le pacha cédera ou résistera peu. Quand même il résisterait, le danger ne naîtrait point ; les puissances européennes sont bien assez fortes pour chasser le pacha de la Syrie. Aucune d'elles ne veut rien de plus. La Russie elle-même ajourne son ancienne politique. Elle renonce au protectorat exclusif qu'en fait elle exerçait sur la Porte, et que, par le traité d'Unkiar-Skélessi, elle avait tenté d'ériger en droit. Elle consent à le voir remplacé par un protectorat européen. Ainsi pour l'Empire ottoman, la Syrie est une question vitale. Pour l'Europe, aucune question redoutable ne s'élèvera à côté de celle-ci. D'une part, il y a nécessité d'employer la force ; de l'autre, il n'y a, dans l'emploi de la force, aucun danger. »

« Entre ces deux politiques, plusieurs transactions ont été tentées : 1° *Tentative française.* L'Égypte et la Syrie appartiendront héréditairement au pacha. L'Arabie, Candie et le district d'Adana seront restitués au sultan. 2° *Tentative anglaise.* Le pacha aura l'Égypte héréditairement, et la plus grande partie du pachalik de Saint-Jean d'Acre, y compris cette place, viagèrement. Il rendra tout le reste. 3° *Ouverture autrichienne.* Le pacha aura l'Égypte héréditairement et la Syrie viagèrement. Il rendra l'Arabie, Candie et Adana.

« Toutes ces tentatives ont échoué : 1° parce que la France, fidèle à son thème, à toujours refusé de donner formellement, à ces transactions, la sanction de la coercition, en cas de refus du pacha; 2° parce que lord Palmerston, fidèle aussi à son thème, a toujours refusé de laisser au pacha la Syrie.

« Pour avoir des chances de succès, l'ouverture de l'Autriche aurait eu besoin, d'abord d'être vivement poussée par l'Autriche et la Prusse d'une part, par la France de l'autre, ensuite d'être sanctionnée par la coercition unanime en cas de refus du pacha. Ces deux conditions lui ont également manqué.

« Pendant le cours de ces essais de transaction, un

double travail se poursuivait : 1° En Orient par la France, pour amener, sans le concours des autres puissances, un arrangement direct entre le sultan et le pacha ; 2° à Londres par lord Palmerston, pour amener, en laissant la France en dehors, un arrangement à quatre qui assurât, par la force, la restitution de la Syrie au sultan.

« L'explosion de la tentative d'arrangement direct entre le sultan et le pacha, coïncidant avec l'insurrection de la Syrie contre le pacha, a décidé la conclusion de l'arrangement entre les quatre puissances et la signature de la convention du 15 juillet.

« La convention du 15 juillet, c'est le thème de lord Palmerston mis en pratique, rien de moins, rien de plus. Il n'y a là point de coalition générale et permanente contre la France, sa révolution, son gouvernement. Ce n'est point la résurrection de la Sainte-Alliance. Il n'y a point de rapprochement et de concert entre des ambitions naguère rivales. Ce n'est point une préface au partage de l'Empire ottoman.

» Non-seulement il n'y a, en fait, rien de cela dans la convention du 15 juillet, mais rien de semblable non plus en intention, et si, dans l'état actuel des choses, l'une des quatre puissances essayait d'y mettre ou d'en faire sortir cela, l'alliance se dissoudrait.

« Il y a, dans la convention du 15 juillet :

« *Pour l'Angleterre :* 1° L'affaiblissement du pacha d'Égypte, vassal trop puissant de la Porte, ami trop puissant de la France ; 2° l'abolition du protectorat exclusif de la Russie sur la Porte, c'est-à-dire la Porte fortifiée, la Russie et la France contenues;

« *Pour l'Autriche et la Prusse :* Les mêmes résultats que pour l'Angleterre; plus une alliance de ces deux puissances avec l'Angleterre, ce qui amène quelque affaiblissement de la Russie;

« *Pour la Russie enfin :* L'ajournement de son ambition et le sacrifice de sa dignité en Orient; mais en revanche : 1° la séparation de la France et de l'Angleterre; 2° le terme des engagements périlleux qu'elle avait contractés par le traité d'Unkiar-Skélessi; 3° tout cela sans perte réelle de la position et de l'avenir russe envers la Porte, probablement même avec un affaiblissement général des musulmans.

« La convention du 15 juillet ainsi rendue à son vrai sens pour les quatre puissances qui l'ont signée, qu'y a-t-il, pour la France, soit dans la convention même, soit dans la façon dont elle a été conclue?

« Il y a une offense et des dangers.

« Pour conclure la convention, on s'est caché de la France. Puis on s'est excusé en disant que la France aussi s'était cachée des quatre puissances pour tenter de faire conclure, entre le sultan et le pacha, un arrangement direct. C'est là un mauvais procédé; mais ce n'est pas l'offense réelle.

« L'offense réelle, c'est le peu de compte que l'Angleterre a tenu de l'alliance française. Elle l'a risquée, elle l'a sacrifiée pour un intérêt très-secondaire, le retrait immédiat de la Syrie au pacha. La France proposait le *statu quo*. L'alliance française valait bien pour l'Angleterre l'ajournement, jusqu'à la mort du pacha, des plans de lord Palmerston sur l'Orient.

« Les dangers du traité sont ceux que la France, depuis l'origine des négociations, n'a cessé de signaler : 1° la résistance obstinée du pacha ; 2° l'ébranlement, peut-être le bouleversement de l'Empire ottoman ; 3° les quatre puissances entraînées au delà de leur but par la nature des moyens qu'elles seront forcées d'employer, et toutes les grandes questions, tous les événements auxquels peut donner lieu leur intervention armée dans l'Empire ottoman, s'élevant tout à coup à propos de la petite question de la Syrie. Voilà ce qu'il y a, pour nous, dans la convention du 15 juillet. Voilà les motifs qui ont déterminé notre attitude et nos préparatifs ; motifs, à coup sûr, très-légitimes et suffisants. On a bien légèrement renoncé à notre intimité. On a bien légèrement ouvert en Europe des chances redoutables. Nous avons ressenti l'offense et pourvu au danger. Maintenant la convention s'exécute. Elle s'exécute sérieusement, dans son but avoué. Quelle conduite prescrivent au gouvernement français, d'abord l'intérêt national, ensuite la politique qu'il a constamment exprimée et soutenue dans le cours de l'affaire ?

« La France doit-elle faire la guerre pour conserver la Syrie au pacha d'Égypte ?

« Évidemment ce n'est pas là un intérêt assez grand pour devenir un cas de guerre. La France, qui n'a pas fait la guerre pour affranchir la Pologne de la Russie et l'Italie de l'Autriche, ne peut raisonnablement la faire pour que la Syrie soit aux mains du pacha et non du sultan.

« La guerre serait ou orientale et maritime, ou continentale et générale. Maritime, l'inégalité des forces, des dommages et des périls est incontestable. Continentale et générale, la France ne pourrait soutenir la guerre qu'en la rendant révolutionnaire, c'est-à-dire en abandonnant la politique honnête, sage et utile qu'elle a suivie depuis 1830, et en transformant elle-même l'alliance des quatre puissances en coalition ennemie.

« L'intérêt de la France ne lui conseille donc point de faire, de la question de Syrie, un cas de guerre.

« La politique jusqu'ici exprimée et soutenue par la France, quant à l'Orient, ne le lui permet pas. Nous avons hautement et constamment dit que la distribution des territoires entre le sultan et le pacha nous importait peu, que si le pacha voulait rendre au sultan la Syrie, nous n'y objections point, que la prévoyance de son refus, de sa résistance et des périls qui en devaient naître pour l'Empire ottoman et la paix de l'Europe était le motif de notre opposition aux moyens de coercition. En faisant la guerre pour conserver au pacha la Syrie, nous nous donnerions à nous-mêmes un éclatant démenti, un de ces démentis qui affaiblissent en décriant.

« Est-ce à dire que la France n'ait rien à faire que d'assister, l'arme au bras, à l'exécution de la convention du 15 juillet, et que son langage, son attitude, ses préparatifs, doivent rester, en tout cas, une pure démonstration?

« Certainement non.

« Si le pacha résiste, si les mesures de coercition employées par les quatre puissances se compliquent et se prolongent, alors ce que la France a annoncé peut se réaliser. La question de Syrie peut soulever d'autres questions. La guerre peut naître spontanément, nécessairement, par quelque incident imprévu, au milieu d'une situation périlleuse et tendue.

« Si la guerre naît de la sorte, non par la volonté et le fait de la France, mais par suite d'une situation que la France n'a point créée, la France doit accepter la guerre. D'ici là, elle doit se tenir prête à l'accepter.

« Il se peut aussi, et c'est, à mon avis, la chance la plus probable, que, dans le cours des mesures de coercition tentées en vertu du traité du 15 juillet, les quatre puissances soient amenées à intervenir dans l'Empire ottoman d'une façon qui oblige la France à y paraître elle-même, non pour faire la guerre à la Porte, ni aux quatre puissances, mais pour prendre elle-même, dans l'intérêt de sa dignité et de l'avenir, des sûretés, des garanties. Si des armées européennes entraient en Asie, si des forces européennes s'établissaient sur tel ou tel point de l'Empire ottoman, soit de la côte, soit de l'intérieur, si des troupes russes occupaient Constantinople et des flottes anglaises et russes la mer de Marmara, dans ces divers cas et dans tel autre qu'on ne saurait déterminer d'avance, la France pourrait et devrait peut-être intervenir, à son tour, sur le théâtre des événements, et y faire acte de présence et de pouvoir. Quels seraient ces actes? On ne peut pas, on ne doit pas le dire d'avance, pas plus que les cas auxquels ils correspondraient; tout ce qu'on peut dire, c'est que la France doit être décidée et prête à les accomplir. La guerre pourrait naître de ces actes; elle serait alors inévitable et légitime. Je penche à croire qu'elle n'en naîtrait pas, et que les quatre puissances, à leur tour, supporteraient beaucoup de la part de la France plutôt que d'entrer en guerre avec elle quand elle aurait fait preuve à la fois de modération et de vigueur.

« Voilà, mon cher ami, après mûre réflexion, la seule conduite qui me paraisse prudente, conséquente et digne, j'ajouterai loyale. J'ai été sur le point d'écrire cela à M. Thiers lui-même. J'y ai renoncé. Je ne veux pas qu'il puisse me supposer la prétention de lui dicter sa politique, ou quelque préméditation de séparation. Mais, d'une part, je désire qu'il sache bien ce que je pense; de l'autre, j'ai besoin de savoir moi-même où il en est, et s'il se propose de marcher dans cette ligne-là, car, pour mon compte, je n'en pourrais suivre une autre. C'est à vous que je m'adresse pour être édifié à ce sujet, bien sûr que vous comprendrez l'importance que j'y attache. Vous pouvez faire de ma lettre tel usage que vous voudrez, soit la montrer, soit la garder pour vous seul, selon ce qui vous paraîtra bon. Je m'en rapporte à vous pour faire arriver, comme il convient, la vérité que je dis, et pour m'envoyer celle que je demande. »

J'étais si inquiet de la situation, et si pressé de savoir avec précision où l'on en était à Paris, que le 2 octobre, n'ayant pas encore reçu de réponse du duc de Broglie tout récemment revenu de Coppet, je lui récrivis : « J'attends impatiemment votre réponse. Tout ce qui me revient me donne à craindre qu'on ne regarde à Paris le rejet des propositions de Méhémet-Ali comme un cas de guerre, et que, si on ne commence pas la guerre de propos délibéré, on ne la fasse commencer par accident, ce qui se peut toujours. Je ne vous répète pas, quant au fond de la question, ce que je vous ai dit il y a quelques jours; je sais que vous êtes de mon avis, et plus j'y pense, plus je me confirme dans mon avis. Je ne sais pas l'état des esprits en France. Je ne puis croire qu'il commande la guerre pour la Syrie. Et si l'état des esprits ne la commande pas, l'état des choses ne la commande pas non plus. Il faut donc se conduire pour l'éviter; et si on ne l'évite pas, il faut s'être conduit pour l'éviter. Personne ne s'y trompera; plus je vois de mensonges, plus je me persuade qu'en dernière analyse on ne croit, dans les grandes affaires, qu'à la vérité et on finit toujours par savoir la vérité. Je fais bien peu de cas des commérages; je ne vais point au-devant; je fais la part des menées; mais le vent m'apporte chaque jour ces paroles : « Si la Syrie viagère est refusée, c'est la guerre. » Cela peut n'être rien, ou n'être qu'un langage prémédité pour produire un certain effet; mais ce peut aussi être quelque chose, et quelque chose de fort grave, et tout autre chose que ce qui me paraît la bonne politique. J'y regarde donc de très-près, et je vous demande de me dire le plus tôt possible ce que vous voyez. »

Presque au même moment, le duc de Broglie, de retour à Paris, m'écrivait : « J'ai reçu votre lettre du 23 septembre. J'ai pensé qu'il était utile de la communiquer *in extenso* à M. Thiers et à M. de Rémusat. Je la leur ai remise, à l'un et à l'autre. Voici quel est le résumé de deux ou trois longues conversations que nous avons eues ces jours-ci, sur le sujet même de cette lettre.

« Il est avéré désormais pour tout le monde, et lord Palmerston en convient lui-même, que l'envoi de M. Walewski a eu pour objet d'obtenir des concessions du pacha, et non de le pousser à une résistance aveugle et opiniâtre. Il est avéré pour tout le monde que le résultat de notre intervention à Alexandrie a été, non de réduire, mais d'augmenter ces concessions. La limite en est atteinte, du moins quant à la France et à ses efforts. Elle ne prendra plus l'initiative pour demander au pacha de nouveaux sacrifices; elle trouve le terrain pris, d'après ses conseils, sage et conciliant; pourvu que le pacha s'y contienne, pourvu qu'il se garde de faire une pointe au delà du Taurus, pourvu qu'il se borne à concentrer ses troupes sur le littoral de la Syrie et à défendre sa position actuelle, il peut compter sur l'approbation et sur les bons offices de la France, sans préjudice des déterminations ultérieures auxquelles certaines éventualités pourraient la porter, dans son propre intérêt, mais sans aucun engagement direct ou indirect, pour aucun cas quelconque. C'est là la substance d'une dépêche envoyée à M. Cochelet. La même déclaration a été faite aux ambassadeurs. Son but est, dans le cas où le pacha jugerait à propos de tout céder, de lui en laisser la responsabilité. Je trouve cela, pour ma part, raisonnable et digne. Cela est d'ailleurs conséquent; nous avons refusé notre appui moral au traité du 15 juillet, en nous réservant d'agir ainsi qu'il nous paraîtrait sage et convenable; demander au pacha plus que ce qu'il concède aujourd'hui, ce serait lui demander d'adhérer au traité du 15 juillet. Qu'il le fasse, s'il le juge à propos; mais ce n'est pas à nous de l'y pousser.

« Cela posé, qu'y a-t-il à faire?

« Trois choses, à ce qu'il me semble :

1º Reculer, autant qu'il sera possible, la convocation des Chambres; éviter, autant que possible, d'être poussé, bon gré mal gré, à des engagements de tribune; gagner du temps;

2º Accueillir sans hauteur, sans humeur, mais aussi sans duperie, les ouvertures qui pourraient nous être faites à la suite des propositions du pacha, de quelque part qu'elles viennent; les discuter pour ce qu'elles peuvent valoir, et ne repousser péremptoirement que les offres, directes ou détournées, d'adhérer au traité du 15 juillet. Il y a malheureusement, quant à présent et jusqu'à ce que l'impuissance de ce traité ait été démontrée par les faits, très-peu à espérer de ces ouvertures; supposé, ce qui est douteux, qu'il nous en soit fait. Entre le traité et les propositions du pacha, il n'y a point de marge réelle, point d'intermédiaire véritable. Nous ne pouvons adhérer au traité. La Prusse et l'Autriche même accepteraient peut-être les propositions; mais ni l'une ni l'autre n'ont réellement voix au chapitre. La présomption hautaine de celui qui dispose en maître du cabinet anglais ne lui permettra pas de céder; et la Russie qui perd toute position politique si la France et l'Angleterre se réconcilient, qui a tout sacrifié pour amener la rupture, tout joué sur cette carte, la Russie ne se prêtera probablement à rien. Quoi qu'il en soit, encore un coup, attendre et ne rien rejeter sans discussion, ne montrer ni irritation ni dépit, et s'il y a moyen de traiter, saisir l'occasion ;

3° Enfin continuer avec ardeur et persévérance les préparatifs d'armement, n'en point faire étalage, mais ne rien suspendre et ne rien négliger, pousser ces préparatifs, quant au personnel, jusqu'aux limites légales, quant au matériel et aux fortifications, jusqu'aux limites du possible. Être en position, le moment venu, de n'avoir plus à demander aux Chambres qu'une augmentation de personnel à verser dans des cadres déjà posés et la ratification de ce qui a été fait sans elles. Cela est de la dernière importance; quelle que soit l'issue de tout ceci, il faut que la France en tire un armement complet que l'imprévoyance du gouvernement représentatif ne permet d'obtenir que dans les moments d'urgence et d'appréhension.

« Qu'arrivera-t-il en définitive?

« Personne ne peut le dire d'avance; mais on peut du moins, selon la méthode que les mathématiciens nomment méthode exhaustive, poser un certain nombre d'alternatives entre lesquelles la solution doit nécessairement se trouver.

« Le pacha fera-t-il une pointe sur Constantinople, et amènera-t-il par là un *casus fœderis* qui dégénérerait, selon toute apparence, en *casus belli?* C'est une chance qui paraît peu probable; soit que les concessions obtenues de lui proviennent de sa faiblesse ou de sa raison, elles écartent, du moins quant à présent, cette appréhension.

« Cèdera-t-il tout?

« M. Thiers ne le craint pas. J'avoue que, quant à moi, je n'en serais nullement étonné. Si cela arrive, nous n'y pouvons rien. La précaution, prise par la dépêche dont je vous parlais en commençant, est notre seule sauvegarde; mais il est clair que nous ne ferons pas la guerre pour lui reconquérir ce qu'il lui plaira d'abandonner.

« Résistera-t-il avec avantage? Réussira-t-il à maintenir la Syrie, à garder le littoral, à jeter dans la mer quiconque débarquerait?

« C'est là notre belle carte; c'est celle sur laquelle nous avons mis à la loterie. Si le numéro sort, tout ira bien. Si le traité est convaincu d'impuissance et que les alliés soient mis en demeure d'en conclure un autre qui livre décidément la Turquie à la Russie, nous aurons beau jeu, soit à Berlin, soit à Vienne, soit même dans le sein du cabinet anglais, pour en prévenir l'adoption.

« Reste enfin, et malheureusement c'est ici l'hypothèse la plus vraisemblable, reste que le pacha résiste à grand'peine, et qu'il s'engage, entre lui et les alliés, une lutte prolongée qui le menace de sa ruine.

« Si cela arrive, logiquement, nous serions tenus de rester spectateurs impassibles; pratiquement, il est possible que la position devienne intenable, que l'honneur, que le mouvement de l'opinion nous forcent d'intervenir.

« Sous quelle forme, en quel sens, dans quelle mesure, à propos de quelle circonstance cette intervention aurait-elle lieu? Il est impossible de le dire d'avance; ce qui importe, c'est de tenir la position aussi longtemps qu'elle sera tenable, et de ne rien faire qui puisse la compromettre *à priori* et de dessein prémédité.

« Ainsi, par exemple, il importe de tenir notre flotte ensemble, de ne point l'éparpiller, de la maintenir à une distance suffisante du théâtre des hostilités, de ne se livrer à aucune demi-mesure, à aucune de ces interventions de détail qui ne portent aucun fruit décisif et qui engagent sans secourir.

« L'avantage d'une position isolée, au milieu de ses inconvénients, c'est de ne dépendre de personne, de faire ce que l'on veut, rien de moins, rien de plus, et d'avoir, jusqu'au dernier moment, le choix du parti qu'on prendra. L'avantage particulier de la France, dans la position actuelle, c'est que, s'il y a guerre, on ne la lui fera pas, c'est elle qui la fera. Il ne faut perdre ni l'un ni l'autre de ces deux avantages en se mettant à la merci des accidents et des amiraux. Ainsi, comme premier plan de conduite, n'envoyer la flotte sur le théâtre des hostilités qu'avec des instructions positives, pour faire ou pour interdire quelque chose de précis et de défini ; et se réserver par là, au besoin, de commencer l'intervention quand et comme on voudra, de la commencer par une sommation à la Prusse et à l'Autriche et par une menace de leurs frontières, si c'est alors le moyen qui paraît le meilleur; en un mot, rester dans une expectative armée, mais immobile, jusqu'au moment où l'on croira devoir en sortir par quelque acte énergique et prémédité, voilà ce que la prudence semble commander.

« Et non-seulement c'est là la conduite prudente, mais c'est là la conduite honnête. Il s'agit en effet d'engager une lutte terrible et d'où dépend le sort du pays; il est juste et honnête qu'il en ait le choix.

« Il ne faut pas que le Roi et le pays se réveillent un beau matin en guerre avec l'Europe par suite d'un malentendu, d'une étourderie ou d'une bravade. Quand le moment sera venu, s'il doit venir, il faut que le Roi et le pays en délibèrent; s'ils jugent que le cabinet a tort de croire l'honneur de la France compromis par une plus longue inaction, le cabinet se retirera, et d'autres suivront une politique conforme à leur opinion. Si le

Roi et le pays sont de l'avis du cabinet, alors, mais alors seulement, il faudra prendre son parti. Prétendre soutenir une telle lutte sans avoir, de cœur et d'enthousiasme, le Roi et le pays avec soi, ce serait folie.

« Voilà, mon cher ami, le résultat de nos conversations. Je vous le transmets, tout en sachant bien que les événements disposent des esprits et des volontés, et que ce qui paraît le meilleur peut, à l'épreuve, être bien déconcerté. »

Deux jours après avoir écrit cette lettre, qui n'avait pu partir immédiatement, le duc de Broglie y joignit ce billet, sous la date du 3 octobre :

« Ceci était le résumé fidèle du point où nous étions avant-hier soir. Hier matin, la nouvelle du bombardement de Beyrout est arrivée. Ce n'est rien de plus que ce à quoi l'on devait s'attendre ; mais l'émoi est grand, et Dieu veuille qu'on ne se lance pas dans des résolutions précipitées. J'y ferai de mon mieux. Il y a eu, dans la journée, un conseil qui n'a abouti à rien. On a parlé de convoquer les Chambres. On a parlé d'envoyer la flotte pour protéger, par sa présence, Alexandrie, en laissant tout le reste suivre son cours naturel. Les opinions ont été divisées, et déjà, la seconde dépêche télégraphique étant plus tranquille que la première, il y a de la détente. Je vous tiendrai au courant. »

Aussitôt répandues, ces nouvelles produisirent dans le public deux effets contraires ; sciemment ou aveuglément, les esprits se livrèrent à deux courants opposés :

« Les choses iront à la guerre, m'écrivait le 17 août

M. de Lavergne, tant que tout le monde croira la paix inébranlable, et elles reviendront à la paix dès que tout le monde verra la guerre imminente. » Quand on sut Beyrout bombardé et la déchéance de Méhémet-Ali prononcée à Constantinople, le premier mouvement général fut belliqueux, belliqueux sans bien savoir où et dans quelles limites; on voulait échapper au déplaisir de la situation, et rendre coup pour coup à ces puissances qui avaient, disait-on, trouvé et saisi en Orient l'occasion de reformer, contre la France, la coalition de 1815. Mais les passions et les factions ennemies se chargèrent de donner à ce mouvement toute sa portée ; de belliqueux, elles le rendirent promptement révolutionnaire; le droit public européen et la monarchie française, les frontières des États, l'organisation et l'avenir de l'Europe furent ardemment remis en question ; la presse républicaine recommença ses violences, les sociétés secrètes leurs menées, les réunions populaires leurs bravades et leurs exigences. De jour en jour, d'heure en heure, 1840 ressemblait plus complétement à 1831 ; les mêmes excès préparaient les mêmes dangers et provoquèrent la même résistance ; l'esprit d'ordre légal et de paix reparut, d'abord embarrassé et timide, bientôt animé et fortifié par la gravité de ses alarmes, moins bruyant que l'esprit révolutionnaire, mais résolu à la lutte et cherchant de tous côtés, pour la politique, que, depuis neuf ans, il avait fait triompher, un point d'appui et de fermes défenseurs.

Évidemment le cabinet présidé par M. Thiers n'était

pas bien placé pour cette tâche. Il s'était, en se formant, penché vers le côté gauche, et sans s'y livrer, il avait glissé sur cette pente. Le parti conservateur, qui l'avait vu arriver avec humeur, ne l'attaquait plus, mais ne lui portait pas confiance et dévouement. En Orient, les événements démentaient ses prévisions : d'accord en cela avec le sentiment public, il s'était fait le protecteur de la cause et de la puissance égyptiennes ; mais cette puissance, mise à l'épreuve, se trouvait fort au-dessous de ce qu'il en avait espéré ; et pour avoir quelque chance de succès, cette cause eût imposé à la France des sacrifices et des risques fort au-dessus de son importance. Le cabinet ne voulait pas la guerre ; mais il s'y était préparé avec ardeur, la croyant possible, prochaine peut-être, et voulant du moins en inspirer à l'Europe la crainte. Par le tour que prenaient les événements, ses préparatifs militaires perdaient leur sens, et en présence de l'excitation belliqueuse prompte à se transformer en fermentation révolutionnaire, l'esprit de résistance et de paix regagnait son empire. Quand, à la nouvelle de l'exécution facile du traité du 15 juillet en Orient, cette situation embarrassée et fausse du cabinet français éclata: « Voilà pour M. Thiers, dit M. Rossi, une belle occasion de donner sa démission. »

M. Thiers et ses collègues ne s'y méprirent point, et dès les premiers jours d'octobre, un peu plus tôt même peut-être, ils offrirent leur démission au Roi qui s'en montra d'abord inquiet et refusa de l'accepter. J'ai déjà eu occasion de le dire ; c'était la disposition de ce prince de s'associer vivement aux émotions patriotiques sans qu'elles dominassent son jugement et ses résolutions. Il était, pour le sentiment national, plein de sympathie, de complaisance même, et pourtant d'indépendance, capable d'en partager aujourd'hui l'entraînement et d'en reconnaître demain l'erreur et le péril. Dans la question égyptienne et sur le traité du 15 juillet, il avait pensé et senti comme le public, et manifesté même son sentiment avec plus d'impétuosité que de prévoyance, gardant cependant, au fond de son âme, quelque inquiétude et faisant quelquefois, dans la conversation, des réserves prudentes que lui suggérait la mobilité de son imagination, sans qu'il préméditât aucun changement de conduite et de conseillers. Il avait sincèrement adhéré à toutes les mesures que lui avait proposées le cabinet, comptant toujours que les quatre puissances ne pousseraient pas les choses à bout, que Méhémet-Ali résisterait efficacement, qu'une transaction interviendrait, qu'en tout cas la paix de l'Europe ne serait pas troublée, et fort aise qu'en attendant une solution favorable, l'état militaire de la France se relevât, pour la sûreté du pays et la force de son gouvernement. Quand le véritable état des faits se manifesta, quand les chances d'une guerre sans motif sérieux et sans intérêt national devinrent pressantes, le roi Louis-Philippe s'arrêta sur la pente, se souciant peu de l'avoir suivie jusque-là, et bien décidé à n'y pas aller plus loin : « Puisque l'Angleterre et les alliés nous déclarent qu'ils limiteront les hostilités au développement nécessaire pour faire évacuer la Syrie, et qu'ils n'attaqueront point Méhémet-Ali en Égypte, je ne vois pas, disait-il, qu'il y ait là, pour nous, le *casus belli*. La France n'a point garanti la possession de la Syrie à Ibrahim-Pacha; et bien qu'elle soit loin d'approuver l'agression des puissances, et encore plus loin de vouloir leur prêter aucun appui, ni moral ni matériel, je ne crois pas que son honneur soit engagé à se jeter dans une guerre où elle serait seule contre le monde entier, uniquement pour maintenir Ibrahim en Syrie. On objecte que les alliés vont attaquer l'Égypte. Nous verrons alors ce que nous aurons à faire. Mais tant que les puissances nous donnent l'assurance qu'elles ne veulent point attaquer l'Égypte, je ne vois pas que le *casus belli* soit arrivé; et dans l'état actuel des choses, nous n'avons qu'à attendre en regardant bien. » Ce fut dans cette disposition que le Roi ordonna, le 7 octobre, la convocation des Chambres, et accepta la note diplomatique du 8 par laquelle M. Thiers se bornait à déclarer que la déchéance de Méhémet-Ali en Égypte, mise à exécution, serait, à l'équilibre général de l'Europe, une atteinte que la France ne saurait accepter; à ces termes, l'accord se rétablit momentanément entre le Roi et le cabinet.

De toutes parts et tous les jours on m'écrivait que cet accord ne durerait pas, que le cabinet ne pouvait faire face à la situation, que le Roi et les ministres en étaient également convaincus. On me pressait d'agir, de manifester hautement mon opinion et mon intention. Et en même temps on m'assaillait de tous les doutes, de toutes les hésitations, de toutes les inquiétudes incohérentes dont mes amis, comme le public, étaient préoccupés, croyant tantôt à la paix, tantôt à la guerre, aujourd'hui au raffermissement, demain à la chute du cabinet, et s'il tombait, à l'extrême difficulté, peut-être à l'impossibilité de le remplacer.

A ces avertissements, à ces tiraillements en tous sens, ma réponse était toujours la même : «Si le cabinet doit tomber, écrivais-je, je veux être absolument étranger à sa chute et aux revers qui amèneront sa chute. Rester dans ma ligne de conduite et m'y trouver debout si les événements viennent m'y chercher, voilà à quoi je m'applique. Je ne veux pas faire les événements qui pourraient venir m'y chercher, ni qu'on puisse seulement supposer que j'ai voulu les faire. Je ne puis être fort dans une situation difficile qu'autant que je n'aurai contribué en rien à la créer. Prenez garde d'ailleurs; vous vous laissez trop prendre aux vicissitudes du langage et de la situation ; on change tous les jours d'impression, de paroles, d'inquiétude ou d'espérance; on est doux, on est aigre, on croit à la paix ou à la guerre, selon l'intérêt ou la fantaisie du moment. Intérêt bien petit, fantaisie bien passagère, mais qui n'en font pas moins dire blanc aujourd'hui, noir demain. Et la situation elle-même flotte beaucoup ; elle va en haut, en bas, à droite, à gauche. Il ne faut pas laisser ballotter son propre esprit et sa propre conduite selon le bavardage des hommes et les ondulations des choses. Il y a un point culminant dans les situations, une pente réelle et définitive des événements. C'est là qu'il faut jeter l'ancre et se tenir, et assister de là au trouble des paroles et à la fluctuation des incidents quotidiens. »

Nul, parmi mes amis, ne jugeait et ne m'instruisait mieux de cette situation que M. Duchâtel : éloigné de Paris en ce moment, il observait les faits et pesait les chances avec cette ferme et fine sagacité, toujours dirigée vers le point essentiel des questions et des affaires, qui est l'un des mérites éminents de son esprit. Il m'écrivait le 1er octobre de Mirambeau : « Nous sommes dans une des plus terribles crises qu'un gouvernement nouveau puisse avoir à traverser. L'inquiétude est extrême ; personne ne veut croire à la guerre, et le principal motif de cette confiance, c'est la crainte que la guerre inspire. Seul contre tous, on peut se défendre chez soi quand on est injustement attaqué, mais on ne peut pas espérer de faire prévaloir ses opinions dans le monde. Vous pouvez voir, par les fluctuations de la Bourse, ce que serait notre crédit dans le cas d'une guerre générale ; nos finances sont admirables pour le temps de la paix ; mais le gouvernement est encore trop récemment affermi, et les partis sont trop animés pour que la guerre ne détruisît pas la confiance des capitalistes en leur faisant redouter un changement de gouvernement et, à la suite, la banqueroute. Tout cela est fort inquiétant. Il n'en faut pas moins penser à son honneur, car l'honneur avant tout ; mais il faut aussi écouter la prudence. Je suis complétement de votre avis; si la guerre vient à éclater, il faut que sa nécessité soit trois fois évidente; sans cela on courrait de terribles chances. » Et quelques jours après, le 10 octobre, se préoccupant de ma situation personnelle, il ajoutait : « Le pays ne veut pas la guerre. On n'admet pas que, pour conserver la moitié de la Syrie à Méhémet-Ali, nous nous exposions à de beaucoup plus grands périls que ceux que nous n'avons pas voulu courir en 1830, quand il s'agissait, pour nous, de reprendre nos frontières naturelles. Je n'ai pas de conseils à vous donner; vous savez mieux que moi le fond des choses; mais, dans votre intérêt et dans celui du pays, jamais situation n'a été plus délicate que la vôtre; votre responsabilité est immense. Au point où nous en sommes, si la guerre générale ne vous semble pas inévitable, vous devez opposer votre *veto* à la guerre. Si vous pensez, connaissant à fond cette terrible affaire, que le dernier mot doive être prononcé, concourez vous-même à le prononcer; mais ne le laissez pas prononcer par d'autres, si votre avis n'est pas que la France soit condamnée à recourir à une si grave extrémité. »

J'avais, pour moi-même, le même sentiment : tout ce que je voyais des difficultés, chaque jour plus vives, de la question extérieure, tout ce que j'apprenais des périls croissants de la fermentation révolutionnaire à l'intérieur, aggravait, à mes yeux, le poids de ma responsabilité personnelle, et me faisait chercher avec anxiété ce que j'avais à faire pour m'en acquitter : « Je ne crois pas à la guerre, écrivais-je à mes plus intimes amis; mais je suis aussi inquiet que si j'y croyais. Ma prévoyance est sans pouvoir sur ma disposition. Tout, absolument tout est engagé pour moi dans cette question, mes plus chers intérêts personnels, les plus grands intérêts politiques de mon pays, et de moi dans mon pays. Et tout cela se décide sans moi, loin de moi, en Syrie, par le canon de Napier, à Paris, par les conseils d'un cabinet qui n'est pas le mien. Ma raison persiste dans sa confiance; je ne crois pas à la guerre ; mais mon âme est pleine de trouble. Je n'ai jamais été si agité. »

Quand j'appris que les Chambres étaient convoquées et se réuniraient le 28 octobre, je sortis de ma plus pressante peine; j'étais ainsi naturellement appelé à reprendre ma place sur le lieu et dans les débats où toutes les questions qui pesaient sur moi allaient se vider. J'écrivis sur-le-champ à M. Thiers :

« Monsieur le président du Conseil,

« La convocation des Chambres pour le 28 de ce mois m'impose le devoir de me rendre à Paris pour assister aux premiers débats de la session. Je prie Votre Excellence de vouloir bien demander au Roi, pour moi, la faveur d'un congé. Je crois que, dans quinze jours, mon absence momentanée sera ici sans inconvénient. Très-probablement la situation sera, pour quelque temps, stationnaire, et je laisserai les affaires dont Sa Majesté m'a fait l'honneur de me charger entre les mains de M. le baron de Bourqueney qui les a suivies depuis leur origine, en connaît parfaitement l'histoire, s'est pénétré de l'esprit qui a présidé aux négociations, et qui inspire au gouvernement anglais, par son caractère comme par sa capacité, une estime pleine de confiance. Je serai d'ailleurs toujours prêt, dès que j'aurai satisfait aux premiers devoirs de la session, à venir reprendre ici mon poste, selon les intentions du Roi et les instructions de Votre Excellence. »

Le même jour 13 octobre, pour que ma disposition fût bien connue et bien comprise de mes amis, et des ministres eux-mêmes avec qui je ne pouvais m'en expliquer directement et sans réserve, j'écrivis au duc de Broglie :

« Mon cher ami, je suis inquiet, inquiet du dedans encore plus que du dehors. Nous retournons vers 1831, vers l'esprit révolutionnaire exploitant l'entraînement national, et poussant à la guerre sans motif légitime, sans chance raisonnable de succès, dans le seul but et le seul espoir des révolutions.

« Je dis sans motif légitime. La question de Syrie n'est pas un cas de guerre légitime. Je tiens cela pour évident.

« Jusqu'ici, aucune autre question n'est élevée, en principe, par le traité du 15 juillet, en fait, par son exécution. Aucun grand intérêt de la France n'est attaqué, ni son indépendance, ni son gouvernement, ni ses institutions, ni ses idées, ni sa libre activité, ni sa richesse.

« Ce qu'on tente en Orient peut amener autre chose que ce qu'on tente. Des questions peuvent naître là, des événements peuvent survenir auxquels la France ne saurait rester étrangère. C'est une raison de s'armer, de se tenir prêts. Ce n'est pas une raison d'élever soi-même, en Occident, des événements et des questions plus graves encore et qui ne naissent pas naturellement.

« On a tenu peu de compte de l'amitié de la France. Elle en est blessée, et très-justement. C'est une raison de froideur, d'isolement, de politique parfaitement indépendante et purement personnelle. Ce n'est pas un cas de guerre. L'offense n'est pas de celles qui commandent et légitiment la guerre. On n'a voulu ni insulter, ni défier, ni tromper la France. On lui a demandé son concours. Elle l'a refusé aux termes qu'on lui proposait. On a passé outre, avec peu d'égards. Il y a eu insouciance et mauvais procédé, non pas affront.

« Après les motifs, je cherche les chances.

« Il ne faut pas s'y tromper : née de la sorte et sous cette impulsion, la guerre serait générale. Par honneur comme par intérêt, les quatre puissances se tiendraient unies. L'alliance anti-égyptienne deviendrait une coalition anti-française. La France elle-même y pousserait. La guerre générale et révolutionnaire est la seule dont veuillent ceux qui veulent la guerre, la seule dont ils puissent rêver le succès.

« En France, aujourd'hui, je crois à la violence révolutionnaire des factions; je ne crois pas à l'élan révolutionnaire de la nation.

« Au dehors, point de grande cause à défendre; ni la sûreté ni l'indépendance nationale ne sont menacées.

Au dedans, point de grande conquête à faire; le pays a le régime qu'il voulait.

« Des passions anarchiques dans quelques hommes, ou même dans une portion de la multitude, ne sont pas l'élan révolutionnaire d'un peuple. Les factions politiques conspireraient. Les passions personnelles éclateraient. Le pays ne se soulèverait pas.

« L'anarchie ne peut plus faire en France que du bruit et du mal. Ses espérances sont des illusions, comme ses forces.

« En Europe, la guerre révolutionnaire ne trouverait pas, chez les peuples, tout l'appui qu'on s'en promet.

« En 1830, sur bien des points, une grande épreuve a été faite, après beaucoup de petites épreuves tentées de 1814 à 1830. Presque partout les forces révolutionnaires se sont trouvées insuffisantes; les espérances révolutionnaires ont été déçues.

« Il y a des gens qui oublient; il y en a qui se souviennent, et l'expérience affaiblit ceux qu'elle ne change pas.

« L'esprit de nationalité et d'amélioration graduelle sous les gouvernements nationaux a gagné plus de terrain en Europe que l'esprit de révolution.

« L'esprit de nationalité dominerait en Allemagne.

« L'Espagne est déchirée, l'Italie énervée, la Pologne écrasée. Je ne dis pas que ces pays ne soient rien. Pourtant quelle force considérable et durable pourrions-nous espérer de là?

« Et à quel prix? Au prix de notre honneur. Nous le

disons depuis dix ans : c'est l'honneur de notre gouvernement d'être devenu un gouvernement le lendemain d'une révolution, d'avoir soutenu nos droits sans faire nulle part appel aux passions, de s'être créé par la résistance et maintenu par l'ordre et la paix. Cesserons-nous de dire cela? Changerons-nous tout à coup de maximes, de langage, d'attitude, de conduite?

« Cela n'est pas possible : la tentative serait honteuse et fatale. Pour son honneur comme pour sa sûreté, la France est vouée aujourd'hui à la cause de la paix. La guerre pour les plus grands, les plus pressants intérêts nationaux, la guerre nécessaire, inévitable, évidemment inévitable, la guerre défensive peut seule aujourd'hui nous convenir. Si la France est attaquée, qu'elle repousse l'attaque. Si sa dignité exige quelque part, en Orient comme à Anvers, comme à Ancône, comme au Mexique, quelque acte de présence et de force, qu'elle l'accomplisse, et dise, en l'accomplissant, à l'Europe : —Venez me chercher chez moi.— C'est là, pour nous, la seule conduite sûre, conséquente et digne.

« Vous savez, vous pensez tout cela comme moi, mon cher ami; j'en suis sûr. Aussi c'est pour moi-même, non pour vous que je vous le dis. Je suis loin. Je vois de loin le mouvement, l'entraînement. Je ne puis rien pour y résister. Je suis décidé à ne pas m'y associer. Je vous l'écrivais il y a trois semaines; je ne saurais juger de l'état des esprits en France, ni apprécier ce qu'il permet ou prescrit au gouvernement. Il se peut que la guerre, cette guerre dont j'entends parler, la guerre générale, révolutionnaire, agressive, qui ne me paraît point commandée par l'état des choses, il se peut que cette guerre soit rendue inévitable par l'état des idées et des sentiments publics. Si cela était, je ne m'associerais pas davantage à une politique pleine, selon moi, d'erreur comme de péril. Je me tiendrais à l'écart.

« J'ai confiance dans les Chambres. J'ai toujours vu, dans les moments très-critiques, le sentiment du péril du devoir et de la responsabilité s'emparer des Chambres, et leur donner des lumières, un courage, des forces qui, en temps tranquille, leur auraient manqué, comme à tout le monde. C'est ce qui est arrivé en 1831. Nous nous le sommes dit très-souvent : sans les Chambres, sans leur présence, leur concours, leurs débats, sans cette explosion légale, cette lutte organisée des passions et de la raison publiques, jamais le gouvernement de 1830 n'eût résisté à l'entraînement belliqueux et révolutionnaire, alors si vif et si naturel ; jamais le pays n'eût trouvé en lui-même tant de sagesse et d'énergie pour soutenir son gouvernement. Sommes-nous à la veille d'une seconde épreuve ? Peut-on espérer un second succès ? Je l'ignore ; mon anxiété est grande ; mais ma confiance est à la même adresse ; c'est par les Chambres, par leur appui, par la discussion complète et sincère dans leur sein, qu'on peut éclairer le pays et conjurer le péril, si on le peut.

« Mon cher ami, conseillez, soutenez, faites prévaloir cette politique-là, car encore une fois je suis sûr que c'est aussi la vôtre. Elle aura, soit ici à Londres, soit dans la Chambre à Paris, partout et sous toutes les formes, mon concours le plus actif, le plus dévoué. Je serai à Paris je ne sais quel jour, mais, à coup sûr, pour les premiers débats de la session. Je ne puis, à aucun prix, me dispenser d'y assister. Je me le dois à moi-même. Je demande aujourd'hui un congé qui ne souffrira, je pense, aucune difficulté. »

Le congé me fut immédiatement accordé; M. Thiers m'en donna avis le 15 octobre. Mais en même temps s'éleva une question qui devint, entre mes amis mêmes, une occasion de dissentiment; ils n'étaient pas d'accord sur le moment où il convenait que mon retour à Paris fût placé. Le cabinet annonça son dessein de porter M. Odilon Barrot à la présidence de la Chambre des députés. Je n'avais, envers M. Odilon Barrot, aucun mauvais vouloir; depuis 1831, nous avions différé d'avis sur le système de gouvernement, au dedans et au dehors; à la tribune, nous nous étions habituellement combattus, mais sans violence ni amertume personnelle; j'honorais son caractère et j'étais persuadé qu'il présiderait la Chambre avec équité et dignité. Mais il était, depuis neuf ans, le chef de l'opposition à la politique que, depuis neuf ans, j'avais soutenue; la coalition, qui nous avait momentanément rapprochés en 1839, avait échoué dans le dessein d'effacer nos dissidences et de nous unir dans le gouvernement; peut-être si, à cette époque, nous avions été seuls en face l'un de l'autre, serions-nous parvenus à nous entendre; mais nos partis avaient toujours été et restaient profondément divers et divisés. Je n'hésitai pas à penser et à déclarer que je ne pouvais donner à cette candidature mon adhésion, et j'écrivis le 17 octobre au duc de Broglie :

« J'entends dire qu'on se décide à porter M. Barrot à la présidence. J'ai quelque peine à le croire. D'après ce qui me revient de bien des côtés, d'après les conjectures de ma propre raison, c'est une candidature très-périlleuse. On ne réussira probablement pas ; et si on ne réussit pas, comment pourra-t-on supporter cet échec ?

« Mais voici un motif, à mon avis, plus grave encore, un motif pris dans le fond des choses. Quel est le côté faible, le mal essentiel de la situation ? C'est d'avoir affiché la guerre sans la vouloir, poussé à la guerre en visant à la paix. On était naturellement placé sur cette pente ; on avait besoin d'inquiéter au dehors, de persuader que la guerre était possible, de faire prendre au sérieux l'attitude, le langage, les préparatifs. Mais évidemment le but a été dépassé sans être atteint. Non par le gouvernement lui-même et la politique officielle ; mais autour du gouvernement, dans son parti, dans l'atmosphère qui lui donne sa physionomie et sa couleur, l'attitude, le langage, les démonstrations ont pris un caractère d'exagération, d'emportement, de menaces déclamatoires et révolutionnaires ; caractère qui, au dedans, chez nous, rend en effet aux passions révolutionnaires de l'espérance, et qui au dehors, en Europe, irrite sans imposer, et répand, non une salutaire, mais une malfaisante inquiétude.

« La position du gouvernement en a souffert. On a douté, tantôt de ses assurances pacifiques, tantôt de ses déclarations belliqueuses. On n'a pas bien su ce qu'il voulait. On n'a eu ni assez confiance ni assez peur.

« D'où vient surtout le mal? Du contact et de l'influence de la gauche. De cette gauche fatiguée et non pas transformée, qui n'a ni mauvaises intentions, ni le courage des bonnes, qui parle, écrit, agit, non plus par forte passion révolutionnaire, mais par routine et complaisance révolutionnaire, qui promet au dedans plus qu'elle ne peut et ne voudrait tenir, menace au dehors plus qu'elle ne peut et ne voudrait frapper, et qui imprime ainsi, au cabinet qu'elle soutient et à la situation qu'elle domine, toutes les apparences et tous les périls d'une politique qu'elle n'a ni le dessein ni la force de pratiquer.

« Et c'est le chef de ce parti que le gouvernement donnerait à la Chambre, et prendrait lui-même pour drapeau ! Le gouvernement proclamerait hautement cette influence quand c'est précisément de cette influence que dérive ce qu'il y a de faux, d'embarrassant et de plus dangereux peut-être dans sa propre situation !

« Pour moi, je regarderais l'adoption officielle et le succès de cette candidature comme l'aggravation d'un mal déjà fort grave. En lui-même, le fait serait peu de chose ; mais il proclamerait, il augmenterait l'influence de la gauche dans nos affaires. Elle en a déjà beaucoup trop pour la dignité de notre politique, autant que pour sa sûreté. »

Sur le fond de la question, tous mes amis, ou à peu près, étaient de mon avis ; mais ne pouvais-je pas me dispenser de manifester hautement mon avis ? Pourquoi me hâterais-je d'arriver dès le début de la session et avant le vote sur la présidence de la Chambre ? J'étais le maître, en arrivant quelques jours plus tard, d'échapper à cet embarras. Il était plus grave que, de loin, je ne le prévoyais : « Les adversaires du cabinet, m'écrivait-on, attendent votre arrivée comme le signal de l'attaque ; rien n'est si aisé que de le renverser, et il ne demande pas mieux que de se retirer ; la plupart des ministres trouvent le fardeau trop lourd, et M. Thiers sera charmé de le passer à d'autres, en gardant pour lui la popularité. Si vous êtes ici, votre présence seule hâtera la chute, et votre liberté d'action en sera ensuite fort gênée. Ce que la prudence vous conseille, c'est de laisser passer le début de la session, et, si vous devez être appelé, d'attendre qu'on vous appelle. » M. Rossi surtout insistait pour que je m'en tinsse à ce conseil de prudence.

Ces objections ne me persuadèrent point. J'écrivis le 20 octobre au duc de Broglie : « J'y ai bien pensé. Je partirai d'ici le 25. J'irai prendre ma mère et mes enfants en Normandie, et je serai à Paris le 28 au soir ou le 29. Il ne faut pas accepter l'air des embarras qu'on n'a pas. Je n'attends rien à Londres. Je ne vais rien chercher à Paris. Je ne suis ici, je ne serai là dans aucune intrigue. Je ne dirai, je ne ferai rien là qui ne soit en parfaite harmonie avec ce que j'ai dit et fait ici depuis huit mois.

J'ai promis au cabinet de le seconder sans me lier à lui. C'est ce que j'ai fait et ce que je ferai. J'ai dit que je garderais ma position et mes amis sans épouser leur humeur. Je le ferai comme je l'ai fait. J'ai fait, le premier jour, les réserves qui m'ont paru raisonnables en soi, convenables pour moi. Je n'ai rien à y ajouter, rien à en retrancher aujourd'hui. Pourquoi donnerais-je à ma conduite des apparences d'hésitation et de contrainte ? Ni dans le passé, ni dans l'avenir, ni dans mes actions, ni dans mes intentions, rien ne m'y oblige. Je veux prendre ma position simplement, ouvertement, tout entière, sans éluder aucune de ses difficultés naturelles, sans y ajouter aucune difficulté factice ou étrangère. Je suis député avant d'être ambassadeur. Je tiens plus à ce que je suis comme député qu'à ce que je suis comme ambassadeur. J'ai demandé un congé pour l'ouverture de la session. On me l'a donné. J'en userai sérieusement en me rendant à la Chambre quand il y a quelque chose de sérieux à dire ou à faire. Je n'attendrai pas, pour y paraître, qu'il soit insignifiant d'y être. J'agirai, comme député, selon ma raison, mon passé, mon honneur. Je parlerai, comme ambassadeur, selon ce que j'ai pensé, écrit, fait ou accepté depuis que je le suis. Je crois que cela peut très-bien se concilier. Je n'y ressens, pour mon compte, pas le moindre embarras. Si cela ne peut pas se concilier, je m'en apercevrai le premier. »

Les événements m'épargnèrent l'embarras dont mes amis se préoccupaient. Le 15 octobre, vers six heures du soir, le Roi retournait à Saint-Cloud avec la Reine et madame Adélaïde; sur le quai des Tuileries, près du pont Louis XVI, une forte détonation éclata ; un homme accroupi près du poste dit *du Lion,* au pied du poteau d'un réverbère, avait tiré sur le Roi ; deux valets de pied et l'un des gardes nationaux à cheval de l'escorte furent blessés; personne dans la voiture ne fut atteint. Arrêté sur-le-champ, l'auteur de l'attentat ne tenta point de s'enfuir : « Je ne m'en vais pas.—Votre nom ? —Conspirateur.—Votre profession ?—Exterminateur des tyrans. Maudite carabine ! J'ai pourtant visé juste. Mais je l'avais trop chargée. » Il s'appelait Marius Darmès, né à Marseille et frotteur de profession à Paris. C'était un fanatique grossier et brutal, qui passait sa vie dans une atmosphère de haine contre les rois en général, contre le roi Louis-Philippe en particulier, et qui regardait le meurtre comme un droit naturel de la haine.

L'effet de ce crime fut grand, plus grand peut-être qu'en d'autres occasions semblables. Il éclatait au milieu d'un public déjà très-animé et très-inquiet de la situation générale. On voyait là un odieux résultat et un effrayant symptôme de la fermentation révolutionnaire, renaissante et journellement fomentée. On s'étonnait, on s'indignait, on s'irritait, on s'alarmait, on se répandait en prédictions sinistres sur l'avenir de la société comme du pouvoir. Je retrouve, dans une lettre que j'écrivis le 19 octobre, en apprenant cette nouvelle, l'impression que je reçus à Londres même, et du fait et de l'état où il jetait en France les esprits : « Ce nouvel assassinat ne m'a pas surpris. C'est une rude entreprise que de rétablir de l'ordre dans le monde. Aujourd'hui tous les scélérats sont fous et tous les fous sont prêts à devenir des scélérats. Et les honnêtes gens ont à leur tour une folie; c'est d'accepter la démence comme excuse du crime. Il y a une démence qui excuse, mais ce n'est pas celle de Darmès et de ses pareils. On n'ose pas regarder le mal en face, et on dit que ces hommes-là sont fous pour se rassurer. Et pendant que les uns se rassurent lâchement, d'autres s'épouvantent lâchement aussi : « Tout est perdu, disent-ils ; c'est la fin du monde. » Le monde a vu, sous d'autres noms, sous d'autres traits, bien des maux et des périls pareils, pour ne pas dire plus graves. Nous avons besoin aujourd'hui d'un degré de justice, de bonheur et de sécurité dans le bonheur, dont autrefois les sociétés humaines n'avaient pas seulement l'idée. Elles ont vécu pendant des siècles, bien autrement assaillies de souffrances, de crimes, de terreurs. Elles ont prospéré pourtant, elles ont grandi dans le cours de ces siècles. Nous oublions tout cela. Nous voudrions qu'aujourd'hui, et pour nous, tout le progrès qui est à faire fût fait. Certainement tout n'est pas fait, bien s'en faut; mais tout n'est pas perdu non plus. Pour moi, l'expérience, qui m'a beaucoup appris, ne m'a point effrayé; je passe pour un juge sévère de mon temps, et je crois son mal encore plus grave que je ne le dis ; mais je dis aussi qu'à côté de ce mal le bien abonde, et qu'à aucune époque on n'a vécu, dans le plus obscur village comme dans Paris, au milieu de plus de justice, de bien-être et de sûreté.»

Dans les situations difficiles et déjà ébranlées, tous les incidents sont graves; l'attentat de Darmès porta au cabinet un rude coup. M. Duchâtel, de retour à Paris, m'écrivit le 19 octobre : « Je suis arrivé ici avant-hier soir. J'y ai trouvé la situation à peu près telle que je me la représentais; cependant avec plus de ressources. Le parti de la paix a considérablement gagné depuis une dizaine de jours; la question paraît même, à tout le monde, tranchée de ce côté-là. L'attentat a produit un grand effet; cet effet a été déplorable pour le cabinet. Chacun a reporté sa pensée sur l'anarchie qui envahit tout, et le spectacle de cette anarchie indigne et inquiète les gens honnêtes et sensés. Hier, dans la soirée, j'ai été à Saint-Cloud. J'ai causé longtemps avec le Roi; l'attentat ne l'a pas troublé; il est ferme, décidé, résolu; il a la tenue que vous lui avez vue dans ses bons jours. Il a commencé par me dire que l'attentat était le fruit des attaques de la presse, qu'il le devait aux journaux; puis il a reporté la conversation sur le cabinet; il m'a dit que ses ministres paraissaient peu s'entendre, qu'il voyait bien que tout cela se détraquait, et que, la première fois qu'on lui mettrait le marché à la main, il l'accepterait. Il m'a parlé de vous, que vous étiez son espérance, qu'il n'y avait qu'un cabinet possible, le maréchal Soult, vous, moi, Villemain, etc., que M. Molé lui-même le reconnaissait et se déclarait prêt à être votre ministériel. En résumé, le Roi sent que le cabinet ne peut plus aller; il est décidé à s'en séparer à la première occasion et vous regarde comme son sauveur.

« Voici maintenant mon opinion. Jamais les circonstances ne seront plus graves, ni le danger plus grand. Il y a encore moyen de tout sauver; mais il n'est pas certain que, dans deux mois, le salut soit possible. Pour ce qui me regarde, bien que la tâche soit peu séduisante, je n'hésiterais pas. Quant à vous, je trouve que la situation s'offre fort belle. Toutes les nuances du parti conservateur, depuis M. Molé jusqu'à M. Calmon, vous appellent. Ces moments-là s'offrent rarement dans la vie des hommes, et en général ils durent peu, si on ne les saisit pas à propos. Je crois le jour arrivé, pour vous, de saisir, comme ministre des affaires étrangères, la grande question que vous avez entamée comme ambassadeur. Comme ambassadeur, vous n'avez plus grand' chose à faire; votre position devant les Chambres ne serait même plus tenable. M. Thiers ne peut pas traiter raisonnablement. Ou je me trompe fort, ou l'on vous ferait des concessions qui ne lui seraient pas accordées. Et supposez que vous parveniez, comme ministre, à arranger la question par une transaction où vous ménageriez de bonnes apparences, ce sera le plus grand succès qu'un homme puisse obtenir, et le plus notable service qui puisse toucher le pays. Ajoutez que la situation intérieure vous sert admirablement. La gauche dynastique est discréditée; la gauche radicale est plus insensée que jamais. Il y a autant à faire qu'au mois de mars 1831, et le danger est moins grand; la fièvre révolutionnaire d'alors, bien que factice, avait cependant plus de réalité que le petit mouvement d'aujourd'hui. En me résumant, le conseil que je vous donnerais avec la plus profonde conviction, c'est de ne pas reculer devant l'occasion si, comme je le crois, elle ne tarde pas à être offerte. Il n'est pas donné tous les jours de pouvoir sauver son pays. »

La crise prévue ne se fit pas attendre. Roi, ministres et public, tout le monde y était ou résolu, ou résigné. Le 20 octobre, le cabinet présenta au Roi le projet de discours par lequel il lui proposait d'ouvrir la session [1]. Le langage en était digne et mesuré; mais il était conçu dans la perspective de la guerre, et pour la faire pressentir au pays en lui demandant les moyens de s'y préparer. Le Roi refusa de se placer dans la direction et sur la pente de cet avenir. Les ministres lui donnèrent leur démission qu'il accepta, sans aigreur mutuelle; des deux parts, l'issue à laquelle on arrivait était pressentie et préparée; le surlendemain, 22 octobre, M. Thiers m'écrivit : « Mon cher collègue, je vous ai adressé une dépêche télégraphique, et j'y ajoute une lettre du Roi qui vous arrive par courrier extraordinaire. Vous aurez deviné certainement, avant toute explication, de quoi il s'agit. Le cabinet n'a pas été d'accord avec le Roi sur la rédaction du discours de la Couronne, et nous lui avons donné notre démission. Je crois que notre discours était modéré, et tout juste au niveau des circonstances. Cependant le Roi en a pensé autrement, et je suis loin de m'en plaindre. La situation est si grave que je comprends parfaitement les opinions diverses qu'elle in-

[1] *Pièces historiques.* N° XII.

spire. Vous êtes naturellement l'un des hommes auxquels le Roi a le plus pensé dans cette occasion, et il souhaite que vous fassiez la plus grande diligence possible pour venir l'aider à sortir des difficultés bien grandes du moment. Ne croyez pas que je serai, pour vous, un obstacle. Le pays est dans un état qui nous commande à tous la plus grande abnégation. Quelle que soit ma façon de penser sur tout ceci, je suis bien résolu à ne créer de difficultés à personne. »

Le Roi m'écrivait de Saint-Cloud, le 21 octobre au soir, en commençant par me remercier de la lettre que je lui avais adressée le 19, à la nouvelle de l'attentat de Darmès : « Mon cher ambassadeur, me disait-il, je suis bien touché de la lettre que vous m'avez écrite. Vous appréciez dignement ma position, et vous sentez combien elle est aggravée par les dangers auxquels les êtres les plus chers à mon cœur sont exposés en m'accompagnant. La protection divine les a encore préservés, ainsi que moi ; elle me donnera la force de continuer cette résistance tenace aux fureurs de l'anarchie qui veut la guerre à tout prix. J'espère les déconcerter, et quelles que soient leurs tentatives, je ne fléchirai pas devant elles. Je regrette de vous annoncer que mes efforts les plus sincères pour prévenir la dissolution du ministère ont finalement échoué ce soir, et nous entrons en crise ministérielle ! Vous ne serez donc pas surpris que je sois pressé de vous voir arriver à Paris, et de pouvoir m'entretenir avec vous. M. Thiers s'est chargé de vous le demander dans sa capacité officielle ; mais j'ai voulu vous le demander moi-même, et vous renouveler l'assurance de tous mes sentiments pour vous. »

Décidé, avant d'avoir reçu ces deux lettres, à partir de Londres le 25 octobre pour assister aux débuts de la session des Chambres, j'avais demandé à la reine d'Angleterre mon audience de congé, et en me l'accordant, elle m'avait invité à aller passer deux jours à Windsor, où elle résidait en ce moment. Je m'y rendis le 21 octobre. Lord Melbourne, lord Palmerston, lord et lady Clarendon y étaient seuls invités avec moi. Comme la reine et le prince Albert, ils m'accueillirent avec une bonne grâce marquée ; un peu par estime et par goût, je me plais à le croire, un peu aussi parce que j'allais à Paris; on désirait évidemment que j'y portasse de bons sentiments pour l'Angleterre, que j'y parlasse bien des hommes qui la gouvernaient, que j'engageasse ceux qui gouvernaient ou qui gouverneraient la France à ne pas se montrer trop difficiles. On voyait bien que l'avenir, et un avenir prochain, était plein de chances périlleuses. On en était préoccupé, pas plus qu'on ne l'est en Angleterre des choses qui ne touchent pas de très-près l'Angleterre elle-même, sérieusement préoccupé pourtant. On n'oubliait pas que tôt ou tard, dans les affaires de l'Europe, le poids de la France est grand, et que, pour les réputations européennes, son opinion compte, pour ne pas dire qu'elle décide. On avait à cœur de calmer, d'amadouer le public français. Et je me disais, en recevant ces marques de la disposition anglaise, que, si je pouvais la faire bien comprendre en

France, et tenir moi-même une attitude analogue en même temps que parfaitement indépendante, les deux nations et l'Europe entière s'en trouveraient bien.

J'eus, pendant ce court séjour à Windsor, une tristesse que j'appellerais un chagrin si la vie ne m'avait enseigné pour quelles pertes ce mot doit être réservé. Nous apprîmes le 22 octobre que, le matin même, lord Holland était mort subitement à *Holland-house*. Je le regrettai sincèrement. Si bon et si aimable, et de ce naturel facile, sympathique et expansif si rare au delà de la Manche! Je portais à lady Holland un intérêt affectueux; je l'avais trouvée très-spirituelle avec un agrément sérieux, et plus capable de sentiments vrais que d'autres femmes du monde moins hautaines et d'humeur plus égale. Je fus choqué d'ailleurs de la froideur avec laquelle cette nouvelle fut reçue par bien des gens qui, depuis plus de trente ans, passaient leur vie à *Holland-house*. J'ai souvent entendu nos vieux soldats parler de leurs camarades qu'ils avaient vus tomber à côté d'eux, sous le canon; leurs paroles étaient plus émues, je dirais volontiers plus tendres. Il y a, dans la fermeté froide de la race anglo-saxonne, une certaine acceptation dure de la nécessité et des coups du sort. Ils sont dans la vie comme des gens pressés dans la foule; ils ne regardent pas celui qui tombe; ils poussent et passent. On dirait qu'ils mettent leur dignité à ne se montrer, quoi qu'il arrive, ni surpris, ni affligés. Mais leur dignité ne leur coûte pas assez. Pour avoir toute sa beauté et tout son charme, il faut que la nature humaine se déploie avec plus d'abandon, et que, lorsqu'elle contient ses émotions et ses pensées, on voie qu'elle y prend quelque peine. Les Anglais ont quelquefois l'air de comprimer ce qu'ils ne sentent pas.

Politiquement aussi, je regrettai lord Holland; il n'avait pas autant d'influence que je l'aurais souhaité, mais il en avait plus que bien des gens n'en convenaient. La désapprobation de *Holland-house* gênait, même quand elle n'empêchait pas.

Je quittai Londres le 25 octobre, et j'arrivai à Paris le 26. Je vis d'abord M. Duchâtel qui me mit promptement au courant des dispositions des personnes et des détails de la situation. Nous nous entendions d'avance sur le caractère et le but de la politique à suivre. Le maréchal Soult vint me trouver, content, confiant, de facile composition sur les questions de gouvernement comme sur les arrangements de cabinet, et ne demandant qu'à y faire entrer M. Teste, dont il avait besoin, me dit-il, pour avoir près de lui un avocat qui parlât pour lui dans l'occasion. M. Villemain, avec une clairvoyance singulièrement impartiale et pourtant très-ferme, était prêt à se rengager dans la lutte. M. Humann, à l'accession duquel j'attachais du prix, accepta, sans se faire presser, le ministère des finances. MM. Cunin-Gridaine et Martin du Nord, qui avaient soutenu M. Molé dans les débats de la coalition, n'en gardaient plus aucun souvenir embarrassant pour eux ou pour moi. L'amiral Duperré reprit avec satisfaction le portefeuille de la marine. Le Roi me témoigna une entière confiance, et se prêta avec empressement aux arrangements qui lui furent proposés. Le duc de Broglie, quoique inquiet de l'avenir et décidé à rester, pour son compte, en dehors des affaires, me donna plein droit de compter sur son concours. J'eus, avec M. Thiers et M. de Rémusat, des entrevues qui nous laissèrent dans des rapports pleins de convenance, tout en me faisant pressentir une opposition décidée et prochaine. Deux jours suffirent pour vider les questions et surmonter les embarras qu'élève toujours la formation d'un cabinet. Les situations fortes font marcher vite ceux qui ne se mettent pas à l'écart. Le 29 octobre au soir, le Roi signa les ordonnances qui nommaient les nouveaux ministres. Ma mère et mes enfants arrivaient au même moment de Normandie pour me rejoindre, et vers minuit, je rentrai auprès d'eux dans ma petite maison, chargé d'un pesant fardeau, mais ne désespérant pas de le porter.

PIÈCES HISTORIQUES

PIÈCES HISTORIQUES

I

(Page 27.)

1º *Lettres de créance de M. Guizot, ambassadeur de France en Angleterre.—Le roi Louis-Philippe à la reine Victoria.*

Madame ma Sœur, n'ayant rien davantage à cœur que de maintenir et de resserrer de plus en plus l'union et la bonne harmonie qui subsistent si heureusement entre nos couronnes et nos États, je ne veux point différer de nommer un nouvel ambassadeur qui, connaissant parfaitement mes sentiments, sache, comme son prédécesseur, en être le fidèle interprète auprès de Votre Majesté. En conséquence j'ai fait choix du sieur François-Pierre-Guillaume Guizot, grand officier de mon ordre royal de la Légion d'honneur, membre de la Chambre des députés, et je l'ai nommé pour résider près de Votre Majesté, avec le caractère de mon ambassadeur extraordinaire. Ses talents élevés, les services éminents et multipliés qu'il a rendus à la France, son zèle et son entier dévouement pour ma personne, me persuadent qu'il ne négligera rien pour se concilier l'estime et la confiance de Votre Majesté, et mériter, par ce moyen, mon approbation. C'est dans cette conviction que je la prie d'accueillir avec bienveillance mon ambassadeur, et d'ajouter une créance entière à tout ce qu'il lui dira de ma part, et surtout lorsqu'il lui exprimera les vœux que je forme pour la prospérité de ses États et la gloire de son règne, ainsi que les assurances de la haute estime et de l'inaltérable amitié avec lesquelles je suis,

     Madame ma Sœur,

       de Votre Majesté,

         le bon frère.

      Signé : Louis-Philippe.

A Paris, le 9 février 1840.

2° *Instructions données par M. le maréchal Soult, président du Conseil et ministre des affaires étrangères, à M. Guizot, ambassadeur à Londres.*

      Paris, le 19 février 1840.

Monsieur, au moment où vous allez prendre la direction de l'ambassade de Londres, une question domine et, on pourrait dire, absorbe l'ensemble de nos relations avec la Grande-Bretagne. Exposer l'état actuel de cette question, la marche qu'elle a suivie jusqu'à présent et le sens dans lequel le gouvernement du Roi se propose de continuer à la diriger, ce sera donc vous indiquer tout à la fois, et le but que vous devez vous efforcer d'atteindre, et, autant qu'on peut le faire à l'avance, la ligne de conduite que vous avez à suivre pour y arriver.

Dix mois se sont à peine écoulés depuis le jour où l'imminence d'une rupture entre la Porte et le vice-roi d'Égypte vint avertir les grandes puissances de la nécessité de pourvoir à la conservation ou au rétablissement de la paix. La France prit, à cet égard, une honorable initiative. Deux pensées ont constamment présidé aux propositions qu'elle a successivement adressées à ses alliés : faire sortir, s'il se pouvait, de cette crise ou plutôt des moyens par lesquels on la terminerait, un état de choses qui, en plaçant la Porte sous le protectorat collectif de l'Europe, mît fin, par le fait, au protectorat exclusif consacré en faveur de la Russie par le traité d'Unkiar-Skelessi ; établir entre le sultan et son vassal des rapports tels que le droit et le fait y trouvassent une suffisante garantie, et que, par conséquent, un sentiment d'irritation défiante ne les maintînt pas, l'un à l'égard de l'autre, dans une attitude d'hostilité toujours menaçante pour la tranquillité du monde.

De ces deux projets du gouvernement du Roi, le premier, il ne l'ignorait pas, était très-difficile à accomplir d'une manière absolue. Il était peu vraisemblable que la Russie se prêtât volontairement à abdiquer une position exceptionnelle qu'elle n'avoue pas en termes explicites, mais vers laquelle ses efforts se sont constamment dirigés ; il était également peu probable que les autres grandes puissances, dont le concours énergique eût pu seul lui imposer cette résignation, y missent l'ensemble et la vigueur nécessaires. A défaut d'un résultat aussi complet, qui d'ailleurs ne pouvait être obtenu que si on parvenait à le lier étroitement à la solution des difficultés provenant de la situation respective du sultan et du pacha, un autre résultat, important encore, a été atteint par l'effet des démarches et des déclarations respectives qu'ont amenées les ouvertures du gouvernement français ; il est devenu évident pour tout le monde que celles même des grandes puissances qui n'osaient nous prêter une assistance suffisamment efficace contre le cabinet russe, s'associaient pourtant sur ce point à notre pensée. La Russie a dû reconnaître, par conséquent, que, si elle ne voulait pas les mécontenter et les rapprocher de nous, elle devait éviter dans l'Orient toute manifestation trop éclatante de ses prétentions ambitieuses, toute affectation de prépotence et de suprématie.

Le second objet que nous avions en vue était plus pratique, plus immédiat. Après avoir suspendu les hostilités, il s'agissait d'en prévenir le renouvellement en réglant les conditions de la pacification de l'Orient. Toutes les puissances étaient d'accord sur ce point : c'est que pour donner à Méhémet-Ali une position stable et définitive, propre à le rassurer sur l'avenir de ses enfants et à lui inspirer avec la sécurité le désir du repos, il fallait lui concéder, sous la souveraineté de la Porte, l'administration héréditaire d'une portion des territoires soumis à son pouvoir en lui faisant acheter cette concession au prix de la rétrocession du surplus de ces territoires. Ce principe admis, quelles devaient être l'étendue de cette rétrocession et par conséquent la limite des pays abandonnés au vice-roi et à sa famille ? C'était là la question à résoudre.

Divers plans, vous le savez, furent indiqués à cet effet. Je me bornerai à rappeler ceux que mirent en avant les cabinets de Londres et de Paris, parce que c'est dans ces deux systèmes que tous les autres sont venus se fondre successivement.

Le gouvernement du Roi a cru et croit encore que, dans la position où se trouve Méhémet-Ali, lui offrir moins que l'hérédité l'Égypte et de la Syrie jusqu'au mont Taurus, c'est s'exposer de sa part à un refus certain qu'il appuierait au besoin par une résistance désespérée dont le contre-coup ébranlerait et peut-être renverserait l'Empire ottoman ; il croit que la Porte, rentrant en possession de l'île de Candie, du district d'Adana, de l'Arabie, et conservant sur la Syrie et l'Égypte un droit de souveraineté consacré par diverses conditions mises à la charge du vice-roi et de sa famille, serait replacée dans une situation plus forte, plus honorable, plus élevée qu'elle n'était peut-être en droit de s'y attendre après les imprudences du dernier sultan.

Le cabinet de Londres au contraire se montre convaincu de l'impossibilité de rendre à l'Empire ottoman une consistance suffisante et d'imposer à l'ambition de Méhémet-Ali des barrières efficaces tant qu'on ne l'aura pas renfermé dans les limites de la seule Égypte ; il regarde comme indubitable la prompte soumission de ce pacha aux injonctions de l'Europe, dès qu'il aurait la certitude que les puissances sont unanimement résolues à les appuyer par des moyens de coaction.

Vous savez, monsieur, quelles ont été jusqu'à présent les suites de ce fâcheux dissentiment. A peine est-il devenu public, malgré nos efforts pour le dissimuler, que le cabinet de Saint-Pétersbourg s'est empressé de saisir l'occasion qu'il a cru entrevoir de rompre l'alliance de la France avec l'Angleterre. Je ne reproduirai pas ici les détails des deux missions successivement confiées à M. de Brünnow : il me suffira de les résumer en disant que les propositions portées à Londres par ce diplomate ne recélaient au fond qu'une seule pensée, enveloppée, il est vrai, de concessions apparentes et presque dérisoires aux préventions de l'Angleterre contre Méhémet-Ali et à sa jalousie de l'influence russe à Constantinople. Cette pensée, à peine déguisée, c'était celle d'amener le cabinet britannique à signer un acte que la France ne pût pas souscrire, et qui, par conséquent, proclamât la scission des deux cabinets.

Le rôle que l'Autriche et la Prusse ont joué en cette circonstance est pénible à rappeler, parce qu'il prouve qu'il est des préjugés, des préoccupations, des entraînements auxquels certains cabinets ne sauront jamais résister, lorsque l'occasion de s'y livrer se présentera à eux. Ces deux cours qui, jusqu'alors, avaient presque complètement approuvé nos vues et nos propositions sur les affaires d'Orient, ont à peine entrevu la possibilité d'une alliance formée contre nous, sur des bases toutes contraires, qu'abandonnant leurs convictions, désavouant leurs déclarations antérieures, elles se sont empressées d'adhérer par avance à la ligue qui semblait au moment de se conclure.

Heureusement, monsieur, cette combinaison a échoué, et elle ne pouvait manquer d'échouer parce que l'accord fortuit d'une animosité invétérée avec un dépit passager ne suffit pas pour concilier des incompatibilités réelles et pour rendre identiques des intérêts, non-seulement divers, mais opposés. Nous en étions certains d'avance, et c'est pour cela qu'au moment même où le langage du cabinet de Londres semblait annoncer la prochaine conclusion des arrangements dont on nous menaçait, le gouvernement du Roi s'est contenté d'opposer une attitude calme et une force d'inertie à l'agitation des autres cours. Aujourd'hui tout est arrêté, et après quelques tentatives embarrassées pour nous déguiser le véritable état des choses, lord Palmerston a fini par nous faire donner spontanément l'assurance que rien ne se ferait avant votre arrivée.

Telles sont, monsieur, les circonstances au milieu desquelles va commencer votre mission. L'œuvre que vous avez à entreprendre n'est pas autre que celle qui avait été recommandée à votre prédécesseur. Les dispositions du gouvernement du Roi à l'égard de la Grande-Bretagne sont aussi bienveillantes, aussi conciliantes qu'à aucune autre époque. Les modifications nombreuses que nous avons déjà apportées à nos propositions primitives, les efforts souvent heureux que nous n'avons cessé de faire pour amener le vice-roi d'Égypte à y adhérer, disent assez le prix que nous mettons à nous rapprocher de nos alliés, à leur faciliter les moyens de s'entendre avec nous. Au point où les choses en sont venues, nous ne nous rendons pas bien compte, je l'avoue, de ce qu'il nous serait possible d'ajouter à ces concessions successives sans altérer la base même de notre système, fondé, je le dis hautement, non pas sur des idées arbitraires, mais sur une conviction profonde, qu'il ne dépend pas de nous de changer. Cependant, nous sommes loin de prétendre qu'il ne peut pas se présenter quelque combinaison heureuse dans laquelle on trouverait un moyen de transaction. Si elle s'offrait à nous, sans nous laisser rebuter par le peu d'accueil fait à nos précédentes démarches, nous nous empresserions de la communiquer au cabinet de Londres. Dans le cas, au contraire, où elle viendrait de lui, nous l'examinerions avec loyauté, avec bienveillance, avec un sincère désir de la trouver acceptable. Vous pouvez en donner l'assurance à lord Palmerston.

Tout ce que vous ferez, monsieur, dans les limites que je viens d'indiquer, pour resserrer les liens un peu relâchés de notre alliance avec le cabinet de Londres, aura la pleine approbation du gouvernement du Roi. Je dois pourtant y mettre deux restrictions : la première, qu'il est presque superflu d'indiquer, c'est qu'à moins d'une autorisation formelle et spéciale, vous ne devez prendre part à aucun acte, apposer aucune signature dont l'effet serait d'engager la France. La seconde, c'est que vous aurez à éviter soigneusement tout ce qui tiendrait à nous faire entrer dans la voie des conférences et des protocoles ; il est trop évident, d'après ce qui s'est passé en dernier lieu, que nous aurions souvent la chance de nous y trouver isolés.

Je ne vous parle aujourd'hui que de la question d'Orient; comme j'ai eu l'honneur de vous le dire, c'est en elle que se concentre en ce moment la nature de nos relations avec le gouvernement britannique. J'aurai soin, lorsque les conjonctures le rendront nécessaire, de vous faire parvenir les directions que réclameront les autres points essentiels de la politique générale.

Agréez, monsieur, etc.,

Signé : Maréchal duc de Dalmatie.

II

(Page 76.)

1° *Note adressée par Nouri-Efendi, ambassadeur de Turquie à Paris, en mission à Londres, à Son Excellence l'ambassadeur de France.*

Londres, le 7 avril 1840.

Excellence,

Le soussigné, ambassadeur plénipotentiaire de la Sublime-Porte, ayant été spécialement chargé par son auguste maître le sultan de se rendre à Londres pour y réclamer l'effet de l'intérêt manifesté à Sa Hautesse par la note collective que les représentants des cours de France, d'Autriche, de la Grande-Bretagne, de Prusse et de Russie, accrédités auprès du Grand Seigneur, ont présentée au Divan le 27 juillet 1839, s'adresse en toute confiance à messieurs les représentants desdites cours, réunis à Londres, pour concerter avec eux les moyens d'effectuer la pacification de l'Empire ottoman, dont le repos a été troublé par les projets ambitieux de Méhémet-Ali, pacha d'Égypte.

Il est généralement connu que depuis l'année 1827, l'Empire ottoman a éprouvé une série de malheurs et de désastres par terre et par mer, à la suite desquels ses moyens défensifs ont éprouvé, pour le moment, un grand affaiblissement. Méhémet-Ali, au lieu d'aider son souverain à se relever de ses pertes, a au contraire profité de l'état d'affaiblissement où se trouvait l'Empire ottoman pour donner suite aux desseins ambitieux et hostiles que depuis longtemps il méditait contre son souverain. En effet, il ne craignit pas de l'attaquer en 1832, et il lui enleva une partie de ses plus belles provinces. Les sacrifices que fit alors le sultan devaient lui faire espérer que la paix ne serait plus troublée dans ses États, et que le pacha d'Égypte, en reconnaissance de la générosité avec laquelle Sa Hautesse lui avait conféré le gouvernement de tant de belles provinces, les administrerait dans l'intérêt de son maître. Mais au contraire, l'épuisement où se trouvait l'Empire ottoman à la suite de tant de malheurs, et l'affaiblissement momentané dans lequel il languissait, furent pour Méhémet-Ali un motif de donner un nouvel essor à son ambition. C'est ainsi qu'il essaya, il y a deux ans, de se déclarer indépendant et d'obtenir à cet effet le consentement des puissances étrangères. Mais celles-ci, faisant preuve de loyauté et de bonne foi envers la Porte, repoussèrent spontanément une prétention si incompatible avec les droits de souveraineté du sultan. Mais cette prétention injuste ne fit que changer de forme, et bientôt après Méhémet-Ali demanda avec hauteur, pour lui et ses enfants, l'hérédité de toutes les provinces qu'il administrait au nom de Sa Hautesse. Il appuya sa demande de préparatifs hostiles, indiquant suffisamment son dessein d'en imposer par la force à son souverain.

Feu le sultan Mahmoud se vit en conséquence obligé de se mettre en garde contre les nouveaux projets de son ambitieux vassal, et il réunit une armée pour sa défense : cependant les deux armées une fois en présence en vinrent aux prises. Il en résulta pour l'Empire ottoman de nouveaux désastres qui brisèrent le cœur du sultan Mahmoud et contribuèrent à accélérer sa fin.

Malgré tant de malheurs qui vinrent fondre à la fois sur la Porte, un des premiers actes du sultan Abdul-Medjid, à son avénement au trône, fut d'offrir à son vassal rebelle l'oubli du passé et l'hérédité de l'Égypte pour lui et ses enfants, à condition que le pacha restituerait la flotte impériale et toutes les provinces ne faisant pas partie du pachalik d'Égypte. Au lieu de reconnaître la magnanimité de son souverain, Méhémet-Ali y répondit par des prétentions dures et hautaines. Néanmoins, le sultan allait envoyer un fonctionnaire à Alexandrie pour y faire un nouvel effort afin de régler un arrangement avec son vassal, lorsque les cours de France, d'Autriche, de la Grande-Bretagne, de Prusse et de Russie, voyant la position désastreuse dans laquelle se trouvait le Grand Seigneur, et mues par des sentiments d'amitié, de bienveillance et de générosité qu'il ne saurait assez reconnaître, firent signifier, par le moyen de leurs représentants accrédités auprès de la Sublime Porte que « l'accord sur la question d'Orient était assuré entre les cinq grandes puissances, en engageant le sultan à suspendre toute détermination définitive sans leur concours, et en attendant l'effet de l'intérêt qu'elles lui portaient. »

Le soussigné prend la liberté de reproduire ci-jointe la copie de cette note collective.

Sa Hautesse a attendu jusqu'à présent avec confiance l'effet de l'intérêt si généreusement exprimé par cette même note. Mais placé sous le fardeau des charges extraordinaires qui pèsent sur l'Empire ottoman, et obligé de se prémunir contre l'attitude hostile et les préparatifs de guerre toujours continués de Méhémet-Ali, le sultan se voit empêché de donner tous ses soins à la réforme des abus dans l'administration de son empire, tandis que les ressources de tout genre qui devraient contribuer à opérer cette réforme s'épuisent tous les jours de plus en plus, et font désirer ardemment de voir bientôt un résultat aux intentions bienveillantes des cinq cours alliées de la Porte.

Le soussigné est en conséquence chargé d'appeler la sérieuse attention de MM. les représentants des cours de France, d'Autriche, de la Grande-Bretagne, de Prusse et de Russie sur un état de choses aussi pénible que dangereux pour l'existence politique de l'Empire ottoman dont elles ont déclaré vouloir maintenir l'intégrité et l'indépendance, et de réclamer leur coopération et leur sollicitude pour faire cesser au plus tôt des maux d'une nature aussi grave.

Pour mieux atteindre à ce but, le soussigné est chargé, par ordre du sultan son auguste maître, d'annoncer qu'il est muni de l'autorisation nécessaire pour conclure et signer une convention avec MM. les représentants desdites cours, laquelle aurait pour but d'aider le sultan à faire exécuter l'arrangement d'après lequel Sa Hautesse avait annoncé l'intention de conférer à Méhémet-Ali et à ses enfants l'hérédité du gouvernement de l'Égypte, à condition qu'il restituerait la flotte ottomane et toutes les autres provinces situées en dehors du pachalik d'Égypte.

Le soussigné, en vertu de l'intérêt que lesdites puissances ont manifesté au sultan et vu la position critique où se trouve aujourd'hui placé l'Empire ottoman, a l'honneur d'inviter, au nom de Sa Hautesse, MM. les représentants de France, d'Autriche, de la Grande-Bretagne, de Prusse et de Russie à vouloir bien se joindre à lui pour conclure une convention dans le but ci-dessus énoncé, et pour y convenir en même temps des moyens nécessaires pour y donner effet.

Le soussigné ose se flatter que MM. les représentants desdites cours voudront bien lui prêter leur assistance pour accomplir une œuvre qui devra essentiellement contribuer à rendre la paix au Levant, et servir en même temps à prévenir les complications fâcheuses qui, sans cela, pourraient en résulter pour l'Europe entière.

Le soussigné plénipotentiaire de la Sublime Porte prie MM. les représentants des cinq grandes puissances d'agréer l'assurance de sa plus haute considération.

Signé : NOURI.

2° *Copie de la note collective adressée le 27 juillet 1839 à la Sublime Porte par les représentants des cinq grandes puissances.*

Les soussignés ont reçu ce matin, de leurs gouvernements respectifs, des instructions en vertu desquelles ils ont l'honneur d'informer la Sublime Porte que l'accord sur la question d'Orient est assuré entre les cinq grandes puissances, et de l'engager à suspendre toute détermination définitive sans leur concours, en attendant l'effet de l'intérêt qu'elles lui portent.

Constantinople, le 27 juillet 1839.

Lord PONSONBY, ambassadeur d'Angleterre;
Baron ROUSSIN, ambassadeur de France;
De BOUTENIEF, ambassadeur de Russie;
Baron STURMER, internonce d'Autriche;
Comte de KŒNIGSMARK, ministre de Prusse.

3º Réponse de M. Guizot, ambassadeur de France, à la note de Nouri-Efendi du 7 avril 1840.

Londres, 8 avril 1840.

Le soussigné, ambassadeur extraordinaire et plénipotentiaire de S. M. le roi des Français, a reçu la note que Son Exc. l'ambassadeur P. P. de la Sublime Porte lui afait l'honneur de lui adresser en date du 7 avril, et il s'est empressé de porter cette pièce à la connaissance de son gouvernement.

Le soussigné prie Son Excellence l'ambassadeur P. P. de la Sublime Porte d'agréer l'assurance de sa haute considération.

4º Réponse de lord Palmerston à la note de Nouri-Efendi.

Foreign-Office, le 13 avril 1840.

Le soussigné, etc., etc., a eu l'honneur de recevoir la note du 7 de ce mois, par laquelle Son Exc. Nouri-Efendi, etc., a annoncé qu'il était muni des pouvoirs et instructions nécessaires pour conclure, avec les plénipotentiaires des cours d'Autriche, de France, de la Grande-Bretagne, de Prusse et de Russie, une convention dans le but de donner effet à la note collective qui a été présentée à la Porte le 27 juillet 1839 par les représentants des cinq puissances à Constantinople.

En réponse à cette communication, le soussigné a l'honneur d'informer Son Exc. Nouri-Efendi que le soussigné est prêt, en ce qui concerne le gouvernement de Sa Majesté, à concerter avec Son Excellence, d'accord avec les représentants d'Autriche, de France, de Prusse et de Russie, les meilleurs moyens de réaliser les intentions amicales que les plénipotentiaires des cinq puissances ont manifestées, au nom de leurs cours respectives, à l'égard de la Porte, par la note collective susmentionnée du 27 juillet 1839.

Le soussigné,

Palmerston.

5° *Seconde réponse de M. Guizot, ambassadeur de France à la note de Nouri-Efendi.*

Londres, le 28 avril 1840.

Le soussigné, ambassadeur extraordinaire et plénipotentiaire de Sa Majesté le Roi des Français auprès de Sa Majesté la Reine de la Grande-Bretagne, a l'honneur d'informer Son Excellence M. l'ambassadeur plénipotentiaire de la Sublime Porte que, conformément aux instructions qu'il a reçues du gouvernement du Roi, il est prêt à rechercher, avec les représentants des cours d'Autriche, de la Grande-Bretagne, de Prusse et de Russie, les meilleurs moyens d'amener en Orient un arrangement qui mette un terme à un état de choses aussi contraire au vœu commun des cinq puissances qu'aux intérêts de la Porte ottomane.

Le soussigné prie Son Excellence M. l'ambassadeur de la Sublime Porte d'agréer, etc.

III

(Page 105.)

L'ambassadeur de France à lord Palmerston, sur l'arrangement proposé par le gouvernement français entre l'Angleterre et Naples, dans l'affaire des soufres de Sicile.

Londres, le 7 juillet 1840.

Le soussigné, ambassadeur extraordinaire et plénipotentiaire de S. M. le Roi des Français auprès de S. M. la Reine de la Grande-Bretagne et d'Irlande, a l'honneur de transmettre à Son Exc. M. le principal secrétaire d'État pour les affaires étrangères de Sa Majesté Britannique, le *conclusum* proposé par le gouvernement du Roi pour mettre un terme au différend survenu entre les cours de Londres et de Naples au sujet de l'exploitation des soufres en Sicile. Le soussigné espère que Son Exc. M. le principal secrétaire d'État pour les affaires étrangères de Sa Majesté Britannique trouvera ledit *conclusum* satisfaisant et rédigé de manière à concilier, avec équité, les droits et les intérêts des deux cours, et voudra bien le lui renvoyer revêtu de son approbation, pour que le soussigné puisse le transmettre immédiatement à Son Exc. M. le président du Conseil, ministre des affaires étrangères de S. M. le Roi des Français.

Le soussigné a l'honneur, etc.

Le président du Conseil, ministre des affaires étrangères, à Son Exc. le comte de Granville, ambassadeur d'Angleterre à Paris.

Paris, le 5 juillet 1840.

Monsieur l'ambassadeur,

Le gouvernement du Roi, mon auguste souverain, justement préoccupé des intérêts de la paix générale et animé des sentiments les plus bienveillants pour deux cours qui lui sont unies par des liens étroits, avait cru devoir offrir sa médiation dans le but de faciliter l'accommodement du différend survenu entre les cabinets de Londres et de Naples relativement à l'exploitation des soufres de Sicile. Cette médiation a été acceptée. Ce témoignage de confiance qui, de la part d'un État aussi puissant que la Grande-Bretagne, atteste l'honorable volonté de chercher, dans les voies de conciliation plutôt que dans un appel à la force, la satisfaction à laquelle il croit avoir droit, a vivement touché le cœur du Roi. Le gouvernement de Sa Majesté, dans son empressement à s'acquitter de la haute mission qui lui était ainsi déférée, a examiné avec l'attention la plus scrupuleuse tous les éléments de la question. Il s'est attaché à apprécier avec une équitable impartialité les prétentions et les droits respectifs, et cette appréciation consciencieuse lui a suggéré les propositions que je vais énoncer à Votre Excellence comme les plus propres, dans notre manière de voir, à amener une transaction vraiment acceptable pour les deux parties.

Le contrat passé le 9 juillet 1838 entre le gouvernement napolitain et la compagnie Taix, pour l'exploitation des soufres de Sicile, serait résilié. Le but que Sa Majesté Sicilienne s'était proposé en souscrivant cette convention pouvant, comme on l'a reconnu, être atteint par d'autres moyens qui concilient, avec le bien-être de ses sujets, les intérêts des étrangers établis ou trafiquant dans ses États, la résiliation ne fait plus une difficulté sérieuse, et il reste seulement à déterminer le moment où elle aura lieu. Nous pensons qu'elle devrait être dénoncée à Naples et en Sicile aussitôt que le gouvernement napolitain serait officiellement informé de l'approbation donnée par Votre Excellence, au nom de son gouvernement, au projet d'arrangement développé dans la présente dépêche.

Cette mesure ne saurait être interprétée comme impliquant, de la part de Sa Majesté Sicilienne, l'abandon de son droit souverain d'imposer les soufres et d'en réglementer l'exploitation. Il est presque superflu d'ajouter que le gouvernement britannique n'entend pas souscrire d'avance à des règlements qui violeraient les droits de ses sujets ou qui tendraient à rétablir sous une autre forme le contrat que S. M. le Roi de Naples consent aujourd'hui à révoquer.

Après avoir ainsi pourvu à l'avenir, voici ce que le gouvernement du Roi croit pouvoir proposer pour régler le passé.

Sa Majesté Sicilienne, animée d'un sentiment d'équité bienveillante, consentirait à écouter les réclamations de ceux des sujets anglais qui prétendent avoir éprouvé des pertes par suite du privilége concédé en 1838 à la compagnie Taix. Une commission de liquidation serait immédiatement constituée à cet effet. Elle siégerait à Paris ou à Naples et serait composée de deux commissaires anglais, de deux commissaires napolitains et d'un commissaire surarbitre désigné d'avance par le gouvernement français, avec l'agrément des deux cours intéressées, pour départager, dans l'occasion, les quatre autres commissaires.

Cette commission ne pourrait accueillir que les demandes d'indemnités formées par les sujets anglais placés dans les catégories suivantes :

1° Ceux qui, avant le 9 juillet 1838, époque du marché passé avec la compagnie Taix, étant devenus propriétaires ou fermiers de mines, auraient essuyé des empêchements dans l'extraction ou l'exportation des soufres, et auraient fait, en conséquence de ces empêchements, des pertes constatées ;

2° Ceux qui, avant la même époque, ayant passé des marchés à livrer, auraient été mis dans l'impossibilité d'accomplir leurs engagements, ou privés du bénéfice convenu de leurs transactions ;

3° Enfin ceux qui, ayant acheté des soufres dont l'exportation aurait été, soit interdite, soit limitée, soit soumise à des conditions plus onéreuses, auraient fait des pertes appréciables, d'une manière certaine.

La commission de liquidation une fois instituée, un délai

de trois mois serait accordé aux réclamants pour produire devant elle les titres justificatifs de leurs demandes en indemnité; un second terme de six mois serait assigné pour la conclusion de ses travaux, et les indemnités dont elle reconnaîtrait la justice seraient soldées dans l'année qui suivrait le jour de sa dissolution.

Telles sont, monsieur l'ambassadeur, les propositions que le gouvernement du Roi croit devoir présenter simultanément aux puissances qui ont accepté sa médiation. J'ai la conviction qu'elles vous paraîtront reposer sur des bases satisfaisantes, et j'attends avec confiance l'adhésion que vous vous jugerez sans doute en mesure d'y donner.

Agréez, etc. THIERS.

Lord Palmerston à l'ambassadeur de France.

Foreign-Office, 7 juillet 1840.

Le soussigné, principal secrétaire d'État de Sa Majesté pour les affaires étrangères, a l'honneur d'accuser réception de la note, en date de ce jour, de M. Guizot, ambassadeur extraordinaire et plénipotentiaire de S. M. le roi des Français à cette cour, ainsi que de la note que M. Thiers se propose de transmettre à l'ambassadeur de Sa Majesté à Paris, contenant un plan d'arrangement pour régler les différends survenus entre les gouvernements de la Grande-Bretagne et de Naples.

Le soussigné, conformément à la demande contenue dans la note de M. Guizot, a l'honneur de lui renvoyer la note susdite, et en même temps de déclarer à S. Exc. que le gouvernement de Sa Majesté est satisfait de l'arrangement contenu dans cette note, et prêt à l'accepter.

Le soussigné a l'honneur, etc.

PALMERSTON.

IV

(Page 116.)

EXTRACT OF A DISPATCH FROM LT GENERAL SIR HUDSON LOWE TO EARL BATHURST, DATED ST-HELENA, 14 MAY 1821.	EXTRAIT D'UNE DÉPÊCHE ADRESSÉE PAR LE LIEUTENANT GÉNÉRAL SIR HUDSON LOWE AU COMTE BATHURST, EN DATE DE SAINTE-HÉLÈNE, 14 MAI 1821.
... The heart which had been preserved in spirits of wine was put into a small silver vase, the stomach in another, and both placed in the coffin with the body. Mr. Rutledge, assistant surgeon of the 20th regiment, was the person who soldered up the vases in which the heart and stomach were placed, and saw them put into the coffin, the undertakers being also present. The body, when deposited in the coffin, was dressed in the plain uniform of a French colonel of chasseurs. The coffin, at the particular desire of Count Montholon, was constructed as follows : 1^{stly} A plain coffin lined with tin; 2dly A lead coffin; 3dly A mahogany coffin. Count Montholon wished to have the words « Napoléon, né « à Ajaccio 15 août 1769, mort « à Sainte-Hélène 5 mai 1821 » inscribed on it. I wished the word « Bonaparte » to be inserted after « Napoléon; » to this	... Le cœur, qui avait été conservé dans l'esprit-de-vin, fut mis dans un petit vase en argent, l'estomac dans un autre, et tous deux furent placés dans le cercueil avec le corps. M. Rutledge, aide-major du 20e régiment, fut chargé de souder les vases où étaient placés le cœur et l'estomac, et les vit déposer dans le cercueil; les entrepreneurs des pompes funèbres étant aussi présents. Le corps, lorsqu'on le déposa dans le cercueil, fut revêtu d'un uniforme de petite tenue de colonel des chasseurs de l'armée française. Le cercueil, conformément au vœu particulier du comte Montholon, fut disposé comme suit : 1° Un cercueil ordinaire bordé d'étain; 2° Un cercueil de plomb; 3° Un cercueil d'acajou. Le comte Montholon désira que les mots suivants fussent inscrits sur le cercueil : « Napo« léon, né à Ajaccio, 15 août « 1769; mort à Sainte-Hélène, « 5 mai 1821. » Je désirais que le mot « Bonaparte » fût inséré

Count Montholon objected, and therefore no inscription whatever was placed on it.

The grave was formed in the following manner:

A large pit was sunk, of a sufficient width all round to admit of a wall two feet thick of solid masonry being constructed on each side; thus forming an exact oblong, the hollow space within which was precisely twelve feet deep, near eight long and five wide. A bed of masonry was at the bottom. Upon this foundation supported by eight square stones, each a foot in height, there was laid a slab of white stone five inches thick; four other slabs of the same thickness closed the sides and ends, which, being joined at the angles by Roman cement, formed a species of stone grave or sarcophagus. This was just of depth sufficient to admit the coffin being placed within it. Another large slab of white stone, which was supported on one side by two pullies, was let down upon the grave after the coffin had been put into it, and every interstice afterwards filled with stone and Roman cement.

Above the slab of white stone which formed the cover of the stone grave, two layers of masonry strongly cemented and even cramped together, were built

après celui de « Napoléon. » Mais le comte Montholon y fit des objections, et en conséquence aucune inscription ne fut placée sur le cercueil.

Le tombeau fut disposé de la manière suivante :

Une vaste fosse fut creusée, d'une largeur suffisante en tout sens pour permettre d'y construire un mur de deux pieds d'épaisseur de maçonnerie solide sur chaque côté de la fosse, formant ainsi une enceinte oblongue et régulière, à l'intérieur de laquelle était un espace vide de douze pieds de profondeur, et d'environ huit pieds de long sur cinq de large. Une couche de maçonnerie occupait le fond sur ces fondements, et sur huit supports en pierre, carrés, et hauts chacun d'un pied, fut posée une plaque de pierre blanche, épaisse de cinq pouces; quatre autres plaques de la même épaisseur servaient de clôture sur les côtés et aux extrémités, et, jointes aux angles par du ciment romain, formaient une espèce de tombe en pierre ou de sarcophage. Ce sarcophage était d'une profondeur exactement calculée pour recevoir le cercueil qui y fut placé. Une autre grande plaque de pierre blanche, qui était soutenue d'un côté par la force de deux poulies, fut abaissée sur le sarcophage après que le cercueil y eut été placé, et tous les interstices furent ensuite comblés avec de la pierre et du ciment romain.

Par-dessus la plaque de pierre blanche qui formait le couvercle de la tombe en pierre, deux couches de maçonnerie furent construites, fortement cimen-

in, so as to unite with the two foot wall which supported the earth on each side, and the vacant space between this last work of masonry and the surface of the ground, being about eight feet in depth, was afterwards filled up with earth. The whole was then covered in, a little above the level of the ground, with another bed of flat stones whose external surface extending to the brink of the two feet wall on each side of the grave, covers a space of twelve feet long and nine feet wide.

A guard has been placed over the grave.

The spot chosen is not devoid of a certain interest. The fountain near it is the one from which General Bonaparte was supplied with water daily for his own private use, brought to him every morning in two silver bottles of his own by a Chinese servant of the house. It is one of the finest springs on the island. Two very large willow trees overshadow the tomb, and there is a grove of them at a little distance below it. The ground is the property of a Mr. Forbett, a respectable tradesman of this island, who has a little cottage close adjoining to it. He assented with great readiness to the proposition of the body being buried there. I shall cause a railing to be put round the whole of the ground, it being necessary even for the preservation of the willows, many sprigs from which

tées, et même consolidées par des crampons, de manière à rejoindre le mur épais de deux pieds qui supporte de chaque côté le poids des terres; l'espace qui restait vide entre ce dernier ouvrage de maçonnerie et la surface du sol avait environ huit pieds de profondeur; il fut comblé de terre, et le tout fut recouvert d'une autre couche de pierres plates qui dépassait un peu le niveau du sol environnant et dont le bord arrive jusqu'à la face extérieure du mur épais de deux pieds, construit de chaque côté de la tombe. L'espace ainsi recouvert a douze pieds de long et neuf pieds de large.

Une sentinelle a été postée sur le tombeau.

L'emplacement choisi n'est pas dénué d'un certain intérêt. La fontaine voisine est celle qui fournissait tous les jours au général Bonaparte l'eau nécessaire à son usage personnel; cette eau lui était portée chaque matin, dans deux bouteilles d'argent à lui appartenant, par un serviteur chinois de la maison. C'est une des plus belles sources de l'île. Deux très-grands saules ombragent la tombe, et à une petite distance au-dessous de la tombe, il y a un bosquet d'arbres semblables. Le terrain appartient à un M. Forbett, respectable commerçant de cette île, qui a tout à côté une petite maison de campagne. Il a consenti avec beaucoup d'empressement au projet d'ensevelir le corps en cet endroit. Je ferai poser une grille tout autour du terrain; cela est nécessaire pour

had already began to be taken by different individuals who went down to visit the place after the corpse was interred.	la conservation même des saules, car différentes personnes, qui sont descendues là pour visiter l'emplacement depuis que le corps y est enterré, ont déjà commencé à prendre à ces arbres beaucoup de petites branches.

V

(Page 119.)

Banquet donné par la ville de Southampton le 20 juin 1840 à l'occasion de la construction du chemin de fer de Paris à Rouen, et discours prononcé par M. Guizot.

La municipalité de Southampton a donné samedi, 20 juin, une grande fête pour célébrer la confection et l'ouverture du chemin de fer qui réunit les comtés du sud de l'Angleterre à la capitale, et qui, plus tard, lorsque les chemins de Rouen et du Havre seront terminés, réunira Paris et Londres.

Le corps municipal de la ville de Southampton, désirant témoigner à l'ambassadeur de France sa reconnaissance pour l'appui efficace qu'il avait accordé, auprès du cabinet français, à la compagnie anglaise du chemin de fer de Rouen, l'avait invité à cette fête.

Samedi matin, M. Guizot, accompagné de MM. Herbet et de Banneville, attachés à l'ambassade de France, se rendit à la gare du chemin de fer, située près de Wauxhall-Bridge. Il y fut reçu par M. Easthope, membre du parlement et président de la compagnie du chemin de fer. La salle d'attente était occupée par une foule nombreuse et choisie; on y remarquait S. A. R. le duc de Sussex, la duchesse d'Inverness, lord Palmerston, le duc et la duchesse de Gordon, lord Duncan, M. Joseph Hume, M. Holmes, M. Baring, et un grand nombre d'autres membres du parlement. Un train spécial avait été préparé pour transporter les personnes invitées à la fête. A onze heures, le train a quitté la gare de Wauxhall, emportant plus de quatre cents personnes ; et en deux heures vingt minutes quinze secondes, la distance de soixante-seize milles (plus de trente lieues), qui sépare Londres de Southampton avait été franchie, en y comprenant un temps d'arrêt de neuf minutes quinze secondes.

Une population nombreuse encombrait les abords du chemin de fer. Toute la ville, tous les bâtiments à l'ancre dans le port étaient pavoisés, et le drapeau tricolore flottait de toutes parts à côté du drapeau anglais. Lorsque le duc de Sussex et l'ambassadeur de France descendirent de voiture, l'artillerie les salua de deux salves de vingt-un coups de canon ; la musique des régiments, rangés en bataille sur le front de la gare du chemin de fer, commença à jouer les airs nationaux, et une foule immense fit retentir l'air de nombreux hourras.

La municipalité de Southampton, ayant le maire à sa tête, vint complimenter S. A. R. le duc de Sussex, et lui présenter une adresse. Après cette réception, le maire invita ses illustres hôtes à se rendre au banquet qui avait été préparé sous une immense tente, dressée en face de la mer. Une voiture, ornée des armes de la ville de Southampton, pavoisée de drapeaux tricolores et traînée par quatre chevaux, avait été disposée pour l'ambassadeur de France. Venaient ensuite les équipages du duc de Sussex, de lord Palmerston, de lord Duncan, député de la ville, etc., etc. Cette longue file de voitures s'avançait lentement entre deux haies de curieux, dans des rues décorées de drapeaux et de nombreux emblèmes, et au milieu des cris de l'enthousiasme populaire. A deux heures et demie, on arriva sous la tente où étaient dressées quatre longues tables autour desquelles vinrent s'asseoir plus de six cents personnes. Le maire présidait l'assemblée, ayant à sa droite la duchesse d'Inverness, et à sa gauche le duc de Sussex. L'ambassadeur de France était placé près de Son Altesse Royale.

M. Guizot, en acceptant l'invitation du corps municipal de Southampton, lui avait annoncé qu'il ne pourrait consacrer qu'une partie de la journée à cette visite. Une invitation antérieure de sir John Hobhouse, secrétaire d'État pour les affaires de l'Inde, l'obligeait à être revenu à Londres avant sept heures, et un train spécial avait été préparé pour effectuer son retour.

Le banquet n'était donc pas terminé, quand le maire s'est levé et s'est exprimé en ces termes :

« Je regrette infiniment, messieurs, que notre hôte illustre, M. Guizot, soit obligé de nous quitter à l'instant même pour retourner à Londres. Je ne veux pas cependant le laisser partir sans lui avoir témoigné, au nom de la ville de Southampton, notre vive et profonde reconnaissance pour l'appui si cordial et si efficace qu'il nous a prêté auprès de son gouvernement pour l'établissement du chemin de fer de Paris à Rouen. Je vous propose donc la santé de S. Ex. l'ambassadeur du Roi des Français. »

Ce toast a été accueilli et porté avec le plus vif enthousiasme.

M. Guizot s'est levé, et, dès que le silence a été rétabli, il a prononcé le discours suivant :

« Je vous remercie, messieurs, je le crains, dans un très-mauvais anglais, mais avec un cœur parfaitement reconnaissant pour votre bienveillance envers moi, et plus encore pour votre sympathie envers mon pays et son Roi, dont je vois, avec un profond plaisir, le nom inscrit sur le drapeau qui flotte devant nous. Nos deux pays sont unis déjà par les liens de la plus intime amitié; mais plus ils se rapprocheront, plus ils se connaîtront, plus leur union deviendra intime, et plus ils se feront de bien l'un à l'autre. J'espère que tel sera le résultat de ces grands travaux entrepris dans les deux pays, et j'ai été heureux de contribuer de tout mon pouvoir à l'entreprise du chemin de fer de Paris à Rouen qui sera, sans aucun doute, continué de Rouen au Havre. Ainsi nos deux pays, qui ont chacun beaucoup à donner et beaucoup à recevoir, seront mutuellement unis, non-seulement par une amitié étroite, mais par des intérêts communs. Je veux vous remercier encore une fois des sentiments que vous venez de témoigner pour la France, pour le Roi des Français et pour moi-même. »

Après ce discours, fréquemment interrompu par de vifs applaudissements, M. Guizot a pris congé de l'assemblée, et s'est retiré avec les personnes qui l'avaient accompagné. A six heures, il était à Londres, après avoir fait soixante lieues en quatre heures et demie.

Le banquet a continué après son départ.

Des toasts ont été portés à la Reine, au Prince Albert, à la Reine douairière, au duc de Sussex. Son Altesse Royale a pris la parole pour faire ressortir les avantages attachés à la construction du chemin de fer de Southampton :

« M. l'ambassadeur de France vous a tout à l'heure exposé de la manière la plus parfaite toute l'importance d'un rapprochement de plus en plus grand entre la France et l'Angleterre ; ce rapprochement doit mettre les deux nations à même de se connaître mieux, et de former une union pacifique, basée non-seulement sur une amitié mutuelle, mais encore sur des intérêts communs. (*On applaudit.*) J'approuve complétement ces réflexions et je m'associe à ces sentiments. Je m'empresse même de les reproduire en l'absence de M. l'ambassadeur. Je le fais avec d'autant plus de plaisir que M. l'ambassadeur verra par là que l'impression produite par ses paroles sur mon esprit n'a nullement été affaiblie par son absence. » (*On applaudit.*)

Un toast est porté à lord Palmerston. Lord Palmerston se lève et dit :

« Il est difficile, sans doute, d'ajouter quelque chose de nouveau à ce qui a été déjà, dans cette enceinte, si bien exposé par l'illustre duc de Sussex et l'hôte distingué, M. Guizot, forcé tout à l'heure de nous quitter. Cependant je dois déclarer que je ne comprends pas moins bien toute l'utilité de cette entreprise pour contribuer au maintien des relations pacifiques, si importantes sous le triple point de vue social, moral et politique. Les gouvernements peuvent conclure des traités avec d'autres pays ; si ces traités ne reposent pas sur une communauté d'intérêts, sur des sympathies partagées, sur une extension des lumières rendue plus facile par des communications plus aisées entre les peuples, il suffit du moindre souffle politique pour réduire en poudre tous ces édifices, et il n'y a pas là de base solide pour établir des relations d'amitié et de paix. (*Applaudissements.*) Il y a longtemps qu'on l'a dit : le plus grand bonheur de l'homme consiste à triompher de difficultés d'abord insurmontables en apparence. C'est ce qui est arrivé aux directeurs de cette entreprise. Lorsque le grand travail qui va être entrepris de l'autre côté du détroit (je veux parler de la communication par le chemin de fer entre Paris et le Havre) sera terminé, et que, de ce côté du détroit, d'autres dispositions seront également complétées, il est difficile de dire les immenses bénéfices pouvant en résulter pour vous. »

Après le dernier toast, porté à la duchesse d'Inverness et aux dames, Son Altesse Royale et la plupart des convives ont repris le chemin de fer pour retourner à Londres. Les convois ont mis le même temps à parcourir la distance entre Londres et Southampton.

(Extrait du *Journal des Débats* du 25 juin 1840.)

VI

(Page 125.)

Discours prononcé par M. Guizot au banquet de la Cité de Londres, le 20 avril 1840.

Mylords et Messieurs,

Je vous demande pardon de mon mauvais, très-mauvais anglais. Vous serez, j'en suis sûr, indulgents pour un étranger qui aime mieux vous mal parler votre langue qu'être mal compris de vous en parlant la sienne. Je suis heureux, messieurs, que ce soit aujourd'hui mon devoir de vous exprimer, au nom de tout le corps diplomatique comme en mon nom propre, au nom de l'Europe comme de la France, nos vifs sentiments de reconnaissance pour votre noble et amicale hospitalité. Vos ancêtres, messieurs, je pourrais dire vos pères, auraient été bien étonnés si on leur eût dit que, pendant plus de vingt-cinq ans, les ambassadeurs, les ministres, les représentants de tous les États, de toutes les nations de l'Europe et de l'Amérique, viendraient chaque année s'asseoir avec vous dans cette salle, pour y jouir de l'amitié de l'Angleterre et vous promettre l'amitié du monde civilisé. Dans des temps encore bien près de nous, la guerre, une guerre tantôt générale, tantôt partielle, et sinon continuelle, du moins très-fréquente, rendait de semblables réunions toujours incomplètes et irrégulières. C'est la paix qui nous a fait ce bonheur, image et symbole du bonheur du monde. Et je vous prie de le remarquer, messieurs, cette paix n'est pas une paix indolente, stérile, comme celle qui a régné quelquefois entre des nations énervées et en décadence. C'est la paix la plus active et la plus féconde qu'on ait jamais vue ; une paix amenée et maintenue, non par l'apathie et l'impuissance, mais par le pouvoir de la civilisation, du travail, de la justice et de la liberté. Messieurs, remercions la Providence souveraine qui a versé de tels bienfaits sur notre âge. Espérons que cette paix durera encore vingt-cinq années et bien des années au delà, et qu'elle ne sera jamais interrompue que pour une juste et inévitable cause. C'est le vœu sincère de mon pays comme du vôtre. Et puisse un jour, par l'influence d'une longue et heureuse paix, le genre humain tout entier être uni d'esprit et de cœur dans son passage sur la terre, comme nous sommes tous les enfants de notre Dieu qui est au ciel ! »

VII

(Page 491.)

Note adressée par S. Ex. Chékib-Efendi, envoyé extraordinaire de la Sublime Porte à Londres, à l'ambassadeur de France.

Londres, le 31 mai 1840.

Le soussigné, ambassadeur de la Sublime Porte près S. M. Britannique, avait espéré, à la suite de la note présentée le 7 avril de cette année, par son prédécesseur Nouri-Efendi, aux représentants des cours de France, d'Angleterre, d'Autriche, de Prusse et de Russie, et en conséquence de leurs réponses à ladite note, trouver, en arrivant à Londres, l'affaire turco-égyptienne terminée ou à la veille de l'être.

C'est donc avec le plus vif regret qu'il a appris que les soins que les représentants avaient promis de donner à un objet si important pour le repos de l'Orient étaient jusqu'à présent restés infructueux.

Le soussigné, depuis son départ de Constantinople, a reçu de nouveaux ordres qui lui enjoignent de presser la solution de cette affaire. Si par conséquent les délais apportés dans l'exécution des intentions bienveillantes de Leurs Excellences provenaient de difficultés qu'il serait dans les facultés du soussigné d'aplanir, il a l'honneur de les prévenir que de son côté il apportera toutes les facilités qui dépendront de lui pour aider à lever ces obstacles, et qu'à cet effet il est muni, comme l'ambassadeur Nouri-Efendi son prédécesseur, des pouvoirs les plus amples pour concerter avec Leurs Excellences les moyens de parvenir à conclure un arrangement, lequel serait basé sur des principes équitables et renfermerait les garanties d'une paix durable pour l'Empire ottoman. Cependant le soussigné est persuadé que l'accord qui, dès le principe, a existé entre les cinq grandes puissances relativement aux intérêts du Sultan, et la continuation de leur union à cet égard, suffiront pour écarter toutes les difficultés, si effectivement il en existe.

En attendant, le soussigné croit de son devoir de faire observer à Leurs Excellences que l'Empire ottoman se trouve dans une position fort critique; que l'incertitude à l'égard des résultats des délibérations de Londres, propage en Turquie une inquiétude qui prend un caractère tellement grave et alarmant que rien ne saurait justifier un plus long délai de l'ajustement d'une question soumise depuis dix mois au jugement et à la sagesse des cinq grandes puissances; enfin, que la nécessité de la solution de cette question devient de jour en jour plus urgente.

En conséquence, le soussigné prie instamment M. l'ambassadeur de France de vouloir bien, de concert avec les représentants des cours d'Angleterre, d'Autriche, de Prusse et de Russie, redoubler ses généreux efforts pour mettre fin à un mal toujours croissant et qui menace la paix de l'Orient.

Le soussigné réitère avec une vive insistance la demande faite par son prédécesseur de donner suite le plus tôt possible à l'intérêt manifesté d'une manière si amicale et si bienveillante au Sultan par la note collective des représentants des cinq grandes puissances en date de Constantinople du 27 juillet 1839, intérêt que les représentants à Londres desdites puissances, par leur note responsive à celle du 7 avril de S. Ex. Nouri-Efendi, avaient annoncé vouloir prendre immédiatement en considération.

Le soussigné, ambassadeur de la Sublime Porte près S. M. Britannique, prie M. l'ambassadeur plénipotentiaire de France de vouer, de concert avec les représentants des autres grandes cours, une attention sérieuse à l'objet de la présente note, et profite de cette occasion pour lui assurer ses respects et sa considération la plus distinguée.

CHEKIB.

2° *Note de M. Guizot, ambassadeur de France en réponse à la note de l'ambassadeur de la Sublime Porte.*

Londres, le 21 juin 1840.

Le soussigné, ambassadeur extraordinaire et plénipotentiaire de S. M. le Roi des Français auprès de S. M. Britannique, a reçu la note que S. Ex. Chekib-Efendi, ambassadeur de la Sublime Porte auprès de S. M. Britannique, lui a fait l'honneur de lui adresser, ainsi qu'aux représentants des cours d'Angleterre, d'Autriche, de Prusse et de Russie, en date du 31 mai dernier.

Le soussigné pense, comme S. Ex. M. l'ambassadeur de la Sublime Porte, que l'Empire ottoman se trouve dans une situation fort critique, que l'incertitude et les délais dans l'ajustement de la question d'Orient ont, en Turquie, des conséquences graves et alarmantes, et que la nécessité de la solution de cette question devient de jour en jour plus urgente.

Le soussigné se félicite d'apprendre que S. Ex. M. l'ambassadeur de la Sublime Porte, muni des pouvoirs les plus amples pour concerter, avec les plénipotentiaires des cinq puissances, un arrangement basé sur des principes équitables et qui renferme les garanties d'une paix durable pour l'Empire ottoman, apportera toutes les facilités qui dépendront de lui pour aider à lever les obstacles qui pourraient s'opposer à la conclusion d'un tel arrangement.

Le soussigné est persuadé en outre, ainsi que S. Ex. M. l'ambassadeur de la Sublime Porte, que la continuation de l'union entre les cinq puissances est le plus sûr moyen de parvenir à un résultat si désirable.

En conséquence, le soussigné a l'honneur de répondre à S. Ex. M. l'ambassadeur de la Sublime Porte qu'il fera tous ses efforts de concert avec les plénipotentiaires d'Angleterre, d'Autriche, de Prusse et de Russie, pour mettre fin, par un arrangement aussi prompt qu'il sera possible de l'obtenir, à un mal toujours croissant et qui menace la paix de l'Orient.

Le soussigné a l'honneur d'offrir à S. Ex. M. l'ambassadeur de la Sublime Porte les assurances de sa haute considération.

GUIZOT.

VIII

(Page 249.)

Sur les avertissements donnés par M. Guizot au gouvernement du Roi, quant au traité du 15 juillet 1840.

1º *Extrait du Journal* le Siècle, *numéro du mercredi 29 juillet* 1840.

« Nous trouvons dans la *Gazette d'Augsbourg* une correspondance de Paris, en date du 15 juillet, qui prouve que le ministère s'attendait à la rupture qui vient d'éclater entre la France et l'Angleterre.

« M. Guizot, qui s'était imaginé qu'il parviendrait à amener lord Palmerston à son opinion, partage maintenant l'opinion de M. Thiers et rend justice à son esprit de prévision. Il écrit qu'il se passe depuis quelques jours à Londres certaines choses dont il ne peut se rendre un compte exact, mais qu'il voit bien que lord Palmerston, après lui avoir donné l'assurance que la question d'Orient l'ennuyait, a entamé l'affaire sans la résoudre, mais il ignore de quelle manière et dans quel sens le noble lord a agi. Toutefois M. Guizot conseille au gouvernement de se tenir sur ses gardes afin de ne pas être pris à l'improviste. Il invite le président du conseil à prendre toutes les mesures nécessaires pour ne pas être forcé de jouer un rôle secondaire dans le drame qui peut-être ne fait que commencer. Cette prévision est digne d'éloges. En attendant, M. Thiers ne s'est pas laissé endormir comme M. Guizot. Il a toujours agi en homme qui a confiance en lui-même et qui veut suivre d'un pas ferme la voie politique dans laquelle il est une fois entré. La mission du jeune Périer dont j'ai parlé hier, et dont le but principal est de veiller à la sécurité des Français en Égypte et en Syrie, aussitôt que la lutte s'engagera sérieusement avec Méhémet-Ali, prouve que M. Thiers a dû juger les choses du véritable point de vue, en les considérant comme de nature à amener les résultats les plus graves. »

2° *Extrait du Journal* le Constitutionnel, *numéro du lundi* 3 *août* 1840.

« La *Gazette d'Augsbourg* annonçait dernièrement que notre ambassadeur à Londres avait été pris à l'improviste par la conclusion du quadruple traité. Ce fait n'est pas exact, et nous tenons à le démentir hautement. M. Guizot n'a pas été surpris. Il n'a jamais espéré qu'il ramènerait lord Palmerston à son avis ; il a au contraire toujours averti son gouvernement de la persistance du ministère anglais, et rien de ce qui se passait et rien de ce qui se préparait ne lui a échappé. Il ne faut pas confondre ce qui est très-différent. Le gouvernement français se plaint de n'avoir pas été prévenu officiellement ; mais il est loin d'accepter le rôle de dupe que l'orgueil de lord Palmerston serait sans doute flatté de lui attribuer. Les informations n'ont jamais manqué au gouvernement français, mais il était de son honneur de ne pas admettre qu'on pût aller jusqu'au bout sans lui en donner avis. »

IX

(Page 306.)

Sur l'attitude des agents français à Constantinople, en juillet et août 1840.

1° Lord Palmerston à M. Guizot, ambassadeur de France en Angleterre.

The undersigned, Her Majesty's principal secretary of State for foreign affairs, in accordance with what was agreed upon between himself and M. Guizot, ambassador extraordinary and plenipotentiary from the King of the French at this court, in their recent interview, has the honour to transmit to M. Guizot an extract from a despatch received by Her Majesty's Government a few days ago from Lord Ponsonby, together with a copy of the inclosure therein referred to.	Le soussigné, principal secrétaire d'État de Sa Majesté au département des affaires étrangères, selon ce qui a été convenu entre lui et M. Guizot, ambassadeur extraordinaire et plénipotentiaire du Roi des Français auprès de cette cour, lors de leur récente entrevue, a l'honneur de transmettre à M. Guizot un extrait d'une dépêche que le Gouvernement de Sa Majesté a reçue, il y a quelques jours, de Lord Ponsonby, avec une copie des documents auxquels cette dépêche fait allusion.
Her Majesty's Government was convinced, even before the undersigned had the honour of shewing these papers to M. Guizot, that the message intended to be conveyed to the Porte by M. de Pontois, must have been much altered by the person who delivered it, or else that M. de Pontois must have made such a	Avant même que le soussigné ait eu l'honneur de montrer ces papiers à M. Guizot, le Gouvernement de Sa Majesté était convaincu que la déclaration qui devait être faite à la Porte par M. de Pontois devait avoir été fort altérée par la personne qui l'avait faite, ou bien que M. de Pontois devait avoir fait

communication entirely without instructions or authority from his own Government, and indeed in direct opposition to the spirit of the instructions which he had received; because the language used upon this occasion by M. Pontois was directly at variance with the language which has been held by the French Government to Her Majesty's ambassador at Paris, by M. Guizot to Her Majesty's Government in London, and, as far as Her Majesty's Government are informed, by the French agents at Alexandria to Mehemet Ali. For, at Paris, M. Thiers, on his return not long ago from the meeting hold at the chateau d'Eu, assured Earl Granville that the strictest orders had been sent to the French admirals in the Levant to avoid any thing which might lead to collision between French and British ships of war; in London M. Guizot, both before and after his visit to the chateau d'Eu, has always stated to the undersigned that the armaments of France are purely precautionary, and in no respect whatever aggressive; that France intends to remain for the present entirely quiet; but thinking that the measures which the four powers are about to take in the Levant may by possibility lead to events which might affect the general balance of power, or alter the state of possessions of the powers of Europe, or in some way or other bear upon the direct interests of France, the French Government had deemed it right to	cette déclaration absolument sans instructions et sans l'autorisation de son propre Gouvernement, et véritablement en opposition directe avec l'esprit des instructions qu'il avait reçues, parce que le langage employé en cette occasion par M. de Pontois a été directement contraire au langage tenu par le Gouvernement français à l'ambassadeur de Sa Majesté à Paris, au langage tenu par M. Guizot au Gouvernement de Sa Majesté à Londres, et, autant que peut en être informé le Gouvernement de Sa Majesté, au langage tenu par les agents français à Alexandrie à Mehemet-Ali. Car, à Paris, il n'y a pas longtemps, M. Thiers, à son retour de la réunion tenue au château d'Eu, a assuré le comte Granville que les ordres les plus stricts ont été envoyés aux amiraux français dans le Levant d'éviter tout ce qui pourrait mener à une collision entre les navires de guerre français et anglais ; à Londres, M. Guizot, avant comme après sa visite au château d'Eu, a toujours assuré le soussigné que les armements de la France sont de pure précaution et n'ont en aucune façon un caractère aggressif; que l'intention de la France est de rester entièrement tranquille quant à présent; mais que, regardant les mesures que les quatre puissances sont au moment de prendre dans le Levant comme de nature à amener, par quelque éventualité, des faits qui pourraient affecter l'équilibre général de la puissance ou altérer l'État des possessions des diverses puissances

placé himself in an attitude of observation; and at Alexandria the French agents are understood to have declared to Mehemet Ali that France has no intention whatever of taking up arms in his support. It was therefore obvious to Her Majesty's Government that M. de Pontois could not have been instructed or authorized by the French Government to hold at Constantinople a language directly the reverse of that which had been held by the French Government everywhere else, and the more especially as the language held by M. Pontois is directly at variance with all the public and official declarations made by the French Government of the principles upon which the policy of France, with regard to the affairs of the Ottoman Empire, is founded.

The undersigned has great pleasure in acknowledging that the conviction thus felt by Her Majesty's Government has been confirmed by the belief expressed to him by M. Guizot upon this matter, on which however M. Guizot stated that he had received no information from his own Government, and of which he knew nothing but what the undersigned had laid before him. The undersigned therefore in transmitting to M. Guizot the accompanying papers, in order that they may be made known to the French Government, begs

en Europe, ou atteindre de manière ou d'autre les intérêts immédiats de la France, le Gouvernement français a cru bon de prendre une attitude d'observation ; et à Alexandrie, il revient que les agents français ont déclaré à Mehemet-Ali que la France n'a aucune intention de prendre les armes en sa faveur. Le Gouvernement de Sa Majesté a eu, par conséquent, lieu de penser que M. de Pontois ne pouvait pas avoir reçu d'instructions ni d'autorisation du Gouvernement français pour tenir à Constantinople un langage directement opposé à celui que le Gouvernement français a tenu partout ailleurs — et cela d'autant plus particulièrement que le langage tenu par M. de Pontois est directement opposé à toutes les déclarations publiques et officielles que le Gouvernement français a faites des principes sur lesquels est fondée la politique de la France relativement aux affaires de l'Empire ottoman.

Le soussigné éprouve un grand plaisir à reconnaître que la conviction que le Gouvernement de Sa Majesté s'est ainsi formée a été confirmée par l'opinion que M. Guizot lui a exprimée à ce sujet, sur lequel néanmoins M. Guizot a constaté n'avoir reçu aucune communication de son propre Gouvernement et duquel il ne savait que ce qui lui a été exposé par le soussigné. En conséquence, le soussigné, en transmettant à M. Guizot les papiers ci-joints, afin qu'ils puissent être portés à la connaissance du Gou-

to assure M. Guizot that he makes the communication not in consequence of any doubt which Her Majesty's Government entertain of the sincerity and good faith of the Government of France, but because it is fitting that, in a matter of such deep importance to the peace of Europe, the French Government should know how much the language which is reported to have been used by one of his diplomatic agents differs from that which the French Government itself has held.

The undersigned has the honour to renew to M. Guizot the assurances of his most distinguished consideration.

Signé : PALMERSTON.

Foreign Office, 9 th sept. 1840.

vernement français, demande la permission d'assurer M. Guizot que cette communication est faite par lui, non par suite d'aucun doute conçu par le Gouvernement de Sa Majesté sur la sincérité et la bonne foi du Gouvernement français, mais parce qu'il convient que, sur des matières si profondément importantes pour la paix de l'Europe, le Gouvernement français sache combien le langage qui a été tenu, à ce que l'on rapporte, par un de ses agents diplomatiques, diffère du langage que le Gouvernement français a tenu lui-même.

Le soussigné a l'honneur de répéter à M. Guizot les assurances de sa considération la plus distinguée.

Signé : PALMERSTON.

Foreign Office, 9 sept. 1840.

2° *Extract from a despatch from Vicount Ponsonby to Lord Palmerston, n° 176, dated Therapia, August 17, 1840.*

Reschid Pacha sent M. Francheschi to me this morning to communicate a message the pacha has received from the French ambassador, through M. Cor, the French dragoman.

My servant, by mistake, denied me to M. Francheschi, who went on to the internuncio and delivered his message to H. E. who came here immediately with M. Francheschi, and prepared a despatch for Prince Metternich detailing the transaction, and of which I have now

2° *Extrait d'une dépêche du Vicomte Ponsonby à lord Palmerston, n° 176, datée de Therapia, 17 août 1840.*

Reschid-Pacha m'a envoyé ce matin M. Francheschi pour me faire part d'un message que le pacha a reçu de l'ambassadeur de France, par l'intermédiaire du drogman français M. Cor.

Mon domestique, par erreur, a refusé ma porte à M. Francheschi qui s'est alors rendu chez l'internonce et s'est acquitté de sa commission envers S. E. qui est venue ici immédiatement avec M. Francheschi, et a préparé une dépêche au prince de Metternich, contenant les

the honour to enclose a copy that will save your Lordship the trouble of details from me.

M. Francheschi said that Reschid Pacha is not alarmed, though he is aware of the gravity of the situation of the affair; he said the Sultan is not alarmed and is firm.
With the concurrence of M. de Sturmer, I desired M. Francheschi to tell H. E. Reschid Pacha that the Sultan might depend upon the support of his allies.
I added that the internuncio and myself and I (*sic*) doubted not our colleagues also would be ready to give Reschid and the Ottoman ministers any aid, if any should be wanting, to confirm the Sultan in his views.

I was to a certain degree prepared for the hostility of France by what passed at a visit made by M. Titof to the French ambassador; when the latter, in the course of conversation, said he thought war between France and England inevitable. This appeared to me to manifest either a very injudicious and improper levity in the ambassador, or that he had received information from his Government that warranted what he said.

détails de l'incident, et dont j'ai l'honneur de joindre ici une copie qui évitera à Votre Seigneurie l'ennui des détails que je lui donnerais.

M. Francheschi dit que Reschid-Pacha n'est pas alarmé, quoiqu'il se rende compte de la gravité de la situation des affaires ; il dit que le Sultan n'est pas alarmé et est ferme.
D'accord avec M. de Sturmer, j'ai prié M. Francheschi de dire à Son Excellence Reschid-Pacha que le Sultan peut compter sur l'appui de ses alliés.

J'ai ajouté que l'internonce et moi-même et moi (*sic*) nous ne doutions pas que nos collègues ne fussent aussi prêts à donner tout leur appui à Reschid-Pacha et aux ministres ottomans, s'il en était besoin pour confirmer le Sultan dans ses vues.

J'étais jusqu'à un certain point préparé à l'hostilité de la France par ce qui s'est passé lors d'une visite faite par M. Titof à l'ambassadeur de France ; car ce dernier, dans le cours de la conversation, avait dit qu'il regardait comme inévitable la guerre entre la France et l'Angleterre ; ce qui me sembla l'indice ou d'une légèreté bien peu judicieuse et bien déplacée chez l'ambassadeur, ou de communications à lui adressées par son Gouvernement et propres à confirmer ce qu'il disait.

3° *Copie d'une dépêche du baron Stürmer au prince de Metternich, en date de Constantinople, du 17 août 1840.*

M. le ministre des affaires étrangères vient d'envoyer M. Franceschi chez mes collègues d'Angleterre, de Russie, de Prusse et chez moi, pour nous faire la communication suivante :

« M. l'ambassadeur de France a fait dire hier, le 16 de
« ce mois, par son drogman à Reschid-Pacha :

« Qu'il a l'ordre de lui signifier que le gouvernement
« français, le Roi et la nation considèrent comme une injure
« faite par le plénipotentiaire ottoman à la France la con-
« clusion du traité qu'il a signé à Londres sans le concours
« et à l'insu du plénipotentiaire français, et qui a pour
« objet une question où la France, dès le principe, a été
« partie intégrante ;

« Que le gouvernement français s'opposera de tous ses
« moyens à toute intervention armée contre le pacha d'É-
« gypte ;

« Qu'il n'attend pour se décider que le résultat de démar-
« ches qu'il fait faire dans ce moment auprès des cabinets
« de Vienne et de Berlin, afin d'en obtenir l'annulation du
« traité ;

« Que, loin d'employer, comme on le lui demandait, son
« influence morale auprès du pacha pour le porter à la sou-
« mission, il lui accordera toute l'assistance qui est en son
« pouvoir pour l'aider à résister à l'intervention étrangère ;

« Qu'il réunira ses efforts aux siens pour soulever les
« populations d'Asie et d'Europe contre l'administration
« actuelle en Turquie dont le gouvernement français se
« déclare l'ennemi et qu'il considère comme celui du pays ;

« Que M. de Pontois fera connaître au Sultan et à toute
« la nation musulmane que la France, loin d'avoir pris part

« à une convention dirigée contre les intérêts de l'islamisme,
« la condamne hautement et s'opposera à son exécution.

« Reschid-Pacha a répondu que ce langage a d'autant
« plus lieu de le surprendre que la France avait elle-même
« concouru à la note collective du 27 juillet de l'année der-
« nière. Là-dessus le drogman de France a répliqué que
« M. de Pontois avait prévu cette objection ; mais que d'a-
« bord le gouvernement français avait accepté sans avoir
« jamais approuvé la coopération de son ambassadeur à
« cette démarche ; qu'au surplus il s'agit ici de mesures
« coercitives, dont il n'est fait aucune mention dans la
« note susdite et que c'est contre ces mesures que la France
« se prononce en ce moment.

« Le pacha a répondu : Je suis profondément affligé de la
« déclaration que vous venez de me faire, car j'ai toujours
« considéré la France comme une des plus anciennes amies
« de la Porte ; il ne dépend pas de moi d'empêcher la réali-
« sation d'un acte auquel la Porte ne s'est décidée qu'avec le
« concours de quatre de ses alliés ; et quels qu'en puissent
« être les résultats, le gouvernement turc s'y résignera.

« M. de Pontois veut faire connaître au Sultan ce qu'il
« vient de lui faire dire de la part de son drogman (*sic*) ; le
« pacha est prêt à l'accompagner à l'audience de ce monar-
« que, pour lequel il ne saurait avoir rien de caché.

« Je n'ai pas besoin de dire à Votre Excellence combien
« Reschid-Pacha a trouvé dur et hostile le langage que le
« gouvernement français a chargé son ambassadeur de tenir
« à la Porte dans cette circonstance.

« M. Franceschi m'a raconté que Reschid-Pacha, ayant
« été appelé hier chez le Sultan, Sa Hautesse lui avait
« donné connaissance d'une lettre que la sultane mère ve-
« nait de recevoir de l'ex-capitan pacha, on ne sait par
« quelle occasion, mais probablement par le bateau à vapeur
« français arrivé le 14 de ce mois. Dans cette lettre Ahmed-
« Fenzi-Pacha, après avoir assuré à la sultane que Méhé-
« met-Ali était inébranlable dans sa résolution de résister,

« ajoute qu'il dépend de lui de révolutionner toutes les
« provinces d'Asie et d'Europe, et il adjure, implore et sup-
« plie la sultane d'interposer son influence auprès de son
« fils pour éviter à la nation les maux dont elle est mena-
« cée, et peut-être la chute de l'Empire.

« Ces notions m'ont paru assez importantes pour les
« porter à la connaissance de Votre Altesse par une estafette
« qui partira demain à l'aube du jour.

« Agréez, etc.

« *Signé* : Sturmer. »

4° *L'ambassadeur de France en Angleterre, à lord Palmerston.*

Londres, le   septembre 1840.

Le soussigné, ambassadeur extraordinaire et plénipotentiaire de S. M. le Roi des Français auprès de S. M. B., a l'honneur d'informer S. Ex. M. le principal secrétaire d'État de S. M. B. pour les affaires étrangères, qu'il a reçu et transmis au gouvernement du Roi les extraits que S. Ex. a fait au soussigné l'honneur de lui communiquer, de deux dépêches écrites de Constantinople, en date du 17 août dernier, l'une par lord Ponsonby, ambassadeur de S. M. B., l'autre par M. le baron de Stürmer, internonce de S. M. l'Empereur d'Autriche à Constantinople, et relatives aux communications faites récemment à la Porte ottomane par S. Ex. M. de Pontois, ambassadeur de S. M. le Roi des Français auprès de S. H. le Sultan.

Ainsi que le soussigné a déjà eu l'honneur d'en exprimer sa conviction à M. le secrétaire d'État des affaires étrangères, les renseignements contenus dans ces dépêches, au sujet desdites communications, sont inexacts, et M. de Pontois, selon ses instructions, a tenu à Constantinople un langage conforme à celui que le gouvernement du Roi a tenu lui-même à Paris, et fait tenir soit à Londres, soit ailleurs, par ses représentants. Lorsque M. le principal secrétaire d'État de S. M. B. pour les affaires étrangères fit au soussigné l'honneur de lui remettre le *Memorandum* du 17 juillet dernier, dans lequel on lisait que « le gouvernement français avait plusieurs fois déclaré que, dans aucun cas, la France ne s'opposerait aux mesures que les quatre cours, de concert avec le Sultan, pourraient juger nécessaires pour obtenir l'assentiment du Pacha d'Égypte » le soussigné se hâta de faire observer qu'il ne pouvait accepter cette expression : *dans aucun cas*, et qu'il était certain de n'avoir jamais rien dit qui l'autorisât. « Le gouvernement du Roi, dit-il alors à M le secrétaire d'État des affaires étrangères, ne se fait à coup sûr le champion armé de personne, et ne compromettra jamais, pour les seuls intérêts du Pacha d'Égypte, la paix et les intérêts de la France. Mais si les mesures adoptées contre le Pacha par les quatre puissances avaient, aux yeux du gouvernement du Roi, ce caractère ou cette conséquence que l'équilibre actuel des États européens en fût altéré, il ne saurait y consentir ; il verrait alors ce qu'il lui conviendrait de faire, et il gardera toujours, à cet égard, sa pleine liberté. »

Le 24 juillet suivant, lorsque le soussigné eut l'honneur de lire et de remettre à M. le principal secrétaire d'État pour les affaires étrangères la réponse du gouvernement du Roi au *Memorandum* du 17 juillet, cette réponse, en faisant allusion au désir témoigné par les quatre puissances que la France continuât de leur prêter son concours moral à Alexandrie, se terminait par le paragraphe suivant :

« Le concours moral de la France, dans une conduite commune, était une obligation de sa part. Il n'en est plus une dans la nouvelle situation où semblent vouloir se placer les Puissances. La France ne peut plus être mue désormais que par ce qu'elle doit à la paix et ce qu'elle se doit à elle-même. La conduite qu'elle tiendra, dans les graves circonstances où les quatre Puissances viennent de placer l'Europe, dépendra de la solution qui sera donnée à toutes les questions qu'elle vient d'indiquer. »

Et le soussigné, en insistant de tout son pouvoir sur la

gravité de la situation où l'Europe allait entrer, eut l'honneur de répéter à M. le principal secrétaire d'État de S. M. B. que la France y garderait sa pleine liberté, ayant toujours en vue la paix, le maintien de l'équilibre actuel entre les États de l'Europe, et le soin de sa dignité et de ses propres intérêts. »

Le soussigné est autorisé à déclarer que les intentions du gouvernement du Roi, qu'il a manifestées au moment même où il a eu connaissance de la convention conclue par les quatre Puissances et dans sa réponse au Memorandum du 17 juillet, sont constamment demeurées et demeurent constamment les mêmes, et que ce sont les intentions dont M. de Pontois a été l'interprète auprès de la Sublime Porte, en s'efforçant, comme un ancien et sincère ami, de l'éclairer sur la situation où elle se plaçait et sur les périls qui pouvaient en résulter pour elle.

Le soussigné a l'honneur, etc., etc.

X

(Page 311.)

Traité du 15 juillet 1840, et actes annexés.

1° *Convention conclue entre les cours de la Grande-Bretagne, d'Autriche, de Prusse et de Russie, d'une part, et la Sublime Porte ottomane, de l'autre, pour la pacification du Levant, signée à Londres le 15 juillet 1840.*

Au nom de Dieu très-miséricordieux.

Sa Hautesse le Sultan ayant eu recours à Leurs Majestés la Reine du Royaume-Uni de la Grande-Bretagne et d'Irlande, l'Empereur d'Autriche, Roi de Hongrie et de Bohême, le Roi de Prusse et l'Empereur de toutes les Russies, pour réclamer leur appui et leur assistance au milieu des difficultés dans lesquelles il se trouve placé par suite de la conduite hostile de Méhémet-Ali, Pacha d'Égypte, difficultés qui menacent de porter atteinte à l'intégrité de l'Empire ottoman et à l'indépendance du trône du Sultan; Leursdites Majestés, mues par le sentiment d'amitié sincère qui subsiste entre elles et le Sultan, animées du désir de veiller au maintien de l'intégrité et de l'indépendance de l'Empire ottoman dans l'intérêt de l'affermissement de la paix de l'Europe, fidèles à l'engagement qu'Elles ont contracté par la note collective remise à la Porte par leurs représentants à Constantinople, le 27 juillet 1839, et désirant de plus prévenir l'effusion de sang qu'occasionnerait la continuation des hostilités qui ont récemment éclaté en Syrie entre les autorités du Pacha d'Égypte et les sujets de Sa Hautesse;

Leursdites Majestés et Sa Hautesse le Sultan ont résolu, dans le but susdit, de conclure entre elles une convention, et ont nommé à cet effet pour leurs plénipotentiaires, savoir :

Sa Majesté la Reine du Royaume-Uni de la Grande-Bretagne et d'Irlande, le très-honorable Henri-Jean, vicomte Palmerston, baron Temple, pair d'Irlande, conseiller de Sa Majesté Britannique en son conseil privé, chevalier grand-croix du très-honorable ordre du Bain, membre du Parlement, et son principal secrétaire d'État ayant le département des affaires étrangères ;

Sa Majesté l'Empereur d'Autriche, Roi de Hongrie et de Bohême, le sieur Philippe, baron de Neumann, commandeur de l'ordre de Léopold d'Autriche, décoré de la croix pour le mérite civil, commandeur des ordres de la Tour et l'Épée du Portugal, de la croix du Sud du Brésil, chevalier grand-croix de l'ordre de Saint-Stanislas de seconde classe de Russie, son conseiller aulique et plénipotentiaire près Sa Majesté Britannique ;

Sa Majesté le Roi de Prusse, le sieur Henri-Guillaume, baron de Bülow, chevalier de l'ordre de l'Aigle-Rouge de première classe de Prusse, grand-croix des ordres de Léopold d'Autriche et des Guelphes de Hanovre, chevalier grand-croix de l'ordre de Saint-Stanislas de seconde classe, et de Saint-Wladimir de quatrième classe de Russie, commandeur de l'ordre du Faucon de Saxe-Weimar, son chambellan, conseiller intime actuel, envoyé extraordinaire et ministre plénipotentiaire près Sa Majesté Britannique ;

Sa Majesté l'Empereur de toutes les Russies, le sieur Philippe, baron de Brünnow, chevalier de l'ordre de Sainte-Anne de première classe, de Saint-Stanislas de première classe, de Saint-Wladimir de troisième, commandeur de l'ordre de Saint-Étienne de Hongrie, chevalier de l'ordre de l'Aigle-Rouge et de Saint-Jean-de-Jérusalem, son conseiller privé, envoyé extraordinaire et ministre plénipotentiaire près Sa Majesté Britannique;

Sa Majesté le Très-Majestueux, Très-Puissant et Très-Magnifique Sultan, Abdul-Medjid, Empereur des Ottomans, Chekib-Efendi, décoré du Nichan-Iftihar de première classe, Beylikdgé du Divan Impérial, conseiller honoraire du département des affaires étrangères, son ambassadeur extraordinaire près Sa Majesté Britannique;

Lesquels s'étant réciproquement communiqué leurs pleins pouvoirs, trouvés en bonne et due forme, ont arrêté et signé les articles suivants :

Article 1er.

Sa Hautesse le Sultan s'étant entendu avec Leurs Majestés, la Reine du Royaume-Uni de la Grande-Bretagne, l'Empereur d'Autriche, Roi de Bohême et de Hongrie, le Roi de Prusse et l'Empereur de toutes les Russies, sur les conditions de l'arrangement qu'il est de l'intention de Sa Hautesse d'accorder à Méhémet-Ali — conditions lesquelles se trouvent spécifiées dans l'acte séparé ci-annexé, — Leurs Majestés s'engagent à agir dans un parfait accord, et à unir leurs efforts pour forcer Méhémet-Ali à se conformer à cet arrangement; chacune des hautes parties contractantes se réservant de coopérer à ce but selon les moyens d'action dont chacune d'elles peut disposer.

Article. 2.

Si le Pacha d'Égypte refusait d'adhérer au susdit arrangement qui lui sera communiqué par le Sultan avec le concours de Leursdites Majestés, celles-ci s'engagent à prendre, à la réquisition du Sultan, des mesures concertées et arrêtées entre Elles afin de mettre cet arrangement à exécution. Dans l'intervalle, le Sultan ayant invité ses alliés à se joindre à lui pour l'aider à interrompre la communication par mer entre l'Égypte et la Syrie, et à empêcher l'expédition de troupes, chevaux, armes, munitions et approvisionnements de guerre de tout genre d'une de ses provinces à l'autre; Leurs Majestés la Reine du Royaume-Uni de la Grande-Bretagne et d'Irlande, et l'Empereur d'Autriche, Roi de Hongrie et de Bohême, s'engagent à donner immédiatement à cet effet les ordres nécessaires aux commandants de leurs forces navales dans la Méditerranée; Leursdites Majestés promettent en outre que les commandants de leurs escadres, selon les moyens dont ils disposent, donneront, au nom de l'alliance, tout l'appui et toute l'assistance en leur pouvoir à ceux des sujets du Sultan qui manifesteront leur fidélité à leur souverain.

Article 3.

Si Méhémet-Ali, après s'être refusé de se soumettre aux conditions de l'arrangement mentionné ci-dessus, dirigeait ses forces de terre ou de mer vers Constantinople, les hautes parties contractantes, sur la réquisition expresse qui en serait faite par le Sultan à leurs représentants à Constantinople, sont convenues, le cas échéant, de se rendre à l'invitation du souverain, et de pourvoir à la défense de son trône au moyen d'une coopération concertée en commun, dans le but de mettre les deux détroits du Bosphore et des Dardanelles, ainsi que la capitale de l'Empire ottoman, à l'abri de toute agression.

Il est en outre convenu que les forces qui, en vertu d'une pareille entente, recevront la destination indiquée ci-dessus, y resteront employées aussi longtemps que leur présence sera requise par le Sultan, et lorsque Sa Hautesse jugera que leur présence aura cessé d'être nécessaire, lesdites forces se retireront simultanément et rentreront respectivement dans la mer Noire et la Méditerranée.

Article 4.

Il est toutefois expressément entendu que la coopération mentionnée dans l'article précédent, et destinée à placer temporairement les détroits des Dardanelles et du Bosphore et la capitale ottomane sous la sauvegarde des hautes parties contractantes, contre toute agression de Méhémet-Ali, ne sera considérée que comme une mesure exceptionnelle adoptée à la demande expresse du Sultan, et uniquement pour sa défense dans le cas seul indiqué ci-dessus. Mais il est convenu que cette mesure ne dérogera en rien à l'ancienne règle de l'Empire ottoman en vertu de laquelle il a été de tout temps défendu aux bâtiments de guerre des puissances étrangères d'entrer dans les détroits des Dardanelles et du Bosphore. Et le Sultan, d'une part, déclare par le présent acte, qu'à l'exception de l'éventualité ci-dessus mentionnée, il a la ferme résolution de maintenir à l'avenir ce principe invariablement établi comme ancienne règle de son Empire, et tant que la Porte se trouve en paix, de n'admettre aucun bâtiment de guerre étranger dans les détroits du Bosphore et des Dardanelles; d'autre part, Leurs Majestés la Reine du Royaume-Uni de la Grande-Bretagne et d'Irlande, l'Empereur d'Autriche, Roi de Hongrie et de Bohême, le Roi de Prusse et l'Empereur de toutes les Russies, s'engagent à respecter cette détermination du Sultan, et à se conformer au principe ci-dessus énoncé.

Article 5.

La présente convention sera ratifiée, et les ratifications en seront échangées à Londres dans l'espace de deux mois, ou plus tôt si faire se peut.

En foi de quoi les plénipotentiaires respectifs l'ont signée, et y ont apposé les sceaux de leurs armes.

Fait à Londres le 15 juillet, l'an de grâce mil huit cent quarante.

(L. S.) Palmerston.   (L. S.) Chekib.
(L. S.) Neumann.
(L. S.) Bulow.
(L. S.) Brunnow.

2° *Acte séparé.*

Acte séparé annexé à la convention conclue à Londres, le 15 juillet 1840, entre les Cours de la Grande-Bretagne, d'Autriche, de Prusse et de Russie, d'une part et la Sublime Porte ottomane, de l'autre.

Sa Hautesse le Sultan a l'intention d'accorder et de faire notifier à Méhémet-Ali les conditions de l'arrangement ci-dessous :

§ 1ᵉʳ.

Sa Hautesse promet d'accorder à Méhémet-Ali, pour lui et pour ses descendants en ligne directe, l'administration du pachalik de l'Égypte; et Sa Hautesse promet en outre d'accorder à Méhémet-Ali, sa vie durant, avec le titre de pacha d'Acre et avec le commandement de la forteresse de Saint-Jean d'Acre, l'administration de la partie méridionale de la Syrie dont les limites seront déterminées par la ligne de démarcation suivante :

Cette ligne, partant du cap Ras-el-Nakhora sur les côtes de la Méditerranée, s'étendra de là directement jusqu'à l'embouchure de la rivière Seisaban, extrémité septentrionale du lac Tibérias, longera la côte occidentale dudit lac, suivra la rive droite du fleuve Jourdain et la côte occidentale de la mer Morte, se prolongera de là en droiture jusqu'à la mer Rouge, en aboutissant à la pointe septentrionale du golfe d'Akaba, et suivra de là la côte occidentale du golfe d'Akaba et la côte orientale du golfe de Suez jusqu'à Suez.

Toutefois, le Sultan, en faisant ces offres, y attache la condition que Méhémet-Ali les accepte dans l'espace de dix jours après que la communication lui en aura été faite à Alexandrie par un agent de Sa Hautesse, et qu'en même temps Méhémet-Ali dépose entre les mains de cet agent les instructions nécessaires aux commandants de terre et de mer de se retirer immédiatement de l'Arabie et de toutes les villes saintes qui s'y trouvent situées, de l'île de Candie, du district d'Adana, et de toutes les autres parties de l'Empire ottoman qui ne sont pas comprises dans les limites de l'Égypte et dans celles du pachalik d'Acre, tel qu'il a été désigné ci-dessus.

§ 2.

Si dans le délai de dix jours fixé ci-dessus, Méhémet-Ali n'acceptait point le susdit arrangement, le Sultan retirera alors l'offre de l'administration viagère du pachalik d'Acre; mais Sa Hautesse consentira encore à accorder à Méhémet-Ali, pour lui et pour ses descendants en ligne directe, l'administration du pachalik d'Égypte, pourvu que cette offre soit acceptée dans l'espace de dix jours suivants, c'est-à-dire dans un délai de vingt jours à compter du jour où la communication lui aura été faite, et pourvu qu'il dépose entre les mains de l'agent du Sultan les instructions nécessaires pour ses commandants de terre et de mer de se retirer immédiatement en dedans des limites et dans les ports du pachalik d'Égypte.

§ 3.

Le tribut annuel à payer au Sultan par Méhémet-Ali sera proportionné au plus ou moins de territoire dont ce dernier obtiendra l'administration, selon qu'il accepte la première ou la seconde alternative.

§ 4.

Il est expressément entendu de plus que, dans la première comme dans la seconde alternative, Méhémet-Ali (avant l'expiration du terme fixé de dix ou vingt jours) sera tenu de remettre la flotte turque, avec tous ses équipages et armements, entre les mains du préposé turc qui sera chargé de la recevoir. Les commandants des escadres alliées assisteront à cette remise.

Il est entendu que dans aucun cas Méhémet-Ali ne pourra porter en compte, ni déduire du tribut à payer au Sultan, les dépenses qu'il a faites pour l'entretien de la flotte ottomane pendant tout le temps qu'elle sera restée dans les ports d'Égypte.

§ 5.

Tous les traités et toutes les lois de l'Empire ottoman s'appliqueront à l'Égypte et au pachalik d'Acre, tel qu'il a été désigné ci-dessus. Mais le Sultan consent qu'à condition du payement régulier du tribut susmentionné, Méhémet-Ali et ses descendants perçoivent, au nom du Sultan, et comme délégués de Sa Hautesse, dans les provinces dont l'administration leur sera confiée, les taxes et impôts légalement établis. Il est entendu en outre que, moyennant la perception des taxes et impôts susdits, Méhémet-Ali et ses descendants pourvoiront à toutes les dépenses de l'administration civile et militaire desdites provinces.

§ 6.

Les forces de terre et de mer que pourra entretenir le pacha d'Égypte et d'Acre, faisant partie des forces de l'Empire ottoman, seront toujours considérées comme entretenues pour le service de l'État.

§ 7.

Si, à l'expiration du terme de vingt jours après la communication qui lui aura été faite (ainsi qu'il a été dit plus haut § 2) Méhémet-Ali n'adhère point à l'arrangement proposé, et n'accepte pas l'hérédité du pachalik de l'Égypte, le Sultan se considérera comme libre de retirer cette offre et de suivre, en conséquence, telle marche ultérieure que ses propres intérêts et les conseils de ses alliés pourront lui suggérer.

§ 8.

Le présent acte séparé aura la même force et valeur que s'il était inséré mot à mot dans la convention de ce jour. Il sera ratifié et les ratifications en seront échangées à Londres en même temps que celles de ladite convention.

PIÈCES HISTORIQUES.

En foi de quoi les plénipotentiaires respectifs l'ont signé, et y ont apposé les sceaux de leurs armes.

Fait à Londres, le quinze juillet, l'an de grâce mil huit cent quarante.

(L. S.) Neumann. (L. S.) Chekib.
(L. S.) Palmerston.
(L. S.) Bulow.
(L. S.) Brunnow.

3° *Protocole signé à Londres, le 15 juillet 1840, par les plénipotentiaires*

    d'Autriche,
    de la Grande-Bretagne,
    de Prusse,
    de Russie,
    et de la Porte ottomane.

En apposant sa signature à la convention du jour, le plénipotentiaire de la Sublime Porte ottomane a déclaré :

Qu'en constatant, par l'article 4 de ladite convention, l'ancienne règle de l'Empire ottoman en vertu de laquelle il a été défendu de tout temps aux bâtiments de guerre étrangers d'entrer dans les détroits des Dardanelles et du Bosphore, la Sublime Porte se réserve, comme par le passé, de délivrer des firmans de passage aux bâtiments légers sous pavillon de guerre, lesquels sont employés selon l'usage, au service de la correspondance des légations des puissances amies.

Les plénipotentiaires des cours d'Autriche, de la Grande-Bretagne, de Prusse et de Russie ont pris acte de la présente déclaration pour la porter à la connaissance de leurs cours.

    (*Signé*) Neumann.
        Palmerston.
        Bulow.
        Brunnow.
        Chekib.

4º *Protocole réservé*, signé à Londres, le 15 juillet 1840, par les plénipotentiaires

    d'Autriche,
    de la Grande-Bretagne,
    de Prusse,
    de Russie
    et de la Porte ottomane.

Les plénipotentiaires des cours d'Autriche, de la Grande-Bretagne, de Prusse, de Russie et de la Sublime Porte ottomane ayant, en vertu de leurs pleins pouvoirs, conclu et signé en ce jour une convention entre leurs souverains respectifs pour la pacification du Levant;

Considérant que, vu la distance qui sépare les capitales de leurs cours respectives, un certain espace de temps devra s'écouler nécessairement avant que l'échange des ratifications de ladite convention puisse s'effectuer et que les ordres fondés sur cet acte puissent être mis à exécution;

Et lesdits plénipotentiaires étant profondément pénétrés de la conviction que, vu l'état actuel des choses en Syrie, des intérêts d'humanité aussi bien que les graves considérations de politique européenne qui constituent l'objet de la sollicitude commune des Puissances signataires de la convention de ce jour, réclament impérieusement d'éviter, autant que possible, tout retard dans l'accomplissement de la pacification que ladite transaction est destinée à atteindre;

Lesdits plénipotentiaires, en vertu de leurs pleins pouvoirs, sont convenus entre eux que les mesures préliminaires mentionnées à l'article 2 de ladite convention seront mises à exécution tout de suite, sans attendre l'échange des ratifications; les plénipotentiaires respectifs constatant formellement par le présent acte l'assentiment de leurs cours à l'exécution immédiate de ces mesures.

Il est convenu en outre entre lesdits plénipotentiaires que Sa Hautesse le sultan procédera de suite à adresser à Méhémet-Ali la communication et les offres spécifiées dans l'acte séparé annexé à la convention de ce jour.

Il est convenu de plus que les agents consulaires de l'Autriche, de la Grande-Bretagne, de Prusse et de Russie, à Alexandrie, se mettront en rapport avec l'agent que Sa Hautesse le sultan y enverra pour adresser à Méhémet-Ali la communication et les offres susmentionnées; que lesdits consuls prêteront à cet agent toute l'assistance et tout l'appui en leur pouvoir, et qu'ils emploieront tous leurs moyens d'influence auprès de Méhémet-Ali à l'effet de le déterminer à accepter l'arrangement qui lui sera proposé d'ordre de Sa Hautesse le sultan.

Les amiraux des escadres respectives dans la Méditerranée recevront les instructions nécessaires pour se mettre en communication à ce sujet avec lesdits consuls.

(*Signé*) Neumann.
Palmerston.
Bulow.
Brunnow.
Chekib.

5° *Note adressée par lord Palmerston à M. Guizot, le 16 septembre 1840.*

Le 17 juillet, le soussigné a eu l'honneur d'informer Son Exc. M. Guizot qu'une convention concernant les affaires de la Turquie avait été signée le 15 du même mois par les plénipotentiaires de l'Autriche, de la Grande-Bretagne, de la Prusse et de la Russie, d'une part, et par le plénipotentiaire de la Porte ottomane, d'autre part. Les ratifications de cette convention ayant été échangées, le soussigné a l'honneur de transmettre à Son Exc. M. Guizot une copie de ladite convention et de ses annexes, pour qu'il la communique au gouvernement français. En faisant cette communication à Son Exc. M. Guizot, le soussigné ne peut s'empêcher de lui exprimer de nouveau les sincères regrets du gouvernement de Sa

Majesté de ce que la répugnance du gouvernement français à s'associer aux mesures concernant l'exécution de ce traité ait créé un obstacle qui ait empêché la France de se rendre partie au traité. Mais le gouvernement de Sa Majesté est convaincu que le cabinet des Tuileries verra dans les dispositions de ce traité des preuves irréfragables : 1° que les quatre puissances, en s'imposant les obligations qu'il contient, ont été animées d'un désir désintéressé de maintenir les principes de politique, à l'égard de la Turquie, que la France a, dans plus d'une occasion, déclaré nettement et formellement être les siens ; 2° qu'elles ne cherchent pas à obtenir, par les arrangements qu'elles ont en vue, un avantage exclusif pour elles-mêmes, et que le grand objet qu'elles se proposent est de maintenir l'équilibre politique en Europe, et de détourner les événements qui troubleraient la paix générale.

PALMERSTON.

6° *Protocole de la conférence tenue au Foreign Office le 17 septembre 1840.*

Présents : les plénipotentiaires d'Autriche, de la Grande-Bretagne, de Prusse, de Russie et de Turquie.

Les plénipotentiaires des cours d'Autriche, de la Grande-Bretagne, de Prusse et de Russie, après avoir échangé les ratifications de la convention conclue le 15 juillet dernier, ont résolu, dans le but de placer dans son vrai jour le désintéressement qui a guidé leurs cours dans la conclusion de cet acte, de déclarer formellement que, dans l'exécution des engagements résultant de ladite convention pour les puissances contractantes, ces puissances ne cherchent aucune augmentation de territoire, aucune influence exclusive, aucun avantage de commerce pour leurs sujets que ceux des autres nations ne puissent également obtenir.

Les plénipotentiaires des cours susdites ont résolu de consigner cette déclaration dans le présent protocole.

Le plénipotentiaire de la Sublime Porte ottomane, en

rendant un juste hommage à la loyauté et au désintéressement de la politique des cours alliées, a pris acte de la déclaration contenue dans le présent protocole, et s'est chargé de la transmettre à sa cour.

      Neumann, Schleinitz, Chekib,
       Palmerston, Brunnow.

XI

(Page 337.)

Dépêches échangées entre les gouvernements anglais et français sur l'exécution et les conséquences du traité du 15 juillet 1840.

1° *Memorandum de lord Palmerston, ministre de la Grande-Bretagne, adressé au gouvernement français le 31 août 1840.*

Monsieur,

Différentes circonstances m'ont empêché de vous transmettre plus tôt, et par votre entremise au gouvernement français, quelques observations que le gouvernement de Sa Majesté désire faire sur le *memorandum* qui m'a été remis le 24 juillet par l'ambassadeur de France à cette cour, en réponse au *memorandum* que j'avais remis à Son Excellence le 17 du même mois; mais actuellement je viens remplir cette tâche.

C'est avec une grande satisfaction que le gouvernement de Sa Majesté a remarqué le ton amical du *memorandum* français et les assurances qu'il contient du vif désir de la France de maintenir la paix et l'équilibre des puissances en Europe. Le *memorandum* du 17 juillet a été conçu dans un esprit tout aussi amical envers la France; et le gouvernement de Sa Majesté est tout aussi empressé que la France peut l'être de conserver la paix de l'Europe et de prévenir le moindre dérangement dans l'équilibre existant entre les puissances.

Le gouvernement de Sa Majesté a également vu avec plaisir les déclarations contenues dans le *memorandum* français portant que la France désire agir de concert avec les quatre autres puissances en ce qui concerne les affaires du Levant; qu'elle n'a jamais été poussée dans ces questions par d'autres motifs que par le désir de maintenir la paix; et que, dans l'opinion qu'elle s'est formée, elle n'a jamais été influencée par des intérêts particuliers qui lui soient propres, étant en fait aussi désintéressée que toute autre puissance peut l'être dans les affaires du Levant.

Les sentiments du gouvernement de Sa Majesté sont, sur ces points, à tous égards semblables à ceux du gouvernement français et y correspondent entièrement; car en premier lieu, dans tout le cours des négociations ouvertes sur cette question pendant plus de douze mois, le désir empressé du gouvernement britannique a été constamment qu'un concert fût établi entre les cinq puissances, et que toutes cinq elles accédassent à une ligne de conduite commune; et le gouvernement de Sa Majesté, sans devoir s'en référer, pour preuve de ce désir, aux différentes propositions qui ont été faites de temps en temps au gouvernement français, et auxquelles il est fait allusion dans le *memorandum* de la France, peut affirmer sans crainte qu'aucune puissance de l'Europe ne peut être moins influencée que ne l'est la Grande-Bretagne par des vues particulières ou par tout désir et espérance d'avantages exclusifs qui naîtraient pour elle de la conclusion des affaires du Levant; bien au contraire, l'intérêt de la Grande-Bretagne dans ces affaires s'identifie avec celui de l'Europe en général, et se trouve placé dans le maintien de l'intégrité et de l'indépendance de l'Empire ottoman, comme étant une sécurité pour la conservation de la paix, et un élément essentiel de l'équilibre général des puissances.

C'est à ces principes que le gouvernement français a promis son plein concours, et qu'il l'a offert dans plus d'une circonstance, et spécialement dans une dépêche du maréchal Soult, en date du 17 juillet 1839, dépêche qui a été communiquée officiellement aux quatre puissances ; il l'a encore offert dans une note collective du 27 juillet 1839 et dans le discours du roi des Français aux Chambres en décembre 1839.

Dans ces documents, le gouvernement français fait connaître sa détermination de maintenir l'intégrité et l'indépendance de l'Empire ottoman, sous la dynastie actuelle, comme un élément essentiel de l'équilibre des puissances, comme une sûreté pour la conservation de la paix ; et dans une dépêche du maréchal Soult il a également assuré que sa résolution était de repousser, par tous ses moyens d'action et d'influence, toute combinaison qui pourrait être hostile au maintien de cette intégrité et de cette indépendance.

En conséquence, les gouvernements de la Grande-Bretagne et de France sont parfaitement d'accord, quant aux objets vers lesquels leur politique, en ce qui concerne les affaires d'Orient, doit tendre, et quant aux principes fondamentaux d'après lesquels cette politique doit être guidée ; la seule différence qui existe entre les deux gouvernements est une différence d'opinion quant aux moyens qu'ils jugent les plus propres pour atteindre cette fin commune : point sur lequel, ainsi que l'observe le *memorandum* français, on peut naturellement s'attendre à voir se rencontrer différentes opinions.

Sur ce point il s'est élevé, en effet, une grande différence d'opinion entre les deux gouvernements, différence qui semble être devenue plus forte et plus prononcée à mesure que les deux gouvernements ont plus complétement expliqué leurs vues respectives, ce qui, pour le moment, a empêché les deux gouvernements d'agir de concert pour atteindre le but commun.

D'un côté, le gouvernement de Sa Majesté a manifesté à diverses reprises l'opinion qu'il serait impossible de maintenir l'intégrité de l'Empire turc et de conserver l'indépendance du trône du sultan, si Méhémet-Ali devait être laissé en possession de la Syrie. Le gouvernement de Sa Majesté a établi qu'il considère la Syrie comme la clef militaire de la Turquie asiatique, et que si Méhémet-Ali devait continuer à occuper cette province, outre l'Égypte, il pourrait en tout temps menacer Bagdad du côté du midi, Diarbekir et Erzeroum du côté de l'est, Koniah, Brousse et Constantinople du côté du nord; que le même esprit ambitieux qui a poussé Méhémet-Ali, en d'autres circonstances, à se révolter contre son souverain, le porterait bientôt derechef à prendre les armes pour de nouveaux envahissements, et que dans ce but il conserverait toujours une grande armée sur pied; que le sultan, d'un autre côté, devrait être continuellement en garde contre le danger qui le menacerait et serait également obligé de rester armé; qu'ainsi le sultan et Méhémet-Ali continueraient d'entretenir de fortes armées pour s'observer l'un l'autre; qu'une collision devrait nécessairement éclater par suite de ces continuels soupçons et de ces alarmes mutuelles, quand même il n'y aurait d'aucun côté une agression préméditée; que toute collision de ce genre devait nécessairement conduire à une intervention étrangère dans l'intérieur de l'Empire turc, et qu'une telle intervention, ainsi provoquée, conduirait aux plus sérieux différends entre les puissances de l'Europe.

Le gouvernement de Sa Majesté a signalé comme probable, sinon comme certain, un danger plus grand que celui-ci, en conséquence de l'occupation continue de la Syrie par Méhémet-Ali, à savoir que le pacha, se fiant sur sa force militaire et fatigué de sa position politique de sujet, exécuterait une intention qu'il a franchement avouée aux puissances d'Europe qu'il n'abandonnerait jamais, et se déclarerait lui-même indépendant. Une pareille déclaration de sa part serait incontestablement le démembrement de l'Empire ottoman, et, ce qui plus est, ce démembrement pourrait arriver dans des circonstances telles qu'elles rendraient plus difficile aux puissances d'Europe d'agir ensemble pour forcer le pacha à rétracter une pareille déclaration, qu'il ne l'est aujourd'hui de combiner leurs efforts pour le contraindre à évacuer la Syrie.

Le gouvernement de Sa Majesté a, en conséquence, invariablement prétendu que toutes les puissances qui désiraient conserver l'intégrité de l'Empire turc et maintenir l'indépendance du trône du sultan, devaient s'unir pour aider ce dernier à rétablir son autorité directe en Syrie.

Le gouvernement français, d'un autre côté, a avancé que Méhémet-Ali une fois assuré de l'occupation permanente de l'Égypte et de la Syrie, resterait un fidèle sujet et deviendrait le plus ferme soutien du sultan; que le sultan ne pourrait gouverner si le pacha n'était en possession de cette province, dont les ressources militaires et financières lui seraient alors d'une plus grande utilité que si elle était entre les mains du sultan lui-même; qu'on peut avoir une confiance entière dans la sincérité du renoncement de Méhémet-Ali à toute vue ultérieure d'ambition, et dans ses protestations de dévouement fidèle à son souverain; que le pacha est un vieillard et qu'à sa mort, en dépit de tout don héréditaire fait à sa famille, l'ensemble de puissance qu'il a acquis retournerait au sultan, parce que toutes possessions des pays mahométans, quelle que soit leur constitution, ne sont réellement autre chose que des possessions à vie.

Le gouvernement français a, en outre, soutenu que Méhémet-Ali ne voudra jamais librement consentir à évacuer la Syrie; et que les seuls moyens dont les puissances d'Europe peuvent user pour le contraindre seraient, ou bien des opérations sur mer, ce qui serait insuffisant, ou des opérations par terre, ce qui serait dangereux; que des opérations sur mer n'expulseraient pas les Égyptiens de la Syrie et exciteraient seulement Méhémet-Ali à diriger une attaque sur Constantinople; et que les mesures auxquelles on pourrait avoir recours, en pareil cas, pour défendre la capitale, mais bien plus encore toute opération par terre par les troupes des puissances alliées pour expulser l'armée de Méhémet de la Syrie, deviendraient plus fatales à l'Empire turc que ne pourrait l'être l'état de choses auquel ces mesures seraient destinées à remédier.

A ces objections, le gouvernement de Sa Majesté répliqua qu'on ne pouvait faire aucun fond sur les protestations actuelles de Méhémet-Ali ; que son ambition est insatiable et ne fait que s'accroître par le succès ; et que donner à Méhémet-Ali la faculté d'envahir et laisser à sa portée des objets de convoitise, ce serait semer des germes certains de nouvelles collisions; que la Syrie n'est pas plus éloignée de Constantinople qu'un grand nombre de provinces bien administrées ne le sont, dans d'autres États, de leur capitale, et qu'elle peut être gouvernée de Constantinople tout aussi bien que d'Alexandrie ; qu'il est impossible que les ressources de cette province puissent être aussi utiles au sultan entre les mains d'un chef qui peut, à tout moment, tourner ces ressources contre ce dernier, qu'elles le seraient si elles étaient dans les mains et à la disposition du sultan lui-même ; qu'Ibrahim, ayant une armée sous ses ordres, avait le moyen d'assurer sa propre succession, lors du décès de Méhémet-Ali, à tout pouvoir dont celui-ci serait en possession à sa mort ; et qu'il ne serait pas convenable que les grandes puissances conseillassent au sultan de conclure un arrangement public avec Méhémet-Ali dans l'intention secrète et éventuelle de rompre cet arrangement à la première occasion opportune.

Néanmoins, le gouvernement français maintint son opinion et refusa de prendre part à l'arrangement qui supposait l'emploi de mesures coercitives.

Mais le *memorandum* français établit que :

« Dans les dernières circonstances, il n'a pas été fait à la France de proposition positive sur laquelle elle fût appelée à s'expliquer, et que conséquemment la détermination que l'Angleterre lui a communiquée dans le *memorandum* du 17 juillet, sans doute au nom des quatre puissances, ne devait pas être imputée à des refus que la France n'avait pas faits. »

Ce passage me force à vous rappeler en peu de mots le cours général de la négociation.

La première opinion conçue par le gouvernement de Sa Majesté et dont il fut donné connaissance aux quatre puissances, la France comprise, en 1839, était que les seuls arrangements entre le sultan et Méhémet-Ali qui pourraient assurer un état de paix permanent dans le Levant seraient ceux qui borneraient le pouvoir délégué à Méhémet-Ali à l'Egypte seule, et rétabliraient l'autorité directe du sultan dans toute la Syrie, aussi bien à Constantinople que dans toutes les villes saintes, en interposant ainsi le désert entre la puissance directe du sultan et la province dont l'administration resterait au pacha. Et le gouvernement de Sa Majesté proposa qu'en compensation de l'évacuation de la Syrie, Méhémet-Ali reçût l'assurance que ses descendants mâles lui succéderaient comme gouverneurs de l'Égypte, sous la suzeraineté du sultan.

A cette proposition, le gouvernement français fit des objections en disant qu'un tel arrangement serait sans doute le meilleur, s'il y avait moyen de le mettre à exécution; mais que Méhémet-Ali résisterait, et que toute mesure de violence que les alliés pourraient employer pour le faire céder produirait des effets qui pourraient être plus dangereux pour la paix de l'Europe et pour l'indépendance de la Porte, que ne pourrait l'être l'état actuel des choses entre le sultan et Méhémet-Ali. Mais, quoique le gouvernement français refusât ainsi d'accéder au plan de l'Angleterre, cependant, durant un long espace de temps qui s'écoula ensuite, il n'eut pas à proposer de plan qui lui fût propre.

Cependant, en septembre 1839, le comte Sébastiani, ambassadeur français à la cour de Londres, proposa de tracer une ligne de l'est à l'ouest de la mer, à peu près vers Beyrout, au désert près de Damas, et de déclarer que tout ce qui serait au midi de cette ligne serait administré par Méhémet-Ali et que tout ce qui serait au nord le serait par l'autorité immédiate du sultan; et l'ambassadeur de France donna à entendre au gouvernement de Sa Majesté que, si un pareil arrangement était admis par les cinq puissances, la France s'unirait, en cas de besoin aux quatre puissances pour l'emploi de mesures coercitives ayant pour but de forcer Méhémet-Ali à s'y soumettre.

Mais je fis remarquer au comte Sébastiani qu'un pareil arrangement serait sujet, quoiqu'à un moindre degré, à toutes les objections qui s'appliquent à la position actuelle et relative des deux parties, et que, par suite, le gouvernement de Sa Majesté ne pouvait y accéder. J'observai qu'il paraissait inconséquent, de la part de la France, de vouloir employer, pour forcer Méhémet-Ali à souscrire à un arrangement qui serait évidemment incomplet et insuffisant pour le but qu'on se proposait, des mesures coercitives auxquelles elle se refuserait pour le contraindre à consentir à l'arrangement proposé par Sa Majesté dont, aux yeux de la France même, l'exécution atteindrait entièrement le but proposé.

A ce raisonnement, le comte Sébastiani répliqua que les objections avancées par le gouvernement français pour employer des mesures coercitives contre Méhémet-Ali étaient fondées sur des considérations de régime intérieur, et que ces objections seraient écartées si le gouvernement français était en mesure de prouver à la nation et aux Chambres qu'il avait obtenu pour Méhémet-Ali les meilleures conditions possibles, et que celui-ci avait refusé d'accepter ces conditions.

Cette insinuation n'ayant pas été admise par le gouvernement de Sa Majesté, le gouvernement français communiqua, le 27 septembre 1839, et officiellement son propre plan, qui était que Méhémet-Ali serait fait gouverneur héréditaire d'Égypte et de toute la Syrie, et gouverneur à vie de Candie, ne rendant autre chose que l'Arabie et le district d'Adana. Le gouvernement français ne dit même pas, au reste, s'il savait si Méhémet-Ali voudrait adhérer à cet arrangement, et il ne déclara pas non plus que, s'il refusait d'y accéder, la France prendrait des mesures coercitives pour l'y contraindre.

Évidemment le gouvernement de Sa Majesté ne pouvait consentir à ce plan, qui était susceptible de plus d'objections que l'état de choses actuel ; d'autant plus que donner à Méhémet-Ali un titre légal et héréditaire au tiers de l'Empire ottoman, qu'il n'occupe maintenant que par la force, c'eût été tout d'abord introduire un démembrement réel de l'Empire. Mais le gouvernement de Sa Majesté pour prouver son désir empressé d'en venir, sur ces questions, à une entente avec la France, établit qu'il ferait céder son objection bien fondée à toute extension du pouvoir de Méhémet-Ali au delà de l'Egypte, et qu'il se joindrait au gouvermement français pour recommander au sultan d'accorder à Méhémet-Ali, outre le pachalik d'Égypte, l'administration de la partie basse de la Syrie, bornée au nord par une ligne tirée du cap Carmel, à l'extrémité méridionale du lac Tibérias, et par une ligne de ce point au golfe d'Akaba, pourvu que la France voulût s'engager à coopérer avec les quatre puissances à des mesures coercitives, si Méhémet-Ali refusait cette offre.

Mais cette proposition ne fut pas agréée par le gouvernement français, qui déclara maintenant ne pouvoir coopérer aux mesures coercitives, ni participer à un arrangement auquel Méhémet-Ali ne voudrait pas consentir.

Pendant le temps que ces discussions avaient lieu avec la France, une négociation séparée avait lieu entre l'Angleterre et la Russie, dont tous les détails et les transactions ont été portés à la connaissance de la France. La négociation avec la France fut suspendue pendant quelque temps, au commencement de cette année : 1° parce qu'on s'attendait à un changement de ministère, et 2° parce que ce changement eut lieu. Mais au mois de mai, le baron de Neumann et moi-même nous résolûmes, sur l'avis de nos gouvernements respectifs, de faire un dernier effort afin d'engager la France à entrer dans le traité à conclure avec les quatre autres puissances, et nous soumîmes au gouvernement français, par l'entremise de M. Guizot, une autre proposition d'arrangement à intervenir entre le sultan et Méhémet-Ali. Une objection mise en avant par le gouvernement français aux dernières propositions de l'Angleterre fut que, bien qu'on voulût donner à Méhémet-Ali la forte position qui s'étend du mont Carmel au mont Tabor, on le priverait de la forteresse d'Acre.

Pour détruire cette objection, le baron de Neumann et moi nous proposâmes, par l'intermédiaire de M. Guizot, que les frontières du nord de cette partie de la Syrie qui serait administrée par le pacha s'étendraient depuis le cap Nakhara jusqu'au dernier point nord du lac Tibérias, de manière à renfermer dans ses limites la forteresse d'Acre, et que les frontières de l'est s'étendraient le long de la côte ouest du lac Tibérias, et ensuite comme il a été proposé, jusqu'au golfe d'Akaba; nous déclarâmes que le gouvernement de cette partie de la Syrie ne pourrait être donné à Méhémet-Ali que sa vie durant, et que ni l'Angleterre, ni l'Autriche ne pouvaient consentir à accorder l'hérédité à Méhémet-Ali pour aucune partie de la Syrie. Je déclarai de plus à M. Guizot que je ne pouvais aller plus loin, en fait de concessions, dans la vue d'obtenir la coopération de la France, et que c'était donc notre dernière proposition. Le baron de Neumann et moi nous fîmes séparément cette communication à M. Guizot; le baron de Neumann d'abord et moi le lendemain. M. Guizot me répondit qu'il ferait connaître cette proposition à son gouvernement ainsi que les circonstances que je lui avais exposées, et qu'il me ferait savoir la réponse dès qu'il l'aurait reçue. Peu de temps après, les plénipotentiaires d'Autriche, de Prusse et de Russie m'informèrent qu'ils avaient tout lieu de croire que le gouvernement français, au lieu de décider cette proposition lui-même, l'avait transmise à Alexandrie pour connaître la décision de Méhémet-Ali; que c'était placer les quatre puissances qui s'occupaient de cette affaire, non pas en face de la France, mais de Méhémet-Ali; que, sans parler du délai qui en résultait, c'était ce que leurs cours respectives n'avaient jamais eu l'intention de faire, et ce à quoi elles n'avaient pas non plus l'intention de consentir, que le gouvernement français avait ainsi placé les plénipotentiaires dans une situation fort embarrassante.

Je convins avec eux que leurs objections étaient justes à

l'égard de la conduite qu'ils attribuaient au gouvernement français, mais que M. Guizot ne m'avait rien dit sur ce que l'on ferait. On avait fait connaître à Méhémet-Ali que le gouvernement français était, en ce moment, tout occupé de questions parlementaires, et pouvait naturellement demander quelque temps pour faire une réponse à nos propositions ; qu'il ne pouvait d'ailleurs y avoir un grand mal à un délai, dans cette circonstance. Vers la fin de juin, je pense que c'est le 27, M. Guizot vint chez moi et me lut une lettre qui lui avait été adressée par M. Thiers, contenant la réponse du gouvernement français à notre proposition. Cette réponse était un refus formel. M. Thiers disait : « Que le gouvernement français savait, d'une manière positive, que Méhémet-Ali ne consentirait pas à la division de la Syrie, à moins qu'il n'y fût forcé, que la France ne pouvait coopérer aux mesures à prendre contre Méhémet-Ali dans cette circonstance et que par conséquent elle ne pouvait participer à l'arrangement projeté. »

La France ayant refusé d'accéder à l'*ultimatum* de l'Angleterre, les plénipotentiaires des quatre puissances durent examiner quelle serait la marche à adopter par leurs gouvernements.

La position des cinq puissances était celle-ci : toutes cinq avaient déclaré être convaincues qu'il était essentiel, dans des intérêts d'équilibre et pour préserver la paix de l'Europe, de conserver l'indépendance et l'intégrité de l'Empire ottoman, sous la dynastie actuelle ; toutes les cinq elles avaient déclaré qu'elles emploieraient tous leurs moyens d'influence pour maintenir cette intégrité et cette indépendance ; mais la France, d'un côté, soutint que le meilleur moyen pour arriver à ce résultat était d'abandonner le sultan à la merci de Méhémet-Ali, et de lui conseiller de se soumettre aux conditions que Méhémet lui imposerait, afin de conserver la paix, *sine qua non* ; tandis, que, d'un autre côté, les quatre puissances regardèrent une plus longue occupation militaire des provinces du sultan par Méhémet-Ali comme devant détruire l'intégrité de l'Empire turc et être fatale à son indépendance ; elles crurent donc qu'il était nécessaire de renfermer Méhémet-Ali dans une limite plus étroite.

Après environ deux mois de délibérations, la France non-seulement refusa de consentir au plan proposé par les quatre puissances comme *ultimatum* de leur part, mais elle déclara de nouveau qu'elle ne pouvait s'associer à aucun arrangement auquel Méhémet-Ali ne consentirait pas de son propre mouvement et sans qu'on l'y forçât. Il ne resta donc aux quatre puissances d'autre alternative que d'adopter le principe posé par la France, qui consistait dans la soumission entière du sultan aux demandes de Méhémet, ou d'agir d'après leurs principes qui consistaient à contraindre Méhémet-Ali à accepter un arrangement compatible, quant à la forme, avec les droits du sultan, et, quant au fond, avec l'intégrité de l'Empire ottoman. Dans la première hypothèse, on aurait obtenu la coopération de la France; dans la seconde, on devait s'en passer.

Le vif désir des quatre puissances d'obtenir la coopération de la France a été assez manifesté par les offres qu'elles ont faites pendant plusieurs mois de négociations. Elles en connaissaient bien la valeur, non-seulement par rapport à l'objet qu'elles ont actuellement en vue, mais encore par rapport aux intérêts généraux et permanents de l'Europe. Mais ce qui leur manquait, et ce qu'elles estimaient, c'était la coopération de la France pour maintenir la paix, pour obtenir la sécurité future de l'Europe, pour arriver à l'exécution pratique des principes auxquels les cinq puissances avaient déclaré vouloir concourir. Elles estimaient la coopération de la France, non-seulement pour elle-même, pour l'avantage et l'opportunité du moment, mais pour le bien qu'elle devait procurer et pour les conséquences futures qui devaient en résulter. Elles désiraient coopérer avec la France pour faire le bien, mais elles n'étaient pas préparées à coopérer avec elle pour faire le mal.

Croyant donc que la politique conseillée par la France

était injuste et nullement judicieuse envers le sultan, qu'elle pouvait occasionner des malheurs en Europe, qu'elle ne se coordonnait pas avec les engagements publics des cinq puissances, et qu'elle était incompatible avec les principes qu'elles avaient mis sagement en avant, les quatre puissances sentirent qu'elles ne pouvaient faire le sacrifice qu'on exigeait d'elles, et mettre ce prix à la coopération de la France; si, en effet, on peut appeler coopération ce qui devait consister à laisser suivre aux événements leur cours naturel. Ne pouvant donc adopter les vues de la France, les quatre puissances se sont déterminées à accomplir leur mission.

Mais cette détermination n'avait pas été imprévue, et les éventualités qui devaient s'ensuivre n'avaient pas été cachées à la France. Au contraire, à diverses reprises, pendant la négociation, et pas plus tard que le 1er octobre dernier, j'avais déclaré à l'ambassadeur français que notre désir de rester unis avec la France sur cette affaire devait avoir une limite, que nous désirions marcher en avant avec la France, mais que nous n'étions pas disposés à nous arrêter avec elle, et que, si elle ne pouvait trouver moyen d'entrer en accommodement avec les quatre puissances, elle ne pouvait être étonnée de voir celles-ci s'entendre entre elles et agir sans la France.

Le comte Sébastiani me répondit qu'il prévoyait que nous en agirions ainsi, et qu'il pouvait prédire le résultat : que nous devions tâcher de terminer nos arrangements sans la participation de la France et que nous trouverions que nos moyens étaient insuffisants; que la France serait spectatrice passive et tranquille des événements; qu'après une année ou une année et demie d'efforts inutiles, nous reconnaîtrions que nous nous sommes trompés, que nous nous adresserions alors à la France, et que cette puissance coopérerait à arranger ces affaires aussi amicalement après que nous aurions échoué qu'elle l'eût fait avant notre tentative, et qu'alors elle nous persuaderait probablement d'accéder à des choses auxquelles nous refusions de consentir pour le moment.

De semblables significations furent également faites à M. Guizot relativement à la ligne que suivraient probablement les quatre puissances si elles ne réussissaient pas à en venir à un arrangement avec la France. C'est pourquoi le gouvernement français ayant refusé *l'ultimatum* des quatre puissances, et ayant, en le refusant, posé de nouveau un principe de conduite qu'il savait ne pouvoir être adopté par les quatre puissances, principe qui consistait notamment en ce qu'il ne pouvait se faire aucun règlement entre le sultan et son sujet si ce n'est aux conditions que le sujet pourrait accepter spontanément, ou, en d'autres termes, dicter, le gouvernement français dut s'être préparé à voir les quatre puissances agir sans la France ; et les quatre puissances, ainsi déterminées, ne pouvaient, à juste titre, être représentées comme se séparant elles-mêmes de la France, ou comme excluant la France de l'arrangement d'une grande affaire européenne. Ce fut au contraire la France qui se sépara des quatre puissances, car ce fut la France qui se posa pour elle-même un principe d'action qui rendit impossible sa coopération avec les autres quatre puissances.

Et ici, sans chercher à m'étendre sur des observations de controverse relativement au passé, je trouve tout à fait nécessaire de remarquer que cette séparation volontaire de la France n'était pas purement produite par le cours des négociations à Londres, mais que, à moins que le gouvernement de Sa Majesté n'eût été étrangement induit en erreur, elle avait encore eu lieu d'une manière plus décidée dans le cours des négociations à Constantinople. Les cinq puissances ont déclaré au sultan, par la note collective qui a été remise à la Porte, le 27 juillet 1839, par leurs représentants à Constantinople, que leur union était assurée, et ceux-ci lui avaient demandé de s'abstenir de toutes négociations directes avec Méhémet-Ali, et de ne faire aucun arrangement avec le pacha sans le concours des cinq puissances. Mais cependant le gouvernement de Sa Majesté a de bonnes raisons de croire que, depuis quelques mois, le représentant français à Constantinople a isolé la France, d'une manière tranchée, des quatre autres puissances, en ce qui concerne les questions auxquelles cette note se rapportait, et qu'il a pressé vivement et à plusieurs reprises la Porte de négocier directement avec Méhémet-Ali, et de conclure un arrangement avec le pacha, non-seulement sans le concours des quatre autres puissances, mais encore sous la seule médiation la France, et conformément aux vues particulières du gouvernement français.

En ce qui concerne la ligne de conduite suivie par la Grande-Bretagne, le gouvernement français doit reconnaître que les vues et les opinions du gouvernement de Sa Majesté sur les affaires d'Orient n'ont jamais varié le moins du monde, depuis le commencement de ces négociations, excepté en ce que le gouvernement de Sa Majesté a offert de modifier ces vues et ces opinions dans l'intention d'obtenir la coopération de la France. Ces vues et opinions ont de tout temps été exprimées franchement et sans réserve au gouvernement français, et ont été constamment appuyées, auprès de ce gouvernement, de la manière la plus pressante par des arguments qui paraissaient concluants au gouvernement de Sa Majesté. Dès les premiers pas de la négociation, les déclarations de principes, faites par le gouvernement français sur les moyens d'exécution, différaient de celles du gouvernement britannique ; la France n'a certainement pas le droit de qualifier de dissidence inattendue entre la France et l'Angleterre celle que le gouvernement français reconnaît avoir existé depuis longtemps. Si les intentions et les opinions du gouvernement français relativement aux moyens d'exécution, ont subi un changement depuis l'ouverture des négociations, la France n'a certainement pas le droit d'imputer à la Grande-Bretagne une divergence de politique qui provient d'un changement de la part de la France, et nullement de l'Angleterre.

Mais de toute manière, quand, de cinq puissances, quatre se sont trouvées d'accord sur une ligne de conduite, et que la cinquième a résolu de poursuivre une conduite entièrement différente, il ne serait pas raisonnable d'exiger que les quatre abandonnassent, par déférence pour la cinquième, les opinions dans lesquelles elles se confirment de jour en jour davantage, et qui ont trait à une question d'une importance vitale pour les intérêts majeurs et futurs de l'Europe.

Mais comme la France continue à s'en tenir aux principes généraux dont elle a fait déclaration au commencement, et à soutenir qu'elle considère le maintien de l'intégrité et de l'indépendance de l'Empire turc, sous la dynastie actuelle, comme nécessaire pour la conservation de l'équilibre des puissances et pour assurer la paix; comme la France n'a jamais méconnu que l'arrangement que les quatre puissances ont l'intention d'amener entre le sultan et le pacha fût, s'il pouvait être exécuté, le meilleur et le plus complet, et comme les objections de la France s'appliquent, non à la fin qu'on se propose, mais aux moyens par lesquels on doit arriver à cette fin, son opinion étant que cette fin est bonne, mais que les moyens sont insuffisants et dangereux, le gouvernement de Sa Majesté a la confiance que l'isolement de la France des autres quatre puissances, isolement que le gouvernement de Sa Majesté regrette on ne peut plus vivement, ne peut pas être de longue durée.

Car lorsque les quatre puissances réunies au sultan seront parvenues à amener un pareil arrangement entre la Porte et ses sujets, arrangement compatible avec l'intégrité de l'Empire ottoman et avec la paix future de l'Europe, il ne restera plus de dissidence entre la France et ses alliés, et il ne peut rien avoir qui puisse empêcher la France de concourir avec les quatre puissances à tels autres engagements pour l'avenir qui pourront paraître nécessaires pour donner une stabilité convenable aux bons effets de l'intervention des quatre puissances en faveur du sultan, et pour préserver l'Empire ottoman de tout retour de danger.

Le gouvernement de Sa Majesté attend avec impatience le moment où la France sera en position de reprendre sa place dans l'union des puissances, et il espère que ce moment sera hâté par l'entier développement de l'influence morale de la France. Quoique le gouvernement français ait, pour des raisons qui lui sont propres, refusé de prendre part aux mesures de coercition contre Méhémet-Ali, certainement ce gouvernement ne peut rien objecter à l'emploi de ces moyens de persuasion pour porter le pacha à se soumettre aux arrangements qui doivent lui être proposés, et il est évident qu'il y a plus d'un argument qui peut être mis en avant et plus d'une considération de prudence qui peut être appuyée auprès du pacha avec plus d'efficacité par la France, comme puissance neutre ne prenant aucune part à ces affaires, que par les quatre puissances qui sont activement engagées à l'exécution des mesures de contrainte.

Quoi qu'il en soit, le gouvernement de Sa Majesté a la confiance que l'Europe reconnaîtra la moralité du projet qui a été mis en avant par les quatre puissances, car leur but est désintéressé et juste: elles ne cherchent pas à recueillir quelques avantages particuliers des engagements qu'elles ont contractés; elles ne cherchent à établir aucune influence exclusive, ni à faire aucune acquisition de territoire, et le but auquel elles tendent doit être aussi profitable à la France qu'à elles-mêmes parce que la France, ainsi qu'elles-mêmes, est intéressée au maintien de l'équilibre des puissances et à la conservation de la paix générale.

Vous transmettrez officiellement à M. Thiers une copie de cette dépêche.

Je suis, etc.   PALMERSTON.

Foreign Office, 31 août 1840.

2° *Réponse de M. Thiers au Memorandum de lord Palmerston, du 31 août 1840.*

Paris, le 3 octobre 1840.

Le Président du Conseil, Ministre des Affaires Étrangères,

A M. l'Ambassadeur de France a Londres.

Monsieur l'ambassadeur, vous avez eu connaissance de la dépêche que lord Palmerston a écrite à M. Bulwer pour expliquer la conduite du gouvernement britannique dans l'importante négociation qui s'est terminée par le traité du 15 juillet. Cette dépêche, dont je me plais à reconnaître que le ton est parfaitement convenable et modéré, contient cependant des assertions et des raisonnements qu'il est impossible au gouvernement du Roi de laisser établir. Sans doute, pour ne pas aggraver une situation déjà si menaçante, il vaudrait mieux laisser le passé dans l'oubli, et ne pas revenir sur des contestations trop souvent renouvelées; mais, outre que lord Palmerston aurait droit de trouver mauvais que sa communication restât sans réponse, il importe de représenter, dans sa vérité, la conduite respective de chaque cour pendant cette importante négociation. La dépêche de lord Palmerston, communiquée à toutes les légations sous la forme d'exemplaires imprimés, est déjà devenue publique. Il était donc indispensable d'y faire une réponse. Celle que je vous envoie, et dont je souhaite que le cabinet britannique ne croie pas avoir à se plaindre, donnera aux faits qui se sont passés entre les divers cabinets le sens véritable qu'ils nous semblent avoir. Vous voudrez bien en laisser copie au secrétaire d'État de Sa Majesté Britannique.

Si j'ai bien saisi l'ensemble de l'exposé présenté par lord Palmerston, on pourrait le résumer comme il suit :

« La Grande-Bretagne, complétement désintéressée dans

« la question d'Orient, n'a poursuivi qu'un seul but, c'est
« l'indépendance et l'intégrité de l'Empire ottoman. C'est
« ce but qu'elle a proposé à toutes les cours, qu'elles ont
« toutes adopté et qu'elles ont toutes poursuivi, la France
« comme les autres. Dans ce but, il fallait réduire à de moin-
« dres proportions les prétentions démesurées du vice-roi
« d'Égypte; il fallait éloigner le plus possible du Taurus les
« possessions et les armées de cet ambitieux vassal. Ce qu'il y
« avait de mieux, c'était de mettre le désert entre le sultan et
« le pacha; c'était de réduire Méhémet-Ali à l'Égypte et de
« rendre la Syrie au sultan Abdul-Medjid. Le désert de Syrie
« aurait alors servi de barrière entre les deux États et ras-
« suré l'Empire ottoman et l'Europe intéressée au salut
« de cet Empire, contre l'ambition de la famille égyptienne.

« C'est toujours là ce que l'Angleterre a proclamé à tou-
« tes les époques de la négociation. La France, par la note
« collective signée à Constantinople le 27 juillet 1839, et par
« une circulaire adressée le 17 du même mois à toutes les
« cours, la France avait semblé adhérer au principe com-
« mun, en proclamant, d'une manière aussi absolue que les
« autres cabinets, l'indépendance et l'intégrité de l'Empire
« ottoman.

« Cependant elle s'est ensuite éloignée de ce principe en
« demandant au profit du vice-roi un démembrement de
« l'Empire, incompatible avec son existence. Dans le désir
« de s'assurer le concours de la France, les quatre cabinets
« signataires du traité du 15 juillet ont fait auprès d'elle
« des instances réitérées pour l'amener à leurs vues. Ils lui
« ont même fait des sacrifices considérables, car ils ont
« ajouté à l'Égypte, héréditairement concédée, le pachalik
« d'Acre moins la place de ce nom; et ensuite ils ont con-
« senti à y joindre la place elle-même. Mais tous ces sacri-
« fices sont demeurés inutiles; la France a persisté à s'éloi-
« gner du principe que les cinq cabinets avaient cru devoir
« proclamer en commun.

« Les autres cours n'ont pas pu la suivre dans cette voie.

« Quelque désir qu'elles éprouvassent de s'assurer son con-
« cours, elles ont dû enfin se séparer d'elle, et signer un
« acte qui ne doit pas la surprendre, car elle avait été plus
« d'une fois avertie que, si on ne parvenait pas à s'entendre,
« il faudrait bien finir par résoudre à quatre la question
« qu'on ne pouvait résoudre à cinq.

« En effet, lord Palmerston avait soigneusement répété à
« l'ambassadeur de France que la proposition contenue de-
« puis dans le traité du 15 juillet était son *ultimatum*, et
« que, cette proposition refusée, il n'en ferait plus d'autre.
« Il a bien fallu passer outre, et ne pas laisser périr l'Em-
« pire ottoman par de trop longues hésitations. Les autres
« cours ne sauraient être accusées d'avoir voulu offenser la
« France en cette occasion. Quatre cabinets, étant d'accord
« sur une question de la plus haute importance, ne pou-
« vaient pas indéfiniment accorder à un cinquième le sacri-
« fice de leurs vues et de leurs intentions parfaitement dés-
« intéressées.

« D'ailleurs, en agissant ainsi, les quatre cabinets se
« rappelaient que la France avait, au mois de septembre
« 1839, par l'organe de son ambassadeur à Londres, pro-
« posé un plan d'arrangement fondé, à peu de chose près, sur
« les mêmes bases que le traité du 15 juillet; que plus tard, en
« combattant le projet présenté par l'Angleterre, elle avait
« reconnu que, sauf la difficulté et le danger des moyens
« d'exécution, il serait incontestablement préférable à tout
« autre; qu'enfin, en toute occasion, elle avait manifesté
« l'intention de ne mettre aucun obstacle à ces moyens
« d'exécution. Ils devaient donc penser que, si, pour des
« considérations particulières, elle refusait de se joindre à
« eux pour contraindre Méhémet-Ali par la force, elle ne
« mettrait du moins aucun obstacle à leurs efforts, que
« même elle les seconderait par l'emploi de son influence
« morale à Alexandrie. Les quatre cabinets espèrent encore
« que, lorsque le traité du 15 juillet aura reçu son accom-
« plissement, la France se joindra de nouveau à eux pour

« assurer d'une manière définitive le maintien de l'Empire
« ottoman. »

Telle est, si je ne me trompe, l'analyse exacte et rigoureuse de l'exposé que lord Palmerston, et les quatre cours en général, ne cessent de faire des négociations auxquelles a donné lieu la question turco-égyptienne.

D'après cet exposé,

La France aurait été inconséquente ;

Elle aurait voulu et ne voudrait plus l'intégrité et l'indépendance de l'Empire ottoman ;

Les quatre cours auraient fait des sacrifices réitérés à ses vues ;

Elle auraient fini par lui présenter un *ultimatum* fondé sur une ancienne proposition de son propre ambassadeur ;

Elles n'auraient passé outre qu'après cet *ultimatum* refusé ;

Elles auraient droit d'être surprises de la manière dont la France a accueilli le traité du 15 juillet, car, d'après ses propres déclarations, on aurait dû s'attendre qu'elle donnerait à ce traité plus qu'une adhésion passive, et au moins son influence morale.

Le récit exact des faits répondra complétement à cette manière de présenter les négociations.

Lorsque la Porte, mal conseillée, renouvela ses hostilités contre le vice-roi, et à la fois perdit son armée de terre et sa flotte, lorsqu'à toutes ces pertes se joignit la mort du sultan Mahmoud, quelle fut la crainte de l'Angleterre et de la France, alors toutes les deux parfaitement unies ? Leur crainte fut de voir Ibrahim victorieux franchir le Taurus, menacer Constantinople, et amener à l'instant même les Russes dans la capitale de l'Empire ottoman. Tout ce qu'il y a en Europe d'esprits éclairés s'associa à cette inquiétude.

Quelles furent à ce sujet les propositions de lord Palmerston ? Une première fois, en son nom personnel, une seconde fois au nom de son cabinet, il proposa à la France de réunir deux flottes, l'une anglaise, l'autre française, de les diriger vers les côtes de la Syrie, d'adresser une sommation aux deux parties belligérantes, afin de les obliger à suspendre les hostilités, d'appuyer cette sommation par les moyens maritimes, puis de réunir les deux flottes et de demander à la Porte l'entrée des Dardanelles, ou de forcer ce célèbre passage, si la lutte entre le pacha et le sultan avait ramené les Russes à Constantinople.

Ce que l'Angleterre, et avec elle tous les politiques prévoyants entendaient alors par l'intégrité et l'indépendance de l'Empire ottoman, c'était donc le préserver de la protection exclusive des armées russes, et, pour prévenir le cas de cette protection, d'empêcher le vice-roi de marcher sur Constantinople.

La France entra pleinement dans cette pensée. Elle employa son influence auprès de Méhémet-Ali et de son fils pour arrêter l'armée égyptienne victorieuse; elle y réussit, et, pour parer au danger plus sérieux de voir les armées russes à Constantinople, elle pensa qu'avant de forcer les Dardanelles, il convenait de demander à la Porte son consentement à l'entrée des deux flottes, dans le cas où un corps de troupes russes aurait franchi le Bosphore.

L'Angleterre accéda à ces propositions, et les deux cabinets furent parfaitement d'accord. Les mots d'indépendance et d'intégrité de l'Empire ottoman ne signifiaient pas alors, on ne saurait trop le faire remarquer, qu'on enlèverait à Méhémet-Ali telle ou telle partie des territoires qu'il occupait, mais qu'on l'empêcherait de marcher sur la capitale de l'Empire, et d'attirer, par la présence des soldat égyptiens, la présence des soldats russes.

Le secrétaire d'Etat de Sa Majesté Britannique, s'entretenant à ce sujet avec M. de Bourqueney, le 23 mai et le 20 juin, reconnaissait qu'il y avait en France et en Angleterre une opinion en faveur de la famille égyptienne; qu'en France cette opinion était beaucoup plus générale; que, par suite, le gouvernement français devait être beaucoup plus favorable que le gouvernement anglais à Méhémet-Ali; que c'était là sans doute une difficulté de la situation, mais que c'était une considération secondaire ; qu'une considération supérieure devait dominer toutes les autres, c'était le besoin de sauver l'Empire ottoman d'une protection exclusive, et tôt ou tard mortelle pour lui, si la France et l'Angleterre ne s'entendaient pas.

La France partageait ces idées. Sa politique tendait conséquemment à un double but, celui d'arrêter le vice-roi lorsque de vassal puissant, mais soumis, il passerait au rôle de vassal insoumis et menaçant le trône de son maître, et de substituer, à la protection exclusive d'une puissance, celle des cinq puissances prépondérantes en Europe.

C'est dans ces vues qu'elle signa, en commun, la note du 27 juillet, note tendant à placer la protection des cinq cours entre le sultan vaincu et le pacha victorieux ; c'est dans ces vues qu'elle adressa, le 17 juillet, une circulaire à toutes les cours pour provoquer une profession commune de respect pour l'intégrité de l'Empire ottoman ; c'est dans ces vues qu'elle proposa elle-même, et la première, d'associer l'Autriche, la Prusse et la Russie elle-même à toutes les résolutions relatives à la question turco-égyptienne.

Lord Palmerston se rappellera sans doute qu'il était moins disposé que la France à provoquer ce concours général des cinq puissances ; et le cabinet français ne peut que se souvenir avec un vif regret, en comparant le temps d'alors au temps d'aujourd'hui, que c'était sur la France surtout que le cabinet anglais croyait pouvoir compter pour assurer le salut de l'Empire turc.

Personne n'était disposé à croire alors que l'intégrité de l'Empire ottoman consistât dans la limite qui séparerait en Syrie les possessions du sultan et du vice-roi. Tout le monde la faisait consister dans un double fait : empêcher Ibrahim de menacer la capitale, et dispenser les Russes de la secourir. La France partageait avec tous les cabinets cette croyance à laquelle elle est restée fidèle.

L'Autriche et la Prusse adhérèrent aux vues de la France et de l'Angleterre. La cour de Russie refusa de prendre part aux conférences qui devaient se tenir à Vienne, dans le but de généraliser le protectorat européen à l'égard du sultan. Elle approuvait peu l'empressement des puissances d'Occident à se mêler de la question d'Orient: « L'empereur, disait « M. de Nesselrode dans une dépêche écrite le 6 août 1839 « à M. de Medem, et communiquée officiellement au gouver- « nement français, l'empereur ne désespère nullement du salut « de la Porte, pouvu que les puissances de l'Europe sachent « respecter son repos, et que par une agitation intempestive « elles ne finissent pas par l'ébranler tout en voulant le « raffermir. » La cour de Russie jugeait donc peu convenable de s'interposer entre le sultan et le pacha, croyait qu'il suffisait d'empêcher le vice-roi de menacer Constantinople, et semblait regarder un arrangement direct comme la ressource la plus convenable à cette situation. « Du reste, disait « encore M. de Nesselrode à l'ambassadeur de France, au « commencement d'août 1839, un peu plus, un peu moins « de Syrie, donné ou ôté au pacha, nous touche peu. Notre « seule condition c'est que la Porte soit libre dans le consen- « tement qu'elle donnera. »

A cette époque donc, les quatre cours, depuis signataires du traité du 15 juillet, les quatre cours n'étaient pas, comme on voudrait le faire croire aujourd'hui, unies de vues, en présence de la France seule dissidente et empêchant tout accord par ses refus perpétuels.

Le danger s'était éloigné depuis qu'Ibrahim avait suspendu sa marche victorieuse. Les deux parties belligérantes étaient en présence, le pacha tout-puissant, le sultan vaincu et sans ressources, mais immobiles tous les deux, grâce à l'intervention de la France. Le cabinet britannique proposa d'arracher la flotte turque des mains de Méhémet-Ali. La France s'y refusa, craignant de provoquer de nouvelles hostilités. Alors commença le funeste dissentiment qui a séparé la France de l'Angleterre, et qu'il faut à jamais regretter, dans l'intérêt de la paix et de la civilisation du monde.

Les mauvaises dispositions du cabinet britannique contre

le vice-roi d'Égypte éclatèrent avec beaucoup de vivacité : la France chercha à les tempérer. Le cabinet britannique, sur les représentations de la France, appréciant le danger d'un acte de vive force, renonça à recouvrer la flotte turque par des moyens violents. Cette proposition n'eut point de suite.

Il était devenu nécessaire de s'expliquer enfin pour savoir de quelle manière se viderait la question territoriale entre le sultan et le vice-roi. Le dissentiment entre les vues de la France et de l'Angleterre éclata plus vivement. Lord Palmerston déclara qu'à ses yeux le vice-roi devait recevoir l'Égypte héréditairement; mais que, pour prix de cette hérédité, il devait abandonner immédiatement les villes saintes, l'île de Candie, le district d'Adana et la Syrie tout entière. Toutefois, il modifia un peu ses premières vues, et consentit à joindre à la possession héréditaire de l'Egypte la possession, héréditaire aussi, du pachalik d'Acre, moins la place d'Acre.

La France n'admit point ces propositions : elle jugea que le vice-roi, vainqueur du sultan à Nezib, sans avoir été l'agresseur, ayant de plus consenti à s'arrêter quand il pouvait fondre sur l'Empire et renverser le trône du sultan, méritait plus de ménagement. Elle pensa que, de la part des puissances qui l'avaient engagé, en 1833, à accepter les conditions de Kutahié, il y aurait peu d'équité à lui imposer des conditions beaucoup plus rigoureuses alors qu'il n'avait rien fait pour perdre le bénéfice de cette transaction. Elle crut qu'en lui enlevant les villes saintes, l'île de Candie, le district d'Adana, position offensive et qui, restituée à la Porte, rendait à celle-ci toute sécurité, on devait lui assurer la possession héréditaire de l'Egypte et de la Syrie. La victoire de Nezib, gagnée sans agression de sa part, aurait pu seule lui valoir l'hérédité de ses possessions depuis le Nil jusqu'au Taurus. Mais en tenant la victoire de Nezib pour non avenue, en faisant acheter à Méhémet-Ali l'hérédité, au prix d'une partie de ses possessions actuelles, il y avait du moins rigoureuse justice à ne pas lui enlever plus que Candie, Adana et les villes saintes. D'ailleurs la France demandait par quels moyens on prétendait réduire Méhémet-Ali. Sans doute les cabinets européens étaient forts contre lui, lorsqu'il voulait menacer Constantinople; dans ce cas, des flottes dans la mer de Marmara suffisaient pour l'arrêter. Mais pour lui ôter la Syrie, quels moyens avait-on? Des moyens peu efficaces, comme un blocus; peu légitimes, comme des provocations à l'insurrection; très-dangereux, très-contraires au but proposé, comme une armée russe. La France proposa donc, en septembre 1839, d'adjuger au vice-roi l'hérédité de l'Égypte et l'hérédité de la Syrie.

Jamais, à aucune époque de la négociation, la France n'a proposé autre chose, excepté dans ces derniers temps, lorsqu'elle a conseillé au vice-roi de se contenter de la possession viagère de la Syrie. J'ai examiné les dépêches antérieures à mon administration, et je n'y ai vu nulle part que le général Sébastiani ait été autorisé à proposer la délimitation contenue dans le traité du 15 juillet, ou qu'il ait spontanément pris sur lui de la proposer. Je lui ai demandé, à lui-même, quels étaient ses souvenirs à cet égard, et il m'a affirmé qu'il n'avait fait aucune proposition de ce genre. La France donc proposa en 1839 l'attribution au vice-roi de l'hérédité de l'Égypte et de l'hérédité de la Syrie. Elle fut malheureusement en dissentiment complet avec l'Angleterre.

Ce dissentiment, à jamais regrettable, fut bientôt connu de l'Europe entière. Tout à coup, et comme par enchantement, il fit cesser les divergences qui avaient séparé les quatre cours, et amena entre elles un subit accord. L'Autriche, qui d'abord avait donné une pleine adhésion à nos propositions, qui, sur le point de notifier cette adhésion à Londres, n'avait, nous disait-elle, suspendu cette notification que pour nous donner le temps de nous mettre d'accord avec l'Angleterre, l'Autriche commença à dire qu'entre la France et l'Angleterre elle se prononcerait pour celle des deux cours qui accorderait la plus grande étendue de territoire au sultan. Il est vrai qu'alors elle protestait encore contre la pensée de recourir à des moyens coercitifs dont elle était la première à proclamer le danger. La Prusse adopta le sentiment de l'Autriche. La Russie envoya à Londres M. de Brunnow, en septembre 1839, pour faire ses propositions. La Russie, qui naguère repoussait comme peu convenable l'idée d'une intervention européenne entre le sultan et le vice-roi, et ne semblait voir de ressource que dans un arrangement direct, la Russie adhérait maintenant à tous les arrangements territoriaux qu'il plairait à l'Angleterre d'adopter, et demandait qu'en cas de reprise des hostilités, on la laissât, au nom des cinq cours, couvrir Constantinople avec une armée, tandis que les flottes anglaise et française bloqueraient la Syrie.

Ces propositions réalisaient justement la combinaison que l'Angleterre avait jusque-là regardée comme la plus dangereuse pour l'Empire ottoman, la protection d'une armée russe; combinaison redoutable, non par la possibilité qu'une armée russe pût être tentée de rester définitivement à Constantinople, mais uniquement parce que la Russie, ajoutant ainsi au fait de 1833 un second fait exactement semblable, aurait créé en sa faveur l'autorité des précédents.

Ces propositions ne furent point accueillies. M. de Brunnow quitta Londres et y revint en janvier 1840 avec des propositions nouvelles. Elles différaient des premières en ce qu'elles accordaient à la France et à l'Angleterre la faculté d'introduire chacune trois vaisseaux dans une partie limitée de la mer de Marmara, pendant que les troupes russes occuperaient Constantinople.

La négociation s'est arrêtée là pendant plusieurs mois, depuis le mois de février jusqu'à celui de juillet 1840. Dans cet intervalle, un nouveau ministère et un nouvel ambassadeur ont été chargés des affaires de la France. Le cabinet français a toujours répété qu'il ne croyait pas juste de retrancher la Syrie du nombre des possessions égyptiennes; que, s'il était possible que le vice-roi y consentît, la France ne pouvait être pour le vice-roi plus ambitieuse que lui-même; mais que, s'il fallait lui arracher la Syrie par la force, le gouvernement français ne voyait, pour y réussir, que des moyens ou inefficaces ou dangereux, et que, dans ce cas, il s'isolerait des autres cours et tiendrait une conduite tout à fait séparée.

Pendant que le cabinet français tenait ce langage à Londres avec franchise et persévérance, l'ambassadeur français à Constantinople ne cherchait pas à négocier un arrangement direct entre le sultan et le vice-roi; il ne donnait pas, ainsi que semble le croire lord Palmerston sans l'affirmer, il ne donnait pas le premier l'exemple de la séparation.

Jamais notre représentant à Constantinople n'a tenu la conduite qu'on lui prête; jamais les instructions du gouvernement du Roi ne lui ont prescrit une pareille marche. Sans doute la France n'a cessé de travailler à un rapprochement entre le sultan et le vice-roi, à les disposer l'un et l'autre à de raisonnables concessions, à faciliter ainsi la tâche délicate dont l'Europe s'était imposé l'accomplissement; mais nous avons constamment recommandé, tant à M. le comte de Pontois qu'à M. Cochelet, d'éviter avec le plus grand soin tout ce qui eût pu être considéré comme une tentative de mettre à l'écart les autres puissances, et ils ont été scupuleusement fidèles à cette recommandation.

L'Angleterre avait à choisir entre la Russie, lui offrant l'abandon du vice-roi à condition de faire adopter les propositions de M. de Brunnow, c'est-à-dire l'exécution consentie par l'Europe du traité d'Unkiar-Skelessi, et la France ne demandant qu'une négociation équitable et modérée entre le sultan et Méhémet-Ali, une négociation qui prévînt de nouvelles hostilités, et, à la suite de ces hostilités, le cas le plus dangereux pour l'intégrité de l'Empire ottoman, la protection directe et matérielle d'un seul État puissant.

Avant de faire son choix définitif entre la Russie et la France, le cabinet de Londres ne nous a pas fait les offres réitérées dont on parle pour nous amener à ses vues. Ses efforts se sont bornés à une seule proposition.

En 1839, on accordait au vice-roi la possession héréditaire de l'Égypte et du pachalik d'Acre, moins la citadelle;

en 1840, lord Palmerston nous proposa de lui accorder le pachalik d'Acre avec la citadelle de plus, mais avec l'hérédité de moins. Assurément, c'était là retrancher de la première offre plus qu'on n'y ajoutait, et on ne pouvait pas dire que ce fût une proposition nouvelle, ni surtout plus avantageuse.

Mais cette proposition, si peu digne du titre de proposition nouvelle, car elle ne contenait aucun avantage nouveau, n'avait en rien le caractère d'un *ultimatum*. Elle ne nous fut nullement présentée ainsi. Nous étions si loin de la considérer sous cet aspect que, sur une insinuation de MM. de Bulow et de Neumann, nous conçûmes l'espérance d'obtenir pour le vice-roi la possession viagère de toute la Syrie, jointe à la possession héréditaire de l'Egypte.

Sur l'affirmation de MM. de Bulow et de Neumann que cette proposition, si elle était faite, serait la dernière concession de lord Palmerston, nous envoyâmes M. Eugène Périer à Alexandrie pour disposer le vice-roi à consentir à un arrangement qui nous semblait le dernier possible. Ce n'était pas, comme le dit lord Palmerston, faire dépendre la négociation de la volonté d'un pacha d'Egypte, mais disposer les volontés contraires et les amener à un arrangement amiable qui prévînt le cruel spectacle aujourd'hui donné au monde.

La France avait quelque droit de penser qu'une si longue négociation ne se terminerait pas sans une dernière explication, que la grande et utile alliance, qui depuis dix ans la liait à l'Angleterre, ne se dissoudrait pas sans un dernier effort de rapprochement. Les insinuations qui lui avaient été faites, et qui tendaient à faire croire que peut-être on accorderait la possession viagère de la Syrie au vice-roi, devaient l'entretenir dans cette espérance. Tout à coup, le 17 juillet, lord Palmerston appelle au Foreign Office l'ambassadeur de France, et lui apprend qu'un traité avait été signé depuis l'avant-veille; il le lui apprend sans même lui donner connaissance du texte de ce traité. Le cabinet français a dû en être surpris. Il n'ignorait pas sans doute que les trois cours du continent avaient adhéré aux vues de l'Angleterre, que, par conséquent un arrangement des quatre cours sans la France était possible; mais il ne devait pas croire que cet arrangement aurait lieu sans qu'on l'en eût préalablement averti, et que l'alliance française serait aussi promptement sacrifiée.

L'offre que le vice-roi a faite, en juin, au sultan, de restituer la flotte turque, et de laquelle on a craint de voir sortir un arrangement direct secrètement proposé par nous, la possibilité qui s'est offerte à cette époque d'insurger la Syrie, paraissent être les deux motifs qui ont fait succéder dans le cabinet anglais, à une longue inertie, une résolution soudaine. Si le cabinet britannique avait voulu avoir avec nous une dernière et franche explication, le cabinet français aurait pu lui démontrer que l'offre de renvoyer la flotte n'était pas une combinaison de la France pour amener un arrangement direct, car elle n'a connu cette offre qu'après qu'elle a été faite; peut-être aussi aurait-il pu lui persuader que le soulèvement de la Syrie était un moyen peu digne et peu sûr.

Tels sont les faits dont la France affirme la vérité avec la sincérité et la loyauté qui conviennent à une grande nation.

Il en résulte évidemment :

1° Que l'indépendance et l'intégrité de l'Empire ottoman ont été entendues, au début de la négociation, comme la France les entend aujourd'hui, non pas comme une limite territoriale plus ou moins avantageuse entre le sultan et le vice-roi, mais comme une garantie des cinq cours contre une marche offensive de Méhémet-Ali, et contre la protection exclusive d'une seule de ces cinq puissances ;

2° Que la France, loin de modifier ses opinions en présence des quatre cours toujours unies de vues, d'intentions et de langage, a toujours, au contraire, entendu la question turco-égyptienne d'une seule manière, tandis qu'elle a vu les quatre cours, d'abord en désaccord, s'unir ensuite dans l'idée de sacrifier le vice-roi, et l'Angleterre, satisfaite de ce sacrifice, se rapprocher des trois autres et former une union, il est vrai, aujourd'hui très-persévérante dans ses vues, très-soudaine, très-inquiétante dans ses résolutions;

3º Qu'on n'a pas fait à la France des sacrifices réitérés pour l'attirer au projet des quatre cours, puisqu'on s'est borné à lui offrir, en 1839, de joindre à l'Egypte le pachalik d'Acre, sans la place d'Acre, mais avec l'hérédité de ce pachalik, et à lui offrir en 1840 le pachalik d'Acre, avec la place, mais sans l'hérédité;

4º Qu'elle n'a pas été avertie, comme on le dit, que les quatre cours allaient passer outre si elle n'adhérait pas à leurs vues, que, tout au contraire, elle avait quelques raisons de s'attendre à de nouvelles propositions quand, à la nouvelle du départ de Sami-Bey pour Constantinople et de l'insurrection de Syrie, on a soudainement signé, sans l'en prévenir, le traité du 15 juillet, dont on ne lui a donné connaissance que lorsqu'il était déjà signé, et communication que deux mois plus tard;

5º Enfin, qu'on n'a pas droit de compter sur son adhésion passive à l'exécution de ce traité, puisque, si elle a surtout insisté sur la difficulté des moyens d'exécution, elle n'a toutefois jamais professé, pour le but pas plus que pour les moyens, une indifférence qui permît de conclure qu'elle n'interviendrait en aucun cas dans ce qui se passerait en Orient; que, bien loin de là, elle a toujours déclaré qu'elle s'isolerait des quatre autres puissances, si certaines résolutions étaient adoptées; que jamais aucun de ses agents n'a été autorisé à dire une parole de laquelle on pût conclure que cet isolement serait l'inaction, et qu'elle a toujours entendu, comme elle entend encore, se réserver à cet égard sa pleine liberté.

Le cabinet français ne reviendrait point sur de telles contestations si la note de lord Palmerston ne lui en faisait un devoir rigoureux. Mais il est prêt à les mettre tout à fait en oubli, pour traiter le fond des choses, et attirer l'attention du secrétaire d'Etat de Sa Majesté Britannique sur le côté vraiment grave de la situation.

L'existence de l'Empire turc est en péril, l'Angleterre s'en préoccupe, et elle a raison ; toutes les puissances amies de la paix doivent s'en préoccuper aussi ; mais comment faut-il s'y prendre pour raffermir cet Empire? Lorsque les sultans de Constantinople, n'ayant plus la force de régir les vastes provinces qui dépendaient d'eux, ont vu la Moldavie, la Valachie, et plus récemment la Grèce, s'échapper insensiblement de leurs mains, comment s'y est-on pris? A-t-on, par une décision européenne, appuyée sur des troupes russes et des flottes anglaises, cherché à restituer aux sultans des sujets qui leur échappaient? Assurément non. On n'a pas essayé l'impossible. On ne leur a pas rendu la possession et l'administration directe des provinces qui se détachaient de l'Empire. On ne leur a laissé qu'une suzeraineté presque nominale sur la Valachie et la Moldavie, on les a tout à fait dépossédés de la Grèce. Est-ce par esprit d'injustice? Non certainement. Mais l'empire des faits, plus fort que les résolutions des cabinets, a empêché de restituer à la Porte soit la souveraineté directe de la Moldavie et de la Valachie, soit l'administration, même indirecte, de la Grèce ; et la Porte n'a eu de repos que depuis que ce sacrifice a été franchement opéré. Quelle vue a dirigé les cabinets dans ces sacrifices? C'est de rendre indépendantes, c'est de soustraire à l'ambition de tous les États voisins les portions de l'Empire turc qui s'en séparaient. Ne pouvant refaire un grand tout, on a voulu que les parties détachées restassent des États indépendants des Empires environnants.

Un fait semblable vient de se produire depuis quelques années relativement à l'Égypte et à la Syrie. L'Égypte a-t-elle jamais été véritablement sous l'empire des sultans ? Personne ne le pense, et personne ne croirait aujourd'hui pouvoir la faire gouverner directement de Constantinople. On en juge apparemment ainsi, puisque les quatre cours décernent à Méhémet-Ali l'hérédité de l'Égypte, en réservant toutefois la suzeraineté du sultan. Elles-mêmes, en cela, entendent comme la France l'intégrité de l'Empire ottoman ; elles se bornent à vouloir lui conserver tout ce qu'il pourra retenir sous son autorité. Elles veulent, autant que possible, un lien de vasselage entre l'Empire et ses parties détachées. Elles veulent, en un mot, tout ce que veut la France. Les quatre cours, en attribuant au vassal heureux qui a su gouverner l'Égypte, l'hérédité de cette province, lui attribuent encore le pachalik d'Acre; mais elles lui refusent les trois autres pachaliks de Syrie, les pachaliks de Damas, d'Alep, de Tripoli. Elles appellent cela sauver l'intégrité de l'Empire ottoman! Ainsi, l'intégrité de l'Empire ottoman est sauvée même quand on en détache l'Égypte et le pachalik d'Acre; mais elle est détruite, si on en détache de plus Tripoli, Damas et Alep! Nous le disons franchement, une telle thèse ne saurait se soutenir gravement devant l'Europe.

Évidemment il ne saurait y avoir, pour donner ou retirer ces pachaliks à Méhémet-Ali, que des raisons d'équité et de politique. Le vice-roi d'Égypte a fondé un État vassal avec génie et avec suite. Il a su gouverner l'Égypte et même la Syrie, que jamais les sultans n'avaient pu gouverner. Les musulmans, depuis longtemps humiliés dans leur juste fierté, voient en lui un prince glorieux qui leur rend le sentiment de leur force. Pourquoi affaiblir ce vassal utile qui, une fois séparé par une frontière bien choisie des États de son maître, deviendra pour lui le plus précieux des auxiliaires? Il a aidé le sultan dans sa lutte contre la Grèce; pourquoi ne l'aiderait-il pas dans sa lutte contre les voisins d'une religion hostile à la sienne? Son intérêt répond de lui, à défaut de sa fidélité. Quand Constantinople sera menacée, Alexandrie sera en péril : Méhémet-Ali le sait bien, il prouve tous les jours qu'il le comprend parfaitement.

Il faut, pour garder l'intégrité de l'Empire ottoman, depuis Constantinople jusqu'à Alexandrie, il faut à la fois le sultan et le pacha d'Égypte, celui-ci uni à celui-là par un lien de vasselage. Le Taurus est la ligne de séparation indiquée entre eux. Mais on veut ôter au pacha d'Égypte les clefs du Taurus; soit : qu'on les rende à la Porte, et pour cela qu'on retire le district d'Adana à Méhémet-Ali. On veut lui ôter aussi la clef de l'Archipel; qu'on lui refuse Candie : il y consent. La France, qui n'avait pas promis son influence morale au traité du 15 juillet, mais qui la doit tout entière à la paix, a conseillé ces sacrifices à Méhémet-Ali, et il les a faits. Mais, en vérité, pour lui ôter encore deux ou trois pachaliks, et les donner, non au sultan, mais à l'anarchie; pour assurer ce singulier triomphe de l'intégrité de l'Empire ottoman, déjà privé de la Grèce, de l'Égypte, du pachalik d'Acre, appeler sur cette intégrité le seul danger sérieux qui la menace, celui que l'Angleterre trouvait si sérieux l'année dernière que pour le prévenir elle proposait de forcer les Dardanelles, c'est là une manière bien singulière de pourvoir à ces grands intérêts.

Admettons cependant, pour un moment, que les vues du cabinet britannique soient mieux entendues que celles du cabinet français; l'alliance de la France ne valait-elle pas mieux, pour l'intégrité de l'Empire ottoman et pour la paix du monde, que telle ou telle délimitation en Syrie?

On ne s'alarmerait pas tant sur l'intégrité de l'Empire ottoman si on ne craignait de grands bouleversements de territoire dans le monde, si on ne craignait la guerre, qui seule rend ces grands bouleversements possibles. Or, pour les prévenir, quelle était la combinaison la plus efficace? N'était-ce pas l'alliance de la France et de l'Angleterre? Depuis Cadix jusqu'aux bords de l'Oder et du Danube, demandez-le aux peuples? Demandez-leur ce qu'ils pensent à cet égard, et ils répondront que c'est cette alliance qui depuis dix ans a sauvé la paix et l'indépendance des États, sans nuire à la liberté des nations.

On dit que cette alliance n'est pas rompue, qu'elle renaîtrait après le but atteint par le traité du 15 juillet. Quand on aura poursuivi à quatre, sans nous et malgré nous, un but en soi mauvais, que du moins nous avons cru et déclaré tel, quand on l'aura poursuivi par une alliance trop semblable à ces coalitions qui ont depuis cinquante ans ensanglanté l'Europe, croire qu'on retrouvera la France sans défiance, sans ressentiment d'une telle offense, c'est se faire de sa fierté nationale une idée qu'elle n'a jamais donnée au monde.

On a donc sacrifié gratuitement, pour un résultat secondaire, une alliance qui a maintenu l'indépendance et l'intégrité de l'Empire ottoman beaucoup plus sûrement que ne le fera le traité du 15 juillet.

On dira que la France pouvait aussi faire la même réflexion, et qu'elle pouvait, si la question des limites en Syrie lui paraissait secondaire, se rendre aux vues de l'Angleterre, et acheter par ce sacrifice le maintien de l'alliance. A cela il y a une réponse fort simple. La France, une fois d'accord sur le but avec ses alliés, aurait fait, non pas de ces sacrifices essentiels qu'aucune nation ne doit à une autre, mais celui de sa manière de voir sur certaines questions de limites. Elle vient de le prouver par les concessions qu'elle a demandées et obtenues du vice-roi. Mais on ne lui a pas laissé le choix. On lui a fait part d'une nouvelle alliance quand déjà elle était conclue. Dès lors elle a dû s'isoler. Elle l'a fait, mais elle ne l'a fait qu'alors. Depuis, toujours fidèle à sa politique pacifique, elle n'a cessé de conseiller au vice-roi d'Égypte la plus parfaite modération. Bien qu'armée et libre de son action, elle fera tous ses efforts pour éviter au monde des douleurs et des catastrophes. Sauf les sacrifices qui coûteraient à son honneur, elle fera tout ce qu'elle pourra pour maintenir la paix; et si aujourd'hui elle tient ce langage au cabinet britannique, c'est moins pour se plaindre que pour prouver la loyauté de sa politique, non-seulement à la Grande-Bretagne, mais au monde, dont aucun État, aujourd'hui, quelque puissant qu'il soit, ne saurait mépriser l'opinion. Le secrétaire d'État de Sa Majesté Britannique a voulu prouver son bon droit; le secrétaire d'État de Sa Majesté le Roi des Français doit aussi à son Roi et à son pays de prouver la conséquence, la loyauté de la politique française dans la grave question d'Orient.

Recevez, monsieur l'ambassadeur, l'assurance de ma haute considération.

Le président du conseil, ministre des affaires étrangères.

A. THIERS.

P. S..*Paris*, 8 *octobre*. Pendant que j'écrivais cette dépêche, monsieur l'ambassadeur, de déplorables événements sont venus ajouter encore à la gravité de la situation. Aux démarches conciliantes du vice-roi d'Égypte on a répondu par les plus violentes hostilités. La Porte, cédant à de funestes conseils, a prononcé sa déchéance. Il ne s'agit plus seulement de restreindre la puissance de Méhémet-Ali, on veut le faire disparaître de la face du monde politique. Si c'étaient là les intentions sérieuses des puissances unies par le traité du 15 juillet, s'il fallait voir, dans ce qui vient de se passer, autre chose que l'entraînement presque involontaire d'une situation fausse dont on n'a pas su prévoir les conséquences, il y aurait à désespérer du rétablissement de l'harmonie entre les grandes puissances.

En conséquence, je crois devoir ajouter à la présente communication la note ci-jointe.

3° *M. Thiers à M. Guizot.*

Paris, le 8 octobre 1840.

Monsieur l'ambassadeur,

La grave question qui préoccupe aujourd'hui tout le monde vient de prendre une face toute nouvelle depuis la réponse que la Porte a faite aux concessions du vice-roi d'Égypte. Méhémet-Ali, en répondant aux sommations du sultan, a déclaré qu'il se soumettait aux volontés de son auguste maître, qu'il acceptait la possession héréditaire de l'Égypte, et qu'il s'en remettait, pour le reste des territoires qu'il occupait actuellement, à la magnanimité du sultan. Nous avons fait connaître au cabinet anglais ce qu'il fallait entendre par cette manière de s'exprimer; et bien que Méhémet-Ali ne voulût pas déclarer immédiatement toutes les concessions auxquelles il avait été disposé par les vives instances de la France, nous avons pris sur nous de les faire connaître, et nous avons annoncé que Méhémet se résignerait, au besoin, à accepter la possession de l'Égypte héréditaire et de la Syrie viagère, en abandonnant immédiatement Candie, Adana, les villes saintes. Nous ajouterons que, si la Porte avait adhéré à cet arrangement, nous aurions consenti à le garantir de concert avec les puissances qui s'occupent de régler le sort de l'Empire ottoman.

Tous les esprits éclairés ont été frappés de la loyauté de la France qui, bien que tenant une conduite séparée, ne cessait pas d'exercer son influence au profit d'une solution modérée et pacifique de la question d'Orient. Ils ont aussi été frappés de la sagesse avec laquelle le vice-roi écoutait les conseils de la prudence et de la modération.

En réponse à de telles concessions, la Porte, soit qu'elle ait agi spontanément, soit qu'elle ait agi par des conseils irréfléchis reçus sur les lieux mêmes, la Porte, avant de pouvoir en référer à ses alliés, a répondu à la déférence du vice-roi par un acte de déchéance. Une telle conduite, aussi exorbitante qu'inattendue, excède même l'esprit du traité du 15 juillet et dépasse les conséquences les plus extrêmes qu'on pouvait en tirer. Ce traité que la France ne saurait invoquer car elle n'y adhère point, mais qu'elle rappelle pour montrer la rapidité avec laquelle on est entraîné déjà à des conséquences dangereuses, ce traité, dans le cas d'un refus absolu du vice-roi sur tous les points, laissait à la Porte la faculté de retirer ses premières offres, et d'en agir alors comme elle l'entendrait, suivant ses intérêts et les conseils de ses alliés; mais il supposait deux choses, un refus absolu et péremptoire sur tous les points de la part du vice-roi et le recours aux conseils des quatre puissances. Or, rien de tout cela n'a eu lieu. Le vice-roi n'a point fait de refus absolu, et la Porte ne s'est pas même donné le temps de concerter une réponse avec ses alliés. Elle a répondu à des concessions inespérées par la déchéance ! Les quatre puissances ne sauraient approuver un telle conduite, et nous savons en effet que plusieurs d'entre elles l'ont déjà désapprouvée. Lord Palmerston nous a fait déclarer qu'il ne fallait voir en cela qu'une mesure comminatoire sans conséquence effective et nécessaire. M. le comte Appony, s'entretenant avec moi sur ce sujet, m'a annoncé la même opinion de la part de son cabinet. Nous prenons acte volontiers de cette sage manifestation, et nous en prenons aussi occasion d'exprimer à cet égard les intentions de la France.

La France a déclaré qu'elle consacrerait tous ses moyens au maintien de la paix et de l'équilibre européen. C'est le cas d'expliquer clairement ce qu'elle a entendu par cette déclaration. En acceptant avec une religieuse fidélité l'état de l'Europe tel qu'il résultait des traités, la France a entendu que, pendant la paix générale qui dure heureusement depuis 1815, cet État ne fût point changé, ni au profit, ni au détriment d'aucune des puissances existantes. C'est dans cette pensée qu'elle s'est toujours prononcée pour le maintien de l'Empire ottoman. La race turque, par ses qualités nationales, méritait assurément pour elle-même le respect de son indépendance ; mais les plus chers intérêts de l'Europe se rattachent aussi à l'existence de l'Empire turc. Cet Empire, en succombant, ne pouvait servir qu'à augmenter les États voisins aux dépens de l'équilibre général ; sa chute aurait entraîné un tel changement dans la proportion actuelle des grandes puissances que la face du monde en aurait été changée. La France, et toutes les puissances avec elle, l'ont tellement senti qu'elles se sont engagées à maintenir l'Empire ottoman, quels que fussent leurs intérêts respectifs relativement à sa chute ou à son maintien.

Mais l'intégrité de l'Empire ottoman s'étend des bords de

la mer Noire à ceux de la mer Rouge. Il importe autant de garantir l'indépendance de l'Égypte et de la Syrie que l'indépendance du Bosphore et des Dardanelles. Un prince vassal a réussi à créer une administration ferme dans deux provinces que depuis longtemps les sultans de Constantinople n'avaient pu gouverner. Ce prince vassal, s'il n'a pas fait régner dans les provinces qu'il régit l'humanité de la civilisation européenne, que peut-être ne comportent pas encore les mœurs des pays qu'il administre, y a fait prévaloir plus d'ordre et de régularité que dans aucune partie de l'Empire turc. Il a su y créer une force publique, une armée, une marine; il a relevé l'orgueil du peuple ottoman et lui a rendu un peu de cette confiance en lui-même qui est indispensable pour qu'il puisse défendre son indépendance. Ce prince vassal est devenu, suivant nous, partie essentielle et nécessaire de l'Empire ottoman. S'il était détruit, l'Empire n'acquerrait pas aujourd'hui les moyens qui lui ont manqué autrefois pour gouverner la Syrie et l'Égypte, et il perdrait un vassal qui fait maintenant l'une de ses principales forces. Il aurait des pachas insoumis envers leur maître et dépendants de toutes les influences étrangères. En un mot, une partie de l'intégrité de l'Empire ottoman serait compromise, et, avec une partie de cette intégrité, une partie de l'équilibre général. Dans l'opinion de la France, le vice-roi d'Egypte, par les provinces qu'il administre, par les mers sur lesquelles s'exerce son action, est nécessaire pour assurer les proportions actuellement existantes entre les divers États du monde.

Dans cette conviction, la France, aussi désintéressée dans la question d'Orient que les quatre puissances qui ont signé le protocole du 17 septembre, se croit obligée de déclarer que la déchéance du vice-roi, mise à exécution, serait à ses yeux une atteinte à l'équilibre général. On a pu livrer aux chances de la guerre actuellement engagée la question des limites qui doivent séparer, en Syrie, les possessions du sultan et du vice-roi d'Egypte; mais la France ne saurait abandonner à de telles chances l'existence de Méhémet-Ali, comme prince vassal de l'Empire. Quelle que soit la limite territoriale qui les sépare par suite des événements de la guerre, leur double existence est nécessaire à l'Europe, et la France ne saurait admettre la suppression de l'un ou de l'autre. Disposée à prendre part à tout arrangement acceptable qui aurait pour base la double garantie de l'existence du sultan et du vice-roi d'Égypte, elle se borne dans ce moment à déclarer que, pour sa part, elle ne pourrait consentir à la mise à exécution de l'acte de déchéance prononcé à Constantinople.

Du reste, les manifestations spontanées de plusieurs des puissances signataires du traité du 15 juillet nous prouvent qu'en cela nous entendons l'équilibre européen comme elles-mêmes, et qu'en ce point nous ne les trouverons pas en désaccord avec nous. Nous regretterions ce désaccord que nous ne prévoyons pas, mais nous ne saurions nous départir de cette manière d'entendre et d'assurer le maintien de l'équilibre européen.

La France espère qu'on approuvera en Europe le motif qui la fait sortir du silence. On peut compter sur son amour de la paix, sentiment constant chez elle, malgré les procédés dont elle a cru avoir à se plaindre. On peut compter sur son désintéressement, car on ne saurait même la soupçonner d'aspirer en Orient à des acquisitions de territoire. Mais elle aspire à maintenir l'équilibre européen. Ce soin est remis à toutes les grandes puissances. Son maintien doit être leur gloire et leur principale ambition.

Agréez, etc.

XII

(Page 510)

Projet de discours pour l'ouverture de la session des Chambres de 1840, présenté au Roi le 20 octobre 1840 par le cabinet présidé par M. Thiers, et non agréé par le Roi.

Messieurs les Pairs,

Messieurs les Députés,

En vous réunissant aujourd'hui, j'ai devancé l'époque ordinaire de la convocation des Chambres. Vous apprécierez la gravité des circonstances qui ont dicté à mon gouvernement cette détermination.

Au moment où finissait la dernière session, un traité a été signé entre la Porte ottomane, l'Angleterre, l'Autriche, la Prusse, la Russie, pour régler le différend survenu entre le sultan et le vice-roi d'Égypte.

Cet acte important, accompli sans la participation de la France et dans les vues d'une politique à laquelle elle n'a point adhéré, pouvait, dans l'exécution, amener de dangereuses conséquences. La France devait les prévoir et se disposer à faire face à tous les événements. Mon gouvernement a pris sous sa responsabilité toutes les mesures qu'autorisaient les lois et que prescrivait la situation nouvelle.

La France, qui continue à souhaiter sincèrement la paix, demeure fidèle à la politique que vous avez plus d'une fois appuyée par d'éclatants suffrages. Jalouse d'assurer l'indépendance et l'intégrité de l'Empire ottoman, elle les croit conciliables avec l'existence du vice-roi d'Égypte, devenu lui-même un des éléments nécessaires de la force de cet Empire. C'est en ménageant tous les droits, en respectant tous les intérêts, qu'on peut jeter en Orient les bases d'un arrangement durable.

Mais les événements qui se pressent pourraient amener des modifications plus graves. Les mesures prises jusqu'ici par mon gouvernement pourraient alors ne plus suffire. Il importe donc de les compléter par des mesures nouvelles pour lesquelles le concours des deux Chambres était nécessaire. J'ai dû les convoquer. Elles penseront comme moi que la France, qui n'a pas été la première à livrer le repos du monde à la fortune des armes, doit se tenir prête à agir le jour où elle croirait l'équilibre européen sérieusement menacé.

(Le paragraphe de l'Espagne manque.)

La satisfaction à laquelle nous avions droit n'ayant pas été obtenue de la république Argentine, j'ai ordonné que de nouvelles forces fussent ajoutées à l'escadre dont la présence dans ces parages doit amener une conclusion favorable à nos justes réclamations.

En Afrique, le succès a couronné nos armes dans plusieurs expéditions importantes où s'est signalée la valeur de nos soldats. Deux de mes fils ont partagé leurs périls. Le plan de l'occupation définitive de l'Algérie est en partie réalisé. De nouveaux efforts seront nécessaires pour l'achever ; mais, en ce moment, tant que la situation générale de l'Europe ne changera pas, nous nous bornerons à occuper fortement les points où flotte notre drapeau.

A l'intérieur, l'ordre a été maintenu. La ville de Boulogne a été le théâtre d'une tentative insensée qui n'a servi qu'à faire éclater de nouveau le dévouement de la garde nationale, de l'armée et de la population. Toutes les ambitions et tous les souvenirs échoueront contre une monarchie créée et défendue par la toute-puissance du vœu national.

La Providence a encore une fois préservé ma tête des coups qui la menaçaient. L'impuissance n'a point découragé les passions anarchiques. Sous quelque forme qu'elles se présentent, la fermeté de mon gouvernement les combattra avec l'arme des lois. Pour moi, dans ces tristes épreuves, je ne veux me souvenir que de l'affection dont la France m'a donné les touchants témoignages.

Cette session sera presque tout entière consacrée à l'examen des mesures que les circonstances ont commandées à mon gouvernement ou peuvent lui commander encore. Il ne vous présentera que les projets de loi indispensables à l'expédition des affaires. La loi du budget ne tardera pas à être soumise à votre examen. J'ai prescrit la plus sévère économie dans la fixation des dépenses ordinaires. J'ai l'espérance que l'état de nos finances nous permettra de satisfaire aux besoins du pays sans lui imposer de nouvelles charges.

Messieurs, j'aime à compter plus que jamais sur votre patriotique concours. Vous voulez comme moi que la France soit forte et grande. Aucun sacrifice ne vous coûterait pour lui conserver dans le monde le rang qui lui appartient. Elle n'en veut pas déchoir. La France est fortement attachée à la paix, mais elle ne l'achèterait pas d'un prix indigne d'elle, et votre Roi, qui a mis sa gloire à la conserver au monde, veut laisser intact à son fils ce dépôt sacré d'indépendance et d'honneur national que la Révolution française a mis dans ses mains.

FIN DES PIÈCES HISTORIQUES DU TOME CINQUIÈME.

TABLE DES MATIÈRES

DU TOME CINQUIÈME.

CHAPITRE XXVII.

MON AMBASSADE EN ANGLETERRE.

Mon arrivée en Angleterre; aspect général du pays. — Mon établissement dans *Hertford-House*, hôtel de l'ambassade.—Je présente à la reine Victoria mes lettres de créance. — Incident de cette audience.—Situation respective de l'aristocratie et de la démocratie dans le gouvernement anglais. — Mon premier dîner et ma première soirée chez lord Palmerston. —Lord Melbourne et lord Aberdeen.—Le duc de Wellington. —Mon premier dîner chez la reine, à Buckingham-Palace.— Lever que tient la reine au palais de Saint-James.—Chute du maréchal Soult et avénement de M. Thiers.—Dispositions du roi Louis-Philippe. — Situation de M. Thiers. — Opinions diverses de mes amis sur la question de savoir si je dois rester ambassadeur à Londres.—Raisons qui me décident à rester.—Mes lettres à mes amis.—Commencement de la correspondance entre M. Thiers et moi........................ 1

CHAPITRE XXVIII.

NÉGOCIATIONS SUR LES AFFAIRES D'ORIENT.

Difficultés de ma situation à Londres en reprenant les négociations sur la question d'Orient.—Mes instructions.— Motifs et bases de la politique du cabinet du maréchal Soult.— Conversation préliminaire avec lord Palmerston.—J'apprends la formation du cabinet de M. Thiers.—Ma première conversation avec lord Palmerston sur la question d'Orient.—Conversation avec lord Melbourne. — Dispositions de plusieurs membres du cabinet anglais.— Lord Holland, lord Lansdowne et lord John Russell. —Dispositions des whigs étrangers au cabinet. —Lord Grey.—Lord Durham. — Mes relations avec les torys. —Le corps diplomatique à Londres. — Le baron de Bulow.— Le baron de Neumann.—Le baron de Brünnow.—M. Van-de-weyer, le général Alava, M. Dedel, le comte de Pollon.—Je signale à plusieurs reprises au cabinet français le péril de la situation et les chances d'un arrangement entre quatre puissances et sans la France. — Instructions que me donne M. Thiers. — Commencement d'amélioration dans notre situation.—Ma conversation du 1er avril 1840 avec lord Palmerston. —L'ambassadeur turc à Paris, Nouri-Efendi, arrive à Londres. — Sa note du 7 avril aux cinq puissances. — Ma réponse. — Ouvertures que me font successivement le baron de Bulow et le baron de Neumann. — Concession importante de lord Palmerston. — Suspension de la négociation en attendant l'arrivée du nouvel ambassadeur turc, Chékib-Efendi, qui vient de Constantinople.................................... 26

CHAPITRE XXIX.

NÉGOCIATIONS DIVERSES.

Querelle entre l'Angleterre et le royaume de Naples à propos des soufres de Sicile. —Son origine et ses causes.—Légitimité des réclamations du cabinet anglais et violence de ses actes. — Ouvertures que je fais à lord Palmerston pour la médiation de la France — Il les accepte. — Instructions de M. Thiers à ce sujet.— La négociation se poursuit.—Oscillations du roi de Naples Ferdinand II.—Il se décide à accepter la médiation de la France. — Doutes de lord Palmerston.— Bonne issue de la négociation et arrangement définitif. — M. Thiers me charge de demander la restitution à la France des restes de l'empereur Napoléon enseveli à Sainte-Hélène. —Mon sentiment à ce sujet. —Note que j'adresse le 10 mai à lord Palmerston.—Le gouvernement anglais accède à la demande.—Mesures d'exécution à Paris et à Londres. — Choix des commissaires envoyés à Sainte-Hélène.—Mon intervention à l'appui de la compagnie chargée de la construction du chemin de fer de Paris à Rouen.—Tentative d'assassinat sur la reine Victoria. — Démarche du corps diplomatique à Londres.—Mon dîner dans la Cité à *Mansion-House*.—Dîner anniversaire de l'Académie royale pour l'encouragement des beaux-arts. — Discours que j'y prononce et accueil que j'y reçois... 89

CHAPITRE XXX.

LA SOCIÉTÉ ANGLAISE EN 1840.

En quoi et à quelles conditions la vie mondaine peut servir en Angleterre à la vie diplomatique. — Prépondérance sociale des whigs en 1840. — Mes relations habituelles avec eux. — *Holland-House.* — Lord Holland. — Lady Holland. — *Lansdowne-House* et lord Lansdowne. — Lord Grey. — Mon dîner avec Daniel O'Connell chez mistriss Stanley. — Le docteur Arnold. — M. Hallam. — M. (depuis lord) Macaulay. — Ma visite, avec lui, à Westminster-Abbey. — M. Sidney Smith. — Lord Jeffrey. — Miss Berry. — Mes relations avec les torys. — Lady Jersey. — Lord Lyndhurst, lord Ellenborough et sir Stratford Canning. — M. Croker. — Les radicaux en 1840. — M. et Mme Grote. — L'Église anglicane. — Fausses idées répandues en France à son sujet. — État réel de l'Église anglicane. — Ma visite à Saint-Paul. — L'archevêque de Dublin. — Les dissidents. — Mme Fry. — Pourquoi je ne parle pas aujourd'hui de la cour d'Angleterre. — Mon isolement et mes loisirs. — Mes promenades dans Londres et aux environs. — *Regent's Park.*—*Sion-House.*—*Chiswik.* — École populaire de Norwood. —Collége d'Eton.—Caractère actuel et progrès moral de la société anglaise.. 130

CHAPITRE XXXI.

LE TRAITÉ DU 15 JUILLET 1840.

Arrivée de Chékib-Efendi à Londres.—Note qu'il adresse (31 mai) aux cinq plénipotentiaires.—Dispositions du cabinet et du public anglais.—Instructions de M. Thiers.—Inquiétude des plénipotentiaires autrichien, prussien et russe.—Leur désir d'une prompte solution de la question égyptienne.—Disposition de lord Palmerston à attendre et à traîner.—Question que j'adresse à M. Thiers sur l'arrangement qui donnerait à Méhémet-Ali l'Égypte héréditairement et la Syrie viagèrement.—Sa réponse.—Mon pressentiment de l'arrangement à quatre.—Chute de Khosrew-Pacha à Constantinople.—Joie de Méhémet-Ali à cette nouvelle.—Sa démarche à Constantinople et sa confiance dans un arrangement direct avec le sultan.—Attitude du cabinet français à cet égard.—Effet de ces nouvelles à Londres.—Lord Palmerston presse la solution de l'affaire.—Conseils successifs du cabinet anglais.—Je rends compte à M. Thiers de cette situation et de son péril.—J'en informe le duc de Broglie et le général Baudrand.—Lord Palmerston m'appelle au *Foreign-Office*, et me communique la conclusion du traité du 15 juillet entre les quatre puissances.—*Memorandum* adressé à la France.—Mes observations.—Le cabinet français est justement blessé de n'avoir pas été informé d'avance de cette résolution définitive, et appelé à exprimer la sienne.—Causes de cette conduite du cabinet anglais.—Réponse du cabinet français au *Memorandum* anglais.—Mon entretien avec lord Palmerston en la lui communiquant.—Vrais motifs de la conclusion précipitée et cachée du traité du 15 juillet.—Caractère essentiel de la politique française et de la politique anglaise dans cette crise.—Le bruit se répand à Paris que je ne l'ai pas prévue et que je n'en ai pas averti le cabinet.—Mes démentis à ce bruit.—État des esprits en France.—Mon attitude à Londres.—Le roi m'appelle, avec M. Thiers, au château d'Eu.—Je pars de Londres le 6 août.............. 188

CHAPITRE XXXII.

EXÉCUTION DU TRAITÉ DU 15 JUILLET 1840.

Débarquement du prince Louis-Napoléon à Boulogne.— Mes avertissements à ce sujet.—Prévoyance du cabinet français.—Mon séjour au château d'Eu.— Mes conversations avec le roi Louis-Philippe et M. Thiers.— État des esprits et dispositions du corps diplomatique à Londres.—Plan du roi des Belges pour un rapprochement de la France et des quatre puissances signataires du traité du 15 juillet.—Instructions que je reçois en partant du château d'Eu.—Mon retour à Londres.—Conversation avec le baron de Bulow.—Mon séjour au château de Windsor.—Mes conversations avec le roi Léopold et lord Palmerston. — Nouveau *Memorandum* adressé le 31 août par lord Palmerston au gouvernement français. — Ce qu'en pensa M. Thiers.—J'insiste auprès de lui sur l'importance de sa réponse.—Deux incidents : 1° conférence sur le renouvellement et l'extension des conventions de 1831 et 1833 pour l'abolition de la traite des nègres ; 2° reprise de la négociation entre Paris et Londres pour le traité de commerce.—Plaintes de lord Palmerston sur l'attitude des agents français à Constantinople.— Réponse de M. Thiers.—Les plaintes sont sans fondement.—Les événements se précipitent en Orient.—La Porte ratifie le traité du 15 juillet et envoie Rifaat-Bey à Alexandrie pour sommer Méhémet-Ali de s'y conformer.—Attitude de Méhémet-Ali.— L'amiral Napier devant Beyrout.—Nos plaintes sur l'exécution du traité avant l'échange des ratifications.—Protocole réservé du 15 juillet.—Échange des ratifications et communication officielle du traité du 15 juillet.—Le comte Walewski à Alexandrie.—M. Thiers m'annonce les concessions de Méhémet-Ali.—Mon entretien avec lord Palmerston à ce sujet.—Ses soupçons sur l'action exercée par le comte Walewski à Alexandrie.—M. Thiers me charge de les démentir formellement.—Lord Palmerston reconnaît son erreur.—Conseils de cabinet à Londres sur les propositions de Méhémet-Ali.—Ils n'aboutissent à aucun résultat.—Exécution militaire du traité du 15 juillet. — Bombardement de Beyrout.—Le sultan prononce la déchéance de Méhémet-Ali comme pacha d'Égypte.—Comment lord Palmerston explique et atténue cette mesure.—Dépêches de M. Thiers des 3 et 8 octobre en réponse au *memorandum* anglais du 31 août, et sur la déchéance prononcée contre Méhémet-Ali.—État des esprits en France.—Résolutions et préparatifs militaires du cabinet français.—Fortifications de Paris.—Convocation des Chambres.—L'escadre française est rappelée à Toulon.—Motifs et effets de cette mesure.—Situation du cabinet français et ses causes... 257

CHAPITRE XXXIII.

AVÉNEMENT DU MINISTÈRE DU 29 OCTOBRE 1840.

Situation parlementaire du cabinet de M. Thiers au début et pendant le cours de la session de 1840.—Discussion et vote des fonds secrets dans la Chambre des députés.—Proposition de réforme parlementaire par M. de Rémilly.—Son issue. — Dispositions du Roi envers le cabinet. — État du cabinet à la clôture de la session.—Effets divers du traité du 15 juillet 1840 sur la situation du cabinet.—Perspectives de guerre. — Inquiétude et fermentation qu'elles excitent. —

J'écris au duc de Broglie le 23 septembre à ce sujet.—Sa réponse. — Effet du bombardement de Beyrout et de la déchéance prononcée à Constantinople contre Méhémet-Ali sur la situation du cabinet.—Deux courants opposés se manifestent dans le public.—Esprit révolutionnaire et esprit pacifique.—Le cabinet offre sa démission au Roi qui la refuse. —Caractère précaire de l'accord rétabli entre le Roi et le cabinet.—Avertissements qui me parviennent à Londres.— Ma situation et ma réponse.—Opinion de M. Duchâtel.—La session des Chambres est convoquée et je demande un congé pour m'y rendre.—Ce que je pense de l'état des affaires et ce que j'en écris au duc de Broglie le 13 octobre.—Le cabinet se propose de porter M. Odilon Barrot à la présidence de la Chambre des députés.—Mon opinion et ma résolution à cet égard.—Attentat de Darmès sur le Roi.—Le cabinet propose au Roi un projet de discours pour l'ouverture de la session.—Le Roi le refuse.—Démission du cabinet.—Le Roi m'appelle à Paris. — Formation du cabinet du 29 octobre 1840.. 346

PIÈCES HISTORIQUES

I.

1° Lettres de créance de M. Guizot, ambassadeur de France en Angleterre.—Le roi Louis-Philippe à la reine Victoria.. 413
2° Instructions données par M. le maréchal Soult, président du Conseil et ministre des affaires étrangères, à M. Guizot, ambassadeur à Londres........................... 414

II.

1° Note adressée par Nouri-Efendi, ambassadeur de Turquie à Paris, en mission à Londres, à l'ambassadeur de France... 420
2° Copie de la note collective adressée le 27 juillet 1839 à la Sublime Porte par les représentants des cinq grandes puissances...................................... 423

3° Réponse de M. Guizot, ambassadeur de France, à la note de Nouri-Efendi du 7 avril 1840........................ 424
4° Réponse de lord Palmerston à la note de Nouri-Efendi. 425
5° Seconde réponse de M. Guizot, ambassadeur de France, à la note de Nouri-Efendi........................ 425

III.

L'ambassadeur de France à lord Palmerston, sur l'arrangement proposé par le gouvernement français entre l'Angleterre et Naples, dans l'affaire des soufres de Sicile....... 426
Le président du conseil, ministre des affaires étrangères, à Son Exc. le comte Granville, ambassadeur d'Angleterre à Paris.. 426
Lord Palmerston à l'ambassadeur de France............. 421

IV.

Extrait d'une dépêche adressée par le lieutenant général sir Hudson Lowe au comte Bathurst, en date de Sainte-Hélène, 14 mai 1821....................................... 430

V.

Banquet donné par la ville de Southampton, le 20 juin 1840, à l'occasion de la construction du chemin de fer de Paris à Rouen, et discours prononcé par M. Guizot........ 434

VI.

Discours prononcé par M. Guizot au banquet de la Cité de Londres, le 20 avril 1840......................... 439

VII.

1° Note adressée par Son Exc. Chékib-Efendi, envoyé extraordinaire de la Sublime Porte à Londres, à l'ambassadeur de France... 441

2° Note de M. Guizot, ambassadeur de France, en réponse à la note de l'ambassadeur de la Sublime Porte......... 443

VIII.

Sur les avertissements donnés par M. Guizot au gouvernement du Roi, quant au traité du 15 juillet 1840.

1° Extrait du Journal *le Siècle*, numéro du mercredi 29 juillet 1840.. 445

2° Extrait du Journal *le Constitutionnel*, numéro du lundi 3 août 1840.. 446

IX.

Sur l'attitude des agents français à Constantinople, en juillet et août 1840.

1° Lord Palmerston à M. Guizot, ambassadeur de France en Angleterre... 447

2° Extrait d'une dépêche du vicomte Ponsonby à lord Palmerston, datée de Therapia, 17 août 1840............ 452

3° Copie d'une dépêche du baron Stürmer au prince de Metternich, en date de Constantinople, du 17 août 1840.

4° L'ambassadeur de France en Angleterre à lord Palmerston.. 454

X.

Traité du 15 juillet 1840, et actes annexés.

1° Convention conclue entre les cours de la Grande-Bretagne, d'Autriche, de Prusse et de Russie, d'une part, et la Sublime Porte ottomane, de l'autre, pour la pacification du Levant, signée à Londres, le 15 juillet 1840..... 457

2° Note adressée par lord Palmerston à M. Guizot, le 16 septembre 1840.. 467

3° Protocole de la conférence tenue au Foreign Office, le 17 septembre 1840...................................... 468

XI.

Dépêches échangées entre les gouvernements anglais et français sur l'exécution et les conséquences du traité du 15 juillet 1840.
1º *Memorandum* de lord Palmerston, adressé au gouvernement français le 31 août 1840........................ 470
2º Réponse de M. Thiers au *Memorandum* de lord Palmerston du 31 août 1840................................. 487
3º M. Thiers à M. Guizot. Dépêche du 8 octobre 1840... 506

XII.

Projet de discours pour l'ouverture de la session des Chambres de 1840, présenté au Roi le 20 octobre 1840, par le cabinet présidé par M. Thiers, et non agréé par le Roi...... 510

FIN DE LA TABLE DU TOME CINQUIÈME.

PARIS. — IMPRIMÉ CHEZ BONAVENTURE ET DUCESSOIS.

www.ingramcontent.com/pod-product-compliance
Lightning Source LLC
Chambersburg PA
CBHW071610230426
43669CB00012B/1893